财政部规划教材

大学生创业项目实践能力指导

Practical Ability Guidance of College Students' Entrepreneurship Project

主　编　吕　爽

副主编　陈迎阳　苗　苗　谭军华

杨　彬　甄　兰　叶玉刚

中国财经出版传媒集团

经济科学出版社
Economic Science Press

北京

图书在版编目（CIP）数据

大学生创业项目实践能力指导 / 吕爽主编；陈迎阳等副主编. -- 北京：经济科学出版社，2023. 10

财政部规划教材

ISBN 978 -7 -5218 -4426 -9

Ⅰ. ①大… Ⅱ. ①吕… ②陈… Ⅲ. ①大学生 - 创业 - 高等学校 - 教材 Ⅳ. ①G647. 38

中国国家版本馆 CIP 数据核字（2023）第 012259 号

责任编辑：杜　鹏　武献杰　刘　悦

责任校对：齐　杰

责任印制：邱　天

大学生创业项目实践能力指导

主　编　吕　爽

副主编　陈迎阳　苗　苗　谭军华

杨　彬　甄　兰　叶玉刚

经济科学出版社出版、发行　新华书店经销

社址：北京市海淀区阜成路甲 28 号　邮编：100142

编辑部电话：010 -88191441　发行部电话：010 -88191522

网址：www. esp. com. cn

电子邮箱：esp_bj@ 163. com

天猫网店：经济科学出版社旗舰店

网址：http：//jjkxcbs. tmall. com

固安华明印业有限公司印装

787 × 1092　16 开　19. 5 印张　430000 字

2023 年 10 月第 1 版　2023 年 10 月第 1 次印刷

ISBN 978 -7 -5218 -4426 -9　定价：55. 00 元

（图书出现印装问题，本社负责调换。电话：010 -88191545）

财政部规划教材

《大学生创业项目实践能力指导》编写委员会

序　言

在错综复杂的国际形势下，《“十四五”就业促进规划》提出营造有利于创新创业创造的良好发展环境，持续推进双创，促进创业带动劳动就业。“十四五”时期是我国向第二个百年奋斗目标进军的第一个五年，除了加强创业政策支持、实现创业资源开放共享之外，大力发展高校创新创业教育，培育一批创业拔尖人才，成为摆在众多高校面前一项具有时代性和挑战性的课题。

经过近几年创新创业教育的发展，我国大部分高校都已开设创新创业课程，建立了众创空间，并且组织了各类创业大赛，然而这还不足以满足培育创业拔尖人才的要求。《“十四五”就业促进规划》提出，推广创业导师制，实施创业带动就业示范行动，所以，创业教育不仅仅是增加大学生的创业认知，而是要付诸行动，并且还要为地方社会服务作贡献。因此，创业教育从“创业怎么教？创业教什么？”演变为“创业怎么实施？创业实战如何成功？创业如何带动劳动就业？”等实质性问题，这是从创业理论到创意和实践的突破，这个突破对大学人才引进、对从事创业教育课程的老师们提出了新要求，创业要加强创业服务师资队伍建设，要创新创业孵化载体建设模式，要构建众创空间、孵化器、加速器、产业园相互接续的创业平台支持链条。在这个过程中，如何发挥链主高校的聚合带动效应，不仅是为社会输送创业拔尖人才的过程，更是校企合作、产教融合、服务地方经济的落地实操。

在大学阶段，想在较短的时间内加深大学生对创业实战的理解，需要通过课程将相关理论知识进行转化，而最有益的知识莫过于以往大学生实战创业中成功或失败的经验。创业实战课程的目的是顺应国家战略要求对拔尖创业人才的培养，需要激发学生的自我认知，提升学生解决问题的能力、管理团队的能力和自主学习的能力，在创业实践过程中注意避免犯前人所犯之错，减少试错成本，在一条已经试验成功的创业之路上能够实现快步走，课程使学生能够学习创业实践的结果思维、实践基础能力、市场需求导向、创业起步打磨、创业实战原则、创业误区规避和创业项目的策划与执行，以助力学生创业实践“从0到1”的突破，并为其创业项目实现“从1到10”的发展提供战略指导。

本教材由四川旅游学院创新创业学院院长、创新创业中外人文交流研究院院长、北京大学光华管理学院创新创业中心特聘专家吕爽率领创作团队编写而成。吕爽院长在北京大学光华管理学院访问时与我相识，交流颇多，并为北京大学光华管理学院创新创业中心作出诸多贡献。交流之中，吕爽院长表现出在创新创业教育方面的丰富经验，已经形成了丰硕成果，让我深感钦佩。本书正是吕爽院长的最新力作。

基于吕爽院长的长期创业教育实践，本教材在筛选和梳理创业实践知识理论的基础上，重新构建创业认知体系，将创业的最终目的归结于服务地方、服务社会，捕捉创新创业中的认知误区和实践方法，并用实战案例进行演绎，适合当今学生的特点和需求，也适应国家“十四五”规划的需要。课堂核心是“基于实战的学习”，教师可以依例拟题，带领创业者进行实战演练，避免枯燥的理论灌输和空洞乏力的说教，为创业实践能力的提升提供有效抓手、方法和工具。

在“学习习近平总书记重要讲话精神，迎接党的二十大”专题研讨班上，习近平总书记强调，必须坚持以中国式现代化推进中华民族伟大复兴，坚持把国家和民族发展放在自己力量的基点上，把中国发展进步的命运牢牢掌握在自己手中。本教材正是为大学生创业提供全方位服务所编写的，既符合党和国家战略发展的需要，也符合大学生创业拔尖人才培养的需要。大学生创业要立足实际，具备服务社会、报效国家的战略眼光，用自主创新保证企业的生存和发展，为地方提供就业岗位，并能够在祖国需要时尽己所能、全力以赴。

北京大学光华管理学院创新创业中心
副主任、教授、博士生导师

前　言

为编写高质量的财经教材、培养适应我国经济社会高质量发展的优秀后备财经人才，财政部印发了《2021－2025年学历教材建设规划》，对规划教材的编写明确提出，要坚持正确政治方向，推进习近平新时代中国特色社会主义思想进教材，体现社会主义核心价值观，培育德才兼备的时代新人；要服务国家发展战略，及时体现新技术、新产业、新业态、新模式要求；要体现教学改革方向，在教材的育人理念、内容选材、体系编排、呈现方式等各方面有效激发学生的学习兴趣和创新潜能；要推动教材改革创新，将创新创业能力培养与教材知识体系有机融合。

目前，全国高校普遍开设了创新创业教育课程，创新创业教育既是一种面向大学生的通识教育，也已成为高等教育的必修课程。习近平总书记“把激昂的青春梦融入伟大的中国梦”的重要指示一直鼓舞着大学生们为实现自己的梦想而拼搏，从创新想法到具体实践，从创业项目到上市公司，在创业成功或失败的过程中不断磨砺成长，成功的他们在企业发展的同时也为地方提供就业岗位，推动共同富裕的早日实现；失败的他们苦心钻研，改进原料、技术或方法，力求在下一次试验中收获成功。高等学校的创新创业教育，是从理论到初创实践、从课程到结合专业、从师资到开放平台的全方位交叉，是让学生在创业行动前能有清楚的自我认知、具备创新创业实践能力，借用资源实现项目孵化，借力参赛展示项目成果；在创业实战中获得创业导师或科技特派员等的支持，实现“从0到1”的飞跃。众创空间、孵化器、加速器、产业园相互连续构成创业平台支持链条。

正是基于上述逻辑分析和判断，结合当今学生的学情实际，为了让大学生在开始创业前进行必要的知识储备和技能锻炼，开拓创新创业思维，掌握创新创业工具与方法，在创业实战中规避误区、少走弯路，创新创业教育可以博采众长、以往鉴来，因此，在本教材编写过程中，除了注重创新思维、创业基础实践能力培养之外，以创业结果或创业案例进行反向设计，引导学生掌握自主学习的方法，锻炼学生自己解决问题的能力，为学生提供创业实战的“工具箱”。本教材共分为8章，从创业认知和创业项目实践出发，以结果思维引导学生去认知、提问、观察、沟通、创新，以市场需求为导向对内组建团队和对外实施调研，结合创业项目起步、策划、发展等阶段提供理论指导，具备创业实战思维后如何孵化、如何参赛则以案例为借鉴。本教材利用课程教学体系及自建网络平台资源，实现以学生为中心、以结果为驱动、以项目为载体的课程体系。本教材将帮助学生有效取得以下学习成果：系统融合课程思政和创新创业教育，培养创业实战的相关职业道德素养，了解和掌握一般创业行动的基础理论与实务操作方法，为以后的创新创业实战奠定坚实的基础，对于创新创业教育的专业知识、通识性知识和其他相关知识、专业综合能力、专业素养都起着支撑作用。

本教材在筛选和梳理经典知识理论的基础上，重新构建理论+实践的知识体系，捕捉创新创业的新认知、学术成果和实践方法，贴合当今学生诉求，满足未来创业引领和带动就业的发展趋势。我们以厘清创业的自我认知、产生创业创意、市场需求分析、定位创业项目、创业实践模拟、规避实战误区、实战案例分析等为基础思路，在知识框架中融入了“设计思维”“结果思维”“创新思维”等新理念，加入了“项目策划”等新方法，更多选择了近些年中国大学生的创业典型案例。

本教材的完成凝聚了团队智慧，是高质量教学团队精诚合作的成果。每位作者都结合自身创业实践和教学经验完成了编写工作。本教材由四川旅游学院创新创业学院院长、创新创业中外人文交流研究院院长吕爽担任主编，对本教材的写作组织、各章内容进行了精心设计和编排；由四川旅游学院陈迎阳、成都师范学院苗苗、哈尔滨工业大学（威海）谭军华、山东科技大学杨彬、石家庄理工职业学院甄兰、山西工程技术学院叶玉刚担任副主编。具体分工如下：第1、第2、第3章由吕爽、杨彬编写，第4、第5、第6章由陈迎阳、谭军华编写，第7、第8章由甄兰、苗苗、叶玉刚编写，戴宜雯、张岩、李颖、赵丽、刘佳、李杰、董彦霞等参与了书籍其他相关资料收集和编写工作。整本教材由吕爽统筹、协调，陈迎阳统稿。

感谢本教材编写过程中参考过的所有文献资料、专著和教材的作者，正是他们的研究成果点燃了我们创作的激情和灵感，也丰富了本教材内容。教材中引用的部分案例和资料来源于网络、期刊和其他教材等，在此不再一一列举，谨向各位表示衷心感谢。

本教材进行了反复研讨修改。由于编者水平有限，教材中的疏漏、不当之处难以避免，敬请广大读者提出宝贵意见，以便我们对本教材做进一步的修改、补充和完善。联系邮箱：lvshuang0127@163.com。

吕爽

2023年8月

目录

Contents

第1章 绪论 ………………………………………………………… 1

1.1 认知创业 ………………………………………………………… 4
1.2 认知创业实践 …………………………………………………… 19
1.3 创新创业实践能力的重要性 ……………………………………… 29

第2章 大学生创业项目实践的特点 ……………………………… 34

2.1 大学生创业与广泛创业的区别 …………………………………… 35
2.2 大学生创业项目的特点 ………………………………………… 49
2.3 大学生创业的问题 ……………………………………………… 52
2.4 创业项目实践的结果思维 ……………………………………… 58

第3章 创业实践基础能力指导 …………………………………… 67

3.1 认知能力 ………………………………………………………… 70
3.2 提问能力 ………………………………………………………… 74
3.3 观察能力 ………………………………………………………… 79
3.4 沟通能力 ………………………………………………………… 80
3.5 创新能力 ………………………………………………………… 82

第4章 市场需求导向的创业实践 ………………………………… 99

4.1 创业过程中的自我认知与剖析 ………………………………… 102
4.2 创业项目与客户需求契合 ……………………………………… 123
4.3 创业项目的商业模式 …………………………………………… 131

第5章 创业项目的实施 …………………………………………… 145

5.1 创业项目起步 …………………………………………………… 148
5.2 创业项目策划 …………………………………………………… 164
5.3 创业项目打磨 …………………………………………………… 174

第 6 章　创业实战 …… 179

6.1　创业实战的合理合法性 …… 182
6.2　创业实战的盈利性 …… 188
6.3　创业实战的创新性 …… 196

第 7 章　创业实战的误区规避 …… 213

7.1　高大上与小快灵 …… 215
7.2　外销与内销 …… 227
7.3　多元化与专业化 …… 232
7.4　独行与众筹 …… 234
7.5　融资与上市 …… 240

第 8 章　创业项目策划与执行 …… 247

8.1　食品餐饮行业创业项目策划与执行 …… 247
8.2　新材料与新能源行业创业项目策划与执行 …… 258
8.3　旅游行业创业项目策划与执行 …… 271
8.4　健康行业创业项目策划与执行 …… 285
8.5　分子生物医学项目实施策划与执行 …… 290

参考文献 …… 299

第1章　绪　论

【开篇案例】刘永好，在谦逊的姿态下保持一颗敏锐的心！①

刘永好，四川新希望集团董事长、中国民生银行副董事长。21年间，他以准确的产业抉择赢得了亿万元财富。2002年，在他当选"中国十大民营企业家"的时候，评委赠予了他这样的评语：在内地民营企业家的一轮又一轮大浪淘沙中，刘永好以其谦逊姿态、平常心态，一直保持着敏锐的触觉和向上挺进的欲望，不断探寻财富的前沿和边际。

做着万元户的梦，却成了千万富翁

记者：你拥有亿万元财富。回过头去看一看，当初辞去教师工作与几位兄长一道从事农业产业化开拓的时候，你想到过能有今天的成就吗？

刘永好：当时不敢奢望挣多少钱，只是想，怎么着也会比每月38元的收入高吧。我开始做着当万元户的梦。那时的万元户可是了不得！我们种蔬菜、养鸡、养猪、养鱼、养鹌鹑……最初的创业是艰辛的。我们养鸡的时候，有一个个体户，他买了我们很多鸡蛋，没钱付，就提出等鸡蛋孵出小鸡卖了钱后再付。可是，他遭了灾后就跑了。我们的钱也是借的，以那时的经济能力，我们也还不起这笔债。我们兄弟几个就商量：到底是跳岷江？还是跑新疆？跳岷江，一了百了；跑新疆，重打鼓另开张。

记者：你们商量的结果如何呢？

刘永好：商量来商量去，我们还是决定留下来还清这些债。天不亮，我就骑着自行车去卖鸡蛋。那个时候，个体户是受歧视的。农贸市场里也都有固定的"势力范围"，初来乍到，人家不让我摆摊儿。晚上也没地方睡觉，我就向一位好心的看门的大爷借了一条板凳，在那儿坐了一宿。鸡蛋不能放，特别是夏天，多放两天就坏了，更何况，如果卖不出去这些鸡蛋，不仅连回家的路费没有着落，甚至连吃饭的钱都没有。我得想办法去跟人家商量。最终得了一小块儿地方，才卖出去了这些鸡蛋。

记者：卖鸡蛋，就成了万元户？

刘永好：（笑）经过一段时间的奋斗，我们达到了这个目标，以后的百万元、

---

① 佚名．刘永好：激情是我最大的本钱［N］．楚天金报，2005－10－10（15）．

千万元，确切地说，我们是通过养鹌鹑挣到了第一个1 000万元。1988年前后，整个成都地区几乎家家户户养鹌鹑，也正是那一年，我们的鹌鹑数达到1 000万只。这是非常庞大的一个数目！任何一个行当，都有一个市场容量的问题，超过了这个容量，会适得其反。这时，我们的感觉也不太好，思前想后，我们决定把1 000万只鹌鹑全部杀掉，以平息养鹌鹑的热潮。

进军饲料业，成了亿万富豪

记者：从这之后，你们开始从事饲料业？

刘永好：是的。当时，正大集团进入中国。他们的饲料卖得非常好，是需要排队、需要走后门儿批条子才能买到的。我们就想，为什么中国人生产不出自己的优质饲料？于是，我们把养鹌鹑赚到的1 000万元全部投入到饲料的研发中，并与相关的13所研究机构的专家们一起联合研制出了希望牌饲料，不久就拥有了亿万元的资产。

记者：作为一个家族企业的领导者，你是否很早就意识到了诸如产权不明晰之类的家族企业的弊端？

刘永好：家族企业本身并没有什么不好，世界上也有很多家族企业，但是，如果不克服家族式管理的弊端，如果老板一手遮天，那么，这个企业就不可能有前途。当然，在创业初期，你可以又是董事长，又是总经理，又是财务会计，又是销售经理，因为那时的规模小。当企业做大了，你就不可能面面俱到，这时候就需要调整这种家族管理的模式。1995年，我们兄弟四个明晰产权，进行了资产重组。

打着赤脚、戴着草帽，一路走了过来

记者：有人说你带领一支“很乡土”的家族队伍，不知你怎样看这个问题。

刘永好：的确，我“很乡土”。我是从四川农村的田埂上一路走出来的。回过头去，隐隐约约地，我仿佛看见的还是我打着赤脚、戴着草帽的样子。应该说，在创业初期，这种乡土味儿对我所从事的行业来说是有利的。因为乡土，我很了解农民、了解市场、了解社会。但当我们的国家加入世界贸易组织了，我们要跟国际接轨了，只有乡土就不够了，我们还必须借鉴国际上的一些经验、走国际化的道路——这两者结合起来，我们的企业才能更好的发展。我称之为“土洋结合”。

记者：这种“土洋结合”的优势在哪里呢？

刘永好：借鉴国际上的经验，走开放的、国际化的道路，其中当然也包括吸引一些海外人才。特别是这两年，我到我国香港、台湾地区，到美国，到加拿大，到英国，去招聘专业人士。他们学历高，有大的跨国公司或者世界级的金融机构中工作的经历；他们年轻，30多岁、40岁左右；他们都比较勤奋，在国外的，大多是留学的华人——我们企业需要这些人。

记者：冒昧地问一句，你除了知识，还有哪些赚钱秘诀？

刘永好：年轻的激情是我赚钱的最大本钱。

“哪怕我去扫大街，也会扫得很干净。”

记者：你是否想过要移民？

刘永好：记得有位香港记者也问过这样的话题，他说：现在有多少钱的投资就可以“移民”香港了，问我愿意不愿意？我回答：现在不是我出多少钱“移民”香港的问题，而是我要从香港招聘多少优秀的高级管理人才来内地工作的问题。为什么？因为国家的好政策，使我们这些民营企业家的心里比以前更踏实了。这种感觉是和以前不一样的，以前是做大企业的同时，还要考虑在哪个国家办个护照、哪个国家更安全。值得一提的是，我的一些离开祖国的朋友回来了。因为他们走出去之后才发现还是中国最安全、还是在中国好挣钱。

记者：谈到财富，人们似乎都很敏感。这可能与社会上关于富人的传说有关系，比如，他们积累财富的手段；比如，他们失去财富时的状态……

刘永好：我想，作为“富人”群体，在考虑自身发展的同时，也应该考虑财富是从哪里来的？我们为什么能够得到这样的财富？至于说，一个很富有的人忽然变得没有财富了，如果这个人是我的话，我觉得没有问题。因为不管做什么，哪怕我去扫大街，人家都会觉得，这个人的年龄虽然大了一点，但工作挺认真，地扫得也很干净，而且还能提出一些绿化的建议。他们有可能会提升我当组长，接着，他们发现我还有一定的管理能力，有可能还会继续提升我做副经理，之后，他们说不定就会给我加工资。

记者：当你和你的兄长一起“站”在福布斯中国内地富豪排行榜之首的时候，你们的成功之路简直就成了中国人成功致富的教科书。对于财富，你持什么样的态度？

刘永好：现在，对我而言，在钱的数字后面再加一个零和再加两个零没有什么区别。这样说吧，我在民生银行一年的分红就有好几千万元，也就是说，我不做其他的公司，也可以活得很舒服。但是，一个人只把挣钱、只把活得舒服当作他追求的唯一目标，那就太悲哀了。我觉得，支撑一个人不断前进的应该是梦想和信念。

拥有亿万元财富，和红薯丰收的感受一样

记者：听说你小时候家里很穷，能否描述一下。

刘永好：我小时候家里穷，七口人就靠父亲的工资维持全家生计，因此，我尽可能帮助家里做一些事儿：捡煤渣，打零工。20岁之前，我只穿过草鞋，几乎没穿过新衣服。我对我妈说：要是今后能够一周吃一顿回锅肉、两天吃一次麻婆豆腐就好了。

记者：你是怎样看待财富这个问题的？

刘永好：我不知道别人如何看待财富。我说一件事情吧。有次，我去四川西昌，在一个山坡上，看见一对老夫妻，他们在挖红薯，挖起来的红薯特别大、特别多，他们特别高兴，我就给他们拍了一张照片。我觉得，那个时候他们特别幸福，因为他们种的红薯丰收了，尽管他们可能卖不了多少钱。但那种丰收的喜悦，跟拥有亿万财富的喜悦，我觉得在内心的感受上是一样的，并没有什么区别。

回顾自己的创业之路，刘永好认为，创业者一次性创业成功的概率不大，所以创业者应当做好充分的准备，以下是他的建议。

首先，创业者要有一个良好的心态，在成功时顶得住荣誉的压力，在失败时要顶得住挫折的磨炼，不能轻易退却。

其次，要选择自己感兴趣的行业。在刘永好看来，如果要创业，就必须要熟悉社会，熟悉所处的行业。在创业时，创业者要苦练“内功”，由知情者变为熟悉者，再到行业专家权威，这样成功的可能性才会更大。

另外，刘永好认为，创业者要有吃苦的准备，要坚持不懈，并愿意从小事做起。曾有人拿出一张他尝猪饲料的照片，问他为什么要这样做？刘永好回答：这是一种职业习惯，因为我们要对产品负责，要了解产品，所以有了新原料我都要亲自尝一尝是什么口味。和那些动辄拿着洋洋洒洒创业计划书的人不同，这位从四川川中小县城走出来的商业巨子喜欢从小事做起。“刚创业时，我 4 点钟就起床打扫卫生，蹲在地上观察小鸡，做记录，常常一蹲就是两个小时。”刘永好认为，只有那些从小事做起、不断通过实践锻炼自身能力的人才有可能成功。

思考题：

1. 你如何看待财富？
2. 刘永好为什么能够取得创业的成功？

1.1　认知创业

提起创业，人们可能会想到很多东西：梦想与现实、投资与回报、成功与失败等。创业到底是什么？我们每个人离创业又有多远呢？

1.1.1　创业的定义

创业是一个多层面、跨学科的复杂现象，涵盖了经济学、管理学、金融学、社会学、法学、教育学、心理学等多门学科。长期以来，很多学者曾就“创业”的定义提出过许多说法。然而迄今为止，关于创业的概念仍没有定论。

1.1.1.1　笼统的定义

“创业”一词最早出现于《孟子·梁惠王下》：“君子创业垂统，可为继也。”意思是说，封建帝王创立功业，传给子孙后代，是为了把基业继承下去。故《辞海》中对创业的解释为“开创基业”。从字面来看，“创业”一词由“创”和“业”两个字构成。所谓“创”，意为开始做、初次做；而“业”就是指事业、产业、行业、学业等。因而《现代汉语词典》中将“创业”解释为“创办事业”。总的来说，我们可以把创业理解为不拘泥于当前的资源约束，寻求机会进行价值创造的行为过程。作为一个行为过程，创业的概念可以从以下三个方面进行理解。

首先，创业需要面对资源难题，设法突破资源束缚。无数创业案例表明，大多数创业者在创业初期甚至全过程中都会经历资源约束和“白手起家”的过程。这是因为，创业活动通常是创业者在资源高度约束情况下所进行的从无到有、“从0到1”的财富创造过程。创业者往往需要通过技术创新和商业模式创新等方式对资源进行更为有效的整合，进而实现创业目标。换言之，创业者只有努力创新资源整合手段和资源获取渠道，才能真正摆脱资源约束的困境。正是因此，积极探求创造性资源整合的新方法、新模式和新机制，就成为创业的基本特性。

其次，创业需要寻求有效机会。机会是具有时间性的有利情况，有效机会就是在时间之流中最好的一刹那。创业通常离不开创业者识别机会、把握机会和实现机会的有效活动。创业者从创业起始就需要努力识别商业机会，只有发现了商业机会，才有可能更好地整合资源和创造价值。因此，一般认为寻求有效机会是产生创业活动的前提。

最后，创业需要进行价值创造。创业属于人类的劳动形式之一，劳动需要产生劳动成果，创业也需要创造劳动价值。创业的本质在于创新，因此，与一般劳动相比，创业更强调创造出创新性价值。当今较为典型的创业大多诉求创新带来的新价值，这些新价值通过技术、产品和服务等方式的变革更好地为消费者服务，促进社会的发展和进步。需要特别注意的是，创业通常需要比一般劳动付出更多的时间和努力，需要承担更多的风险，也更需要坚韧不拔、坚持不懈的努力。当然，创业的渐进和成功也会带来分享不尽的成就感。

1.1.1.2 广义的创业概念

创业可以从狭义和广义两个方面来界定。狭义的创业是指谋划、创建新企业并运行的过程，在英文中常用“startup”表示；广义的创业不在于是否成立新的组织，也不局限于目前的资源约束，是要通过识别和寻求机会进行价值创造的行为过程，除了强调行动外，更强调在创业行为中所体现创新创业精神的重要性，在英文中常用“entrepreneurship”表示。相对于狭义的创业，广义的创业在外延和深度上都有所扩展，关注的是在资源有限的条件下发现问题、解决问题并创造价值的过程，简言之，即为“创造新事业的过程”。长期以来，来自不同领域的学者对创业进行研究，从不同角度对创业进行了定义。纵观这些不同角度的创业理论，主要有八大学派，即风险学派、领导学派、创新学派、认知学派、管理学派、社会学派、战略学派和机会学派。不同的理论和学派对创业的定义阐述各有侧重（见表1-1）。

表1-1　广义的创业概念包含的学派

学派	代表人物	主要观点	对创业的定义
风险学派	Cantillon（1775） Knight（1921）	创业者承担风险，其所得的报酬是承担风险的机会成本	创业是创业者准确洞察、把握机会、赚取利润和规避风险的过程
领导学派	J. B. Say（1803） Marshall（1890）	创业必须有非凡的领导能力和管理艺术来组织资源和团队	创业是要把生产要素由领导者重新组合和协调起来

续表

学派	代表人物	主要观点	对创业的定义
创新学派	Schumpeter（1934）	创新是创业的本质和手段，是创业的主要推动力	创业是生产要素新的组合
认知学派	Kirzner（1973） Casson（1982）	强调创业的认知、想象力、敏感等主观和心理因素	创业是创业者对稀缺资源的协调而作出明智决断的行为和过程
管理学派	Drucker（1985） Stevenson（1994）	管理手段和管理能力是创业成功的关键	创业是一种“可以组织并且是需要组织的系统性的工作”
社会学派	Woodward（1988） Saxenian（1999）	外部社会环境和文化对创业影响很大；社会网络有助于创业	创业是社会环境和社会网络等背景共同作用的产物
战略学派	Bhide（1994） Hitt，Camp（2001）	战略管理对于创业活动的成功十分重要	创业过程是初创企业成长过程中的战略管理过程
机会学派	Shane，Venkataraman（2000） Singh（2001）	机会识别的质量对于创业者是至关重要的	创业是创业者发现和利用“有利可图的机会”的过程

资料来源：张秀娥．创业管理［M］．北京：清华大学出版社，2017.

综上可以看出，创业行为的本质在于识别机会并将有用创意付诸实践。创业行为所要求的任务既可由个人也可由团队来完成，并需要具有创造力、驱动力和承担风险的意愿。创业是创业者发掘创意，捕捉商机，组建团队，获取资源，为消费者提供产品和服务，创造价值和财富的过程。

1.1.1.3　狭义的创业概念

狭义的创业概念是把创业作为经济范畴，主要指个人或团体依法登记设立企业，以盈利为目的，从事有偿的商业活动。换言之，狭义的创业就是指“创建一个新企业的过程”。新创建一个企业一般需要符合以下条件：企业的创办必须符合法定的程序；企业能够提供满足市场需求的产品和服务；新创企业需要确定适合于产品或服务的营销模式；新创企业需要一个创业团队，并能根据企业发展的需要进行有效的管理，包括技术管理、财务管理、营销管理、人力资源管理等。

本教材中所指的创业为狭义上的创业。

创业包括两个层面的含义：一种是精神层面的，代表的是一种以创业为基础的思考和做事的方式，普遍存在于各种组织和个人活动中，以孕育创新精神、改善生活方式；另一种是实质层面的，代表的是一种机会的挖掘，能够整合资源组建新的组织，可为社会或市场提供一种新的价值。

由此可见，创业距离我们并不遥远，只要从创业者的角度考虑问题，用好奇心和探索的心态积极主动地为社会、他人和自己创造价值，通过创造把理想变为现实，我们就是在创业。在这个意义上，人生就是一个不断创业的过程，人人都可以成为创业者。

1.1.2 创业的类型

创业可以从不同维度划分为不同的类型，划分的维度包括创业的特征、创业企业的性质、创新性、资金投入量、投资主体等（吕爽、杨娟、陈迎阳等，2022）。

1.1.2.1 按照创业者的特征分类

按照创业者的特征划分，创业可以分为生存型创业、梦想型创业、脱胎型创业和投机型创业。

（1）生存型创业。生存型创业又称被动创业，是指创业者为了自身的生存，迫于无奈而进行的创业活动。这种类型的创业一般情况下起点较低、选择面窄、条件艰苦，与自身的专业可以没有任何关系，一般集中在商业、餐饮业、小型加工业等领域。这种类型的创业占全部创业者的比例较大。生存型创业在创业初期资源匮乏，创业者往往要亲力亲为，在企业管理与制度建设方面通常并未也无须建立起规范的管理规定，需要在企业步入正轨后逐步完善。

（2）梦想型创业。梦想型创业同生存型创业相对应，又称主动创业，是指创业者为了梦想与目标积极主动进行的创业活动。这种类型的创业者往往充满激情、活力与精力，将创业行为看作开创事业和自我实现的方式，他们通过眼光、思想、特长和毅力持续不断地付出努力，发现、感召和聚拢志同道合者和各种资源，推动企业不断发展。

（3）脱胎型创业。脱胎型创业是指创业者经过职场的锻炼，积累了大量经验、资源和人脉，审时度势后辞去职务，在自己熟悉和擅长的领域进行的创业活动。该类型创业者一般为企业的高级管理人才。

（4）投机型创业。投机型创业者的创业动力更多来自对财富聚集与对未来掌握的渴望。他们通常既具有雄厚的资金或资源实力，又有敏锐的洞察力，凭自己独到的洞察与判断实施创业行为。投机型创业不会在某个行业深耕，而是以获取利润为目标，有时甚至会利用特权或政策的漏洞。此类型创业者看重的是员工的剩余价值与财富创造能力，至于情感、共同梦想、长期发展及员工培养并不在考虑范围之内。这种创业方式投机性较强，具有较大的风险。

1.1.2.2 按照创业的核心要素分类

按照创业的核心要素划分，创业可分为知识型创业、关系型创业和机会型创业。

（1）知识型创业。知识型创业又称智慧型创业，是指创业者利用自身的知识和智慧来实施的与自身专业知识相关联的创业活动。这种类型的创业能够突出地体现出大学生创业的优势。高校一般会鼓励大学生从自己的专业角度出发从事创业活动，并且会提供政策的倾斜、一定的资金、免费的办公场所等优惠措施。

（2）关系型创业。关系型创业是指通过自身或周边社交获得资源而从事的创业活动。这种类型的创业主要通过一定的社交关系而进行，社交资源一部分是自身建立的，另一部分是周边的亲朋好友提供的。通过社交来创业获得收益就是关系型创业。

（3）机会型创业。机会型创业是指创业者发现或遇到了某种适合创业的机会，通过自己的判断和选择来决定把握这个机会并实施的创业活动。这类创业成功的关键因素是创业者对机会的准确判断和把握。这类创业在时间和空间上余地很大，主动性更强。

1.1.2.3 按照创业企业的性质分类

按照创业企业的性质划分，创业可分为生产型创业、管理型创业、商业型创业、科技型创业、金融型创业、服务型创业、网络型创业和公益型创业。

（1）生产型创业。生产型创业是指通过一定的技术生产产品，拓展产品的销售市场，并利用一定的管理方法运营企业的创业活动。这种类型的创业对创业者的综合素质要求较高，要求创业者要掌握某种生产技术、有团队合作意识，以及具备企业的管理能力、处理危机的能力等各方面的条件。

（2）管理型创业。管理型创业是指具有工商管理等相关学科专业背景和社会经验的创业者所从事的能够为其他企业提供专业管理咨询服务的创业活动。这种类型的创业者创办的一般是管理类企业，对创业者的学科背景和社会阅历要求较高。

（3）商业型创业。商业型创业是指通过营销手段推广某个新品种的产品、创立某个品牌的创业活动。这种类型的创业在所有创业活动中所占比重较大。

（4）科技型创业。科技型创业是指利用自己所掌握的科技手段，通过科技创新所进行的创业活动。这类创业的特点是创业者具有自己的专业优势、拥有某种专利技术或产权。

（5）金融型创业。金融型创业是指从事与金融相关的创业活动。例如，担保公司、投融资公司、典当行等形式都属于金融型创业类型。

（6）服务型创业。服务型创业是指通过提供市场所需求的服务为主要业务的创业活动。现代服务业是我国目前重点鼓励发展的行业，也是我国产业转型的一种有效形式。例如，翻译、培训、管理咨询、教育等服务机构都属于服务型创业。

（7）网络型创业。网络型创业是指创业者利用自身的信息类或电子商务类专业背景知识从事的有关互联网相关的创业活动。例如，创办网站就属于这种类型。这种类型的创业在大学生创业中属于比较常见的一种创业类型，也是大学生创业者的优势。

（8）公益型创业。公益型创业是指创业者利用创新理念，同时兼顾社会效益、社会责任和自我价值实现所从事的创业活动。这类创业对于创业者和社会而言是一种双赢的创业模式，它更容易被社会所接受和支持，一般不会直接面对传统市场中的竞争。

1.1.2.4 按照创业的创新性分类

按照创业的创新性划分，创业可分为复制型创业、模仿型创业、安定型创业、独创型创业和冒险型创业。

（1）复制型创业。复制型创业是指通过复制已存在公司的经营模式，利用特许经营权来从事的创业活动。这种类型的创业所占比例较高，但缺少科技创新和创业精神。

（2）模仿型创业。模仿型创业是指通过模仿他人创业的过程从事相似业务的创业活动。这种类型的创业特点是先通过模仿进入该行业维持企业生存，随着后期深入，逐步进入竞争者行列，它的目的是分市场上的一杯羹。

（3）安定型创业。安定型创业一般是指创业企业的内部创业活动，如某企业的研发小组开发一项新产品。这种类型的创业也具有创造价值，但是属于内部创业，不会面临较大的风险，所从事的活动一般比较熟悉。

（4）独创型创业。独创型创业是指通过提供的产品或服务能够填补市场上的某项空白而从事的创业活动。独创性可以通过整个商品或服务的独创、商品或服务的某种具体技术的独创来体现。这类创业具有一定的风险性，消费者对新产品或服务的接受需要经历一个过程。

（5）冒险型创业。冒险型创业是指敢于面对不确定因素和失败风险而进行冒险尝试的创业活动。这种类型的创业，失败的风险程度很高，前途的不确定性高，但是对社会的创新贡献度高，对创业者的改变会很大，一旦成功，回报难以想象，如风险投资等。

1.1.2.5 按照创业资金投入量分类

按照创业资金投入量划分，创业可分为微型创业、大型创业和中小型创业。

（1）微型创业。微型创业是指规模较小的创业活动。这类企业属于低成本企业，投资规模一般在10万元左右，创业成员一般是以家庭富余劳动力为主，人员规模在15人以内。

（2）大型创业。大型创业是指投资数额较大、风险相对较大、起步门槛较高的创业活动。这类创业对创业所需资金规模、技术实力等方面有着较高的要求。

（3）中小型创业。中小型创业是指在投资规模和实力介于微型和大型之间的一种创业活动，其投资规模和风险程度均介于微型创业和大型创业之间。

1.1.2.6 按照投资主体分类

按照投资主体划分，创业可以分为个人独资创业和合资创业。

（1）个人独资创业。个人独资创业是指创业者个人独立出资所进行的创业活动。

（2）合资创业。合资创业是指由两人或两人以上的创业者合伙出资所进行的创业活动。此类创业一般会成立股份有限公司或合伙企业。

1.1.2.7 按照创业者时间分配分类

按照创业者时间分配划分，创业可分为全职型创业和兼职型创业。

（1）全职型创业。全职型创业是指创业者辞去职务，全身心地投入创业工作中的创业活动。这种创业形式体现了创业者的坚定与决心，但风险较大，不成功便成仁，也让创业者有破釜沉舟之感，在某种程度上可激发创业者的潜能。

（2）兼职型创业。兼职型创业是指创业者在拥有工作的同时利用业余时间来进行创业。这种方式符合纳西姆·尼古拉斯·塔勒布（Nassim Nicholas Taleb）提出的"杠铃原则"，即应用积极主动与保守偏执的组合来消除不利因素，增加了创业的反脆弱性，降低了创业风险。

1.1.3 创业者

1.1.3.1 创业者的概念

创业者（entrepreneur）一词来源于17世纪的法语词汇"entre"（中间）与"perndre"（承担），最初用来描述买卖中承担风险的人，或承担创建新企业风险的人。在英语中，"entrepreneur"有两个基本含义：一方面，指企业家，即我们日常理解的在一个成熟的企业中负责经营和决策的领导人，准确地说，应该是那些具有创业特征，如创新、承担风险、超前行动、积极参与竞争的领导人；另一方面，指企业创办人，即创办企业的创始人，有人形象地称之为"起业家"。

创业者的概念经历了一个演变过程。1755年，经济学家理查德·坎蒂隆（Richard Cantilion）首次将"创业者"的概念引入经济学领域。1880年，法国经济学家萨伊（Say）将创业者描述为将经济资源从生产率较低的区域转移到生产率较高区域的人，并认为创业者是经济活动过程中的代理人。美籍奥地利经济学家熊彼特认为创业者应该是创新者，具有发现和引入更好的能赚钱的产品、服务和过程的能力。

我们认为，创业者首先是一个有梦想的追求者，他追求的是未来的回报，而非现在的回报。如果未来的回报低于预期，或者低于现在的回报，一个人不可能有创业的动力。因此，创业者进行创业活动是为了获得更大的价值，这种价值的实现，有物质上的诉求，而更多的是人生价值的实现。创业者的未来收益是一种投资性活动的收益，这些投资既可能是实际的资本投入，也有本人和团队的时间和精力的投入，而收益也就不只是金钱上的收益，还应包括价值的收益、理想的实现等。

在实际生活中，与一般人的观念不同，创业者所谓高度的创业才能，不仅仅是创办一个企业，而且是在企业的整个发展过程中都能够作出正确的决策，及时解决面临的问题，修正企业的发展方向，使企业长期保持活力，不断发展壮大，成为具有影响力的企业的才能。同时，界定一个创业者，还应该从社会发展的角度，那些建立了新的商业模式并获得了好的发展的企业，并且为其他企业的发展提供样板，为社会提供就业，不断带来财富的企业的创立者通常也被称为创业者。

1.1.3.2 创业者的天赋

创业成功取决于什么因素？学术界和实务界对这个问题有不同的解读。早期的创业研究聚焦于对创业者特质的研究，研究人员试图找出将创业者与非创业者区分开来的一系列特质。创业者特质，也被称为创业者天赋，是指创业者相比其他人所具有的独特的性格特征或行为意识。早期特质学派研究者认为，成功的创业者有着与普通人不同的天赋，创业者的天赋是他们创业成功的重要因素，创业成功与否取决于创业者的个性特质甚至天赋。

特质学派过于重视挖掘创业者特质，而忽略了创业者的行为与活动规律，在对创业活动潜在规律的探索与认知方面有很强的局限性。不过，特质学派充分肯定了创业主体在创业活动中的作用，其观点对创业者或潜在创业者的创业精神和创业技能的培养、素质的塑造有着积极的作用和意义。

研究者们从不同的角度提出了各种各样的创业者特质，但是从未形成统一的共识，甚至对创业者特质这一概念的表述也各不相同。学术界对创业者特质的表述同样各有不同，常用的表述有天赋、特质、特征、特性、个性、能力等词汇。斯蒂芬·斯皮内利（Stephen Spinelli）和罗伯特·亚当斯（Robert J. Adams）对关于创业者特质的研究进行了汇总，如表1-2所示。

表1-2　　创业者特质汇总

年份	作者	创业者特质
1848	Mill	风险承担
1917	Weber	权力需求
1934	Schumpeter	创新、主动
1954	Sutton	责任感
1959	Hartman	权力需求
1961	McClelland	风险承担、成就需求
1963	Davids	抱负、独立意识、责任感、自信
1964	Pickle	自我驱动、人际关系、沟通能力、专业知识
1971	Palmer	风险评估
1971	Hornaday & Abound	成就需求、自主性、进攻性、影响力、识别能力、创新性、独立性
1973	Winter	影响力需求
1974	Borland	内部权力需求
1982	Casson	风险承担、创新、影响力、权力需求
1985	Gartner	改变和权力
1987	Begley & Boyd	风险承担、对不确定性的容忍度
1988	Caird	自我驱动
1998	Roper	影响力和权力需求
2000	Thomas & Mueller	风险承担、影响力、内部控制、创新
2001	Lee & Tsang	内部控制

资料来源：Spinelli S，Adams R. New Venture Creation：Entrepreneurship for the 21st Century［M］. 10th ed. New York：Irwin McGraw-Hill，2012.

针对创业者特质的研究没有普遍认可的、统一的分类，美国西北大学劳埃德·谢夫斯基（Lloyd E. Shefsky）在对世界各国200多位最具成就的创业者进行采访后，指出所有的人天生就具备创业素质，甚至连婴儿也有创业素质。“如果你见过婴儿爬到不该爬的地方，你就会知道他们是毫不畏惧的”。谢夫斯基举例对那些偏见和误区给予反驳。例如，人们都认为“创业者天生拥有预见性的眼光”，即便是天才的乔布斯也不是在创业之前就想到要开发微型计算机。不是所有的创业者天生都具有预见性的眼光，很多创业者是在实践中慢慢形成这种洞察力的。

创业者特质是人的一种心理和性格体现，可以天生具有，也可以后天培养。它存在于人的潜意识中，可以通过教育、引导来逐渐激发和发掘。同学们可以在学习的过程中通过对创业者和成功企业家的观察和了解，总结出自己认为的成功者必须具备的特质。通过学习，同学们将会对创业者特质形成独特的理解和更加深刻的认识，发现自己具备哪些特质，还欠缺哪些特质，以便于在今后的学习和实践中着重塑造。

1.1.3.3 创业者的基本素质

创业者的基本素质包括以下四个方面：创业意识、创业心理品质、创业社会知识结构以及创业实践能力。

（1）创业意识。创业意识是创业的前提，它可以激发创业欲望，引领创业实践。创业意识是创业活动在人的头脑中的反映，指在创业实践活动中对创业者起动力作用的个性意识倾向，包括创业需要、创业动机、创业兴趣、创业理想、创业信念和创业世界观等要素。人只有对创业有了足够的认识才会有创业的需要，有了强烈的创业需要就会有效地激发其创业动机，在强烈的创业动机驱动下产生创业欲望。有了创业意识、创业欲望，就会有创业行为。

（2）创业心理品质。创业心理品质是指个体在创业活动中所表现出来的，有利于创业活动开展的各种优良心理品质，如独立性、敢为性、坚韧性、克制性、适应性、合作性、缜密性和外向性等。首先，作为一名创业者要有坚定的信心和强烈的独立性。创业者要坚定自己的信念，善于独立思考，善于在发挥主观能动性的过程中不断超越自我。其次，创业者要有积极进取的人生态度和坚韧不拔的意志品质。创业过程中充满挫折和失败，这些都会给创业者带来沉重的打击和磨难，创业者必须要有吃苦耐劳、面对困难的心理准备，还要有战胜困难的积极态度和应对挫折的顽强意志。最后，要有知难而进和艰苦奋斗的精神。这是创业者战胜创业活动中的巨大困难和挫折的重要动力支撑。

（3）创业社会知识结构。创业社会知识结构包括专业职业知识、经营管理知识和综合知识。创业者只有具备创业必需的知识，才能成功地创办和管理新企业。创业者的知识素质对创业者起着举足轻重的作用。在市场竞争日益激烈的今天，单凭热情、勇气、经验或只有单一的专业知识，要想取得创业的成功是很困难的，这就要求创业者必须拥有深厚扎实的专业知识和宽泛广博的非专业知识。

（4）创业实践能力。创业实践能力是一种能够让创业者顺利实现创业目标的技能，包括专业技术能力、经营管理能力、决策能力、交往协调能力以及综合实践能力。创业实践能力是一种特殊的能力，这种特殊能力往往影响创业活动的效率和创业的成功。创业能力的形成与发展始终与创业实践和社会实践紧密相连。创业能力在实践中产生并得到提高。

1.1.4 创业思维

成功的创业者针对同一问题所采取的行动方案有时会大相径庭。然而，研究者们经过长期研究发现：尽管成功创业者的行动存在差异，但在思维方式上却具有显著的一致性，这是一种截然不同于一般管理思维的思维方式——创业思维。

1.1.4.1 创业思维的含义

从字面看，“创业思维”是由“创业”和“思维”两个词叠加而成，因而其含义也是兼顾两者的复合概念。创业思维是依附于“创业”基础上的思维。创业思维主要围绕“怎样成功创业和创什么样的业”展开，其主体是创业者，表现为主体对创业行为的构想，以抓住机会、实现更大的价值为目标进行的有计划和有安排的尝试。创业思维是创业者对创业活动和行为的系列设想和思考，是关于创业的系统化、理论化的逻辑体系及观点总和。对于创业者来说，创业思维就是走一条不同于自己既往的或者前人的道路，其出发点和落脚点是“业”。

1.1.4.2 创业思维的五大原则

企业在初创阶段抵御风险的能力较弱，往往具有规模不大、目标不清晰、资源匮乏的特点，不确定性的环境和变动的资源可能随时改变企业的目标，资源到位再采取行动的做法可能导致永远无法迈出第一步。

为此，美国弗吉尼亚大学教授萨阿斯·萨阿斯瓦斯（Saras Sarasvathy）从创业专家的思维和行动出发开展贯彻研究，总结出有助于创业成功的因素，提出了效果逻辑理论。效果逻辑是一种行动逻辑，强调立足现有资源创造或发现机会，通过互动扩展资源和目标、面向意外调整资源和目标，通过行动和不断迭代逐步追求创业者满意的效果，形成新企业、新产品和新市场，实现创业目标。最终实现的目标可能会与当初设定的有很大差别。

效果逻辑理论指代的思维方式强调即刻行动、立足资源、加强互动和不断迭代，这些都是创业思维的表现形式。在创业思维指导下，管理者的视角是创造而非预测未来，企业往往没有明确的目标，而是强调从拥有的资源出发即刻行动，基于实践在行动中不断学习和创造以降低风险，依赖利益相关者，在环境变化中发现资源和约束，就管理过程而言是“从0到1”的过程，适用于中小企业和初创企业。

为降低创业风险，萨阿斯瓦斯还面向创业者提炼出基于效果逻辑的五项行动原则，即创业思维的五大原则。

（1）手中鸟原则（bird - in - hand principle）。手中鸟原则是创业思维的第一个原则，它强调从创业者拥有的资源出发。西方有一句谚语：一鸟在手胜过两鸟在林。它告诉我们一个道理：不要盲目追求你没有的资源，要专心于你所拥有的资源。人们在进行创业时往往过于关注是否能够取得成功，而忽略了使用拥有的资源来完成其他事情的能力。实际上，对于创业者来说，自己能控制的资源才是真正的资源。

资源的发现可以从“我是谁”“我知道什么”“我认识谁”三个方面考虑。“我是谁”是指创业者拥有的在创业时可以利用的特质、能力和爱好；“我知道什么”包括创业者的教育背景、培训经历、经验和专业知识；“我认识谁”是指创业者的社会人际网络，即在个人、社会及专业网络中，哪些人可以来帮助你把创意付诸行动。一个人的资源总和等于上述个三方面的综合。

创业中如果先选定一个特定的具体目标，会使创业行为局限在寻求实现这个目标所缺少的资源上，不能马上行动，甚至会错失商机。有经验的创业者更倾向于从手头拥有的资源出发，改变目标以追求最优效果。对于创业者而言，基于效果推理的手段驱动往往是最有效的方法。根据实际拥有的、可利用的所有资源进行创业。这样，创业者立刻就可以开始创业行动，在行动中获得新的知识，同时又不会放弃更高目标和长期目标。

（2）可承受损失原则（affordable loss principle）。创业思维的第二个原则是可承受损失原则。可承受损失是指当准备进行一个需要投入大量时间、资金或其他资产的创业行动时，创业者需要思考自己将要承担的风险的潜在负面结果。动用的投入必须小于当行动的结果未达到期望值时可承受的损失。创业过程中充满风险，但优秀的创业者并非冒险家，他们拥有绝佳的方法来控制创业的潜在损失。他们不喜欢风险，只是接受风险，并且通过行动努力把风险降到最低。

创业者在采取行动前先评估自己可承受的损失以及愿意承担的损失有多大，然后再决定投入相应的资源，通过创造性地前进来增加收益。可承受损失是基于创业者已知和能够控制的情况。在采取每步行动之前，创业者只付出自己能够承担并且愿意负担的投入。在考虑投入时，创业者会综合权衡金钱、时间、心理成本、机会成本等各种成本。

可承受损失因人而异，也与创业者所处的年龄段息息相关。“可承受损失”指的是“不要让损失超出你能接受的范围”，它取决于用来计算的方法。

人们在进行经济价值评价时，内心有两个账户：经济学账户和心理账户。在经济学账户里，每 1 元钱都是相同的，每 1 元钱都是可以替代的；在心理账户里，并不是对每 1 元钱都一视同仁，而是视来处和去处的不同而采取不同的态度。心理账户影响我们对可承受损失的评价。

在评估可承受损失时，很多创业者会使用“心理账户”对各种资源进行分类。例如，人们对时间和金钱的解读不同，有些创业者喜欢尽量多付出时间，而不是投入更多的资金。同样，对于有些资源是不可以用来冒险的，心理账户会将它排除在风险之外。

对于心理账户的内容，每个人的理解有所不同。在创业时创业者要了解能承受什么损失，就必须知道你有什么资源，知道哪些资源是可以用来冒险的，哪些是不可以用来冒险的，对自己能承受的损失有一个清醒的认识。一个理性的创业者是不会拿对自己真正重要的东西去冒险的。

（3）柠檬水原则（lemonade principle）。创业思维的第三个原则是柠檬水原则。西方有一句谚语："当生活向你扔来柠檬，就把它做成柠檬水吧。"柠檬又酸又苦，柠檬水却酸甜可口。这个原则告诉我们要以乐观的心态面对生活中的艰难苦涩，主动接纳并巧妙利用，"生活以痛吻我，我却报之以歌"。

作为一名创业者，要以积极的心态主动接纳和巧妙利用各种意外事件和偶发事件，而不是消极的规避或应付。创业过程充满了不确定性，意外事件是不可避免的。在创业过程中，创业者采取的行动很可能不会带来所期望的结果。很多时候，意外同时意味着新的机会。与其将意外事件看成是一个难题，不如将它看成是创业的资源。创业者在创业之初拥有一些基础性资源，而另一些资源则是在创业过程中逐渐获得的，还有一些资源只有当创业者创业后才可能明白。对经验丰富的创业者而言，意外事件的出现并不意味着对情形失去了控制，他们将意外事件当作一种机会，当作创建新企业的基础材料加以利用。意外事件即使是消极的，创业者也能够以积极的方式充分利用它们。

（4）疯狂被子原则（crazy quilt principle）。创业思维的第四个原则是疯狂被子原则。疯狂被子原则源自美国中西部地区的妇女用拼布共同缝制被子的活动。据说，300年前移民到北美洲的妇女为了克服拓荒时的贫困，将旧衣服或破布头缝制成御寒寝具，这种用多种不同色泽不同形状的布块拼接缝制而成的薄被叫作百衲被。百衲被风行于贫民阶层，后来逐渐发展成美国民间广为流传的家庭手工艺品。原本不起眼的一块块碎布料，经过拼接缝制，摇身一变不仅能用作御寒寝具，还能成为手工艺品。这个原则告诉我们，要在行动中不断吸引更多的人加入进来，生成团队。

大多数人的欲望远大于手中所拥有的资源，很少有人可以在一开始就拥有创造新事物所需的所有资金和能力。而吸引利益相关者参与就是在整合利用其他资源。寻找愿意为创业项目实际投入资源的利益相关者，通过谈判、磋商来缔结创业联盟，建立一个利益相关者网络，生产创业团队。

在投资人眼中，团队比创意重要得多。创业初期的投资者对团队质量的关注程度远胜过一个好的创意。许多大公司创立时是先有一个伟大的团队而不是先有一个特别的想法。现实中也有些创业者选择独立创业，但他们大多会在早期吸引他人加入，生成自己的创业团队。

创业初期，没人知道创业项目究竟能做成什么样子，利益相关者不会把预期收益作为选择投资的直接标准，他们会暗自估算自己是否可以承受投资创业可能出现的损失。利益相关者以承诺和投入的方式，使创业成为可能。有经验的创业者会努力去吸引那些具有相同价值观、愿意协作共建、能够帮助自己完善愿景并敢于承诺的利益相关者一起参与到创业活动中来。

（5）飞行员原则（pilot - in - the - plane principle）。创业思维的第五个原则是飞行员原则。方向盘掌握在你的手中，未来由你创造。人们自出生以来就试图掌控自己的命运，尤其是对环境的控制。如果知道自己有能力控制生活，大多数人的积极性会倍增。人们渴望在较大程度上掌控自己的人生。无论过去现在、文化习俗，渴望控制并为之奋斗是人类的一大特点，贯穿于人类历史的长河之中。

控制力在创业中是一个非常重要的因素。创业者关注那些影响结果的事件，他们为实现控制而采用相应的决策方法。效果逻辑理论强调创业成功的关键因素在于专注于那些个人行为能够产生良好结果的行动。控制一切可控制之物，影响创业者所能影响的。在五大原则中，飞行员原则是统领性原则，主要体现在以下方面。

一是采取行动时，要基于已经拥有的资源，而不是自己所欠缺的。因为已经拥有所需资源，这样的行动可控性更强。

二是评估行动时，要依据其失败风险是否在可承受范围内，而不是它能否带来最大利润，这样做有利于控制预设的风险。

三是与那些愿意做出承诺的伙伴合作，而不是依据间接的市场调研来预测未来，这能帮助创业者更好地控制事态发展。

四是灵活应对创业过程中出现的意外情况，而不是尽力遵循预设的计划，只有这样才能在不确定的环境中有更强的控制力。

1.1.5 创业精神

通过观察和分析古往今来成功的创业者，可以发现他们身上有一些共同的精神特征，如敢于冒险、善于合作等，这些精神特征就是创业精神。

如前文所述，“entrepreneur”意为“企业家”或“创业者”。“entrepreneurship”既可以翻译为“创业”，又可以翻译为“创业精神”。创业、创业精神和企业家密切相关，创业精神即为企业家精神。创业需要冒险，创业精神就是将不可能变为可能，没有条件就自己创造条件，想前人之不敢想，做前人之不敢做。创业精神是创业的重要支柱，贯穿于创业过程的始终。每个创业者都应注重创业精神的培养。

1.1.5.1 创业精神的要素

创业精神对于创办新企业尤为重要。创业者如果没有创业精神，那么就会失去创业的动力。如果一个创业者具备全面的创业精神，那么他将在创业路途上勇往直前。创业精神包括如下 9 个要素。

（1）强烈的创业意识。创业意识指创业者在创业过程中起着动力作用的个性倾向，包括需要、动机、兴趣、理想、信念和世界观等心理成分。创业意识支配着创业者的态度和行为，规定着创业者态度和行为的方向、力度。

创业者必须树立正确的创业意识，使自己具备创造梦想、发现机遇，凝聚梦想、不懈追求，学习新知、进取提升，突破陈规、创新创造，敢于担当、直面挑战，居安思危、自省自警的意识。

（2）充沛的创业激情。创业的过程总是困难重重、艰辛曲折的，创业者需要具备极大的创业激情，将创业团队凝聚在一起，共同克服困难，直面挑战。

（3）鲜明的创业个性。创业成功者一般有鲜明独特的个性品质：一是敢冒风险，敢于走别人没有走过的路，这样更容易抓住创业机会，创造出自己独特的东西；二是执着，全身心融入创业活动中；三是能独立地解决生活及创业过程中遇到的困难和问题，不受各种外来因素的干扰。

（4）顽强的创业意志。创业者要拥有顽强的创业意志，百折不挠地将创业行动坚持到底以达到目标。创业意志主要包括创业目的明确、决断果敢、具有恒心和毅力。

（5）批判精神。批判精神是一种十分宝贵的创业精神，是一个成功的创业者需要具备的精神品质。要想成为优秀的创业者，就要敢于走出经验的误区，大胆地进行创意并实践，从而捕捉到商业机会。

（6）适应能力。适应能力是优秀创业者应具备的重要特质之一。具有独立创业精神的创业者，必须具有较强的环境适应能力，在人与环境的互动过程中，个体能够以前瞻性的眼光与思维作出预测与判断，并及时改进、提升或按照顾客意愿定制服务，以持续满足顾客所需，而不是被动地等待时机。

（7）领导力和亲和力。好的创业者一定具有很强的个人魅力和感召力，他能更好地凝聚创业团队，成为创业团队的精神力量和榜样。

（8）合作精神。创业需要团队合作、抱团取暖。创业者如果没有合作精神，单纯依靠个人的力量创业会非常困难，而具备合作精神则能够寻找到更多的创业机会，拥有更多的创业资源。

（9）诚信精神。不管创业者做的是小买卖还是大生意，都需要具有诚信精神。一个创业者或一家企业，没有诚信就无法在竞争残酷的市场上立足。

1.1.5.2 创业精神的本质

创业精神是创业者在创业过程中具有开创性的思想、观念、个性、意志、作风和品质等重要行为特征的高度凝练，主要表现为勇于创新、敢当风险、团结合作、坚持不懈等。

（1）创新是创业精神的灵魂。创业活动中的创新包括从产品创新到技术创新、市场创新、组织形式创新等。创新被认为是表现创业精神的具体化。创业者具有创新精神，才可能创建新颖独特的企业，并保持一个企业的特色和可持续发展。

（2）冒险是创业精神的天性。没有甘冒风险和承担风险的魄力，就不能成为创业者。无数创业者的经历证明，创业者虽然生长环境、成长背景和创业机缘各不相同，但无一例外都是在诸多不确定性因素条件下敢为人先，勇于创新的实践者。

（3）合作是创业精神的精华。社会发展到今天，行业分工越来越细，没有谁能一个人完成所有创业需要完成的事情。真正的创业者善于合作，能将合作精神扩展到企业的每个员工。面临困境时，团队成员间能团结一心，奋力拼搏。

（4）执着是创业精神的本色。创业的过程必然伴随着各种艰辛和曲折，因此创业者必须坚持不懈、咬定青山不放松。创业实践表明，往往只有偏执者才能在创业中生存下来。

创业精神是创业的动力，也是创业的支柱。没有创业精神就不会有创业行动，也就无从谈起创业成功。因此，创业精神对创业至关重要。

【延伸阅读】从生活中发现商机是一条走向成功的捷径①

据估计，现在全世界大约有两亿男人使用“吉列”刀片刮胡子，但你一定不知道，“吉列公司”创始人吉列先生当初产生这项发明的念头，只是因为客户的一句话。

出生于贫寒家庭的吉列，十几岁便开始当推销员。虽然工作尚算顺利，但是吉列却不想一辈子只当个推销员，他经常对自己说：“有一天，我一定要开创一番不平凡的事业!”

在一次与顾客闲聊时，曙光出现了，那位顾客无意间对吉列说：“嗯，如果能够发明一种用过就扔的小商品，那不就可以让顾客们不断来购买你的商品吗?”

“用过就扔？不断购买?”这句话立即激发了吉列的灵感。

从那天起，吉列天天思索着：“什么样的东西必须用过就扔掉呢?”

有一天早上，吉列在一家旅馆的房间里刮胡子，当他拿起刮胡刀时，却发现刀口不够锋利。

正值出差的他当然不可能随身携带笨重的磨刀石，于是他只好信手取过一块牛皮，轻轻地在上面来回磨，问题是刀口仍然不见锋利，无奈之下，他只好凑合着用。

然而，不锋利的刀子可把吉列给整惨了，胡子不仅无法清除干净，更把他疼得哇哇叫，好不容易刮完了胡子，却见脸上留下了好几道伤痕。

他感到非常生气，愤愤不平地想着：“难道世界上就没有比这个更好用的刮胡刀吗？怎么没有人发明一些不必磨就锋利无比的刀子呢?”

就在这时，他突然眼前一亮：“咦！这不正是‘用完即扔’的最佳商品吗?”

一回到家，吉列便辞去工作，潜心研究薄钢刀片等刮胡用具，最后设计出了一款像耙子似的T形简易刮胡刀。

所谓的商机，一向离不开我们的生活所需，至于可以增长业绩的创意点子，更是无法离开我们的生活所需。

只要能用心观察，创意就在我们身边，只要能认真生活，机会就在我们手上，吉列发明出来的方便刮胡刀具，不正可以证明这个论点吗?

不要只想着跟随别人的脚步，即使大家最终的目标相同，只要能多用点心思，在前进的过程中呈现出独特的创意风格，必定有机会在自己精通的领域里独占鳌头。

1.1.5.3 创业精神的培养

或许有的企业家是天生的商人，他们的创业精神与生俱来。但是创业精神是可以通过后天培养而形成的。创业者可以通过模仿、历练、实践和培训这4种途径来培养自己的创业精神。

（1）模仿。模仿是培养创业精神较便捷的方法。选择一个学习的榜样，揣摩他的行为，分析他的言论，从而向他靠拢。很多成功的创业者都有这样一个感受：他

① 訾唯忠．生意场上纵横谈（十三）［J］．经营与管理，1990（12）：30－31．

们在创业过程中会有一个“偶像”，自己会不自觉地按这个偶像的言行来要求自己、鞭策自己。史蒂夫·乔布斯（Steve Jobs）就非常崇拜英特尔的创始人安迪·格鲁夫（Andy Grove），甚至打电话向其寻求建议。

（2）历练。创业是艰辛的，创业环境中处处充满竞争和困难，培养创业精神的高效方法之一就是让创业者在真正的创业环境中磨炼意志，培养创业精神。

优秀的创业者是绝不会被压力压垮的，反而会在压力之下创造惊人的事业。例如，房地产行业知名企业家李嘉诚，少年时曾挣扎在社会底层，并养成了坚韧不拔、勇于冒险等特质，这让他成年之后受益匪浅。

（3）实践。实践是培养创业精神的直接方法。积极的实践能带来及时的反馈，实践经验的积累能够让创业者对创业形成逐渐深入、清醒的认识。实践产生的作用是其他途径不可替代的。只有通过实践，创业者才能在以后更加清晰地确立创业目标、制定创业计划，才会更加坚定创业信念，创业精神也才能更加强大。

（4）培训。各地政府部门都开设有创业培训班。这些培训服务往往请成功的企业家或者经验丰富的职业经理人来担任讲师，创业者参加培训可以得到专业化和科学化的指导，对提高创业成功率有非常重要的作用。

1.2 认知创业实践

1.2.1 知识经济时代的创业热潮

进入21世纪，伴随着知识经济的兴起，世界各国正努力朝着知识经济时代大步迈进，这必将引发一场巨大的创业热潮。

1.2.1.1 知识经济与经济转型

人类经济发展史大致可以分为农业经济、工业经济、知识经济这几个主要的阶段。

农业经济，又叫劳动经济，即经济发展主要取决于劳动力资源的占有和配置。在这一经济阶段中，人们采用的是原始技术，主要从事农业生产，辅以手工业。在工业革命之前，这种生产格局基本没有改变。这个阶段的劳动生产率主要取决于劳动者的体力。

工业经济，又叫资源经济，即经济发展主要取决于对自然资源的占有和配置。自19世纪以来，世界发达国家陆续完成了工业革命，科学技术取得了巨大发展，生产效率有了很大的提高。但是这一时期，知识对于经济尚未起到决定性作用。铁矿石、煤炭、石油等发展机器生产的主要资源很快成为短缺资源，并开始制约经济发展。因此，这一阶段的经济发展主要取决于自然资源的占有。

知识经济，是指建立在知识和信息的生产、分配和使用基础上的经济，它是与农业经济、工业经济相对应的一个概念，是一种新型的富有生命力的经济形态。在社会生产上，人们通过“知识”来对人力资源、能源、原材料等其他资源进行分配、组合，从而完成生产，将资源转化为生产力。知识经济时代，是指知识经济是社会经济发展重心的时代，其具体特征如下。

（1）资源利用智力化。资源利用智力化是指通过人类智力来开发、调动、使用资源。一方面是对现有自然资源的精确、合理运用，提高资源利用率；另一方面是通过运用智力去开发新的资源，如氢能源、清洁原子能，以提高人类所能使用资源的总量。

（2）资产投入无形化。资产投入无形化是指在知识经济中，无形资产如知识、信息、专利、网络程序等智力成果成为企业资产的主体或核心。

（3）知识利用产业化。知识利用产业化是指对知识、信息等智力成果的利用逐渐成熟、规范和规模化，由此产生的知识密集型产品将会承载高额的知识价值，成为创造社会财富的主要方式。

（4）经济发展可持续化。经济发展可持续化是指在知识经济时代，通过智力支配其他生产因素，会更加重视生态效益、社会效益，采取可持续发展战略。

（5）经济全球化。经济全球化是指在知识经济时代，更高的科技水平会使世界交流更加便捷，同时智力成果会在全球范围内广泛流通，知识产权交易等无形贸易大大发展。

知识经济的产生和壮大是经济发展的必然趋势，是人类生产力水平提高的必然结果。人类社会正处在向知识经济时代转型的关键期。

1.2.1.2 经济转型与创业热潮

在社会由工业经济转型到知识经济的关键期间，社会产业结构面临重大的调整和再造，其中会涌现出无数的创业机会。知识经济催生了一大批以知识的生产和应用为特征的新企业的诞生，带动了一次新的创业热潮的兴起。此次创业热潮的出现拥有如下有利条件。

（1）新需求、新产业的出现。新需求、新产业的出现是指在社会经济转型期，会出现原有经济结构和经济制度的大幅度变化，很多新的需求和新的产业会出现，而这种新兴市场竞争度低、潜力大，是创业者极好的入市机会。

（2）成熟行业的重新洗牌。成熟行业的重新洗牌是指在经济转型过程中，经济结构的调整必然会打破原有成熟行业的内部平衡，引起成熟行业的重新洗牌甚至淘汰。该行业中原有企业的竞争力和优势地位会遭到削弱，甚至有企业因倒闭而空出了市场份额，这就为创业者进入该行业扫清了障碍。

（3）资源优势的削弱。资源优势的削弱是指在向知识经济时代迈进的过程中，知识资源的重要性逐渐凸显，创新成为市场竞争中的重要优势，而市场中成熟企业的资源优势则相对被削弱，这就缩小了新兴企业与成熟企业之间的差距。

从工业经济时代到知识经济时代的经济转型，使得智慧、创意、创新、速度等成为竞争优势的关键来源，形成了有利于创业活动开展和中小企业发展的良好环境。

微软、戴尔、苹果、谷歌等企业正是在这种环境中迅速崛起，并极大地影响了美国的经济。

以微软公司为例，它的主要产品是软件及软件中包含的知识，正是这些知识的广泛应用打开了计算机应用的大门。如今微软公司的产值已超过美国三大汽车公司产值的总和。近年来美国经济增长的主要源泉就是 5 000 家软件公司，它们对世界经济的贡献不亚于名列前茅的500 家世界大公司。所有这些表明，在现代社会生产中，知识已成为生产要素中一个最重要的组成部分，经济转型带来的以知识的生产和应用为核心的创业活动已成为 21 世纪主导的创业形态。

【延伸阅读】知识经济时代的财富传奇①

谈到比尔·盖茨（Bill Gates），绝大多数人脑海中都会闪过一个词语：财富！没错，比尔·盖茨早已成为人们心目中的财富偶像。借助 Windows，比尔·盖茨花了不到 20 年时间就坐上了世界首富宝座。1986 ~ 2008 年，除了 2000 年的科技泡沫破灭影响了微软的股价，导致比尔·盖茨资产遭受重创外，比尔·盖茨的财富在大部分时间里逐年攀升，涨幅往往超过 100%。

比尔·盖茨从小就痴迷于计算机，中学时代的他已经尝试编写代码并成功售出。1975 年，比尔·盖茨与好友保罗·艾伦（Panl Allen）一起创办了微软公司，比尔·盖茨担任微软公司董事长、CEO 和首席软件设计师。随着 IBM 的 PC 机的普及，他们的操作系统得到了广泛宣传和发展，也为微软的成功奠定了坚实的基础。微软将目光聚焦于软件研发，在现在看来，当时是一个十分前瞻性的决定。Windows 操作系统，Microsoft office 都取得了巨大的成功。微软公司仅仅用了十几年的时间就成功占领了从个人计算机到商用工作站，甚至服务器的操作系统，公司一直活跃在科技领域，成功实现垄断霸主地位。比尔·盖茨也成了财富的代名词。

有人会问，当年的比尔·盖茨没钱没地，凭什么成了世界首富？东北师范大学校长助理刘建军在题为《文化的发展与民族复兴》的讲座中剖析了这个问题。“人类社会发展到今天，有四种占有财富的方式：奴隶社会中是人对人的占有；封建社会是占有以土地为主的生产资料；资本主义社会则是对资本的占有。”刘建军说，当人们占有了一定的财富，可以去追求更大的财富。但比尔·盖茨既没有土地也没有钱，他靠占有什么才发财的呢？“因为他具有创新的大脑，全新的知识结构，凭借这种超常人的思维，比尔·盖茨占有了创造力，拥有了现在的成就。”刘建军指出，从比尔·盖茨的成功可以看到，他与前三种占有财富的方式有着明显不同。“前三种都是人对他者的占有。今天，人对财富的占有是靠着对知识的占有，对自身大脑创新能力的占有。”

比尔·盖茨与微软的成功，在很大程度上是时代的成功。在他年幼的时候，计算机还是个新兴产业，而当他创业的时候，计算机的使用正在成为世界潮流，是发

① 作者根据大学生就业信息网相关资料编写。

展最快、最有价值的产业。比尔·盖茨所在的软件行业，则是计算机行业最核心、最有前景的部分。知识是软件价值的核心，正是靠着知识的价值，比尔·盖茨坐上了世界首富的位置。

1.2.2 我国创业历程回顾

我国的创业活动起步较晚。自改革开放以来，经历了数次创业浪潮。从计划经济到市场经济，从互联网到移动互联网，时代的变迁让一批又一批创业者前仆后继。创业者从个体户到合伙人、从小商贩到规模经营，创业者的身份随社会演化而不断发展变化，而每一次创业浪潮在很大程度上与政府和政策的引导、社会经济的发展、科技的发展等都息息相关。

1.2.2.1 第一次创业浪潮

改革开放后的第一次创业浪潮始于1978年。中国共产党第十一届三中全会确定了改革开放的经济发展政策，拉开了我国生机勃勃的改革开放的序幕。当时我国的经济还处于一个物资贫乏的时代，电视机、洗衣机、冰箱这些如今常见的产品在当时实属奢侈品。在改革开放政策的驱动下，为了解决温饱问题，很多人靠摆地摊或从事理发、修鞋、磨刀、卖小吃等维持生计，形成了以城市底层人群和农民创办乡镇企业为特征的“草根创业”。20世纪80年代初，借助改革开放的春风，出现了一些新的商机，有一部分人开始做小买卖，“个体户”应运而生，其中有的还成了“万元户”。抓住这一创业机会的主要是那些所谓体制外部的个体户，他们大多有想法、有眼光，能够及时把握机会，创业成功。

1.2.2.2 第二次创业浪潮

1984年春天，邓小平同志视察深圳、珠海等经济特区。在年底召开的党的十二届三中全会上通过了《中共中央关于经济体制改革的决定》，确定了中国由计划经济体制向市场经济体制的转型。这次改革的主题是城市体制改革，把农村进行的承包制的成功经验引进城市。1984年是城市体制改革和工业改革的元年，掀起了我国第二次创业浪潮。一大批有文凭、有稳定工作的人走上自主创业之路。“下海”成了当时的热词。就在这一年，柳传志创办了联想，张瑞敏成了厂长，王石开始创业。

在制度的变革中，创业者们遭遇了很多我们无法想象的困难，他们只能摸着石头过河。

20世纪80年代中后期创业活动的代表是乡镇企业的兴起。1985年前后，一部分农民企业家、乡镇企业家抓住这个机会办乡镇企业。当时，江浙一带的企业家也遭遇了类似的困难。他们创办的乡镇企业没有技术储备，业务无法开展，而邻近的大都市上海倒是有技术人才，可这些技术人才都有自己的工作单位，不可能放弃铁饭碗加盟他们的私营企业。于是，江浙一带的企业家们就创造了“星期天工程师”：请技术专家星期天到企业上一天班，为工厂提供技术指导。这样，技术专家既能在工作之余获得报酬，企业也解决了技术难题。

1.2.2.3 第三次创业浪潮

第三次创业浪潮起源于1992年。1992年春天，88岁的邓小平同志再次踏上开往南方的列车，先后视察了武昌、深圳、珠海等地，沿途发表了系列关于中国改革的重要谈话，史称“南方谈话”。邓小平同志的讲话针对人们思想中普遍存在的疑虑，重申了深化改革、加速发展的必要性和重要性，并从中国实际出发，站在时代的高度，深刻地总结了十多年改革开放的经验教训，在一系列重大的理论和实践问题上，提出了新观点，讲出了新思路，开创了新视野，有了重大新突破，推进了中国改革开放又一浪潮的掀起。

同年，党的十四大正式把建立社会主义市场经济确立为我国经济体制改革目标，国家经济体制改革委员会出台了《有限责任公司规范意见》和《股份有限公司规范意见》两个重要文件，第一次允许个人通过投资入股的方式创办企业成为股东。国务院修改和废止了400多份约束经商的文件，《人民日报》甚至还发表了《要发财，忙起来》的文章鼓励人们下海经商。在此大气候下，全国掀起了创办公司的热潮。

这次创业浪潮是以体制内的精英人群下海经商为特征的精英创业。创业者包括政府部门的政治精英以及科研部门的科研人员。随着改革开放的继续深入，市场经济的蓬勃发展，股票、期货、基金等证券市场和房地产领域开放，许多知识分子和政府官员纷纷弃职经商，成为这一时期的主要创业者。相对之前的创业浪潮，这一波创业浪潮的创业主体相对知识素养较高，他们的成功也在很大程度上宣传、鼓励了市场经济观念，创业开始成为正面的词汇出现在报刊等媒体上。这一批人是中国现代企业制度的试水者，他们普遍具有企业现代管理意识，具有较强的资源整合能力，尤其懂得资本运作，对宏观环境变化有灵敏的嗅觉。从这个时期开始，新创立的企业不再仅仅集中在劳动密集型的产业，一大批高新技术创新企业诞生并迅速在行业内取得优势地位，成为我国技术创新的重要力量。

1.2.2.4 第四次创业浪潮

第四次创业浪潮发生在20世纪90年代后期。经济的发展解决了人们的生存问题，而科技的发展则改变了人们的生活方式。1998年互联网大时代拉开帷幕。信息技术的发展催生了一大批高科技的互联网公司，形成了一股互联网创业浪潮。1998年，“搜狐”“网易”“腾讯”成立。1999年，“阿里巴巴”成立，“天涯社区”等社区网站也初具规模。大批留美学生把美国市场的成功业务移植到国内。模仿硅谷的创业项目加上来自硅谷的早期资本的支持，成为这一轮海归创业最鲜明的特征。以亚信的丁健、搜狐的张朝阳、百度的李彦宏等为代表。这些在互联网领域创业的海归留学生，在创业成功后被称为互联网时代的英雄。在海归群体的示范下，中国本土培养的大学生也加入创业的行列。新浪的王志东、网易的丁磊、腾讯的马化腾都是本土成长起来的技术人才。无论是门户网站还是腾讯QQ，都是把在国际市场上流行的产品以中国用户接受的方式移植到中国，依托中国庞大的人口基数成就了一番事业。

这一波创业浪潮还带来了一些新鲜事物。首先，境外风险投资大量进入中国，使得创业企业的资金来源更加多样化。其次，创业企业上市通道不仅包括沪深股市，甚至能到境外交易所上市，这开拓了中国企业奔赴纳斯达克 IPO 的时代。他们在纳斯达克的成功上市又激励了更多的“海归 + 风投资本”的组合式创业。在财富的效应下，潜藏在人们内心的创业激情被激发出来。再次，国外创业企业的先进管理方式进入国内，带来了宝贵的经验。

这次创业浪潮使创业活动在真正意义上得到全社会的关注。很多全新的名词，如商业模式、风险投资、大学生创业、“80 后”创业等成为国内报纸杂志上人们耳熟能详的词汇。创业改变人生的观念也真正深入到大部分国人的心中。此外，随着企业上市，创业者的社会地位和影响力发生了非常大的改变。创业教育也开始逐步在高校萌芽。

1.2.2.5　第五次创业浪潮

第五次创业浪潮是我国进入的“大众创业、万众创新”时代。2014 年 9 月，李克强总理在夏季达沃斯论坛上第一次提出“大众创业、万众创新”，强调要借改革创新的“东风”，在 960 万平方公里土地上掀起“大众创业”“草根创业”的浪潮，形成“万众创新”“人人创新”的新态势。2015 年政府工作报告提出，要把“大众创业、万众创新”打造成推动中国经济继续前行的“双引擎”之一，推动发展调速不减势、量增质更优，实现中国经济提质增效升级。创业成为国家战略。

各级政府部门相继出台一系列鼓励创业的政策，如改变工商登记制度，理论上 1 元钱就能开办公司；税收、金融、担保等各项政策都有相应的改变；各地开办创业孵化器，为创新企业提供较低的场租、法律登记服务、培训指导等。全国各地的创业园区、创业孵化器、众创空间如雨后春笋般涌现，大量在世界范围内有影响力的新兴科技公司成批涌现。随着本土风投的壮大和国内创业板、新三板的开通，创业者获得资本和整合各项资源变得更加容易。由中外风投作推手的创业潮开始从海归人员向本土创业者扩展，创业的领域也从互联网向生物医药、太阳能、清洁技术、教育、消费等诸多领域扩张，出现了大规模的全民创业浪潮。与历次创业浪潮相比，这次的创业浪潮无论在规模、数量还是政府的推进力度上都是空前的。

在第一、第二次创业浪潮之后，我国建立了一套工业生产制造体系，解决了市场物资短缺的问题，我们可以叫它“制造中国”；第三次创业浪潮之后，我国建立了基于股份制条件下的公司架构，有了一大批下海办公司的人，形成了“公司中国”；第四次创业浪潮将互联网技术、人才、风险投资等引入中国，形成了“互联网中国”；第五次创业浪潮将新型技术通过创业渗透到人们生产、生活的各个方面，形成了大众创业、万众创新的“创业中国”。处于经济转型期的中国，需要更多的创业英雄，需要越来越多的创业型组织，推动经济的可持续发展。

【延伸阅读】喜茶——"90后"创业故事[①]

1992年出生的创始人聂云宸在5年时间内把一个30平方米的奶茶店打造成茶饮店中的"网红"，从华南到华东，单店日销4 000杯，喝过之人必赞不绝口……这家神奇的奶茶店背后，有什么样的创业故事？

"喜茶"创始人聂云宸：我不喜欢做"网红"

"假如世界上没有人开过奶茶店，我第一个开，我会怎么做产品、选料、做流程？"1992年出生的小伙子聂云宸用并不标准的普通话讲起自己做"喜茶"的初衷。

2012年5月12日诞生在广东省江门市九中街的这个小小茶饮店，5年时间在广州、深圳、上海、佛山、东莞、中山等地开出分店约50家，均为直营店铺，总体营业额过亿元。位于上海来福士的喜茶店，最火爆时排队超过3小时。

在"喜茶"被誉为2017年最红的餐饮品牌之时，也不断有质疑声出现：雇用人员排队、"网红"品牌注定昙花一现。

"喜茶"成"网红"靠口碑传播

2017年春天，"喜茶"在上海来福士开业，有网友称"排队买喜茶"成了上海新景。在长得不见尾的队伍里，很多年轻人玩着手机、聊着天排队，一排就是几小时，买到后第一时间拍照上网。

聂云宸创业初并未预想到会如此火爆。5年前，他在江门市开了一家名为"royaltea皇茶"（后因商标问题于2016年全部改为"喜茶"）的奶茶店。他之前创业失败，在没有父母的认可、没有资本的帮助、没有名校背景的基础上，带着十几万元开始了自己的创业之路。

最初生意并不好，聂云宸自己坐前台和顾客沟通，前一天跟顾客聊得很开心，可第二天就看到这个顾客在别的店面买奶茶，"这是很伤人的"。也正是在那时，他想到了茶饮年轻化，为此研发新产品，增加顾客黏性。

渐渐地，喜茶有了一小批忠实的顾客，他们为了喝一杯"喜茶"愿意排队许久。还有不少同学给聂云宸打电话，因为排队的人太多，请他帮忙买。为了减少排队的情况，聂云宸准备开第二家店，后来还走出江门开到了中山。但是，"喜茶"在中山遇冷，一天营业额只有几百元。他琢磨："我们竞争力主要在口碑传播，但是在市区的新店没有发挥出口碑传播的效果。"

他调整战略，在离原先店只有1小时车程的地方开了一家"喜茶"，有很多人慕名而来，后来在整个城市引发了口碑传播。之后在佛山、广州、深圳开店都是以此为思路，几乎从未失手。

在扩张中，总是有一小批忠实的"喜茶"用户愿意追随，这些人成了"喜茶"的活广告。在上海开店时也是如此，聂云宸发现一些从未有商业合作的美食账号已经在写"喜茶"的测评，开店之前就形成了口碑传播，事实证明这的确有效。

---

① 中国青年报."喜茶"创始人聂云宸：我不喜欢做网红［N］.中国青年报，2017-06-27（12）.

除此之外，“喜茶”有很多让年轻人喜欢的理由。从口味上，聂云宸自己研发了“喜茶”的明星产品奶盖茶和芝士茶，备受顾客好评；在设计上，“喜茶”的门店讲究的是“禅意和酷”，店面设计讲究，顾客反映良好。

聂云宸介绍，上海首家门店平均每天卖出近 4 000 杯，奶茶杯叠起来的高度接近于上海第一高楼——总高 632 米的上海中心大厦。

坚决不做加盟

当“喜茶”成了现象级产品时，顾客排队购买的体验越来越差，关于“喜茶”的争议也越来越多。

2017 年 6 月，“喜茶”雇人排队的消息席卷网络，有黄牛甚至称：“‘网红’美食都是靠我们炒起来的。”一时间，“喜茶”雇人排队的话题上了微博热搜。很多人还给“喜茶”的口味打了差评。

6 月 7 日，“喜茶”在自己的公众号上回应了传闻，并质疑“为何一件尚未定论的事件，会被当作事实大规模传播?”其中还提到，声称“喜茶”雇人排队的人有很多，但没有一个人能够提供“喜茶”雇人排队的有力证据。

“‘网红’是偏贬义的，我不喜欢听到这种评价。”聂云宸也不希望顾客为喝一杯“喜茶”排队许久。在他看来，“喜茶”起源于非常高频的需求，希望成为非常日常的东西，而不是‘网红’店。在开店较多的广州，他很欣喜地发现开在写字楼里的喜茶店上班日的营业额超过周末，下午的营业额超过晚上。

所以，聂云宸选择不断开店的目的是希望顾客无须长时间排队等待，无须专门去到仅有的几家门店，可以轻松方便地喝到“喜茶”。

“喜茶”能否线上下单增加配送从而减少排队？聂云宸在广州尝试过线上购买，1 小时就下单 1 000 单以上，但一天一家门店的产量也不过 1 000 杯，导致后来到门店购买的顾客都买不到茶，网上购买的茶叶也无法送货，购买体验反而更差。这些使他更相信，“喜茶”的火爆是口碑营销。

另外，“喜茶”的火爆也吸引来无数造假的信息，如今在网络上搜索“喜茶”能搜索到各类加盟信息，“喜茶”的官方网站只排到第三位。聂云宸透露，有很多骗子甚至带加盟者到门店门口合影，公司也收到了很多受骗者的信息。

聂云宸称“‘喜茶’坚决不做加盟”。他总感觉加盟店“不是那个味儿”，他不是担心产品无法标准化，而是无法正确传递想要传递的品牌理念。如今，在“喜茶”的公众号介绍上，用符号着重标明了“‘喜茶’不做加盟”。

未来要开 100 家店

在开第一家门店的时候，聂云宸在给员工开会时会鼓励说：“这里是试验田，是一个品牌诞生的地方。”可在那时，他明显能感觉到员工的嘲笑。他在创业第一天就想到未来要将茶饮年轻化和国际化。

致力于茶饮年轻化的“喜茶”，其核心竞争力主要有三：一是超强的新产品研发能力，聂云宸至今每天仍会喝下不少于 20 杯奶茶，爆红款芝士奶盖茶也是他的独家原创；二是“喜茶”整体富有现代主义禅意的品牌设计风格让年轻的消费者为之着迷；三是“喜茶”已形成对茶叶产业链上游茶园的掌控，使之从土壤到口味均为“喜茶”定制。

2016年，获得了美国国际数据集团以及知名投资人何伯权（乐百氏创始人）超过1亿元的共同投资后，“喜茶”也在资本的助力下开始加速。聂云宸表示，“喜茶”将在北京、长三角、珠三角加密开店，一方面为缓解排队等候等不好的用户体验，另一方面为加强品牌蓄能。

除了高性价比，“喜茶”也在同步增强自身的运营能力。“做这行可大可小，我一开始就希望可以深刻影响市场。”崇尚硅谷极客风格的聂云宸表示，相比于咖啡文化的星巴克，茶饮在中国有更久的历史和更大的市场，“喜茶”期望让茶能够触发年轻人新的记忆点。

1.2.3 我国创业实践活动现状

我国目前正处于“大众创业、万众创新”的新一轮创业浪潮中。新一轮创业浪潮具有以下四个主要特征。

一是“双创”主体多元化，“精英”创业联动创新，“草根”创业带动就业。与之前创业浪潮相比，本轮创业浪潮中创业创新形成联动，创业主体更加多元，具有复合性，具体表现在：金融危机促进海归潮推动创业；体制内及企业内的精英离职引发创业浪潮；返乡农民工掀起新的草根创业浪潮；政府大力推进大学生创业。多元的创业主体是实现大众创业、万众创新的基础，也是形成创业创新浪潮持久动力的重要保障。

二是“双创”体系生态化，顶天立地的科技大企业引领，铺天盖地的小微企业孵化发展，一些地方成为创业创新人才的“栖息地”。创业生态系统主要由“创业者”、各类“资源”以及“政府支持与鼓励”三大部分组成，概括来说，就是创业主体、创业要素以及创业环境，三者构成了彼此依存、相互影响、共同发展的动态平衡系统。在创业生态中，作为创业主体的大企业由于具备人才、技术、品牌、市场等优势，在推进大众创业、万众创新中具有举足轻重的地位。大企业离职创业人群不断扩大，形成了联想系、百度系、腾讯系、华为系等一系列“创业系”和“人才圈”。

三是“双创”高度网络化，互联网线上与线下共创众创，基于互联网创业创新蔚然成风。新一代互联网技术发展带动产品服务、商业模式与管理机制的创新，引领新一轮互联网创业新浪潮。互联网创业已经进入新时代，拥有更广阔的创业平台、更活跃的风险投资、更公平的创业环境以及更年轻的创业者，互联网领域成为新一轮创业创新的主阵地。

四是“双创”关键在“创”，核心在“众”，“众创”“众包”“众筹”等新的商业模式、管理机制、投资模式多方面创新相互交织。“一花独放不是春，百花齐放春满园”。无论是大众创业还是万众创新，都少不了一个“众”字，创新创业主体从“小众”走向“大众”，在更广范围内激发和调动亿万群众的创新创业积极性，让创新创业的理念深入民心。大数据、云计算和移动互联网的快速发展，使众创、众包、众筹等一批集众人之智、汇众人之财、齐众人之力的创意、创业、创造与投资的空间应运而生，让每个有创新创业愿望的人都拥有“用其智、得其利、创其富”的空间，让每个有梦想的人都拥有人生出彩的机会。

1.2.4 创业实践活动的基本特点

创业活动不同于一般的商务活动或管理活动，有着自身的特点。南开大学张玉利教授（2010）通过对众多创业实践活动的研究，总结出创业实践活动的五个基本特点。

1.2.4.1 机会导向

一般的生产经营活动通常对资源利用考虑比较多，主要考虑自己能做什么。创业活动不同，其显著特点是机会导向。机会的最初状态是未精确定义的市场需求或未得到利用或未得到充分利用的资源和能力，机会意味着生存和发展的空间，意味着潜在的收益。一般来说，创业活动的初始条件并不理想，创业者缺乏资源特别是物质资源，包括资金、人力、物力等。客观的事实迫使创业者思考在较少的资源条件下生存和发展的可能性。在市场环境中，决定企业生存与发展的关键力量是顾客，是市场。因此，创业者必须优先从市场、顾客需求中识别和发现创业机会，探寻生存和发展的空间。

创业活动就机会导向进一步决定了创业活动的顾客导向，这也是创业与发明、创新不同的主要环节。要识别创业机会，就必须深入了解顾客需求，对顾客的需求做到细致入微的研究分析，这不同于简单的市场细分，而是要把握顾客的本质需求。有调查显示，大多数成功的创业者往往是那些对顾客有深入了解的人，他们创建的新事业往往是对原来工作的升华，是在原来工作基础上的创新，他们对顾客需求的感知是在长期工作中的认真思考。

1.2.4.2 创造性地整合资源

创业的本质是资源整合，熊彼特所强调的“新的组合”本质上也是资源整合。创业活动强调在资源不足的情况下把握机会，这并不等同于不重视资源，相反，这恰恰是在提醒创业者必须创造性地整合资源。

资源是人类开展任何活动所需要具备的前提，要把握创业机会，同样需要具备相应的资源。资源的种类很多，有有形资源，也有无形资源；有物质资源，也有非物质资源。对于创业者来说，自身所具备的知识、社会关系网络、专长、组织领导才能、沟通能力、对市场和顾客需求的洞察能力等都可能成为有助于其创业成功的重要资源，合理地运用这些资源，创业者才有可能成功地整合到资金、人力和物力，进而为创业活动奠定基础。

资源流动是经济全球化的重要特征，资源整合可以突破空间、组织和制度等方面的限制，而在更加广阔的范围内开展，这也是创业活动活跃的重要原因。要成功地整合资源，创业者必须要有创新的思维，要兼顾各方面利益相关者的利益，达到多赢、共赢的境界。

1.2.4.3 价值创造

创业实践活动的机会导向和顾客导向的实质是创造价值，学者们对创业活动的分类本身也是为了引导创业者关注价值创造。首先，价值创造意味着要向顾客提供有价值的产品和服务，通过产品和服务使消费者的需求得到实质性的满足。改革开放以来，不少人利用消费者购买力增强、对生活质量的要求提高、对商品知识不充足等特点，做虚假广告，诱导顾客购买，尽管也获得了很可观的经济收益，但却无法做到持续经营和健康发展。其次，价值创造强调的是对社会和经济发展的贡献，强调对人们物质和精神生活的丰富。只有突出价值创造的创业活动才有生命力，才更有助于生存和发展。

1.2.4.4 超前行动

创业活动的机会导向特征决定了创业活动必须突出速度，并做到超前行动。机会都具有时效性，甚至可能瞬间即逝，持续存在的事件往往不是机会，至少是创业者无法在短期把握的机会。例如，从人类认识癌症这种疾病开始，人们就知道提供治疗癌症的药品是一种巨大的商业机会，但能把握这种机会的创业者却很少。

现实生活中，创业者一旦有了创业的想法，往往会在比较短的时间里付诸行动。他们在实践中不断摸索、改进、寻求发展。在许多情况下，进行周密的市场调查、制订严密的工作计划和严格的预算等，是大企业的做法，但并不适合创业者的创业行为。

1.2.4.5 创新与变革

创业的本质是创新，是变革。现实生活中，我们身边大多数的创业行为，往往都是在做别人已经做的事情。海尔不是第一家生产冰箱的企业，正大公司早在新希望之前就在大陆生产销售饲料，联想销售计算机之前许多中国人已经使用计算机。它们把平凡的事情做出了不平凡的业绩，取得成绩的背后是创新。其中有技术创新，更有制度创新和管理创新。对于创业者来说，仅有创新是不够的，但没有创新的创业活动难以生存和发展。

同时，创新与变革紧密关联。创业者不改变自己长期形成的思维模式，难以识别创业机会，也无法做到创新。对于创业者及其所创建的企业来说，创业与发展的过程永远是不断变革的过程。

1.3 创新创业实践能力的重要性

如前所述，创业是一个多层面、跨学科的复杂现象，涉及经济、技术、管理、心理等多方面的活动。创业者必须拥有创业意识、创业心理品质、创业社会知识结构以及创业实践能力等基本素质。其中，创业实践能力是将创业蓝图付诸行动，全面系统地分析应对创业活动中出现的各种问题，正确果断地采取相应对策，使创业走向成功的保障。创业实践能力主要包括：开拓创新能力、沟通协调能力、把握商机的能力、计划与决策能力、组织管理能力以及规避风险的能力等。

1.3.1 开拓创新能力：最好的创业武器

创新对于一个国家而言，是发展进步的不竭动力，对于一个企业而言就是寻找生机和出路的必然条件。创新就是企业的立身之本、活力之源。一个企业如果不懂得自主创新，不懂得追求进取，那么这个企业就会失去生机，濒临灭亡。因此，创新能力是创业者最好的创业武器。产品与技术的创新、观念与思维的创新、经营模式的创新等，是创业得以成长、发展和延续的动力。

成功的创业者都是创新的先锋。有研究发现，成功的创业者大多由于拥有一项或多项专业创新技能或专利技术，从而生产出能独占市场的产品。美国佛罗里达州有位名叫律普曼的画家，一天作画时，不小心出现个小失误，需要用橡皮把它擦掉。他放下铅笔，去找橡皮。找了好久，终于找到橡皮。可是等他用橡皮擦完想继续画画时，发现铅笔又不见了。于是他萌发了生产一种既能写字画画又带橡皮擦功能的铅笔的想法。经过思考和尝试，最终他找到了方法，即用一块薄铁皮将铅笔和橡皮连接在一起。后来，律普曼将它申请了专利。PABAR 铅笔公司以 55 万美元购买了这项专利，其产品很快风靡全球，并畅销至今。创新不一定是高科技。只要找准市场需求，突破固有思维，就有可能设计出成功占领市场的创新产品。

观念的创新同样可以成为创业企业的“强心剂”。观念创新也就是突破过去一成不变的想法，即所谓“革新必先革心”。旧的思想观念会禁锢我们的思维，而新的观念则会带来新的创意。运用新的创意去指导企业的生产、管理等活动，会给企业带来领先于竞争对手的先机。很多创业者都是依靠新观念新思维，建立新的管理方式等途径而获得了创业的成功。

【延伸阅读】汽车业的革新①

亨利·福特（Henry Forol）在 1903 年创立了福特汽车公司。在那个时代，汽车可谓是奢侈品。汽车从制造到组装的每一道工序都在手工作坊里完成，每装配一辆汽车需要 728 个工时，这导致一个汽车作坊的年产量只有大约 12 辆，这一速度远远不能满足消费市场的巨大需求，汽车也因此成为富人的象征。

亨利·福特创建汽车公司的本意是为了生产出世界上最新、最酷、最好的汽车，但他很快意识到汽车的需求量如此巨大，只要能造出更多的车就能赚到更多的钱，和提高汽车的性能相比，提高汽车的生产效率才是当务之急。

---

① 姚波，吉家文. 大学生创新创业基础：项目式［M］. 北京：人民邮电出版社，2020.

流水作业法早在 20 世纪初就已经出现，并且被广泛应用在一些轻工业领域。

亨利·福特建造了一条巨大的、使用电力驱动的传送带，让未完成的汽车在上面移动，而传送带两边站着很多工人，每个人都对着传送带上的汽车做自己的工作。汽车的装配过程分解成了 84 道工序，每个工人只负责其中一道，流水线式的生产既减少了工人不必要的劳动，又大大降低了工人的工作难度，使效率大大提高，汽车装配的工时缩短为只有原来的 1/8。

因为使用流水线，福特 T 型车的零售价格在短期内从 850 美元降到了 300 美元，将汽车从奢侈品变成了大众能够负担的商品，福特汽车公司收获了良好的声誉和巨大的利润。

亨利·福特运用创新思维，将流水作业的模式移植到了汽车制造业中，大幅度地提高了工作效率、缩短了生产周期、降低了生产成本、获得了巨大的经济效益，并且使流水作业模式在制造业中被广泛运用，有力地促进了整个制造业的发展。

1.3.2　沟通协调能力：创业中的“润滑剂”

沟通协调能力是创业过程中一项非常重要的实践能力。沟通是连接人与人之间的桥梁，是维系整个社会的纽带，是创业中的“润滑剂”。

再优异的专业技术成果，如果一味地“孤芳自赏”“闭门造车”，不拿出来进行交流与开发，就会一直埋没于实验室或停留在设计图纸之上。创业者不仅需要“拿出来”，更需要“走出去”。对市场来说，创新企业是一个“市场入侵者”。拥有良好沟通协调能力的创业者就有可能获取更多的信息，并尽快与各界人士建立起相互信赖的关系，从而推动创业走向成功。良好的外部沟通可以让创业者了解客户的购买和使用习惯，了解客户对产品的意见、对服务的评价，还可以及时地让客户知道公司的新产品，以及在服务方面避免不必要的误会。良好的外部沟通还可以让创业者及时地获取市场、竞争对手以及政策等方面的重要信息。一名成功的创业者一定拥有良好的沟通协调能力，是穿梭于各方关系中的交际活动积极分子。

同样，在企业内部，创业者在作为企业领导者的同时，也是沟通系统的中心。任何一个组织都可以理解为一个信息传递系统，创业者通常就是企业中这个系统的核心。充分的内部沟通可以让创业者及时听取员工的意见和建议，增强员工的主人翁意识，激发员工的主观能动性，充分发挥员工的聪明才智，为其提供展示才华的舞台。同时，良好的沟通能力还能帮助创业者及时化解企业中可能会出现的内部矛盾，以及加快信息在公司内的流动速度，以尽快得到反馈等。

1.3.3　把握商机的能力：创业成功的关键

许多新企业失败了，不是创业者不够努力，也不是因为缺乏资金，而是因为没有把握住真正的机会。创业是商机所驱动的，创业过程中的核心是商机问题，商机的形式、大小、深度决定了资源与团队所需的形式、大小和深度。对创业者来说，一个好的思路未必是一个好的商机，学会快速评估该商业机会是否存在真正的商业潜力以及决定该在上面花费多少时间和精力是一项重要的能力。识别与评价商业机会，是创业成功的关键。

硅谷曾有一家数字研究公司，开发出了第一个可运行的 PC 操作系统 CP/M。当时 IBM 非常看好这个操作系统，希望能把 CP/M 应用于新生的个人电脑产品上。不过，CP/M 操作系统的研发者加里·基尔代尔（Gary Kildall）却舍不得将成果转让出来，双方没能达成协议。与此同时，另外一家当时并不知名的创业公司——微软公司对 IBM 的提议做出了响应，它从别人那里购买一个操作系统来与 IBM 合作，该系统就成为 MS－DOS、Windows 的前身。而开始那家数字研究公司则只成了别人的一个注脚。实际上，对创业者来说，面临的挑战就是准确界定一个尚无人利用、能有所发展的市场机会。

1.3.4 计划与决策能力：合理规划，把握时机

创业者在创业的整个过程中都需要不断地进行决策。正确的决策是保证每个阶段的创业活动能够顺利实施的基本前提。尤其是创业机会的选择、团队的组建、资金的融通、商业模式的设计等决策环节都关系着创业整体的成败。只有具备良好的信息的获取和处理能力、商机和挑战的洞察力、观察竞争对手的能力，创业者才能作出正确的决策，并将有价值的决策付诸创业行动。

在计划与决策时，创业者还要注意计划涉及的范围和有关限制因素、计划的价值、计划的时机、计划的根据和后果等方面。在决策过程中，时间是一个至关重要的因素，特别是在业务发展阶段。在某些情况下，必须要快速决策、迅速执行。有些决策在制定时并没有考虑到未来发展或情况变化等因素所带来的收益变化。对决策执行情况的有效监控能够帮助创业者及时发现决策的不足之处，并为采取进一步行动提供信息。

1.3.5 组织管理能力：令人信服的领导者

成功的创业者不仅要有良好的修养和高尚的道德情操，而且还要在技术和业务管理方面具备令人信服的才能。

创业者有责任为自己的公司设定目标、制订计划，而这些计划的实施和目标的达成在很大程度上取决于员工的工作。因此，鼓舞和保持员工的工作士气是创业者的一项重要任务。成功的创业者展现领导力，不需要凭借正式权力就能够向别人施加影响。他们是富有耐心的领导者，善于自我激发，内在控制力强，能够将公司的远大前景灌输给下属，并从长远目标出发进行管理。

商业活动中的领导者主要承担两个方面的责任：一是任务责任，即推动工作完成；二是人员责任，即保持员工士气。领导者认为所有的任务都必须完成，并能够采用创新的办法来完成。为保持士气，优秀的领导者会遵循这样的原则：“你希望

别人怎样对待你，就要怎样对待别人。”他会试着站在别人的角度看待问题，这会有助于建立对员工积极态度。好的领导者会在上述两种责任间寻找平衡。有时，在某些特定情境下，如形成新的团队时，要求对人员比对任务本身给予更多关注；而在另外一些情境下，如引进新的程序时，可能就要对任务有更多的关注。对领导力内涵的理解有助于创业者成为更有效的领导者。

此外，具有优秀的组织管理能力的创业者善于化解冲突，能够与客户、供应商、投资人、债权人以及合伙人等各种角色和平相处。发生冲突时，创业者要成为一个调停者、磋商者和非独裁者。他们能够建立团队，吸引他人加入，并给他们赋能，使之成为企业发展的英雄。

1.3.6　规避风险的能力：创业有风险，从商需谨慎

在创业过程中，风险无处不在，而成功的创业者一定具备规避风险的能力。由于创业时刻面临着高风险、模糊和不确定性，成功的创业者就必须能够容忍风险、模糊和不确定性，能够坦然面对各种冲突和意外。他们能清晰地看到公司的未来，对它抱有乐观的态度，有勇气去实现它。他们能够正视风险，评估风险，更重要的是，想办法降低风险。成功的创业者能把意外转化为机会，把负面影响、负面情绪降低到最低。

当创业者必须面对两个或更多的结果不明确的备选方案进行主观评估、取舍时，当创业者在对某个可能的选择进行决策时，通常会综合考虑诸如以下因素：所选方案是否吸引人；风险承担者可以接受的损失底线；成功和失败的概率；个人努力对增加成功可能性、减少失败可能性的影响程度；等等。

创业者还可以通过以下方法提高风险承担能力：发挥最大能力促进各方面因素向自己期望的方向发展；客观评估风险情境并想办法改变不利因素；把风险情境视为既定目标；全面计划，有效执行。

创业者通常会为自己设定较高的目标，然后集中他们的全部能力和才干来实现这些目标。目标制定得越高，蕴藏的风险就越大。商业创新能够产生更高质量的产品和服务，而这种创新正是源于这些愿意接受巨大挑战并能够评估风险、承担风险的创业者。

总而言之，创业是一种实践。只有积极参与，才会有所感悟。一个成功的创业者的思想和方法、知识和智慧、经验和技能、品格和气质需要在实践中磨炼。只有经历了创业实践的过程，具备了发现市场机会的眼光和承担风险的勇气，拥有了强大行动能力的个性化人格特质，才会对人生有新的感悟。

第 2 章　大学生创业项目实践的特点

【开篇案例】“一世花开”带农民走上致富路[①]

2018 年 5 月，“月季王子”邓应龙“一世花开”创业团队积极投身乡村振兴的创业故事登上了《中国教育报》的头版。同年 12 月，山东农业大学园艺学院“一世花开：优质月季切花助力精准扶贫”项目也从 382 个项目中脱颖而出，获得了第四届中国“互联网 +”大学生创新创业大赛金奖。

说起做月季鲜切花创业项目的初衷，邓应龙毫不掩饰自己对农业的热情：“作为一名新时代的农大学生，我们更应该为农民和农业做一些事情。”出生于云南农村的邓应龙，从小父母因种地收入太低，不得不外出打工，深知农民的不易，很希望做些事帮助农民改善生活。再加上他对土地和鲜花有天然的情怀，2014 年 9 月，考入山东农业大学园艺学院果树系的邓应龙怀着对专业的热爱和做农业的情怀，一入校就组建了“一世花开”创业团队。此时，“南果北种”已不少见，但是作为高风险、高收入的“南花北引”，因为技术要求高，很少有人涉足，邓应龙看到了这一商机，决定将家乡的鲜花品种带到山东。

组建团队后，邓应龙带领团队成员参加了各类创业大赛，不断打磨项目，成功申报并主持了国家级大学生创业训练项目“优质月季鲜切花生产销售与精准扶贫”。在老师的介绍下，泰安惠万家玫瑰有限公司免费为邓应龙团队提供了 2 亩实习基地。邓应龙硬着头皮从家里凑了两万元，将团队扩大到 64 人，还找了学院的两位老师做专业导师。

创业第一年，因为北方寒冷加之管理不善，试验田里引种的切花月季全部冻死，而再次引种后，一场夜间突如其来的冰雹又砸毁了大棚和所有的月季，邓应龙想尽办法，靠外部合作帮助团队熬过了技术、人力和资金链紧张的“寒冬期”。而在该时期，邓应龙一直在网上关注山东各地的花卉种植与市场，通过了解到的信息，邓应龙带着团队到临沂市沂南县蒲汪镇大于家庄村实地考察。他发现，这个地方气候适宜，光照充足，土层深厚，是南北气候的过渡地带，是苗木花卉“南花北迁”增加耐寒性和“北花南移”增加抗热性的理想中间站，而且这里有种植苗木花卉的传统，有良好的种植基础与技术。但专业化水平低、经营管理相对粗放、交易手段落后、产品档次不高、销售服务体系不健全、技术落后是当地面临的主要问题。

---

① 卢晓慧，胡希冀．大学生创新创业教程［M］．北京：人民邮电出版社，2022．

此时，该村村民孟凡好正在家里4亩地的月季大棚里剪枝，邓应龙与他交流了自己发现的种植问题后，该村民被邓应龙的专业与热情打动，同样拿出自己家里的花圃做邓应龙的试验田。那个寒假，邓应龙回到云南，到国家级花卉工程技术研究中心——昆明杨月季园艺有限责任公司实习，学习新品种的研发、新技术的推广和月季鲜切花的生产及销售技巧。年后，邓应龙把学到的"真本事"都用在了老孟家的花圃里。到了6月采花期，邓应龙要求老孟先不采花，而是将月季花成片压倒重发，两个月后采摘重发出来的新花。并且邓应龙还听从指导老师的意见，在花圃里做了一部分不压条的对照试验。果然到了8月，孟凡好家的月季从外观到品质，都出奇的好。邓应龙还根据前期网络布局的预售订单，将月季从山东卖到了江苏、北京……

后来，凡是在沂南种花的花农，都知道县里来了山东农业大学的会种花、更会卖花的云南小伙。沂南县蒲汪镇人民政府邀请邓应龙担任月季切花产业顾问，请他的团队为当地农民提供技术指导。邓应龙又和邢树堂联合申报了临沂市农业科技创新专项——月季鲜切花精准化优质高产栽培技术研究，注册了自己的公司——山东一世花开园艺有限公司，与蒲汪镇政府联合打造"江北玫瑰第一镇"，并培育了沂南县三源玫瑰种植专业合作社等5家龙头苗木花卉合作组织，带动全县1万多名农户参与花卉种植。

2017年，沂南全县花卉面积发展到近5万亩，年产值达9.622亿元。蒲汪镇三玫瑰种植专业合作社负责人于世理表示，希望更多像邓应龙这样的创业大学生成为乡村致富的带头人，他们更有学识和眼界，更容易被农民接受。

思考题：

1. 大学生创业应从哪些领域寻找项目？
2. 如何从应用场景、团队、市场、资源等方面解决创业问题？
3. 参加大学生创新创业竞赛能够有哪些收获？

2.1　大学生创业与广泛创业的区别

与广泛创业项目相比，大学生创业项目在场景来源、资金、目标顾客、产品选择和营销策略上都有所不同。

2.1.1　大学生创业项目的场景来源

大学生的创业场景和广泛创业不同，在类型多样化的表象下，呈现出聚焦科技、校园、文化和社会属性的特征。

2.1.1.1　科技项目

（1）移动互联网。科技的发展带来了传统产业和市场结构的变化，移动互联网技术给很多行业带来了新的市场机会。创业过程中，抢先一步意味着获得巨大成功，落后一步意味着被市场抛弃。

【案例】 2016 年，共享单车创业热潮兴起，移动互联网技术和智能手机的普及给自行车和电动单车开辟了全新的市场。商业区、公交和地铁站点、居民区和大学校园等区域的共享单车大量投放，既解决了人们的出行困扰，又带来了新的生活方式。

【场景探寻】 作为大学生，平时有没有注意到一些新闻报道中关于行业、企业新变化的内容？有没有观察到一些人们利用新技术带来的消费方式和行为的改变？我们能否在一些不易觉察的变化中找到创业机会点？

（2）新知识。大学生在平时的学习过程中快速吸收各类新知识，这些知识在理解、应用的过程中与社会活动发生交互，多种知识的综合会带来新的创业来源。大学生创业项目比广泛创业更多地偏向于“智造”领域。

【案例】 互联网金融的发展使得个人征信有了更便捷的信息整合渠道、更快速的查询方式和更广阔的应用领域。大数据和移动网络的新知识给传统生活生产方式带来了新的变化。

【场景探寻】 选取一款常用的产品，如灭蚊器，找到使用中不满意的地方，进行顾客调研和资料收集，了解是否有新知识可以改进或解决问题，新产品是否可以商业化？

2.1.1.2　校园项目

（1）不合理。大学生在使用某些东西的时候，常会遇到一些不顺手的情况。这些不顺手、不协调、不方便、不合理……就是促进产品创新、改进用户体验的核心环节。

【案例】 过去的电冰箱都是冷冻室在上，冷藏室在下。而人们平时生活中使用冰箱时，都是冷藏室开关次数多，这就造成频繁的弯腰和蹲起，不方便不说，还造成了视线的阻碍。这种不合理的设计后期做了更改，现在几乎所有的冰箱都是冷藏室在上、冷冻室在下了。

【场景探寻】 校园生活中你遇到过哪些不合理的地方？有没有因此进行过投诉或抱怨？如果你是负责人，是息事宁人还是调研讨论？又从哪些方面进行顾客、产品和市场分析？

（2）不卫生。生活中感到不卫生的事情也是创业的源泉之一。

【案例】 食品专业的大学生刘思发现人们在食堂、餐馆等餐饮场所自行添加醋、酱油等调料时，打开盖子不能做到随手合上，也导致了液体外溢等现象，有不卫生、脏污的感觉。而如果监督顾客反复地打开、关闭，使用起来也不方便。因此，她发明了瓶盖上安装了弹簧的“自动闭塞瓶盖”，只要按下手柄就能倒出液体，松开手柄，瓶盖自动封住。

【场景探寻】你在平时的大学生活中有没有感到不卫生的地方？比如饮食、宿舍、教室、卫生间等，看看其中是否有创业良机？

2.1.1.3 文化项目

（1）认知的变化。人在不同时期、不同的时代背景下都会产生不同的需求，大学生处于思想的快速成长期，认知和情感方面的敏感度是最高的，因此，对社会和专业领域的产品及服务有更为超前的感知，这就带来了创业机会。

【案例】微信在开发之初，内部有人认为没有必要，因为当时的 QQ 市场还是一家独大。但张小龙敏锐地觉察到了移动互联网时代人们对即时沟通软件的认知变化。

【场景探寻】上大学以来，你有哪些与过去不同的认知变化（生活、学习、消费等方面）？你的朋友和家人是否也有同样的改变？是否能成为创业的机会？

（2）意料之外。大学生在平时的学习、生活中，常会遇到一些意料之外的事情，这些事情会让大学生思考其出现的原因，并由此思考顾客和市场问题，独特的观察视角带来全新的创业项目。

【案例】万豪国际集团最初是由一家餐饮连锁企业发展而来。最初，他们在华盛顿特区的一家连锁店比其他店的生意要好很多，但这家店并没有投入更多的营销成本，这让管理层出乎意料。调查后发现，原因是这家店对面是机场，而飞机上不提供餐饮，乘客不得不到距离最近的餐饮店购买食物带到飞机上食用。于是，受到启发的万豪开始与航空公司合作开发飞机餐，航空餐饮由此诞生。

【场景探寻】你有没有遇到一些意料之外的事情？你的反应是什么，有没有进行过思考，如何解释其出现的原因，可以采取哪些行动？

2.1.1.4 社会属性项目

（1）流程缺陷。很多事情都需要遵循一定的流程，但随着时代和科技的发展，固有流程中会不停地出现一些不尽如人意的地方，这就是创业来源之一。

【案例】南京的一个大学生发明了一种传感器，应用于人们开车过程中因紧张而把油门当刹车的情况。这个传感器可以迅速判断哪些是误踩油门，并转换为自动刹车。他的“油门刹车装置”已申请专利，并以此开始创业。

【场景探寻】在我们接触到的一些流程中，如客户服务流程、营销流程、管理流程，有没有发现不满意的地方，或者存在明显缺陷的环节？如重复劳动、不必要成本等，请尝试着进行改进或简化这些流程，提高运营效率，提升用户体验。

（2）人口统计特征变化。大学生平时会接触到一些社会调研工作，参与一些社会实践活动，如“三下乡”等。有心观察人口统计特征，如当地人口数量、年龄结构、性别比、结婚年龄、子女数量、老龄化程度、城镇化进度、就业及收入等情况的变化，就可以找到创业场景。

【案例】近些年宠物市场发展迅速，但逢年过节、外出旅游、临时出差、突发急事等都会造成家中宠物无人照料的问题。因此，宠物托管、跑腿喂食和清洁、代遛陪玩等宠物服务应运而生。

【场景探寻】 根据你对当地人口统计特征变化的了解，能否发现创业机会？试着了解市场饱和度、产品和服务竞争情况等，并分析适合创业的理由。

2.1.2 资金来源

大学生创业项目的资金大多来自家庭、亲友和团队，学校资助、政策性资金以及外部融资较少，这也导致项目的风险抵抗力较低，项目规模难以扩大。另外，融资时的股权分配、股权变动也是大学生创业者须认真对待的问题，股权不仅是利益的象征，也是责任的象征。创业初期募集资金时，要明确股权分配的方法和原则，并对收益进行合情合理的分配。在后期继续融资时，能清除计算股权的变更和稀释问题。

2.1.2.1 家庭

在公司没有搭建成型前，市场的调研、产品的原型设计和研发、样板的试点往往需要团队自己凑钱来展开，这个时候找投资机构融资成功率可以忽略不计，此时家人、自己、同学就是注资的主体。

2.1.2.2 众筹

创业初始阶段，可以考虑多元的融资形式，大学生创业团队的成员众筹资金是常见模式。此时可运用股权众筹、产品众筹、店面众筹等新兴融资方式来解决公司经营和发展中的资金需求，后期再慢慢引入更多众筹人和其他投资。

【延伸阅读】大学生众筹开咖啡店①

大学生创业时的难题之一就是资金缺口，随着移动社交网络的发展，利用微信、微博等构建起来的熟人圈子为咖啡馆的众筹提供了可能性。从一个创业想法到寻找合作伙伴，“众筹”让大学生的“白日梦”变成了现实。

“大学生都追求自由和个性，对于千篇一律的食堂充满了槽点，对校内毫无个性的聚会地点也早已厌倦”。正是基于这样的想法，华南理工大学的刘永杰和3个小伙伴萌生了开一间咖啡馆的创业想法。这时，“众筹”模式走入了他们的视野。

创业团队以华南理工大学和华南农业大学的学生为目标群体进行股东招募。众筹股东每股1 000元，每位需出资至少1 000元，至多5 000元，享有1 ~5股的分红权。经过一个多月的招募，加上核心团队的出资，他们共有170多位众筹股东，筹得了70多万元的启动资金。

“比逗 BEPOTATO”咖啡馆用了6个月的时间开了起来，为了节省成本，就连

---

① 王中强，陈工孟．创新思维与创业教育［M］．北京：清华大学出版社，2017.

店里照片墙的几根木头都是自己剥皮和打磨的。170 多位众筹股东都竭力宣传这间咖啡馆，不仅自己来消费，也拉朋友来消费。

生意经：想方设法提高“众筹股东”活跃度

在咖啡馆最显眼的地方，整个墙面挂满了印有比逗 LOGO 的马克杯，仔细一看，这些马克杯上都刻着名字和编号，每一个马克杯代表的正是咖啡馆的一位众筹股东。

由于股东数量庞大，咖啡馆建立了自己的董事会，由核心运营团队、校园股东、社会股东等 7 人构成，虽然每个众筹股东都拥有建议权，但最终的决策权是在专业的核心运营团队手中，奉行“专业的事给专业的人做”的原则。

应学生特点设置股权流转计划

学生众筹创业面临的另一个问题则是“毕业”带来的股东流动。毕业以后，离开了广州的股东就很难给咖啡馆带来地域性的资源。为此，他们设置了学生股东毕业的股权流转计划。对于第一批学生股东，两年之后按贡献度排名，挑选一部分成为永久股东，其余在毕业时需将股份流转给其他高校在校生。对于之后加入的股东，均需要在毕业时将股份流转给在校合适的大学生。除此之外，为了激励股东的活跃度，他们将运营团队分成了许多小组，如设计组、运营组、植物组、摄影组等，每一个小组就相当于孵化出来的一个创业小分队。例如，他们与华南农业大学学生合作试运营“一米植物”，利用室内外的可种植空间进行植物认养，这些植物可观赏也可贩卖。刘永杰说，将来或许会给每个小组增加一些盈利压力，以此来提高积极性。

众筹咖啡馆的成败在于咖啡馆的主题。利用校园优势，比逗的主题是“创业交流”。除了承接校园社团活动以外，他们还承办了广东天使会等的线下交流活动。通过举办类似的创业交流活动，也让店铺获得了更多的创业资源，一些更富有经验的专业团队还能够给予他们诸如薪酬制度设计的指导。

而一些兴趣小组也自发找到了比逗，如锤子科技、海星会、吴晓波读书会等，都在比逗举办了线下活动。下午时段主要承接一些线下活动，晚上时段推出看电影等主题活动。

“有了志同道合的创业团队，通过众筹获得了资金，创业虽然不简单，但也并没有想象中那么难。”刘永杰说。

2.1.2.3　帮扶资金

大学生要善于借用政策的东风。国家层面推动的政策下放、行业敞开、创新创业支持等史无前例，对大学生的创新创业的支持力度也很明显，大学生创业者要主动接触和了解目前的政策，可利用国家和学校的扶持得到优惠贷款，甚至是直接的资金支持。参加创业大赛获得奖金也是一种渠道，通过竞赛展示也能获得风投的关注。大学生可在孵化器、学校科研成果转化、大学基金等领域获取独占资源，这些都是传统企业和老企业所不具备的。

早在 2014 年，国务院办公厅就发布了《关于做好 2014 年全国普通高等学校毕业生就业创业工作的通知》，显示出了对大学生创业工作的高度重视。之后每一年国家都有关于大学生创业工作的文件。比如，2020 年 7 月的《国务院推出四条举措力促大众创业万众创新》、2020 年 12 月的《国务院办公厅关于建设第三批大众创业万众创新示范基地的通知》，2021 年 10 月的《国务院关于进一步支持大学生创新创业的指导意见》等政策的实施，标志着我国的创新创业工作发展到了一个新阶段。

现阶段，我国各级政府发布的大学生创业帮扶政策主要体现在以下几个方面。

（1）提供政策性贷款支持。资金是大学生创业的第一难题，大学毕业生有的刚工作不久，有的甚至连工作都还没有，而大多数家庭又没有足够的实力来支持家中的孩子创业，为此国家出台了针对有创业要求、具备一定创业条件但缺乏创业资金的大学生创业贷款政策，主要优惠政策内容如下：

①各国有商业银行、股份制银行、城市商业银行和有条件的城市信用社要为自主创业的各大高校毕业生提供小额贷款。在贷款过程中，简化程序，提供开户和结算便利，贷款额度在 5 万元左右。

②贷款期限最长为 2 年，到期后确定需要延长贷款期限的，可以申请延期一次。

③鼓励金融机构参照中国人民银行公布的贷款基础利率确定，结合风险分担情况，合理确定贷款利率水平，担保最高限额为担保基金的 5 倍，担保期限与贷款期限相同，对个人发放的创业担保贷款由财政在一定范围内给予贴息。

（2）整合发展就业创业基金。整合发展高校毕业生就业创业基金，完善管理体制和市场化运行机制，实现基金滚动使用，为高校毕业生就业创业提供支持。

（3）创业补贴。各地市对大学生创业进行补贴，少则几千元，多则几万元。

2022 年初，浙江省人力资源和社会保障厅明确表示，大学生想创业，可申请贷款 10 万 ~50 万元。如果创业失败，贷款 10 万元以下的由政府代偿，贷款 10 万元以上的部分，由政府代偿 80%。大学生从事家政、养老和现代农业创业的，政府给予 10 万元的创业补贴。政策一出，便引发广泛热论，再次为大学生创业领域加了把“干柴”。

2.1.2.4 外部融资

随着项目的团队信心和市场积极的反馈，产品原型有了，样板也有了一个好的开始，商业模式进一步验证，这个时候，可以将自己周边的亲戚朋友、一些投早期的天使投资人纳入投资人清单，然后制作商业计划书，开始游说他们出资。当公司商业模式成型、数据开始攀升时，结合不同行业不同企业的融资节点就可以推进 A 轮、B 轮。

比把产品卖给消费者更难的就是将股份卖给投资人。投资人是资产受托人，有严格的投资纪律、投资标准，且越往后期基金回报的压力就越大。所以，在与投资人沟通时，需要了解基金的背景、投资专注的领域/行业/阶段、是否已投类似项目、基金目前的阶段，投资人的行业背景/性格/偏好等也至关重要。

目前的创业大赛、项目路演、孵化器、创投节目、创投论坛、协会论坛、财务顾问、校友会等都是接触投资人的一些途径。还有一些创新的形式，如在行、领路、聚份子、36KR、品途、创业邦等都可以搭建创投约见、沟通的平台，推进下一步的融资对接。

2.1.3　目标顾客

（1）大学生。大学生创业项目，最容易面向的就是大学生自身这个群体。因此，与其他创业项目相比，大学生创业者的竞争优势在于对大学生群体的切身体会。自己就是学生，更懂得学生现在需要什么产品和服务，是急需还是潜在需求？大学生目前有什么不满意的地方，解决问题的“瓶颈”卡在了哪个环节？同时，大学生创业者还可以利用学生身份、大学校园环境积极地进行试错，通过分析大学生的消费心理，在实践中进行思考，一步步地改进项目，甚至提升一些细微的产品和服务体验，比广泛创业项目更容易获得学生的欢迎。

【延伸阅读】Dormi：大学生做起宿舍家居生意①

在强调个性的时代里，大学生是最具代表性的，他们并不满足于单调和平淡的生活，从吃、穿到住、行都要走出自己的个性，就连千篇一律的大学宿舍，也被一个个“牛人”改造成了功能齐全兼具美观的“秘密基地”。各种“最牛宿舍改造”的帖子也在网上疯传。哪里有市场，哪里就有商机。有一群广东外语外贸大学的大学生看到了“宿舍家居”的潜在市场，针对大学生宿舍改造做起了宿舍家居的电商项目。

Domi 是由几个广东外语外贸大学的学生共同创办的宿舍家居区域性电商。创始人余梓熔说，Dormi 的意思就是 Dormitory and I，即“宿舍与我”之意，主要的消费群体是在校大学生，针对广州大学城的在校大学生，提供宿舍家居装饰用品等产品和服务。

装饰宿舍带来市场

余梓熔说，他和几个同学出于相同的兴趣运营了这个创业项目。他们几个人的共同点就是喜欢装饰自己的宿舍。“在 Domi 的概念里，大学生活应该更有生活的味道，宿舍不是只用门牌和方位标识的地方，它是属于大学生自己的小天地”。

仔细琢磨后，他们发现同样不愿趋于平凡而有装饰宿舍想法的大学生并不在少数，这个市场充满了商机。他们的初衷是“不希望被格式化和快节奏淹没”，让宿舍有一种家的归属感，这或许有些理想化，但并非不可实现。

8 人小组各有分工

最初的团队里有 8 个人，他们分别来自不同专业，有学国际贸易的，也有学计算机的。他们针对大学生的喜好，建立了一个颇具小清新风格的简洁而有趣的网站，在上面放上自己的货品和宿舍家居的设计方案。货品主要以一些组合式的简易家居为主，如组合式收纳盒、书架、相框、宿舍床门帘等，是团队中的成员从批发市场

---

①　王中强，陈工孟．创新思维与创业教育［M］．北京：清华大学出版社，2017.

精挑细选而来的。这些产品的特征就是符合宿舍的狭小空间，最大限度利用这些组合家居用品打造出简洁实用又美观的宿舍环境。

他们主要的目标消费群体是广州大学城内的在校学生。广州大学城位于广州番禺区新造镇小谷围岛及其南岸地区，共入住了广东省10所高校，在这个不到18平方公里的区域内生活着近20万的在校大学生。而大学城内的学生购买Domi的产品后，Domi还提供相应的免费送货上门服务。送货的环节由团队成员承担，同时与快递公司合作，由于大学城的区域相对较小，这部分的成本也并不高。

每月都有一笔收入

经过一段时间的发展，Domi在学生中也获得了不少的支持。在网站流量很难达到预期的情况下，他们在网购平台上开了一间网店，这对销售情况有很大的提升，尽管目前项目整体还未达到盈利，但网店发展起来之后每个月都能有一笔收入。

但是，和许多大学生创业一样，Domi的团队也遭遇到了毕业这个坎，由于团队成员都到了大四的阶段，对于未来的考虑让一部分人决定选择先就业，Domi这个项目目前不得不面临一个搁置的阶段。不过，余梓熔对宿舍家居的未来充满信心，他觉得目前又多了类似微信商城这种移动互联网方面的创业机会，在对项目进行一定调整后，认为在今后应该还是有其他机会。

创业思维：抓住学生创业的身份和地域优势

“伟大的事业都有一个微小的起点”，就像Facebook始于哈佛校园的一个学生社交网络，“饿了么”也是起源于上海交通大学的一个针对校园的外送订餐网络，大学生基于校园的创业思维从不缺少成功的案例。Domi也是源于校园的创业项目，学生的身份和大学城这样一个相对人口密集且面积不大的区域，给校园创业提供了不少优势。

抓住市场空缺

尽管家居行业满足了不同人的需求，但针对学生群体的宿舍家居在目前广州的市场上尚属空缺，而宿舍环境相对比较特殊，能够满足学生需求的产品并不多。许多学生发现，校园里的超市尽管有不少符合宿舍环境的家居产品，但又不够美观和个性化，如果需要购买美观的产品，又不得不到市区购买，来回的成本很高。如广州大学城的学生要到宜家去购买家居产品单程至少需要1个小时，因此，Domi尽管定价并不能算是低廉，但地域上的接近性、产品较区域内的竞争对手更加美观和实用，使得他们能够获得自己的市场。

大学生创业除了缺乏经验，资金也比较缺乏。在学校里，通过参加学校组织的创业大赛，一定程度上能够帮助团队缓解资金上的困难，就如“饿了么”就曾通过参加创业大赛来筹得启动资金。Domi也参加了学校组织的创业大赛，并获得了相应的奖项和奖金。

贴近目标群体

Domi团队成员自己就是学生，因此懂得学生在装饰自己宿舍时遇到的困难。例如，很多家居卖场或者网店并没有提供与宿舍相适配的产品，特别是宿舍空间狭小、床位宽度较窄、桌面的空间也不够多，这些特殊要求使得学生在选择宿舍用品的时候不得不花费大量的精力进行搜索，但收获甚小。Domi 则切入了这个市场空白点，提供与宿舍相适配的产品，并提供相应的组合设计方案，甚至成员亲自送货上门，这些服务获得了学生的欢迎。

借助校园人际传播

Domi 也积极地利用学校组织的如“宿舍装饰大赛”和“交换空间计划”等项目，与学生合作参与这些校园活动，通过学生之间的口耳相传，从而达到口碑传播的目的。他们也在微博上进行推广，设计一些与产品相关的话题进行话题传播。不少学生在购买他们的产品后会自觉地发到微博上晒单，这也一定程度上帮助他们品牌的推广。

（2）农民。

【延伸阅读】无人机开启创业梦①

销售无人机 20 余架，实现净利润 70 余万元；为绵阳、南充、遂宁、自贡等地提供植保无人机服务，完成作业面 8 万余亩，挽回粮食损失上百万斤；成川内最大植保无人机服务企业……并凭借诸多佳绩，一举夺得中国科技城第五届高校毕业生创新创业人赛研发制造三等奖，他便是绵阳云燕航空科技有限公司总经理——周新民。

一次偶然的机会，他加入了学校的航模协会，从此“痴迷”其中，与无人机结下不解之缘。在航模协会，周新民和同伴们一起完成了多个项目，从简单的组装到制作，一步步摸索，他的专业知识愈发扎实，实操能力也越来越强，但他并不满足于简单的航模，开始接触无人机，常常废寝忘食地组装无人机，或在实训室制作零部件，在运动场和广场上试飞。有了自己的“爱机”，周新民开始参加各种科普、交流活动，以此增加自己对无人机和航模的知识储备。

成立云燕航空科技公司

一次放假回家干农活，周新民看见不少乡亲顶着烈日喷洒农药，不仅辛苦效率低，还危害身体，他突然灵光一闪：可不可以用无人机代替人去喷洒农药呢？

从此，他开始了无人机喷洒农药的尝试，但问题随之而来：“飞机飞多高才合理，怎样让飞机喷洒的农药更均匀，实现最大化利用？”经过不断地学习、实践、尝试、失败、再尝试……2014 年 4 月，周新民成功研制出首架农药喷洒无人机，并在家乡营山县进行试验，但因其技术欠缺，无人机故障频发，很多问题无法解决。

思量再三后，周新民意识到自身底子还是太薄弱，于是又进入绵阳特飞科技有限公司学习并积累经验，经过几个月的学习钻研，他掌握了更先进的无人机技术，

① 资料来源：王中强，陈工孟. 创新思维与创业教育［M］. 北京：清华大学出版社，2017.

接触了一些专家，对行业也有了进一步的了解。

2015 年，借着创业政策的“东风”，周新民走上了创业之路，经过前期的历练，周新民积累了一定的经验和人脉，加之无人机行业的巨大前景，一家风投公司看上了他的项目，愿投资 200 万元发展该项目。天时地利，2015 年 8 月，周新民成立了绵阳云燕航空科技有限公司。

“当时省政府下发了 4 000 万元专项资金做植保统防统治，导致无人机植保市场井喷，我也正好赶上了好政策，很多客户主动找上门来！”说起公司第一笔订单，周新民有些兴奋。

致力无人机植保服务

最初在家人朋友看来，无人机不过只能玩一玩，谁知周新民却玩出了大名堂。

经过不断地研发升级，周新民的无人机已经能够根据飞机飞行的速度自动匹配农药喷洒量，确保对农作物精准施药，也正是这点，吸引了许多客户慕名前来。

通过近两年的发展，其团队目前已拥有一个新型专利和一个发明专利，公司固定资产累计 120 多万元，营业收入 300 多万元，实现净利润累计 100 余万元，成为四川省最大的植保无人机服务企业。

2.1.4 产品

（1）紧贴时代的产品。大学生创业项目紧跟时代热点，科技类项目较多，国家经济产业重点方向的项目比例更高。比如大数据、云计算、物联网、人工智能、芯片开发、无人驾驶、新能源、绿色环保等新兴领域。

不少新兴产业既有巨大的市场潜力，又处于国家大力扶持期，因此，大学生更喜欢从新兴产业中寻找创业机会。一是产业链，大学生拘泥于资金和技术限制，大多从新兴产业的产业链上下游行业及相关行业中寻找商机，比如新能源；二是与传统行业的结合，新兴产业的全面铺开会应用于各类传统领域，因此，在新兴产业与传统行业的结合领域中寻找创业点是大学生创业项目的特点之一。

【延伸阅读】刘欣团队——微信公众号之王①

在校创业时获利百万元，目前公司估值上亿元，其团队运作的微信界面访客量已突破 5 亿人次……这些标签都属于满欣网络科技有限公司 CEO——刘欣。刘欣生于 1991 年，从苏州工业园区服务外包职业学院毕业还不满两年，互联网创业界称他为“低调的‘90 后’大神”。

2010 年，刘欣在老家南通读高三时就开始互联网创业。那时他正准备艺考，但在网络上没有找到一个界面好看的美术高考网站，于是他决定自己来做。完全依靠自学和创意，刘欣的网站成功运转，最后以 5 000 元出售，他也掘得了第一桶金。

① 王中强，陈工孟. 创新思维与创业教育［M］. 北京：清华大学出版社，2017.

入读苏州工业园区服务外包职业学院后，他更是自己运营着大大小小数十个网站。老师们得知他的创业计划后，也都表示了支持。学校的创业园成了他的第一间办公室，刘欣开始发展同学加入他的团队。网页热潮渐衰时，他抓住了移动互联网的契机，与团队成员一起“玩转”微博、微信。大学期间，刘欣团队的主要盈利模式是售卖他们打造的网站、经营电商。

团队被誉为“微信公众号之王”，目前粉丝总数达数百万。2014 年，毕业后的刘欣没有停止创业的脚步，他和同学一起去了北京，他们的团队通过百度贴吧、QQ 群等方式，用落地的技巧低成本引流，吸引粉丝，同时开发搜索工具，每天从大量公众号提取最受欢迎的文章，或模仿或转载，保证粉丝的留存率。

2015 年，刘欣在中关村成立满欣网络科技有限公司，同年又在上海设立了分公司。“摇一摇新年签”“关注看答案”等微信朋友圈应用都是满欣公司的产品。刘欣的团队被誉为“微信公众号之王”，创造了数个社交网络服务经典案例、微信最新界面的传播神话。

目前刘欣团队运营着 40 多个微信公众号，粉丝总数达数百万，一直处于盈利状态，其中发展得最好的一个公众号每天推送的头条阅读量在 10 万以上。“靠广告盈利是传统媒体的思路，我们新媒体要通过产品和服务变现。”

(2) 低价优质品。大学生创业不一定选择新产品或高科技产品，能够满足市场需求的传统产品同样能带来不菲的利润，也是大学生创业的优质选择。

一名江苏的大学生家住南京市珠江路（华东地区最大的电子电脑产品集散地），在他刚入大学时，就发现上学的分校区地处南京偏僻的城郊，因此电子产品价格比市区要高不少。他开始做起了校区的电子产品销售代理，主要销售各品牌手机及电脑周边产品。为了找到良好的货源，他来到了深圳被誉为“中国电子第一街”的华强北。在这里他树立起创业的决心，并找到了合作的代理商。大二时他组建起了自己的销售团队，团队中有负责广告彩页与海报制作的，有负责宿舍推销送货上门的，有负责电脑维护维修免费服务的……团队成员共同成长。

在这期间他学会了分析产品需求信息与科学备货，降低风险、充足资金。在校周边积极开展义务维修活动，赢得了更多的顾客。大学的最后一年，他在暑假申请了营业执照，在办理完提前实习的相关手续之后和他的五位同学开始了创业之旅。

2.1.5 基本营销策略

(1)“滚雪球”。“滚雪球”市场开发战略是中小企业最常用的一种策略。企业采取稳扎稳打的做法，先完全开发好某个区域的市场，站稳脚跟之后再向另一个新的区域进军。这种战略的拓展将某一个地区的目标市场作为企业市场拓展的“根据地”，对市场进行全面、深入、透彻的开发，成为企业在未来进一步向其他区域市场开拓的基石。在“根据地”市场取得了稳固的优势市场地位之后，企业以此为根基向周边地区逐步推进和渗透，一步步壮大自己，最后达到全面占领整个市场的目的。这种市场开拓策略因类似于滚雪球（snowball），从而得名。需要注意的是，滚雪球需要一个“硬核”，企业必须牢牢把握“根据地”市场，每占领一个新区域市场都要扎根，否则“雪球”不会越滚越大，而是会越滚越散。

【延伸阅读】老干妈“滚雪球”①

老干妈在早期市场拓展中依靠口碑一步步取得市场的领先地位。广州是老干妈最先赢得优势地位的区域市场。由于广州是大量外来务工人员的聚集地，老干妈正符合他们的口味和价位，于是先在广州市场取得销量的爆发。老干妈充分运用在广州市场上的成功经验，将老干妈产品逐步推广到国内其他的市场区域。这是典型的先做好根据地，继而复制到全国的案例。老干妈和一般企业的区别就在于，绝大部分企业是经过市场分析选择区域战略根据地，而老干妈是通过市场的自然选择赢得市场。

（2）“保龄球”。在保龄球运动中，如果击中关键的那个球瓶，这个球瓶就会撞倒其他的球瓶。企业在拓展市场时也与之类似，要占领整个目标区域市场，首先攻占整个目标市场中的某个“关键市场”，即第一个“球瓶”，其次利用这个“关键市场”的巨大辐射力来影响周边广大的市场，以达到占领大片市场的目的。

【延伸阅读】海尔的市场拓展②

海尔集团的国内和国际市场拓展就是这样一个模式。在国内消费品市场，“北上广”三个城市的市场至关重要。“广州—上海—北京”成为海尔进军全国市场的战略“金三角”。占领了这三个市场，依靠其强劲的辐射力量，就等于攻克了大部分中国市场。同样，海尔在国际市场上也是先占领“日本—西欧—美国”三个关键市场，再准备向全球市场进军。只要占领了虽然最难却具有非常影响力和辐射力的全球市场“三极”，那么进入其他发展中国家市场相对而言就要容易不少。

（3）“采蘑菇”。“采蘑菇”是一种跳跃性的拓展战略，先采大的蘑菇，采完之后再选择小的蘑菇。在开拓目标地区市场时，通常遵循“先优后劣”的顺序原则，而不管选择市场邻近与否。企业首先选择和占领最有吸引力的目标地区市场，采摘最大的“蘑菇”，其次再选择和占领较有吸引力的地区市场，采摘第二大的“蘑菇”，以此类推。“采蘑菇”战略需要敏锐的市场洞察力，并对目标市场进行详尽考察之后才能施行。

【延伸阅读】嘉士伯③

在中国的啤酒市场上，嘉士伯是典型的后来者。在嘉士伯进入时，市场上已经有华润、青岛、百威等强势的竞争者，当时的重点市场——东部省份市场已经基本

①②③ 王中强，陈工孟. 创新思维与创业教育［M］. 北京：清华大学出版社，2017.

被瓜分完毕。

嘉士伯则采取了“采蘑菇”的市场开拓战略，在剩下的未被完全占领的市场选择较好的省份市场进行开发。从 2003 年起，嘉士伯相继收购了云南、甘肃、西藏、新疆、宁夏、重庆等省份啤酒厂的全部或部分股份，从而在西部省份市场中取得了优势地位。如今，嘉士伯已经在西部的大部分省份取得了市场的领先地位，这和其成功的市场开拓战略是分不开的。

2.1.6　大学生创业的优劣势

大学生群体进行创业的优势和劣势非常鲜明，因此，大学生要积极利用创业优势，尽量提升劣势因素。

2.1.6.1　大学生创业的优势

（1）大学生群体的特点。

①具有创业激情。大学生的年龄相对集中在年轻阶段，这个时期的年轻人具有极大的勇气和魄力、有梦想，有朝气，对未来充满激情与希望、个性鲜明，这是创业者必须具备的创业素质，也是大学生创业的优势体现。

②知识文化水平较高。大学生接受的是高等教育，有自己的专业知识和技能，知识文化水平普遍较高，且可以把自身所学到的知识与技能运用到创业活动当中，具有较高层次的技术优势。能够利用技术能力获取创业资本进行创业活动是大学生创业的一个特有优势。

③创新能力强。大学生的年龄优势和受教育程度较高，所以思维活跃，能够不断产生新的观点并不停地碰撞，好奇心强、直觉敏锐，容易接受新鲜事物，具有挑战传统的信心和欲望。而创业就是需要较强的创新能力才可能会成功。

④家庭负担较小。家庭负担重势必会分散创业者的精力，而大学生还未建立个人家庭，负担相对其他创业者要小，因此能够全身心地投入创业活动中，部分大学生的家庭还能给予他们创业资金或人脉方面的支持。

⑤容易组建创业团队。大学生活阶段，学生们彼此互相了解、信任，关系相对单纯，更容易找到志同道合、有共同理想和爱好的合作者，互相促进，优势互补，这些都为大学生迅速组建创业团队、共同实现创业目标提供了良好的基础。

⑥容易获得各方支持。为了鼓励大学生们进行创新创业，从高校到政府都提供了良好的平台，高校为大学生们提供创新创业教育与孵化，政府出台一系列支持创业的政策进行扶持。社会对大学生创业给予了认同。

（2）学校创业课程支持。学校对重点创业项目进行扶持，并对大学生的创业设计、立项、论证、审核等给予指导和帮助。学校注重创业实践教学，创业课程围绕创业构思、融资、创业营销、中小企业管理、财会管理等开设，开展创业实践活动教育，加大实验、实习和社会实践等教学环节在课程体系中的比重，通过门类众多的课外活动和领域广泛的社会实践，把创业需要的知识课程纳入创业机会识别、企业成长、成功收获等环节，强化大学生创业意识，提高创业者素质。

（3）政府从各方面为大学生创业提供便利和优惠。

①行政事业性收费减免。大学生从事个体经营，可以免交工商登记费等行政事业性费用。《国务院办公厅关于切实做好2007年普通高等学校毕业生就业工作的通知》指出，“对从事个体经营的高校毕业生，除国家限制的行业外，自工商行政管理部门登记注册之日起3年内免交登记类、管理类和证照类的各项行政事业性收费。”

免交的收费项目具体包括：

一是市场监管部门收取的个体工商户注册登记费（包括开业登记、变更登记、补换营业执照及营业执照副本）、个体工商户管理费、集贸市场管理费、经济合同鉴证费、经济合同示范文本工本费。

二是税务部门收取的税务登记证工本费。

三是卫生部门收取的行政执法卫生监测费、卫生质量检验费、预防性体检费、卫生许可证工本费。

四是民政部门收取的民办非企业单位登记费。

五是劳动保障部门收取的劳动合同鉴证费、职业资格证书工本费。

六是国务院以及财政部、国家发展改革委员会批准设立的涉及个体经营的其他登记类、证照类和管理类收费项目。

七是各省、自治区、直辖市人民政府及其财政、价格主管部门按照管理权限批准设立的涉及个体经营的登记类、证照类和管理类收费项目。

②税收优惠。国家在大学生创业优惠政策中对于税收方面作出了以下规定：

一是凡高校毕业生从事个体经营的，自批准其经营之日起1年内免交税务登记证工本费（即免税）。

二是新成立的城镇劳动就业服务企业（国家限制的行业除外），当年安置待业人员（含已办理失业登记的高校毕业生，下同）超过企业从业人员总数60%的，经相关主管税务机关批准，可免纳所得税3年。

劳动就业服务企业免税期满后，当年新安置待业人员占企业原从业人员总数3%以上的，经相关主管税务机关批准，可减半缴纳所得税2年。

除此之外，具体不同的行业还有不同的税务优惠：

一是大学毕业生创业新办咨询业信息业、技术服务业的企业或经营单位，提交申请经税务部门批准后，可免征企业所得税两年。

二是大学毕业生创业新办从事交通运输、邮电通信的企业或经营单位，提交申请经税务部门批准后，第一年免征企业所得税，第二年减半征收企业所得税。

三是大学毕业生创业新办从事公用事业、商业、物资业、对外贸易业、旅游业、物流业、仓储业、居民服务业、饮食业、教育文化事业、卫生事业的企业或经营单位，提交申请经税务部门批准后，可免征企业所得税一年。

③众创空间税收优惠。落实科技企业孵化器、大学科技园的税收扶持政策，对符合条件的众创空间等新型孵化机构适用科技企业孵化器税收扶持政策。有条件的

地方可对众创空间的房租、宽带网络、公共软件等给予适当补贴。

④提供创业培训等创业服务。提供创业服务一般包括创业培训、创业项目推介、创业政策咨询、专家评析、创业孵化、融资服务、开业指导和后续服务等创业服务。创业培训形式很多，目前不少地方开始建立创业见习（实训）基地，实行创业见习（实训）补贴政策。

⑤落户政策。符合条件的创业大学生可以在创业当地落户。如杭州市规定，“在杭州市区自主创业的普通高校应届毕业生，可凭毕业证书、户口迁移证、同意落户证明、工商登记的营业执照和税务登记证明到落户地公安派出所申请办理落户手续。”

2.1.6.2 大学生创业的劣势

大学生创业虽然有充足的信心和激情，但是缺少充足的心理和社会经验的准备。对在校生和刚毕业的大学生来说，创业并不是轻而易举的事情。

（1）心智尚未完全成熟。很多大学生创业者是仅凭一腔热血开始创业的，往往属于第一次创业，难免会表现出冒失、激进的倾向，加大了创业风险。同时，大学生对外部环境的敏感度不够，对社会的认知不全面，当创业过程中遇到困难和挫折的时候，大多数人容易出现退缩甚至放弃的念头，心理承受能力较弱，抗击打能力不强。

在项目选择上，大学生往往认为高科技行业是创业的金矿，以至于很多大学生不屑于选择服务业或技术含量低的行业。其实，高科技创业项目的创业风险和压力都非常大，不放平心态，从实际出发，不深入了解市场和自身能力，眼高手低更容易导致失败。

（2）创业技能欠缺。大学生虽然在学校期间具备了一定的知识和技能，但部分高校的大学生创业教育仅限于思想上的引导和精神上的鼓励，学生没有充分的实践和经验。不少大学生创业者不重视项目的市场调研，只进行理论推断，而单纯的理论推断很可能是不切实际的，有误导作用的，纸上谈兵反而造成了大学生所学的知识和技能不能得到有效的应用。

（3）缺乏职场经验。尤其缺乏商业网络和人脉关系。由于大学生在创业前基本生活在校园里，与社会接触少，缺乏社交经验与阅历，因此，对于创业过程中出现的各种风险、陷阱的识别与预防能力不够。创业过程中会出现人脉资源薄弱的问题，导致他们在开拓市场过程中更容易遇到阻碍。

（4）创业启动资金有限。大学生创业资金的有限和商业信用的缺乏，导致创业的融资借贷困难，启动资金和后续经营资金的不足严重影响了大学生创业的积极性。

2.2 大学生创业项目的特点

大学生创业项目往往极具个人特色，且通常与各类竞赛有连接，根据拥有资源的多少，结合线上线下开展。

2.2.1 与大学生个人特点结合紧密

大学生创业行业选择的影响因素主要是大学生自身的条件，一般包括个人兴趣爱好、性格、个人能力、所学专业及风险偏好程度等。

兴趣是最好的老师，爱好是不竭动力的源泉。如果创业者是基于自身的兴趣来选择创业行业的，当然能投入更多的心思。知识和技能水平高，是大学生创业群体最显著的特征。资金、场地等条件限制也形成了大学生创业者对于风险的偏好。有的人从个人能力方面分析，强调量力而行、施展自己专长，选择自己熟悉的行业。

自主创业，最大的错误可能就是选择了自己不熟悉、不了解的行业。如果熟悉这个行业，就可以缩短熟悉行业的时间，创业者也能集中精力做好其他方面的工作。

（1）选择熟知的行业。这几乎是每个成功创业者所崇奉的信条。就经营一个企业来说，成功与否很大程度上取决于你是否全面掌握和精通这一行业的基本情况和实务知识。

（2）选择与自己专业相近的行业。可以充分发挥专业技术优势，做到学用结合。

（3）选择能发挥自身特长的行业。特长是一个人最熟悉、最擅长的某种技艺，它最容易表现一个人在某种行业的能力和才华。事实证明，能够发挥自己特长的事业是最容易取得成功的事业。

2.2.2 与竞赛关联度高

大学生创业项目有很大的比例来源于各类创新创业类竞赛，由竞赛孵化出的创业项目往往最原始的动机就是参赛。

【延伸阅读】真人图书馆①

在创业大赛决赛中，几个大三学生创立的“爱上深呼吸”真人图书馆得以入围。

答辩环节中，这个团队一开始就被问到商业模式。王和荣介绍：“目前盈利点在两块，一块是活动策划，另一块是服务外包企业或者学校的视频。以图书馆的名义，进行创业的交流，邀请企业优秀人员跟我们网站用户进行业务或者思想上的交流，这无形中扩大了企业的品牌影响力。我们网站上会有专门的企业宣传或者学校宣传视频，还有为学校开发的网络课程，这是可以纳入学校的教育体系的，学校可以直接购买，每年付费。”

真人图书馆有别于传统图书的优势在于它提供的真人“书”有丰富生动的生活

---

① 王中强，陈工孟．创新思维与创业教育［M］．北京：清华大学出版社，2017．

经验，“读会行走的书，阅有故事的人。”“爱上深呼吸”有自己的网站和实体线下活动场地，在杭州西溪湿地博物馆新建了合作战略基地，他们会把线下参与活动的真人制作成微视频上传到网上，提供网站语音交流。

今年即将毕业的王和荣和他的同伴，对创业有着自己的见解。王和荣说：“创业和就业是不冲突的，通过就业获得资源可以支撑创业，有过创业经历再去就业优势也会更加明显。今年的就业形势很差，那么以创业带就业就是很好的一条出路。”

创业竞赛催生了一批大学生创业项目，但也出现了一些问题。比如，创业项目流于形式，为活动而活动，为大赛而比赛，缺乏后续创业培育的具体措施，没有真正将创业计划付诸实施，没有给学生足够的实践机会和发展空间。所以目前我国大学生创业依然处于起步阶段，虽然大学生创业热情高，但坚持实践者仅为少数，因此，真正创业的人数占大学生总数的比例不大。而在美国，像斯坦福等知名大学，大学生创业的比例可以达到10%。

2.2.3　资源需求大

对大学生而言，创业需要的资源几乎都缺乏。例如缺人才、缺资金、缺管理经验、缺社会资源、缺技术等。但这些并不是创业成败的关键因素，获取资源的能力才是大学生创业的决定性因素。

看上去大学生创业几乎是“一穷二白”，什么资源都没有。但大学阶段就是锻炼思维、拓展资源能力的最佳时期。比如，刚上大学时几乎没有任何社会资源和经历，但在暑期打工和企业学习中可以有所收获；技术资源相对而言是大学生创业者更容易获得的资源，校内校外的实习实训提供了足够的学习和成长空间；部分资金问题可以利用大学生的自身条件来获取，如把公司注册地点和办公地点放在家中，或者利用学校和政府的支持，在孵化场地和创客中心争取到创业场地和其他物质资源；管理经验则可以通过社团或者学生组织的管理工作来体悟，从企业实习或打工渠道学习和了解一些初步的管理方法、管理制度及技巧。

2.2.4　线上线下相结合

大学生创业项目中有大量的项目创新来自线上线下结合的思想，其本质是基于互联网的共享经济。利用移动互联技术，平台连接了用户和商家，三方得益。

【延伸阅读】刷“柜子”取早餐①

宋何非是北京邮电大学信息工程专业的一名学生，之前来不及吃早饭饿肚子的经历，成了他创业的灵感来源。宋何非从大三开始，就在一家科技创业公司实习，

① 王中强，陈工孟．创新思维与创业教育［M］．北京：清华大学出版社，2017.

他开发的第一个项目是一个电商平台，获得了2014年“赢在南京”青年大学生创业大赛第一名。在这个过程中，他学会了如何和小伙伴们进行团队合作，更对互联网创业有了清醒的认识。

“柠萌云店”店里全部是一格一格的柜子，每个柜子都是透明的，每个柜子上方有一个“柠萌”的商标，上面写着“购遍全城在此取货”。

“柠萌云店”帮“懒觉族”吃上早餐。如果早上你来不及吃早餐，也没空排队买，可以在路上用手机订一份，到了地铁站，扫一下二维码，就能拿到你的早餐了。

不仅地铁站内不少店铺的物品可以预订，周边的店铺也可以。比如一家早餐排队比较长的店铺，也是“预订热门”，以前每天早上去这家店买早餐，都要排半小时队。现在顾客只要在晚上12点之前订好要吃什么，第二天早上直接扫码就可以了。“玩柜子”本身是提供一种方便的物流服务，不只是卖吃的，地铁沿线周边所有商店都可以合作。

2.3 大学生创业的问题

中央电视台曾对大学生作了进一步调查：“你自己创业最大的困难在哪里?”调查结果显示，缺少启动资金的占59%；缺少专业经验的占26%；缺少人脉关系的占11%。目前针对大学生创业的政策大多解决的是资金问题，但其他问题也是创业路上的“拦路虎”。

2.3.1 对创业的理解不深

很多大学生创业者缺乏对事业的野心和对商业成就的追逐，单纯地理解为创办公司、获得融资。但融资成功不等同于创业成功，投资机构和资本市场只是在企业成长路途中的一个加油站而已。学生的主体意识及个性化的发展不足，创业的大学生过分地强调书本知识，与社会生活结合不够紧密。

对创业的理解不深也表现在创业大学生的风险意识不够。刚创业的大学生对经营中将要遇到的各种情况缺乏基本的预见性，冷静、理智、平和的心态尚待锤炼。大部分大学生对于创业还只是处于理论认识阶段，对自身的行业缺乏深度审视，对社会消费能力、市场前景缺乏理性了解。在市场竞争日趋激烈的情况下，大学生创业成功与否，不仅取决于是否有强烈的创业意识、娴熟的专业技能和卓越的管理才华，而且在更大程度上取决于其面对挫折、摆脱困境和超越困难的能力。

2.3.2 项目选择不准

大学生接触的商业层面和边界有限，很多项目从学校角度切入，做防迟到、替考、智慧教室、传统产业改造等，这些需求的解决方案涉及的利益群体和消费频次、竞争门槛都不准确。

大学生创业项目选择要遵守“不熟不做”的原则，尽量从刚性需求、高频次、客单价较高的一些层面展开，并与大平台进行错位竞争。

2.3.3　产品打磨不足

尽管大学生创业项目大多是关于高新技术的，但是毕业脱离学校后，要凭个人之力创办高科技企业，却往往显得势单力薄。作为近似完全理性的风险投资公司绝大多数不愿意投资到规模小、风险大的学生创业项目。

创业产品需要小范围试错和不断迭代。大学生团队常犯的一个错误是早期确定的细分市场和客群，深挖下去才发现是伪需求或与预期差异太大，而团队成员不舍得舍弃已有成果，最后导致项目越做越差，脱离市场。

2.3.4　商业模式不够成熟

大学生创业项目普遍存在的问题有营销规划不够明确、运营人员没有经验、财务和市场风控欠缺、营销数据分析不足、项目自运转能力弱等。

当产品和服务在样板市场打样之后，创始团队要在此基础上进一步深化和完善商业模式，打造市场、团队的核心竞争力。如果拼资源，市场上总有比自己更大资源的企业。只有凸显商业模式和竞争优势，资本的助力才能让企业如虎添翼。

2.3.5　在传统产业内竞争

如果创业项目选择传统产业，大学生的经验和经历缺乏成为最大的短板，也无法利用大学生天然的优势——踏准移动互联网和物联网的浪潮。新领域的创新创业将新老企业拉到了同一个平台上，而大学生们先天具备这些优势。

2.3.6　团队成员成分单一

大学生创业项目的创始班子往往是发小、校友、同学等，这有利也有弊。利在彼此知根知底、性格能力互补，弊在大家起点类似、眼界类似、资源类似。如果能引进一两个在商界打拼的企业家校友做顾问或天使投资人，就可以从行业、资源、眼界、资金等方面给予互补，而有商业经验的创始团队在后续的融资、规模化的运营管理等层面会持续加分。

2.3.7　创始股东人数过多

大学生团队的成员往往较多，非核心成员其实并没有发挥太多作用，人员请进来容易，退出去难，这也为日后的企业发展埋下了隐患。创业初期，人数应尽量控制在 4 人以内，遵循 415 规则。415 是指创始股东不超过 4 人、1 个控股大股东持有 50% 以上股权。创始股东过多，利益和沟通成本太高，也不利于后续投资资金的进入。超过 50% 的股权能够从法律上保障对企业所有权和决策权的控制。

2.3.8 股权机制设计不合理

许多同学搭班子、分股权、分工时从不考虑提前设计好一份明确、正向激励的股权激励方案。

随着企业的不断发展，有些人会因为家庭、能力、学习、工作等各种原因离开或跟不上公司的快节奏发展，如果没有一套明确的股权退出机制来吐故纳新，一个操作不慎就是大灾难，后果往往是兄弟成仇、夫妻反目。

2.3.9 不会利用孵化器

有些大学或者大学生创业团队不重视创业孵化器的作用，岂不知孵化器才是大学生创业的首选。作为从学生身份过渡到商人身份的一个过渡平台，孵化器起到关键作用。大学生在这里可以进行创业的系统学习，多个创业项目可以相互交流，持续进行商业训练、铺设人脉、建立商务网络，而定期举办的创投路演、私董会、培训更是为大学生创业提前铺路。

2.3.10 缺乏创业导师

创业导师应具有创业或投资的经历，熟悉企业的运营，但目前在高校里从事创业指导的教师一般有两类：一类是原先从事企业管理学科教学的教师；另一类则是学生就业工作指导老师。这两类师资都有一个共同的弱点，缺乏创业经历和实践能力，难免陷入“纸上谈兵”的尴尬。且指导内容多为著名企业、集团有关创业的基本原理与方法，而实际上大学生所关注的对象主要集中于小企业的创建与发展，创业指导缺乏小企业的生存之道、发展之道、壮大之道的讲解与分析，指导意义不强。

因此，大学生创业团队缺少真正可以一对一指导的创业导师，单纯挂名的导师起不到实质作用。大学生可以与能接触到的企业家、校友、投资人积极沟通，邀请其担任企业顾问或进入董事会，在公司未来的发展战略、管理、融资规划、上市以及家庭等领域给予资本运营、产业运营和人生经验的分享和长期辅导。

2.3.11 跨界能力不足

如果紧盯现有产品或现有市场，很容易患创业“近视症”。现在的消费者在需求、性格、消费习惯和边界方面已与过去不同，一个项目的创意、实验、完善很可能背后有一个跨国的小团队来支撑和运作，而 NGO、公益、社会企业等也成为新一代的选择，在构建商业或人际网络层面，大学生要利用自己的全球视野和小组协作，将兴趣、商业、社会做更新的跨界和嫁接，构筑全新的网络。

2.3.12　单打独斗不可取

对大学生团队来说，强有力的初始团队是创业初期的取胜关键。但团队能力再强，也不能持续负责所有事务，单打独斗的团队不可能走得长远。后期需要将创始团队能力发展成组织能力，通过复杂的事情简单化、简单化的事情流程化、流程化的事情标准化，标准化的事情形成文化，通过组织、制度、流程、文化的系统构建打造一个有效自运转的商业体系。

大学生创业团队不稳定。刚毕业和面临毕业的大学生存在太多不稳定因素，他们在创业的同时可能还在考虑其他的发展方向。另有一些大学生创业团队，由于缺乏合作和协商能力，在经营过程中不能很好地处理意见冲突，因而不能把精力集中到经营上，创业企业很快瘫痪。据调查，许多大学生创业团队难以保持相对稳定，能共同奋斗 3～5 年的较少。

2.3.13　创业相关法律法规不明晰

当前，大学生创业的社会环境良好、发展趋势令人期待，但更应注意到创业热潮中的创业风险问题，法律风险是企业面临的最大风险，商业风险在很大程度上就是法律风险，或者最终以法律风险的形式体现。因此，商业活动必须依靠法律的规范，企业寻求利益最大化的前提是合法，轻视法律风险产生的后果往往是企业和企业家特别是刚起步的创业者“不能承受之重”。法治社会里，法律风险贯穿于大学生自主创业的始终。大学生由于自身经验和能力的局限，在创业过程中更容易受到法律风险的冲击。许多大学生创业者一开始不重视企业相关法律法规，往往是在公司出现纠纷以后才想到了律师，但此时只能是“亡羊补牢”，律师能做的就只有补救措施，企业付出的代价却是极其昂贵的、惨痛的。

（1）大学生创业者的法律问题。

一是法律意识淡薄。大学生创业企业中接受过法律培训或宣传教育的比例较低，企业有专职或兼职的法务人员或聘请过法律顾问的极少。不少大学生创业者甚至不知晓企业设立、经营过程中的基本法律法规。可见，法律意识淡薄是大学生创业的一个普遍现象。很多创业大学生认为创业只需要懂技术、能管理、会策划、有资金即可，却忽视了法律风险对创业成功的制约。他们往往法律意识淡薄，不知道规避法律风险，不注意依法维权，不能坚守法律底线，为追求经济利益侵害他人权益，甚至走上违法犯罪道路。

二是内部治理不健全。大学生创业处于谋生存、图发展的初始阶段，存在着规章制度不健全、内部治理不完善等弊病。在经营决策、市场开发、经济往来、人事财务等方面，普遍缺少完备的制度规范，岗位权责不清，经营决策随意性大。即使制定了规章制度，也往往照搬照抄他人现有制度，不符合实际，存在诸多法律漏洞。据调查，在大学生创业企业中、在经营各环节制定基本规章制度的本身就不多，企业规章制度在制定前经过法律审核或征求过法律意见的就更少。可以说，大学生创业由于内部治理不健全，经营决策无章可依，潜伏着诸多法律风险，将给创业成功带来重大隐患。

三是法律纠纷增多。在复杂的市场环境中，创业大学生因社会经验欠缺和法律素养薄弱面临着越来越大的法律风险，容易卷入各种侵权或者合同等法律纠纷。许多大学生创业者缺乏法律意识，不懂得避免侵权或者依法维权的注意事项。在日常经营中缺乏证据意识，不注意合同文本、交易凭据、往来记录的收集、整理、归档等工作。一旦产生纠纷，可能陷入“有理乏据”的尴尬境地，在争议中处于劣势，造成不应有的损失。

（2）创业组织设立中的法律风险。

①组织形式选择的法律风险。大学生创业，应当根据投资、行业要求、合作伙伴等情况成立创业组织并进行工商登记，这就需要进行创业组织形式的选择。一般而言，大学生创业可以选择的组织形式包括个体工商户、个人合伙、个人独资企业、合伙企业、有限责任公司等。不同组织形式存在的法律风险各有不同。

首先，创业者承担债务的法律责任不同。大学生在选择创业组织形式时，如果选择个体工商户、个人独资企业等，则应当做好用个人全部财产承担无限责任的风险预测，尽量控制负债；如果选择个人合伙、普通合伙企业等，则应当选择志同道合的合伙人，并通过较为完备的合伙协议、规章制度等控制和规避法律风险；如果选择有限合伙企业、有限责任公司等，则对债务承担有限责任，可以大幅降低法律风险。

其次，经营管理的法律风险不同。个体工商户、个人独资企业形式灵活，便于控制，运营效率相对较高；个人合伙、合伙企业基于合伙基础，较公司而言相对容易控制，运营效率相对较高。公司虽容易发展壮大，但其对制度设定、科学管理的要求较高，受法律约束较多，管控难度较大，经营成本较高。合伙人之间、股东之间容易产生经营理念和利益分配等冲突，处理不慎就会陷入危机。因此，在具有人合性质的创业组织形式中，选择志同道合的合作伙伴尤为重要。

②设立过程中的法律风险。在确立创业组织形式的前提下，基于设立流程、行业要求、从业资质等因素，创业组织的设立过程中仍然存在法律风险。

首先，对设立流程、行业要求、从业资质等不了解。一些大学生创业盲目性较大，既不对创业行业进行认真调研，也不清楚创业过程中的相关法律规定，在创业组织设立之初即埋下法律风险。比如不了解创业组织设立的基本流程和注意事项；不清楚创业组织的注册资金、验资要求、经营场所等设立条件；不知道一些特定行业（如餐饮、烟酒、教育培训等）所需要的经营资质，必须取得卫生、消防、教育等行政机构的审批。

其次，对合伙协议、公司章程等关键组织文件的漠视。合伙协议，是共同管理和发展合伙企业的基础。完备的合伙协议明确了合伙人之间的权利义务，能够有效解决纷争，规范合伙企业的经营管理。部分创业大学生未能充分认识合伙协议的重要性，随意照搬一份上交工商登记机关了事，给今后企业的发展埋下隐患。公司章程，是规定公司组织及活动的基本规则的书面文件，是股东共同意思表示的体现。创业大学生在制定公司章程时，必须全盘考虑，明确规章制度和权利义务，为公司设立及规范运行提供基础保障。

（3）创业组织经营中的法律风险。创业组织经营过程中的法律风险涉及面广、情况复杂，不仅有公司内部治理问题，还涉及合同、知识产权、人事管理、行政管理、刑事等方方面面。

①合同法律风险。大学生创业中不可避免要签订各式合同，如租赁合同、买卖合同、运输合同等。合同法律风险是大学生创业的主要风险之一。大学生在订立合同时，经常不注意审查对方的主体资格、法定资质、资信情况、履行合同能力等事项，不重视合同的内容表述，不能从法律角度斟酌事关双方权利义务的重要条款。许多大学生创业者没有规范的合同管理制度。不少企业为了提高工作效率，把合同章交给业务人员随身携带，签订合同不作审查，也无合同备案管理制度。许多创业大学生怠于主张合同权利，不注意保管应收账款的证据材料，或者主张权利超过诉讼时效等都可能面临合同权利不能实现的法律风险。

②知识产权法律风险。知识产权是蕴涵创造力和智慧结晶的成果，包括著作权、商标权、专利权等。自主创新和知识产权是大学生创业和发展的关键。现实中，许多创业大学生缺乏知识产权法律知识，对自身知识产权主动保护的积极性较差，未形成一套有效的知识产权管理制度，往往被动地等待纠纷出现才疲于应付；或者未采取有效措施保护商业秘密，核心员工频发跳槽，导致商业秘密外泄；或者不尊重他人知识产权，肆意侵犯他人合法权利，面临各种知识产权纠纷。一旦自身知识产权遭到侵害或者侵犯了他人知识产权，都可能导致大学生创业失败。

③人事管理法律风险。大学生创业需要充分发挥团队作用，进行有效的人事管理。从员工招聘、录用、签订劳动合同，到福利待遇、日常的管理使用，直至员工离职等一系列流程，都受到《劳动法》《劳动合同法》等劳动法律法规的调整。大学生在创业过程中往往侧重于生产经营和市场开发，却忽视了组织内部的人事管理。不少大学生创业者未能建立起合法完备的考勤、保密、考核等一系列规章制度，预防和处理劳动纠纷的能力较弱；或者缺乏劳动法律知识，不签订书面劳动合同、不依法履行劳动合同、不缴或少缴社会保险、随意解除劳动关系等。这都隐藏着巨大的法律风险，可能使企业陷入无休止的劳动纠纷中。

④行政管理法律风险。大学生创业的各个环节受到行政法规的制约，接受相关职能部门的行政监管。在企业设立和年检、广告发布、消费者权益保护等方面要受到市场监督管理部门监管；依法纳税、发票管理等方面要受到税务部门监管。此外，在食品卫生、产品质量、安全生产、环境保护等各个方面要接受卫生、质检、价格、环保、公安等行政主管部门的监督和管理。大学生创业中，如果不熟悉所从事行业的法律法规，不遵从职能部门的监管，将面临政府行政管理的法律风险，可能遭受

不同程度的行政处罚。

⑤刑事法律风险。刑罚是最严重的惩罚。少数大学生创业者渴望成功，为了追求经济利益，不惜铤而走险，甚至走上犯罪道路。比如，在企业设立中虚报注册资本、虚假出资、抽逃出资等行为；在生产经营中生产、销售普通伪劣商品、诈骗、合同诈骗等行为；在知识产权中假冒注册商标、假冒专利、侵犯著作权、侵犯商业秘密等行为；在行政管理中偷税漏税，虚开、非法出售增值税专用发票等行为。这些行为都有可能触犯刑律，构成犯罪。

（4）创业组织终止的法律风险。创业组织终止是指创业组织主体资格的消灭。创业组织终止的法律风险主要包括：一是未妥善处理存续期间的纠纷带来的法律风险。在创业组织难以存续时，有些创业者未能处理好债务、劳动纠纷等事宜，选择一走了之，从而导致纠纷加剧，并可能面临后续的诉讼风险。二是创业组织已终止而未及时办理工商注销登记导致创业组织被不法分子冒用带来的法律风险。三是创业组织本身存在的法律风险，如前所述，个体工商户、个人独资企业和合伙等形式中投资者承担的是无限责任，不会因创业组织消灭而免除投资者的责任。

作为创业者，必须了解以下与创业密切相关的法律规定。

①规定企业如何设立、组织、解散的法律。如《公司法》《合伙企业法》《个人独资企业法》《公司登记管理条例》《企业破产法》等。在设立企业之前，必须了解这些法律法规的有关规定，包括设立企业要符合哪些条件、企业的组织机构应如何设置、企业的规章制度应如何制定等。

②规范企业劳动关系的法律。如《劳动法》《劳动合同法》《就业促进法》《社会保险费征缴暂行条例》《社会保险登记管理暂行办法》《工伤保险条例》《最低工资规定》等。我们常说，21 世纪最缺的是人才，每个企业都必须要用人，而要处理好企业与劳动者之间的关系，使得劳动者充分发挥其积极性为企业创造效益，就必须严格按照这些法律法规的规定办理。

③规范企业市场交易活动的法律。如《合同法》《担保法》《产品质量法》《反不正当竞争法》《反垄断法》《广告法》《消费者权益保护法》等。这部分法律法规主要解决的是合法经营、公平交易问题。

④规范国家宏观调控行为的法律。如《环境保护法》《对外贸易法》以及税法、金融法、投资法等。在这里，政府是管理者，企业是被管理的对象，但是，如果企业对政府行为有异议，也可以通过行政复议、行政诉讼等途径讨说法。

⑤与创业纠纷解决相关法律。如《民事诉讼法》《行政诉讼法》《仲裁法》《劳动争议调解仲裁法》等。

2.4　创业项目实践的结果思维

大学生的创业项目不论形式如何，最终还是要实现落地和盈利。通过参加竞赛，可以学习经验、打磨项目；通过孵化器，可以评估项目价值、模拟实战。在创业项目的逐步实现过程中，大学生自己和团队都获得了能力的提高和知识边界的突破。

2.4.1 在竞赛中学习

2.4.1.1 参加高水平创业竞赛

创业竞赛本身也是全国高校创业项目的公开展示过程，学生可以通过参与互联网+、大挑、小挑、大创、各类专业学科竞赛等来学习和实践创业的过程。

（1）中国“互联网+”大学生创新创业大赛。中国“互联网+”大学生创新创业大赛首次举办于2014年，由教育部主办。

①大赛主要任务。

一是以赛促教，探索人才培养新途径。全面推进高校课程思政建设，深入推进新工科、新医科、新农科、新文科建设，不断深化创新创业教育改革，引领各类学校人才培养范式深刻变革，形成新的人才培养质量观和质量标准，切实提高学生的创新精神、创业意识和创新创业能力。

二是以赛促学，培养创新创业生力军。服务构建新发展格局和高水平自立自强，激发学生的创造力，激励广大青年扎根中国大地了解国情民情，在创新创业中增长智慧才干，坚定执着追理想，实事求是闯新路，把激昂的青春梦融入伟大的中国梦，努力成长为德才兼备的有为人才。

三是以赛促创，搭建产教融合新平台。把教育融入经济社会发展，推动成果转化和产学研用融合，促进教育链、人才链与产业链、创新链有机衔接，以创新引领创业、以创业带动就业，推动形成高校毕业生更高质量创业就业的新局面。

②参赛类别。

一是高教主赛道：新工科类、新医科类、新农科类、新文科类。

二是青年红色筑梦之旅赛道：“互联网+”现代农业、“互联网+”制造业、“互联网+”信息技术服务、“互联网+”文化创意服务、“互联网+”社会服务。

三是职教赛道：创新类、商业类、工匠类。

③参赛项目类型。

一是新工科类项目：大数据、云计算、人工智能、区块链虚拟现实、智能制造、网络空间安全、机器人工程、工业自动化、新材料等领域，符合新工科建设理念和要求的项目。

二是新医科类项目：现代医疗技术、智能医疗设备、新药研发、健康康养、食药保健、智能医学、生物技术、生物材料等领域，符合新医科建设理念和要求的项目。

三是新农科类项目：现代种业、智慧农业、智能农机装备、农业大数据、食品营养、休闲农业、森林康养、生态修复、农业碳汇等领域，符合新农科建设理念和要求的项目。

四是新文科类项目：文化教育、数字经济、金融科技、财经、法务、融媒体、翻译、旅游休闲、动漫、文创设计与开发、电子商务、物流、体育、非物质文化遗产保护、社会工作、家政服务、养老服务等领域，符合新文科建设理念和要求的项目。

（2）“挑战杯”中国大学生创业计划竞赛。自 1999 年举办以来，“挑战杯”中国大学生创业计划竞赛已经成为国内大学生最关注的全国性创业赛事之一。大赛始终致力于引导学生了解国情社情、提升学生社会化能力、服务学生就业创业。主办单位有共青团中央、教育部、人力资源社会保障部、中国科协、全国学联、北京市人民政府。

①大赛活动。

一是实践云接力。面向参赛学生广泛征集在项目准备过程中进企业、进农村、进社区的实践经历，例如通过点亮地图的方式展现广大学生迎接党的二十大胜利召开、用创新创业实践投身强国伟业的青春风采。

二是名师大讲堂。邀请行业领军人物、社会知名人士、业界知名学者等，以主题团课、TED 演讲等多种形式举办名师大讲堂，面向全国大学生线上直播。

三是青年学习汇。引导参赛学生跨学校、跨地域组建线上学习小组，例如，结合各自项目，围绕党的二十大召开、建团 100 周年等开展讨论，增强参赛学生间的互动交流。

四是职场体验营。组织参赛学生走进处于不同阶段的创业企业、知名企业，通过创业介绍、员工分享、实际体验等，让学生在一线感知社会、了解企业。

五是导师会客厅。邀请企业家、投资人、孵化机构代表等，组成“挑战杯”大学生创业导师团，通过线上线下联动，实现导师与项目的结对指导和长期跟踪。

六是资源对接会。邀请创业服务机构、投资机构、孵化器、园区等入驻大赛平台，开展线上线下对接活动，为有需要的项目提供服务支持。

②五大赛道。按普通高校和职业院校分类申报，每所学校限参加一类。聚焦创新、协调、绿色、开放、共享五大发展理念设五个组别。

一是科技创新和未来产业：围绕创新驱动发展战略，推动数字经济健康发展，在智能制造、信息技术、大数据、人工智能、生命科学、新材料、军民融合等领域，结合实践观察设计项目。

二是乡村振兴和农业农村现代化：围绕实施乡村振兴战略，在农林牧渔、电子商务、乡村旅游、城乡融合等领域，结合实践观察设计项目。

三是社会治理和公共服务：围绕国家治理体系和治理能力现代化建设，在政务服务、消费生活、公共卫生与医疗服务、金融与财经法务、教育培训、交通物流、人力资源等领域，结合实践观察设计项目。

四是生态环保和可持续发展：围绕可持续发展战略和碳达峰碳中和目标，在环境治理、可持续资源开发、生态环保、清洁能源应用等领域，结合实践观察设计项目。

五是文化创意和区域合作：突出共融、共享，紧密围绕“一带一路”和京津冀、长三角、粤港澳大湾区以及成渝地区双城经济圈、长江中游城市群等区域合作，在工业设计、动漫广告、体育竞技和国际文化传播、对外交流培训、对外经贸等领域，结合实践观察设计项目。

（3）大学生创新创业训练计划。大学生创新创业训练计划简称“大创”，由教育部高等教育司负责管理，“大创项目”指的就是大学生创新创业训练计划项目，是各级教育部门面向大学生开放的一种项目。

①分类。“大创”项目一般分为创新训练项目、创业训练项目和创业实践项目三类。创新训练项目偏向于科学研究项目；创业训练项目适合正处在创意和验证阶段的创业项目；创业实践项目则鼓励能开展实际创业的项目。

②级别。国家级“大创”是最高级别的“大创”项目，由教育部实施立项。对应的有省级、校级、院级“大创”项目。

③项目类型。包括重点支持领域项目和其他项目。其他项目包括青年红色筑梦之旅和产学合作创新创业联合基金项目。重点支持项目本着“有限领域、有限规模、有限目标”的原则，支持具有一定创新性的基础理论研究项目和有针对性的应用研究项目持续深化研究和实践，鼓励开展新兴边缘学科研究和跨学科的交叉综合研究。研究团队要有效利用高校和社会现有的重点实验室、协同创新中心、工程研究中心、国际科技合作基地、大学科技园、技术中心、技术转移中心、实验教学示范中心等研究平台所拥有的一流学科和科研资源，积极开展前沿性科学研究、颠覆性技术创新、实质性创业实践。包括：

一是泛终端芯片及操作系统应用开发；

二是重大应用关键软件；

三是云计算、人工智能和无人驾驶；

四是新材料及制造技术；

五是新能源与储能技术；

六是生物技术与生物育种；

七是绿色环保与固废资源化；

八是第五代通信技术和新一代 IP 网络通信技术；

九是城乡治理与乡村振兴；

十是社会事业与文化传承。

越来越多的高校重视创业教育，纷纷设立了创新创业学院，开设各类创业课程，组织各种创业活动。创业教育更加重视应对不确定性的创业思维和行为方式以及学习能力的训练，把创业教育纳入素质教育体系，加强大学生的创新创业意识和能力并增强社会责任感，并通过高水平创业竞赛将创业教育与职业发展规划结合起来。使学生做到敢闯敢创、敢闯会创和敢闯能创。

参加高水平创业竞赛的大学生能更好地解决实际问题，在激烈的创业竞争中获得自己独特的竞争优势，从而大大提高创业的成功率。对于从事就业的同学而言，他们可以像创业者一样思考和行动，能在普通的工作岗位上，运用专业知识去发现问题、创造机会和解决问题，以人为本，创造价值，提高自己的就业力，获得更大的职业发展空间。

2.4.1.2 学习创业竞赛项目经验

创业竞赛项目的经验性、动态性、实践性强，学生参与竞赛可以了解在环境不确定性下的复杂创业过程，学习其他项目的创意、卖点、策划和实战操作过程，解决大学生不了解创业、不会创业和无处下手的问题。

在创业竞赛中，不同创业者有着不同的思维方式，但同样的是把对项目的思考转变为立刻的行动，按照行动—学习—构建—再次行动的步骤不断循环，直到创业成功。参加创业竞赛能更深刻地让大学生体会到创业者从拥有的资源出发，敢闯敢创的精神。

感召同伴形成团队，用同理心寻找问题背后的本质，发现客户的需求，形成有创意的解决方案，提供用户需要的产品或者服务，确定商业模式，创造和实现价值。参加创业竞赛能让大学生体会到创业必须掌握的创业规律和秘诀。

参加创业竞赛能让大学生认识到创业要有设计思维以及以人为本的创新思维，学会用同理心去发现问题和解决问题，从用户中来到用户中去，通过测试与迭代，提供用户需要的产品或者服务。通过运用商业模式画布等商业思维的工具去把产品转换成有价值的商品。

眼界广博的见识、开阔的眼界可以有效地拉近创业者与成功的距离，使创业活动少走弯路。创业者在竞赛过程中与其他团队进行创业分享，要跟对形势，研究政策。顺着国家鼓励的层面努力，了解市场上现在时兴什么、流行什么，人们现在喜欢什么、不喜欢什么。通过竞赛项目和创业者相互之间的沟通，大学生学会明势，不但要明政事、商事，还要明世事、人事。

2.4.1.3 突破现有知识边界

创业竞赛注重创业知识的运用和迁移，强化创业思维的系统性训练。在竞赛中学生可以融入创业的真实感受，进行体验式创业学习，引进外部资源，在现有技术或市场的专业知识边界外进行创新。

创业项目的学习，会让学生明白何为“利益共同体”“事业共同体”“梦想共同体”。在创业过程中，通过明确、清晰、阶段化的战略规划和部署，将小团队、小项目持续进化成利益共同体平台，锁定大家的共同梦想和利益，促成组织活力的激发和快速成长，在这个阶段，股权、期权、年薪、年金、奖金、旅游、团建、家属会等综合运用，将个人利益统一到集体利益。随着组织的优化，文化的形成，企业将个人的成长和成就、成功在组织平台上分步实现。随着企业的不断发展和阶段性的成功，企业也会更加积极承担更多的社会责任，汇聚更多的优秀人才、产业资源和社会声望。

第一，提升学生的创业意识，使学生能够从职业生涯规划的层面上，更加深入地了解创业的内涵，把创业作为一种可能的职业选择来看待，在创业选择时更加理性；第二，帮助学生了解商业运作的基本规律和过程，掌握初步的创业技能，更加深入地理解职业环境；第三，帮助学生认识并提升超越创业选择本身的创业精神和重要的职业素质，包括沟通能力、团队合作能力、创新能力、项目管理能力等，提高毕业后的职场适应能力和竞争力。

2.4.1.4 借力社会组织和政府机构

创业竞赛中的社会组织和政府机构是高校创业的关键力量，它们丰富了高校创业教育体系和师资，延伸了创业平台。大学生创业竞赛平台有利于创业项目的改进和推广，更好地了解目前的创业趋势，提升项目落地竞争力。

大学生的社会关系一般较为单一，这对社会资源的获取是十分不利的。借力社会组织和政府机构，大学生可以认识更多志同道合的创业者，尤其是资源提供者、投资人以及经验丰富的创业先行者，这对于大学生的创业事业的开始和发展都有着巨大的推动作用。

政府为大学生创造了良好的创业宏观环境。大学生创业者是新岗位的开拓者，能为社会带来就业的机会，也可以为政府分担就业压力。大学生要充分利用创业基地及其为创业大学生提供的专业指导、法律咨询、市场分析等服务。

2.4.2 优质项目孵化

高校的孵化器平台体系包括以下两种：

（1）创业苗圃。创业苗圃是创业孵化链条的重要组成部分，是传统孵化器向前端延伸的产物，又称为预孵化器。创业苗圃作为前端部分，与孵化器、加速器联合构成创业孵化的完整链条。

现阶段创业苗圃的模式多为初期创业团队或大学生创业团队安排免租金工位，并邀请知名企业家、行业专家和政府工作人员为入驻创业团队做知识产权、商业模式、盈利模式等方面的培训讲座，提供全方位指导。运作较为成熟的项目将注册公司，进入孵化器孵化，寻求融资。这种模式可以降低创业的风险，提高创业的成功率。

目前，国内的创业苗圃普遍实行粗放式管理，对于项目孵化的具体时间长度、孵化阶段的日程安排、毕业条件、投资额度等还没有形成固定的模式。

大学生创业苗圃的服务功能主要有：培训服务、知识产权服务、企业管理咨询服务、技术检测与支持服务、投融资服务、法律服务、产学研合作服务、技术转移与国际合作、人力资源服务、公共信息服务。

（2）孵化器。孵化器是指在企业创办初期或者企业遇到瓶颈时，提供资金、管理、资源、策划等支持，进而帮助企业做大或转型的一种服务体系。

孵化器更像是一所新的学校。这里，创业者可以获得创业导师、投资人、各领域专家的亲身指导，降低创业的风险。在很多创始人眼中，商业孵化器已经取代了MBA，成为获取商业资源的首选。

目前很多高校为支持大学生创业，都建立了创业园。园区以极低的价格或有条件免费的方式将工位租给大学生创业者。这是典型的有政府支持的托管型孵化器。

托管型孵化器面向的人群为初次创业者或高科技及互联网创业者。其提供的服务一般包括定期的创业培训、项目路演培训、投资人对接等。托管型孵化器为创业者提供了企业生存的基础设施，使创业者可以全身心投入产品的设计和研发。为有想法的年轻人提供了良好的创业平台，进入之后借助平台的资源，创始企业可以快速度过婴儿期，有机会获得投资并发展壮大。

2.4.2.1 推动创业项目落地

孵化器的作用是推动大学生创业项目从纸面上走下来，面向现实市场进行实践。大学生创业难的问题“孵化”出了大学孵化器。

一是对学生创业意识的培养。创业教育成功开展的前提条件就是注重有关内容的体验，使被教育者获得创业的感性认识。美国国家独立企业联盟调查研究表明2/3的企业家来自拥有企业的家庭，原因是他们能够获得有关企业的感性认识和创办企业的意识。

项目孵化的过程不是一种单纯的知识传授。有企业经营经验的管理者和具有实际应用价值的创业经验交流为学生提供了良好的交流平台。通过这样一种形式，学生才能真正了解创业是怎么一回事。

二是对学生创业给予支持。创业教育除了要加强创业意识的培养之外，更主要的还是如何为学生创业提供支持，主要是技术支持与硬件支持。创业经历是学生的宝贵财富，大学科技园、孵化器等组织与机构宗旨是通过支持和促进校内高科技成果转化，培养创新人才，并使之成为孵化高新技术企业和培养高新技术创业企业家的基地。主要解决的问题是学生创业过程中所面临的场地、资金及管理问题。

从一颗蛋到一只雏鸟，完成了孵化，也开启了生命征途中最为关键的一步。孵化成功的创业者表现出的幸运、成功和自信，让人对大学生创业孵化器这片筑巢空间心生向往。孵化器是一个推动年轻人兑现技术、知识和想法的摇篮，让国家优惠政策落地的同时，也极大增强了全社会对创业的自信。一批批或大或小的企业从孵化器中起步、成长壮大，走向市场。

创业园可为创业者节约创业资金，帮创业者申请小额贷款、减免各种税费，让其把更多的资本和精力投入企业的发育和成长。一个小企业想获得必要的硬环境条件，除了要有相当的投资，还要筹备很长时间。大学生有着最为先进和充实的知识储备，计划性强、思维快，但在资金、经验等方面却存在很大短板。在孵化园区内，专业化的管理服务机构、专门的经营管理团队和创业指导专家能为初始创业的大学生提供一系列孵化服务，包括项目开发、风险评估、创业指导、创业培训、政策咨询、信息和融资等。此外，还为入驻的创业企业提供人事代理、劳动保障、工商、税务、融资、信息、咨询等“一站式”服务。为缓解刚创业大学生资金短缺难题，创业园还为入园大学生提供免费创业培训、税费减免（地方税）、小额贴息贷款、房租减半、水电减半、免缴物业费等优惠项目。

将进入孵化器的学生分成两类：无意识创业学生和有意识创业学生。应使无意识创业的学生成为有创业意识的学生，让原本有意识创业的学生真正能实现创业。

继续完善内部体制建设（硬件），做到办公设施标准化与办公制度人性化。建立孵化器“创业数据库”，帮助学生熟悉企业运作的流程及了解企业在面对各种突发事件时的应对策略。开展如“企业家进校园”“企业直通车”等俱乐部品牌活动。采集大学生校园创业故事（不分成败），并定期编撰成册，举办“创业销售比赛”“模拟招聘”等比赛丰富孵化器的活动。

2.4.2.2　衡量创业项目价值

孵化器会协助创业者计算项目的经济效益和社会效益，分析项目对生态、就业、社会贡献和思想认同的影响。

由于申请孵化的项目众多，能够进驻孵化园区需要进行前期考核。比如项目目前是否仅停留于想象、盈利目标能否实现等。

创业者可在考核中继续打磨产品，验证商业模式，学习创业技巧，感受如履薄冰、濒临险境的创业气氛。面对残酷真实的市场，技术新不新、产品硬不硬、管理好不好，一试便能知道。

前期考核是大学生进入创业孵化园区的门槛。只有优秀“幼苗”才会被选入园区。对于发展潜力不大、市场前景有限的企业也起到了悬崖勒马的作用，避免了社会资源的浪费。噪声大、污染重、占用场地空间过大、影响其他企业经营的项目会被拒之门外。

对于初选合格的企业，孵化园区将聘请经验丰富的企业家和院校专家从思想理念上指导，分析形势，解读发展，还将组织专家团队对企业的经营方向、核心技术、市场潜力进行综合考察。

创业已经成为大学生的一种职业选择。创业的魅力就在于创造新的机会，走别人未走过的路，用自己的聪明才智独辟蹊径，获得创业的成功。创业是如此的有魅力，引得众多大学生参与其中，乐在其中。

大学生充满了青春和活力，拥有创造力和高学历，已经成为创业领域的生力军。各级地方政府鼓励大学生创业。各个投资机构也深入高校之中发掘好的创业项目。各种创业孵化园也在为大学生创业提供各种优惠和优质的服务。在各个领域中，大学生创业者运用所学知识，创造性地解决用户需求，正在创造一个个的经济奇迹。越来越多的大学生投入创业的目的已不再是追求经济利益，他们希望通过自己的努力为社会奉献更多的力量。

因此，对于创业的同学而言，对项目进行孵化有助于提高创业成功概率；对于就业的同学而言，对项目进行孵化能够提高学生的就业力。

2.4.2.3　体会创业项目实战

在孵化器里，创业者能够体会会计核算、顾客细分、渠道通路、合作促成、政策变化等与项目生存发展的关系。创业者方便地沟通交流，分享经验和信息，互相鼓励，甚至结成业务合作伙伴。

按照“什么是企业”“创业人的特质”“如何成为创业者”“如何产生一个好企

业想法”“如何组建和运营一家企业”“如何准备商业计划书”这样一个知识体系，对企业、创业等职场元素进行体会，使学生了解创业从产生商业想法、写出商业计划书、组建一个企业直到运营的企业发展、运作的基本过程。

“做中学”“学中做”，并在这个过程中提升沟通、团队合作等综合素质。学生体验创建与运营企业中面临的风险、收益、竞争、合作、困难和收获，具有更好的启发性、实践性。

2.4.3 持续提升个人能力

（1）理性认识创业。通过创业项目实践，大学生认识到国家并不是鼓励学生毕业后都去创业，更不是放弃学业去创业，而是通过了解创业政策，学习创业的理论知识以及一些成功者的创业经验，掌握创业技能、提高创业素质，达到“就业有实力，创业有能力”的目的，拓宽就业途径。

（2）合理设计职业规划。通过创业项目实践，大学生可以尽早地根据自己的个性、爱好、特长制定职业规划，注重个性发展，发挥自身优势，变被动接受为主动出击，使自己在激烈的就业竞争中立于不败之地。

（3）提高抗挫折能力。通过创业项目实践，大学生可以进行大量的社会实践积累经验，加强心理素质的锻炼，提高经受挫折的心理承受能力和持之以恒的坚韧毅力。如科技服务、科技成果应用、智力服务、电子商务、创意小店、连锁加盟等都是比较适合大学生创业的项目。

（4）更好地控制自我。一是自律。创业者需要极佳的时间管理能力，在有效时间内做最重要的事、见重要的人。团队管理中学会放权，培养员工，分身有术。

二是自愈。创业可以锻炼学生强大的内心和自愈能力，从另一个角度看待问题，失败同时也是机会，挫折也是挑战，培养越挫越勇的心态。

三是自燃。创业者的特征之一是不管身心多么疲惫，当出现在客户面前、团队面前、公众面前时，立刻激情四射，神采奕奕。

四是自学。创业者需要不断学习周边优秀人的思维、做法，多进行跨界联系，将商场上的磨炼、书本上的文章、人事上的历练融汇一体、汇铸一炉。

大学生创业者在有效的口头沟通、说服他人、判断和决策、谈判技能、积极学习和基本劳动能力水平方面都明显高于普通大学生，这说明创业者是一批工作能力强的大学生。通过创业实践项目的锻炼，大学生学会了对新机会的识别、评估和捕捉，能够看到或者想到做事情的新方法，能够快速对挑战作出正面反应，能够从错误中进行学习、创造，锻炼自身做事的恒心和决心。

第 3 章　创业实践基础能力指导

【开篇案例】中国创造，世界未来①

创业不只是创办一个公司，而是见证一个想法或产品（或服务）从无到有、从弱到强的过程。创业者从最开始的产品构想和概念，到开发改进，再到试用验证，最后把产品推向市场，需要经历一个完整的闭环。在这个过程中，一个创业者集合了个人基础能力所体现出的综合能力是具备创业能力的关键，创业者不但要保持旺盛的创造力，不断突破，也需要准备好面对随时可能出现的问题，而这一轮一轮的锤炼，才能使一个好产品得以诞生、发展，同时也使一个从创意萌芽到实现创意的初创者，慢慢成为大有作为的企业家。

北京拉酷网络科技有限公司（以下简称拉酷）研发的 Nums 超薄智能键盘，是一张薄至 0.22 毫米的膜，这张和 A4 纸差不多厚度的膜连扎克伯格都在使用。从 0 到 1，拉酷创始人和首席执行官（CEO）龚华超让世界看到了中国青年的创造力。

一、创意何来：机会藏在灵感里

"我每天都会想很多很多生活中的问题，以及独特的解决办法。这个过程就像是在沙滩捡石头，摸到一块是冷的，再摸一块又是冷的，直到有一天摸到一块温暖的石头，它可能就是一块试金石。"龚华超一直在寻找属于他的那块试金石，一个问题被解决后，他就把这块"石头"扔到海里，重新寻找下一块"石头"。

小学三年级时，龚华超喝饮料中了一个大奖——一台"傻瓜"式照相机。自此，他爱上了摄影，形成了时刻观察和记录生活中人和事的习惯。龚华超不仅善于观察，同样富有想象力。然而，无论是敏锐的观察力还是丰富的想象力，对于当时的龚华超都是没有扳手撬动的无用之力。直到他找到了那把"扳手"，故事的齿轮才轻轻转动。龚华超读"大一"的时候，在与摄影选修课的老师的交流中，龚华超知道了德国红点设计奖，其中的至尊奖更是堪称国际工业设计的"奥斯卡"大奖。他幻想着自己有一天也能得此大奖，从那时候开始，获得红点奖成了龚华超的人生愿景。

遇到问题思考解决办法，是龚华超一直以来的习惯。他发现苹果电脑的触摸板旋转 90 度之后与数字小键盘面积大小几乎相同："这块空间能不能利用起来呢？"

---

① 清华 x-lab. 从学生到创业者［M］. 北京：人民邮电出版社，2018；吕爽. 创业行动［M］. 北京：清华大学出版社，2022.

忽然之间，龚华超脑海里灵感闪现：为什么不用这个面积来做个数字小键盘呢？

源于在计算机和软件方面的知识积累，龚华超的下一个念头就是："这个灵感能不能通过软件来实现？"他兴冲冲地去咨询计算机系的教授，想要问问把触摸板做成数字小键盘的可行性。

二、产品诞生：没有什么不可能

"不行。"这个曾多次为他答疑解惑的教授回答得干脆利落，说罢又耐心地为龚华超解释原理——触摸板只能识别鼠标滑轮的滑动方向，不能识别单击鼠标的具体位置，因此无法分区域定义不同数字。教授宣告着创意的"死亡"，龚华超虽心有不甘，但他相信教授的专业判断。可是，他一次次被数字键盘的问题困扰，这让他"简直不能忍"。他认为："好的问题应该是共性问题，无论是白种人、黑种人、黄种人，只要用笔记本电脑输入数字就会遇到这个问题。这个'波及全球'的问题一定藏着机会。"他决定试一试。

对触控技术一无所知的龚华超从头开始研究。他到处问，到处找，翻阅资料、书籍，咨询各种相关方面的专业人士。龚华超不断地试验、攻关，花了很长时间，也走了一些弯路。后来，他认识了一个计算机专业的博士，对他的这个创意颇感兴趣，龚华超把自己的想法、资料、算法逻辑悉数分享给这位博士。三个多月后，一个没有图标的EXE可执行文件在电脑上运行了，龚华超在触摸板上按下了第一个数字键，这正是Nums超薄智能键盘软件程序的原始版本。达成所愿的龚华超内心非常平静，他唯一的想法是"我知道它一定是可以实现的，老师说的也不一定对。"

2011年，龚华超19岁，还只是一名大二的学生，就已经凭借Mums最初原型触板数字贴膜，获得了德国红点设计奖的至尊奖。龚华超在从"少年成名"后的恍惚感中回过神来后，决定要做出硬件产品，使Nums不仅仅只是作品集上或者德国红点至尊大奖年鉴上的一张图，而是让其成为真正被人需要的产品。此时，距离产品真正的上市销售，有五年的时间。

三、不断突破：挑战更多"不可能"

五年间，龚华超和团队在产品方面不断突破，挑战了不知道多少个"不可能"，这些"不可能"犹如当初教授的否定，都被他们一一化解。

2014年，由龚华超带领的清华计算机与设计硕博团队创立拉酷网络科技公司。在龚华超看来，未来网络会发展成更为广泛的连接，将更多的资源和信息、用户需求、体验与用户更好地链接，利用网络科技，做原创的、带有设计的极致科技创新。

拉酷的起点始于Nums超薄智能键盘。从概念到设计落地再到量产并不容易。"产品还没成型，工厂就告诉我工艺无法达成。"当时，龚华超在深圳最好的工厂守了两周，拿到样品后，他直接踩了两脚，拿起来一看磨损了，说这样的产品不行。

经过反复试验大半年后，Nums终于通过将铝硅酸盐玻璃制造精度缩小到游标卡尺无法测量的小数点后三位，最终解决了磨损问题，并通过在键盘上加入高反射率、高平整度的金属油墨镀层，让Nums即使在昏暗环境中，每个符号都锐利可见。

如今Nums系列产品和技术全球独创，有40多项国际国内知识产权，除苹果外还和联想、戴尔等建立了深入的合作，在全球拥有 21 万用户。

Nums 超薄智能键盘凭借兼顾轻薄、坚固和耐用的特性，在 2017 年与特斯拉 Model 电动车、GoPro 无人机、佳能 5D Mark4 等产品一起，荣获以易用性、质量、创新度等多维度考察著称的全球最权威产品设计大奖之一的日本优良（Good Design Award）设计大奖。这项荣誉的背后是几十家工厂的技术测试、上百种材料的甄选、过万次算法的优化，是龚华超七年的不懈努力和执着坚持。

四、持续创新：为社会创造价值

2020 年，与生俱来的社会责任感推动着龚华超为全球一场突如其来的意外继续创新，拉酷研发出“泡腾片泡沫洗手机”。拉酷设计的泡腾片泡沫洗手机十分便捷，且处处体现龚华超对环保理念的追求。该款洗手机仅将少量泡腾片混于水中即可得到洗手液；为降低因接触产生的病菌感染风险，洗手机采用 42°倾角、V 型轮廓的喷嘴，能有效避免对机身的触碰；机身内置的泵能在喷嘴处产生 1∶12 的细腻泡沫，使用少量的水就可以冲洗干净；可调整的泡沫量也满足了不同群体多样化的灭菌需求，该洗手机所采用的泡腾片采用了对水体和宠物都安全无害的消毒成分，并已获得了国家消毒认证证书；耗材重量的极度减轻能够大幅降低仓储和运输中产生的碳排放含量。

如今正值“十四五”时期，环保仍是国家发展政策中的重要议题，智慧城市、智能交通已经在全国各地如火如荼展开建设。

2020 年，在宝马集团 NEXTGen2040 大赛中，龚华超团队设计的面向 2040 年城市形态的交通系统夺得了这项大赛的全球总冠军。该系统是利用新材料、新技术、新思维的创新设计，能够将建筑物、能源获取、多重交通出行场景有效融合；是针对 20 年后的城市作出的合理化想象，能够大幅降低城市交通对环境的影响。通过重新思考交通方式与环境的关系，龚华超希望利用设计让人们能够重返工业革命前的绿色环境。

此外，龚华超还关注到大部分设计者忽略掉的设计盲区，让设计能够服务于弱势群体。

针对唐氏综合征儿童的特征，龚华超设计出一套独特的训练装置。该装置通过创新的交互方式，强化患儿肌肉的协调性，一系列人性化创新让患儿的康复过程变得更舒适。

龚华超指出，公益的设计有极高的挑战性，设计者一方面不能被商业导向牵住鼻子，同时需要始终保持极高的同理心。公益产品与其代表的少数群体密不可分，通过产品的宣传和公益理念的推广，社会对特定少数群体的关注度能够得到显著提升，更多的设计者也会因此聚焦少数群体的需求，形成良性循环。

如今，拉酷已经完成五轮融资，拥有 50 余项国内外专利与知识产权，并持续推出了多项兼备核心技术、用户体验及设计美感的创新产品。

“中国创造，世界未来。”是龚华超的创业初心。拉酷希望打造“简约实用”的中国原创产品，为用户创造价值，解决实际问题，带来社会、商业的双赢局面。

思考题：1. 龚华超的创意源自什么样的习惯？

2. 遇到一个个“不可能”的挑战，龚华超是如何面对的？

3. 从创意到创业、从学生到创业者，你认为龚华超身上的哪些能力是可以培养的？未来，你会去有意识培养这些能力吗？

在不确定的时代，创业是持续创造机会的一种活动过程。培养创业思维、提高创业实践能力，是大学生面对不确定时代实现自我发展、创造社会价值的必然要求。大学生创业实践能力的培养包括对大学生提升个人综合能力、掌握专业知识能力、理解创业模式能力等全面性、系统性的培养，而具备创业实践基础能力培养是个人综合能力的首要环节。

3.1 认知能力

广义的认知能力是指人脑加工、储存和提取信息的能力，即我们一般所讲的智力，如观察力、记忆力、想象力等。人们认识客观世界，获得各种各样的知识，主要依赖于人的认知能力。大学生在创业实践中需要的认知能力是需要在已经拥有的知识、经验基础上进一步提高对事物认识的清晰程度和掌握事物本质的深浅程度，从而将事物之间相互影响、相互制约和相互作用进行再加工和整合的能力。

3.1.1 捕捉联系

3.1.1.1 认知与联系

认知新事物是建立与已有知识的联系，这种联系是一种逻辑联系，如吃饭和碗的联系，蝴蝶与蜜蜂的联系，有序和无序的联系。能够将尚未联系起来的事物联系起来，是一种具有创造性的认知能力。这种能力可以让人跨越知识领域、产业乃至地域，并将它们联系在一起进行思考，也是在创业实践中必不可少的技能，我们称之为创造性联系。

大学生可以通过提问、观察、沟通和创新实践积极地探求广博的新信息和新想法，这些都是进行创造性联系的催化剂。苹果、亚马逊、迪士尼等知名公司的创新创业型领导者所做的工作就像在异花授粉一样，将想法播种到自己和他人的头脑中，将迥然不同的想法、物体、服务、技术和学科联系起来。史蒂夫·乔布斯（Steve Jobs）说过：“创造就是联系事物。如果你问创造性人才，他们是如何做到的，他们会有点惭愧。因为他们并没有真正去做什么，而只是看到了一些事物……他们能够将自身经历联系起来，整合成新鲜事物。”

唯物辩证法指出，“联系”具有普遍性。任何事物内部的不同部分和要素是相互联系的；任何事物都同其他事物处于一定的相互联系之中；整个世界是相互联系的统一整体，每一事物都是世界普遍联系中的一个成分或环节；世界的普遍联系是通过媒介来实现的。

很多事物之间的模式、发展规律等都是相似的。借此发展，人们可以借助熟知的概念去审视新的概念，可能会找到曾经没注意到的细节，这其实就是一种创新方式。通过已熟知的东西去认识陌生的东西，这也是我们进一步认知世界的方式。

当外在事物和他人经验与自身的各种经验融会贯通时，创造性想法往往层出不穷。就像若干条道路在一个大的交叉路口交会时容易发生交通事故一样，我们的经验交叉路口越多，越有可能产生创造性联系。

大学生可以在创业实践中通过以下几种方式增加“收集创造性想法”的动力，从而提高“创造性联系”的能力。

3.1.1.2 联系的组合方式

（1）勇于创造不同想法的组合。黑莓手机创始人迈克·拉扎里迪斯（Michael Lazaridis）读中学的时候，所在的学校有个高等数学项目，还有一个工作室项目。这两个项目之间有很大的差异，他同时参与了这两个项目。他在无意中成了这两个学科之间的信使。拉扎里迪斯发现，他在工作室项目中用到的数学比高等数学项目教授的数学知识更加高深，在实际操作中用到了三角函数、虚数、代数甚至微积分，老师让他沟通这两个项目，也就是说，拉扎里迪斯要展示如何将数学运用到电子设备中，还要展示如何在数学中运用电子设备。当时有个老师和他说：“不要太沉迷于计算机技术，如果能够把无线技术和计算机结合起来，那才是别出心裁的发明。”这番话让拉扎里迪斯意识到了计算机和无线技术之间的联系，数年之后，黑莓手机诞生了。

谷歌创始人之一拉里·佩奇（Larry Page）也是将看似不相关领域的学术文献的引用和网络技术联系起来，从而形成一个奇异的组合，最终创建了谷歌公司。学术期刊和出版社是根据每年积累的被引用次数给学者排名的，佩奇意识到，谷歌也可以使用相同的方法给网站排名。正如按照被引用次数给学者排名一样，网站上吸引人的链接越多，其被引用的次数就越多。基于这一联系，佩奇和谢尔盖·布林（Sergey Brin）开发了搜索引擎谷歌，他所产生的搜索结果十分令人满意。

（2）将宏观与微观结合。能了解用户需求的细微差别，同时又能在大局中观察细节。将两种视角结合起来，就能产生惊人的联系。要能够看到同时出现的各个事物，并将它们组合起来。看似不相关的事物之间也有可能产生关联。所以，要能捕捉同时出现的不同事物，将它们联系起来。在广阔的各个行业之间寻找出人意料的交叉点，形成对整个行业的新视角，与之前自己的视角形成强大的交错思维，启发人产生更多想法。

能将繁杂的事物之间建立起联系，前提是喜欢收集创造性想法，就像孩子喜欢收集积木一样。托马斯·阿尔瓦·爱迪生（Thomas Alva Edison）一生留下 3 500 多个记录自己的想法的笔记本，还会给自己定下常规的“收集想法”任务以保证自己的思维活跃性。然而，想法多并不意味着一定能产生极具创造性的想法，我们需要的是从众多不同的来源获得许多想法，就能创造出最好的创新世界。

创业者将收集到的想法用新的方式进行重新组合，这就形成了能够投入市场的新产品、新服务。通过提问、观察、交际和实验，创新者逐渐在头脑中存入更多、更丰富的想法作为“基石”。拥有的“基石想法”越多，将新学到的知识组织起来的能力就越强，也就越容易形成新的想法。可以想象一个玩乐高积木的小孩，用来搭建积木的种类越多，能够收获的新想法就越多，要拼出最富创意的形状，就要将不同种类的已有形状用新奇的方法搭建起来。同理，如果能跨越学科，将更多的知识、经验或想法存入你的整个想法储备之中，你就能够通过使用独特的方式组合基本知识，从而产生更加多姿多彩的想法。有些人才术业有专攻，一旦将陌生的新概念和想法与他们的专业知识结合起来，他们就会有创造性。

3.1.2 提取信息

创业者通过收集创造性想法，提高了创造性联系，通过创造性联系所提取到的信息进行整合并用于创业中要解决的问题，才能真正为创业实践活动所用。

3.1.2.1 信息获取能力

信息获取能力就是把所有有利与不利信息进行筛选和有效收集的能力，这就是信息获取能力的基础，是信息产品的原料。如果没有信息获取能力，那么后面的两个能力也可能就没有了。如果具有了信息获取能力的话，那么你在信息化时代也将占据一席之地。信息的获取是创造性想法产生的准备和重要积累，收集足够的相关资料为创造性想法的产生提供了必要条件和充分保证。资料收集的过程也是对未来创业进行背景调研了解的过程。

尽可能多地收集与创业要解决的问题相关的信息和实力，从而明确自己尚不清楚的部分，以及怎样才能够揭开。收集信息的目的在于确认这些问题已经被人发现或者被人证实，了解它们不再具有独创性，从而舍弃掉这些问题，找出迄今为止还没有被人接触到的新的可能性。因此，收集信息的目的不在于寻求答案。

3.1.2.2 信息研读能力

在收集信息的过程中，研读信息是非常重要的，如果只收集资料而不及时阅读，就不能及时捕捉到关键点，那么可以说收集信息的工作毫无效率可言。

通过研读信息，阅读速度会得到提升，与此同时，收集信息的工作也会变得更高效。随着对信息的研读、分析、理解，可以对接下来应该搜索哪些资料更加明了。研读信息时，一定要用自己的语言，添加自己的解释，将核心内容记录到笔记本上。如果是在电脑上整合信息，那么一定要注意：尽量不要使用“复制”“粘贴”而是用自己的语言，添加自己的分析和注释之后，存储在电脑中。整合信息的关键并不在于对信息本身的记忆，更重要的是大脑对信息的处理。

3.1.2.3 信息加工能力

信息加工能力是对收集回来的信息进行梳理、加工优化的能力，包括对信息理解、分析、评论等能力。在这个信息化的时代里面，信息量过于庞大，其中的信息有真有假且杂乱无章，这时候就需要识别和加工能力，区分出正确分析、判断信息质量以及是否有利用价值，通过对大量而无序的信息进行精心筛选、整理和深加工，挖掘有价值和可利用的信息。

目前，互联网作为搜集信息的一种手段，正在不断成为非常宝贵的信息源。在利用网络搜集信息的时候，要注意将客观事实和不能明辨真伪的方法严格区分开。需要引起重视的是客观事实。客观事实是最好的信息源。

概括来说，在客观事实的基础上，在自己的大脑中研究出专属于自己的经验和方法，才是解决问题的核心。在思考那些还未被任何人所尝试的新的可能性之时，参照已经存在的他人的经验是最不明智的选择。自己琢磨出来的解决办法，也许在他人的眼中似乎毫无效率可言，但是自己运用起来却得心应手。这种倾向在越具有创造性联系的问题中显露得越明显。

3.1.2.4　信息利用能力

所谓信息利用能力就是通过把筛选获取的信息和选定的信息相结合，经过分析、综合、加工而转换成新信息的能力。收集和加工信息就是为了对信息进行利用，这种能力不仅是信息资源整合能力的具体体现，同时也是检验信息整合能力的一种重要标准。信息整合的精髓在于，分析并整理搜索到的信息之后，应该将原始资料全部丢掉。

这种方式有两大优势：通过丢弃已经被消化的信息，我们便可以清空大脑，从而更加集中意识地思考等待处理的每一条信息。将“理解信息之后马上丢弃”作为原则，不理解的部分就相应地变得非常明确。信息不是用来积攒的，而是用来整合使用的，比起再一次搜索同样的信息，大量信息持续堆积造成我们无法集中精力要麻烦得多。

3.1.3　认知能力日常练习方法

3.1.3.1　强制联系

创造者有时候“生拉硬拽”地进行强制联系，或者将人们不会自然联系起来的事物组合到一起。比如将微波炉与洗碗机的特点组合起来，这样就可以形成一个创新的产品设想。比如可以设计一个完全不用水的洗碗机，而是用某种加热技术对碗筷进行清洁消毒。

平时可以尝试做“强制联系”的练习，找到一个你亟待解决的难题，然后确定一个不相关的随机事物或想法，再花时间思考这个事物或这个想法与要解决的难题有何关系，并且要竭尽全力自由地甚至疯狂地建立联系，建立大量的联系可以产生了不起的想法。可以用表3－1协助组织想法。

表 3－1　“强制联系”练习表

待解决的难题	不相关的随机事物或想法	潜在的联系

3.1.3.2　打造“好奇盒子”

开始收集奇异而有趣的小物品，将它们放到好奇盒子里，然后每次遇到难题或者机遇时，从盒子里随机取出一件独特的物品，让这些奇异的小物品催生出新的联系。这种做法可以激发最随机的联系，切实将我们拖出习惯性的思维模式。

3.1.3.3　定期放松

通过提问、观察、沟通和创新实践积极地探求广博的新信息和新想法，往往会激发出惊人的“创造性联系”。在放松且不受干扰的状态下，尽管创业者并没有集中注意力解决问题，也同样能够形成新的想法。有时候，花费大量时间，费尽心思想要解决的问题，在放松且不被打扰的状态下，反倒能产生创造性的想法。因此，创业者都会给自己发掘几个放松的时间和空间，让想法慢慢酝酿，这样会使人更有创造力。尤其在觉得自己已经竭尽全力，还是无法产生解决难题的想法时，留出额外的时间彻底休息和放松。哈佛大学的研究者发现，睡眠是最好的放松办法，一觉之后，脑中形成创造性联系和想法的概率会提高33％。

3.2　提问能力

3.2.1　发现和定义问题

3.2.1.1　发现问题

“问题”一词是一个日常语言中的词，或者是一个常识概念。一般而言，常识概念不是定义，所以，本章以创业者要思考的、要面对的、要解决的现状与期待其结果的落差部分为条件，作为“问题”的释义。

释义中包含三个重要的内容：期待的结果；现状；两者的落差就是问题本身。简单看，问题的产生就是理想和现状的差距，但实际问题的本身还涵盖很多内容，这也是为什么一直以来对问题的定义一直都觉得很难的地方，问题定义需要对问题本身有清晰的描述，包括问题产生的背景、造成的影响和对应的范围等。

3.2.1.2 定义问题

问题的定义类似于将问题建立一个“封闭体系”，因为我们要想解决问题，就必须设定某种边界，在这个边界内的“封闭体系”中，问题的相关变量已被固定以实现解决问题的最大化。所以，在发现问题后，清晰地定义问题，才能更好地解决问题。

因此，通过对事物进行创造性联系后，经过整合信息，创业者不会仓促地定义他所遇到的“问题”的本质，他们会从各种不同的角度查看情况，很长一段时间都不去给问题下定义。他们思考不同的原因和理由，然后在现实中进行检验，尝试解决问题。如果证据显示他们做错了，他们会随时重新定义问题。也许这些定义没有一个是“正确的”，但是它对于识别问题的本质非常重要，因为接下来你将做什么就取决于它。通过识别出问题并对它进行归因，创业者不仅塑造过去，更重要的是，他将塑造未来。

3.2.2 提出问题

3.2.2.1 提出好问题

问题可以启发创造性的见解。很久以前，爱因斯坦就曾经多次重复：“要是我问了正确的问题就好了。”爱因斯坦得出结论，为了解决问题而提出新的问题：“问题的形成往往比问题的解决更重要。”对创业者来说，提问是一种生活方式，创业者提出的问题更加积极。

“有问题吗?”我们经常听到这句话，在上完一次课，听到一个讲座或者报告后，通常会听到这个问题，但大多数人都会跳过这个问题，因为我们有时候觉得问话的人并不是真的在请我们提问，有时候觉得我们自己对问题无法准确描述，但很多时候我们是真的有疑问，比如你想知道为什么现状是这样的，还有没有可以完善或改进的方法等。大部分时间，我们都选择了沉默，但实际上，我们应该提问。

问题是激发创造性想法的关键催化剂。然而仅有问题，还不足以产生创新。问题是必需的，但并不是有了问题就万事俱备。如果没有积极的观察、沟通和实践，创业者就只是纸上谈兵。如果创业者可以将当下提出正确问题的直觉和其他技能结合起来，就更有可能成功地开发出创新的产品或业务。

如何提出好的问题？可以运用类似于“头脑风暴法”的“问题风暴法”。当无法通过常规的头脑风暴找到更进一步的想法，可以暂时停止头脑风暴，不再尝试提出解决方案，而是先集中人们的精力，专注地围绕难题提问题。通过只对难题提问题，对所面临的挑战有了更深入的认识，打开了视野，对问题有了新的了解。

头脑风暴是指一个团队像掀起风暴一样提出许多针对问题的解决方案，问题风暴与之类似，只是提出的不是解决方案，而是与难题相关的问题。

首先，个人或者团队找出一个需要解决的难题或者挑战。其次，针对这个难题或者挑战，写下至少30个问题。针对团队问题风暴，建议团队遵守几条规则：请一个人专门负责将问题写在白板上，这样每个人都能看到这些问题，从而可以思考每一个问题。只有在前一个问题被写到白板上之后，才能开始问下一个问题。这样，可以让团队从之前的问题出发，提出针对难题或挑战的更好的问题。在整个过程中，要督促每个人都问出“情况是什么”“原因是什么”“为什么要……”“为什么不……”“如果……，会怎样”这一系列问题。

还有一些其他规则值得采用。在捕捉问题的时候，规定自己或团队其他成员必须开门见山地提问题，直到提出至少50个问题为止（换言之，不允许回答，而是反复强调一定只能提问，针对难题或挑战提问）。一开始，大家可能会暂时保持沉默，沉默过后，大多数团队都会换一个视角，更加深入地探寻问题的深层原因，或是某次机遇的方方面面。听完问题以后，将最重要的或最具启发性的问题列为优先考虑的问题，并讨论这些问题，以获得更好的解决方案。

3.2.2.2 提问模式

创业者会提出发人深省的问题，这些问题能够打破界限，推翻臆断，拓宽领域。他们总是在打破砂锅问到底，不放过一丝一毫的疑问，他们的提问有模式可循。

一开始，他们会探寻现状，之后又积极地寻找其他可能性。他们专注于现状本身，会问许多有关人物、现状本质、时间、地点和方式的问题，深入表象之下去探寻。他们还会问一系列有关成因的问题，试图了解为什么问题会演变成现在这个样子。这些问题组合到一起，有助于澄清现状，同时也可以提供一块跳板，帮助创业者跃升到更高程度的探寻中去。为了打破显示领域的束缚，创业者会与现状针锋相对地提出“为什么要……”“为什么不……”“如果……，会怎样”这类问题，寻求超越直觉的、出人意料的解决方案。无论是在描述，还是在突破，创业者总是在提出有力的问题，这些问题有助于深入惯常做法的表象下，发现全新的做法。

创业者会将世界看作一个问号，总是在不断思考。所以，创业者既相信自己是准确的，又会怀疑是否准确，并使这两种想法和平共处，始终以一种开放的心态牢记自己对世界的看法永远和真实领域有出入。他们本能地依靠提出丰富的问题，形成对事物真相的认识。

3.2.2.3 提问技巧

（1）提出“……是什么”的问题。创业者会提出五花八门的“……是什么”的问题，用于揭示意料之外的细节。在热切地探寻“……是什么”的过程中，创业者会深入询问各类情况，力求了解并体察他人的精力，会提出广泛的问题，从身体、智力和情感等方面了解情况，最终形成三维立体的视角，充分认识终端用户的操作情况。比如“问题究竟出在哪里?”“用户到底想实现什么目标”“最重要的一点是什么”“真正的痛点在哪里”等。创业者们知道，只有首先揭示现状的本质，对现状感同身受，才能提出有用的问题。这样一种感同身受的理解能够形成对问题的深入了解，从而提出更好的“为什么要……”和“如果……，会怎样”等问题。

（2）提出“为什么要……”的问题。了解事物后，下一步就是任意问几个问题，了解为什么事情处于现在的状况并搜索具有潜在破坏性的新解决方案。之后不再提出描述性问题，转而开始提破坏性问题，如“为什么要……”和“如果……，会怎样”，用以获得重要的见解。通过不断深入，用不同的方式多问一两个问题，就会获得新收获。

（3）提出“如果……，会怎样”的问题。传统的管理者和创业者有些比较明显的对比，前者较少问“如果……，会怎样”，而正是这些问题挑战了旧有的模式，通过问“如果……，会怎样”以找出探寻的新角度。在构想未来的时候，创新者会通过提出“如果……，会怎样”的问题，设下限制或者除去限制。设置限制可以迫使人们在受限制的边缘思考，从而激发出人意料的想法。比如“如果现有顾客的可支配收入缩水 50%，我们要如何调整我们的产品或者服务？”提出一些问题，为解决方案设置限制，可以迫使人们的思维跳出常规，这样的做法可以激发新的联系。除去限制，由于面对资源分配、决策或者技术限制上的问题，人们在思考的时候往往会给自己设置一些不必要的限制，而伟大的创业者懂得如何除去这些限制。比如史蒂夫·乔布斯重返苹果公司之后，为了除去限制提出了一个问题：“如果钱不成问题的话，你会做什么？”这样的问题激发了公司员工创造新产品和服务的热情。它意味着，苹果公司在追求卓越的时候不必理会各种限制，包括消费者现有的喜好，甚至是满足愿望所需的成本。

要想储备更丰富的问题，我们可以经常性地捕捉自己提出的问题，每隔一段时间，可以拿笔记本回顾问题。表 3－2 可以帮助你记录为形成新想法而观察、交际和实验的时候，提出的都是何种类型的问题。在做记录的时候，可以花些时间思考以下问题：你的提问模式是怎样的？你关注的都是什么类型的问题？哪些问题能够形成出人意料的见解，揭示现状的成因？哪些问题能够引出根本性的假设，从而挑战现状？哪些问题能够激发强烈的情感反应？

表 3－2　　创业者问题一览

项目	描述领域		破坏领域	
创业者的提问技能	情况如何？是谁？是什么？ 什么时候？什么地点？什么方式？	原因 是什么？	为什么要……？ 为什么不……？	如果……，会怎样？ 如何可以做到……？
观察				
访谈				
创新实践				

资料来源：杰夫·戴尔，等. 创新者的基因［M］. 北京：中信出版集团，2020.

3.2.2.4　经典5－Why提问法

5－Why提问法就是对一个问题点连续以5个“为什么”来自问，以追究其根本原因。虽为5个“为什么”，但使用时不限定只做“5次的探讨”。为了找到问题产生的根本原因，有时可能只要几次，有时也许要十几次，如古话所言：打破砂锅问到底。

找问题的原因是我们日常生活和工作中最常用的技能之一，作用巨大。但是找问题的原因并不那么简单，面对同一个问题，有些人能够找到深层原因，有些人只能找到浅层原因，甚至是错误的、无用的原因。下面我们举例来理解5－Why提问法的运用。

一个博物馆的东边外墙面上有非常严重的腐蚀，需要经常涂刷新的油漆。这一天，博物馆的主管发现墙面又腐蚀得很严重了，现在他需要决定怎么处理这件事情。

问题1：为什么东边的外墙面腐蚀很严重?

经过调查发现，原来博物馆的清洁人员在洗墙的时候，用了一种高腐蚀度的清洁剂，这才导致了墙面的腐蚀。所以正确的解决方法应该是，在喷刷修补了这一次的墙面以后，要求清洁人员下次清洗墙面时换用低腐蚀度的清洁剂。

问题2：为什么这个清洁工要用高腐蚀度的清洁剂?

经过调查发现，原来是因为东边的墙上经常有很多鸟粪，用一般的清洁剂洗不干净。

问题3：为什么东边的墙上有很多鸟粪?

调查发现，原来是因为墙上有很多蜘蛛，而这些鸟以蜘蛛为食，所以经常在墙附近活动。

问题4：为什么墙上有很多蜘蛛?

因为墙上有很多小虫子，而蜘蛛以这些小虫子为食。

问题5：为什么墙上有很多小虫子?

因为东面墙上有几扇窗子，晚上，博物馆里的光会从这里透出去，而这些趋光性很强的虫子就被光吸引过来了。

所以，解决问题的正确方法应该是：在窗户那里安装遮光性很强的厚窗帘，每天太阳落山之前拉上窗帘，这样就能彻底解决问题了。

从喷刷修补墙面到安装厚窗帘，解决方案的跨度之大，通过5－Why的分析思考到了解决办法。设想以下的问答：如何解决外墙腐蚀的问题?——安装窗帘。这个问答看起来有多么跳跃和奇怪，5－Why法的价值就有多大。

值得注意的是：在进行5－Why分析前，必须要身处现场，亲自动手，真正去发现事物所呈现出来的现实，要朝着解决问题的方向进行分析，不要只从自身之外的方面找原因，要找可控的因素。

3.3　观察能力

3.3.1　积极观察

观察力的敏锐程度决定了从一个人、一件事身上得到的信息的多寡。观察是一种有目的的、有计划的、比较持久的直觉行动，是知觉的高级形式。观察能力是思维的“触角”，是认识的出发点。达尔文曾经说：“我既没有突出的理解能力，也没有过人的机智。只是在观察那些稍纵即逝的事物并对其进行精细观察的能力上，我可能在众人之上。”

看过《福尔摩斯探案全集》的人都知道这样一个场景：在福尔摩斯第一次与华生见面时，就立刻辨别出华生是一名去过阿富汗的军医。福尔摩斯为什么能够那么快地辨别出来面前的这个人就是一名军医呢？是观察。敏锐的观察力使得福尔摩斯能够迅速地辨别出一个人的职业、经历。

大多数创业者都是积极的观察者。他们仔细地观察着身边的世界，既观察到了成功运作的事物，也往往会敏感地注意到运作不成功的事物。他们还会观察到，其他环境中的人找到了不同的且更胜一筹的解决方案。在观察之后，他们开始在未被联系过的数据之间牵线搭桥，最终得以激发非同寻常的商业想法。

对于创业者而言，观察是关键的技能，他们的创造性想法来自以下两类观察；一是观察在不同情境下尝试完成一项任务的人，并洞察他们真正想要完成的任务是什么；二是观察人、流程、公司或技术，并找出可以应用到其他情况下的解决方案。

3.3.2　观察能力的培养

3.3.2.1　观察对象的选择

人类学家开发了许多技巧，用于研究自然环境中的人类，并向人类的行为学习。很多创业者的创造性想法就来自让自己如人类学家一样，观察某个人在特定情况下如何尝试完成一件任务。在这里，“完成任务”是指个人消费者和用户会时不时遇上一些需要完成的“任务”，他们会通过使用某种产品或者服务去完成这项任务。观察个人消费者和用户这个“完成任务”的过程，可以启发创业者产生出更好地“完成任务”的创造性想法。

著名的印度“努努车”的开发就是通过观察产生新产品的典型例子。印度的企业家拉丹·塔塔（Ratan Tata）最初观察到一家印度人在雨中艰难地挤在一辆女式摩托车上，这个观察让他意识到，女式摩托车没有很好地“完成任务”，无法保证这一家人的出行安全，无法为这一家人遮风避雨。这家人需要更安全的交通工具，比如汽车。于是，塔塔开始了多年的实验，生产出了一款廉价汽车，但是仅仅保证廉价还不够，还要让这些不算富裕的消费者开上这种车，塔塔必须提供一系列的配套服务，上车险、获得贷款、学会安全驾驶，考取驾照、注册汽车、最后把车开回家。塔塔的成功归功于两类观察：一是找到需要完成的任务（提供一款普通家庭买得起的安全的交通工具）；二是让印度普通家庭开上这种车（将汽车运到农村市场，提供必需的服务，让消费者可以在一天内学会驾驶汽车）。

3.3.2.2 观察技能训练

被观察者在完成一项任务时，每项任务都包括了功能需求、社会需求和情感需求。任务不同，这三方面需求的重要程度也不同，这是比较复杂的观察过程，但这也是形成创造性想法或者得到创造性解决方案的关键。

以观察自己的产品或者服务的消费者为例，在培养观察技能时，我们可以经常问一些问题：

（1）消费者是如何意识到自己需要你的产品或服务的？你有没有办法让消费者更加轻松、简便地发现你的新产品或新服务？

（2）消费者使用你的产品或服务的实际用处是什么？消费者购买你的产品或服务是为了完成什么任务？

（3）消费者最终决定购买一种产品或服务的时候，最看重的产品或服务特性是什么？如果各项特性得分加起来的满分是 100 分，消费者会如何为他看重的各项特性打分？

（4）消费者是如何订购你的产品的？你有没有办法让消费者更加轻松、简便或更省钱地订购你的产品？

（5）你是如何运营你的产品或提供你的服务的？有没有更快速、成本更低的方法？

（6）在试用你的产品时，你的消费者碰到了什么困难？他们的操作方法是否出乎你的预料？

（7）消费者是如何修理、维护或丢掉你的产品的？有没有更好的方式做好产品服务？

综合上述提问方式，我们可以通过做到以下三点来培养观察的技能：

（1）积极地观察消费者，看消费者会购买何种产品以完成何种任务。

（2）学会发现出人意料或异常的事物。

（3）寻找机会在新环境中观察。

3.4 沟通能力

爱因斯坦曾经说过：“仅凭一己之力，没有他人的想法和经验刺激，即便做得再好，也微不足道，单调无聊。”

互联网的快速发展，增加了大学生在网上沟通交流的机会，减少了在现实生活中与具体的人进行沟通的体验。大学生通过创业实践提高沟通能力，可以了解大社会中人们的真实感受和真实需求，从而产生创造性的想法和解决问题的方案，提供出更好的产品和服务。

3.4.1　了解他人需求的沟通

3.4.1.1　沟通原则

沟通是为了了解他人的需求，通过进入情境与具体的“人”接触，通过倾听、观察、询问去了解一个人，获得“感同身受”的切身体验。对于创业者来说，了解自己的产品或者服务是否满足用户的需求，需要与用户建立沟通，了解用户对于产品或服务的体验。我们可以通过换位思考和访谈的沟通方式了解用户的需求。

建立良好的沟通的基础，需要以下几个原则：

（1）知道自己想表达的是什么。

（2）怎样表达清楚。

（3）你的观点是在哪个角度上。

（4）自己在表达的时候哪些地方容易引起误会。

（5）将对方的观点和自己的观点结合起来。

3.4.1.2　换位思考

了解一个人最好的方法就是成为那个人。换位思考让人们得以亲身体验对象的处境，用感同身受代替主观臆测。这种思考，比先入为主的“我以为”要更深刻。站在对方角度考虑问题，通过别人的眼睛与心灵理解世界，是通向观察的桥梁，这是运用同理心进行沟通的关键。

著名心理学家荣格医生曾经遇到过一位女病人，她认为自己是从月球来的人，并一心想回到月球上去。许多心理医生试图通过纠正她的妄想来进行治疗，但无一例外都失败了。荣格医生没有像其他心理医生一样试图纠正她的妄想观念，而是饶有兴致地听着她描述月亮上的种种生活场景，然后，推心置腹地告诉她：月亮虽然很美，但你已经不可能回去了，所以还是安心老实地当个地球人吧……最后，此女病人欣然接受了荣格的劝导，心理问题从此再没复发过。这个故事告诉我们——我们得先成为一个月球人才能帮助另一个月球人。

这种同理心和代入感的沟通，能使自己站在消费者角度看问题，了解到消费者的体验是什么。

3.4.1.3　访谈

我们可以通过访谈挖掘用户需求。访谈看似容易，但是也需要进行训练，例如如何和访谈对象建立信任、如何让对方说出真实感受、如何听懂对方的画外音捕捉到对方真实需求等。访谈的基本步骤如下：

（1）开场，说明访谈目的。根据不同场景明确不同访谈目的，让受访者打消疑虑，产生信任。

（2）破冰，建立访谈关系。打破采访者和受访者的隔阂，找到可以切入的话题，建立轻松信任的访谈关系，尤其要让受访者感到安全。生活化的提问是开始聊天的最好方式。

（3）提问，采用开放问题。封闭问题一般只能获得肯定和否定两种答案，采用开放式提问才能获得尽可能多的信息引出各种可能性。例如：

封闭式问题：你觉得这款游戏好玩吗？

开放式问题：你觉得某某那款游戏哪些地方吸引你？

此外，访谈都要避免提出不着边际的问题和有倾向性的问题，也要避免让含糊问题清晰化。

（4）深入，进行纵深挖掘。一次问一个问题，尽可能深入挖掘，多追问几个"为什么"，追问要重视质量而不是数量。遇到一些敏感、隐私性话题，受访者可能不会说出最真实的情况和感受，可以另找角度，从侧面了解，以免受访者产生防备，不利于访谈的继续。

在面对面的访谈中，要注意非语言的信息，比如身体语言、情绪变化等，访谈过程中，采访者要尽量避免插嘴，积极倾听。

3.4.2 产生创造性想法的沟通

在创业实践中，想跳出常规思考，就要将个人的想法与来自其他领域、依据不同常规思考的人得出的想法相结合。创业者通过广泛的人际关系网络，花费时间和精力寻找并检验想法，从而得出极为不同的观点。与传统的管理者获取资源、推销产品或者为职业生涯添砖加瓦不同，创业者会走出自己的行业和领域，结识不同背景和观点的人，以此拓宽自己的知识面。

有的人沟通能力很强，但是创新能力却不强，是因为这些人是基于资源的沟通，而不是基于想法的沟通。比如大多数传统管理者沟通的目的是推销自我，推销产品或者与相关、对口资源的人建立联系。而创新者较少会为了获得资源或者个人的职业发展而参与沟通。他们与人沟通时，会通过与有各类想法和观点的人交谈，搜寻新想法和见解。

基于想法沟通的原则和基于资源沟通的原则不同，基于想法的沟通是指你要与你平时的社交圈子以外的人互动，借此建立起通向不同知识领域的桥梁。更通俗地说，与同行业的 CEO 交谈不同，与收发室的人交谈可以接触到一些不同的思考风格。

3.5 创新能力

前面几节，无论是建立事物的联系、发现和提出问题，还是通过观察和沟通找到解决问题的方法，都是基于日常生活的能力基础上，针对大学生创业实践需要进一步提升的基础能力。所以，创业实践是高于日常生活的行动，而创新能力是提升创业实践最重要的能力。

思维决定行动，创业实践能力的核心是培养创新思维，创新思维方式是提高创新能力的基石，只有思维方式的转变和训练才能提升创新能力。

3.5.1　创新思维

3.5.1.1　批判性思维

（1）批判性思维三要素。批判性思维是创新思维不可或缺的一种思维方式。批判性思维是自我指导、规范、检测及校正的思维方式和思维技能，它是一门训练人如何成为一名理性思考者的学问。批判性思维自身涉及三个要素。

①对象。要明确批判的对象，公正、准确、透彻地理解对象的性质、内涵、范围、意图，从而避免对批判对象模棱两可、一知半解甚至曲解、误解等现象。

②标准。明确批判的标准，要坚持中立的标准，而非立场性标准。

③目的。明确批判的目的，我们进行批判性思维的目的，不是得到坏的、错误的、低质量的判断，而是得到好的、正确的、高质量的判断，从而依此指导我们在生活及工作中作决策。

（2）演绎推理和归纳推理。批判性思维的核心任务是推理，推理可以理解为思考。推理是我们人类思维的核心任务，其他的结构或者说元素，是辅助我们推理的。我们的推理肯定是针对问题进行的，要使用到信息、概念、假设。我们的思考通常针对问题，问题源自我们的目的。推理之后形成一定的结果和意义，或者形成一定的观点。而推理的核心是论证。论证我们都知道，有论点、论据和论证。批判性思维考察的是推理方式。人类推理的方式有两种：演绎推理和归纳推理。

演绎推理是必然性推理，也就是演绎推理的结论百分之百是真。而归纳推理是或然性推理，真的程度不是百分之百，或者说归纳推理是概率，不可能达到百分之百的概率。演绎推理是从原因到结果，归纳推理是结果到原因。

演绎推理举例：所有人都会死（前提或者假设），苏格拉底是人，所以苏格拉底会死。这是典型的演绎推理三段论。但在现实生活中，没有人的推理是这样简单。演绎推理的方式是原因到结果。

归纳推理举例：人类死亡的原因有死于疾病、死于外力（如车祸）、死于自杀等，可见归纳推理的方式是从结果到原因。归纳推理是有一定缺陷的，为了克服这个缺陷，我们可以先归纳再演绎。比如上面归纳人类的死因，有死于疾病的，那么我们再归纳一下，看看疾病是否一定导致死亡？我们会发现，并不是所有疾病都会导致死亡，导致死亡的有癌症、艾滋病、心血管病。感冒虽然也是疾病，但不会导致死亡。这样先归纳再演绎，思维就严密了一些。

（3）批判性思维原则。对批判性思维的应用，要基于宽容原则和中立原则。宽容原则需要考虑到批判的对象，即以合理性的最大限度理解所批判的对象，否则会影响批判的质量。比如，看到“珠峰新‘身高’8 848.86米”，可以理解为“测量团队经过精准测算得出新海拔，并由官方做了宣布，这是一个新测得的客观数据，并以此讨论它‘长’高的原因及其影响”；而非“这和8 844.43不一致，是骗人的吧”，使得讨论偏向到了数据真假的辨识，对数据公布主体的可信度产生了怀疑。

中立原则是要考虑到批判的标准，提炼出了中立原则，即以无争议的或者绝大多数人认同的标准作为批判的标准，比如科学准则（像抛出去的东西会掉下来）、法律准则（像违法行为是要受到惩罚的）、道德准则（像尊老爱幼）等，在默认地域空间或者文化体系内成立的准则。否则，对待同一件事物，你有你立场，他有他立场，就产生了争议，陷入“公说公有理，婆说婆有理”的境地，与客观地理解批判对象无益。宽容原则与中立原则不是孤立的，而是需要同时坚持的。唯有如此，才能最大限度确保思维过程及结果的客观性、公正性与合理性，为高质量判断的得出做好保障。

（4）批判性思维训练。批判性思维意味着理解与评判，以得出高质量的判断，训练批判性思维并不是一件容易的事情。

下面是一份美国教育资助委员会的大学学习评估（CLA）批判性思维要掌握的重要技能，可以作为批判性思维能力训练时的参考①：

□判断信息是否恰当

□区分理性的断言与情感的断言

□区别事实与观点

□识别证据的不足

□洞察他人论证的陷阱和漏洞

□独立分析数据或信息

□识别论证的逻辑错误

□发现信息和其来源之间的联系

□处理矛盾的、不充分的、模糊的信息

□基于数据而不是观点建立令人信服的论证

□选择支持力强的数据

□避免言过其实的结论

□识别证据的漏洞并建议收集其他信息

□知道问题往往没有明确答案或唯一解决办法

□提出替代方案并在决策时予以考虑

□采取行动时考虑所有利益相关的主体

□清楚地表达论证及其语境

① 布鲁克·诺埃尔·摩尔，理查德·帕克．批判性思维（原书第12版）[M]．北京：机械工业出版社，2020．

□精准地运用证据为论证辩护
□符合逻辑地组织复杂的论证
□展开论证时避免无关因素
□有序地呈现增强说服力的证据

3.5.1.2 创造性思维

广义的创造性思维是指思维主体有创见、有意义的思维活动，每个正常人都有这种创造性思维。狭义的创造性思维是指思维主体发明创造、提出新的假说、创建新的理论，形成新的概念等探索未知领域的思维活动。

创业者的创造性思维可以产生前所未有的思维成果，能够在创业者已有的知识和经验的基础上，通过思维的参与，在头脑中产生新的形象和概念，这种新的形象和概念会产生新的产品或者服务，为社会创造价值。

创造性思维是培养创业实践能力的必由之路，我们可以通过以下几种方式训练创造性思维。

（1）形象思维。形象思维是以直观形象和表象为支柱的思维过程。例如，作家塑造一个典型的文学人物形象，画家创作一幅图画，都要在头脑里先构思出这个任务或这幅图画的画面，这种构思的过程是以人或物的形象为素材的，所以叫形象思维。同时，形象思维也在文学上用得较多，你一读到这句话，你就非常有画面感，可以想象出具体的场景事物。许多人写的文字没有文学性，就是因为没有形象在里面。所以在产品创新上，我们也必须具备形象思维，一看到这个产品就知道这个产品在什么场景下可以使用。

（2）发散性思维。由一件事物出发，找出与之联系的各个事物。我们所说的发散思维不是漫无目的的胡思乱想，而是一种类似漩涡，将四周零散的点聚焦起来的思维方式，就是“从一点向四面八方想开去的思维”。培养发散性思维，首先要做到的是“你要让你的思维飞起来”，从很多个角度去思考一个问题，以寻求到多种设想、观点或者答案。这种思维方式让我们可以拥有更大的思维空间，它是以客观对象的某一方面或者某一点为中心，调动自己的知识储备，并在这个基础上进行想象，从而产生多条思路，并且使多条思路向外扩展，成为爆炸式的立体思维空间。

（3）逆向思维。逆向思维也称求异思维，它是对司空见惯的似乎已成定论的事物或观点反过来思考的一种思维方式。我们对一件事情，如果按照循规蹈矩的思维方式，往往摆脱不掉习惯的束缚，往往会得到一种司空见惯的答案。任何事物都有多面性，当我们对某些问题利用正向思维找不到答案的时候，运用逆向思维，常常会取得意想不到的效果。

创造性思维以不同的形式存在，表 3 - 3 列出了 15 条创造性思维，在不同情况和条件下，可以根据需要，针对问题的特点及要求，开展相应的训练。

表 3-3　　15 条创造性思维

序号	创新思维	内涵
1	逆向思维	指思维主题沿事务的相反方向，用反向探索的方式进行思考的思维方法
2	联想思维	指思维过程中从研究一事务联想到另一事务的现象和变化，探寻其中相关或者类似的规律，用来解决问题的思维方式
3	抽象思维	指利用概念、借助言语符号进行思维的方法
4	形象思维	指用直观形象和表象解决问题的思维方法
5	发散思维	指思维过程中，无拘束地将思路由一点向四面八方展开，从而获得众多的设想、方案和办法的思维过程
6	收敛思维	指以某种研究对象为中心，将众多思路和信息汇集于这个点中，通过比较、筛选、组合、论证从而得到在现有条件下最佳方案的思维过程
7	聚焦思维	指把解决问题的各种信息集中起来加以研究，进而找出解决问题的最好方案的思维方法
8	多屏幕思维	指在分析和解决问题的时候，不仅考虑当前的系统，还要考虑其超系统和子系统，不仅要考虑当前系统的过去和将来，还要考虑超系统和子系统的过去和将来
9	想象思维	指将记忆中的表象（知识、经验和信息）重新组合，使之产生新思想、新方案、新方法的思维过程
10	直觉思维	指思维过程中，不依靠明确的分析活动，不经过严密的推理和论证，直接迅速地从感性形象材料中捕获，领悟到解决问题途径的思维方法
11	演绎思维	指思维从若干已知命题出发，按照命题之间的逻辑联系，推导出新命题的思维方法
12	穷尽思维	指以有意发掘或者偶然捕获的新观点，设想为出发点，坚持追踪探寻，展开剖析，直至山穷水尽的思维方法
13	综合思维	指把多个思维对象和多个思维方法进行综合，产生新观念、新事物的思维方法
14	变维思维	指将思维对象当作能够进一步开拓或者挖掘的主体，循序变换思维的视点、角度，进而猎取新颖、奇特的思想火花，从而解决问题的思维方法
15	变异思维	指不同于常规，常态思维的奇特思维方式，其基本特征是超越常规，标新立异

资料来源：杰夫·戴尔，等. 创新者的基因［M］. 北京：中信出版集团，2020.

3.5.1.3　设计思维

设计思维的概念源于设计界，斯坦福大学设计学院把它归纳成一套科学方法论后，拓展了适用性，现已被各行各业广泛借鉴。

设计思维是以人为本、采取同理心进行设计的一种创新思维。它强调的是从用户的痛点或者需求出发，发现需要创新的机会或者挑战，提出解决问题的多种创意方案，快速设计原型，再进行迭代测试的一套流程。

设计思维的思考模式和核心原则包括以人为本，关注新的机会与可能性，利用群体智力去发现问题、分析问题并解决问题，除了动脑思考解决方案外，也强调动手思考，在反复迭代中快速对问题与解决方案进行学习与改进。个人和团队都可以用设计思维创造出突破性想法，在真实世界中实现这些想法并使它发挥作用。设计思维常用模型有 IDEO 公司的三阶段模型、斯坦福大学 D. School 的五阶段模型和波茨坦大学哈索·普兰特纳学院的六阶段模型，本章采用的是斯坦福大学 D. School 的五阶段模型（见图 3－1）。

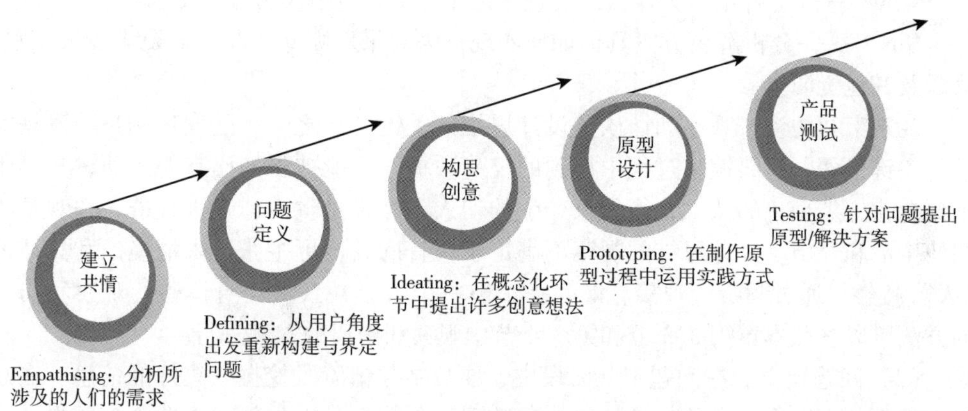

图 3－1　斯坦福大学 D. School 五阶段模型

（1）建立共情。通过设计思维产生好的产品创意一定建立在“人”的基础上，设计思维由设计创造产品转变为分析人与产品的关系，进而演化到分析人与人之间的关系。

设计思维过程的第一阶段便是站在要解决的问题的角度上去理解问题。这涉及咨询专家，以获取更多相关范围内的信息；同时通过观察、接触相关的人，以及设身处地地去了解他们的经历与动机，并把自己带入到实际环境中去。

设计思维让设计思考者们抛开了自身对这个世界的假象推测，只为深入了解用户及其需求。根据时间多少的限制，在此阶段中大量收集信息，以便应用于下一阶段中，并尽可能地去了解用户群体、他们的需求以及特定产品开发背后的问题。

在共情阶段，我们会用到前面几节中的信息收集、观察、沟通、提问等能力。

①资料收集。资料收集是创意产生的准备和重要积累，收集足够的相关资料为创意的产生提供了必要条件和充分保证。资料收集要先知道创意产品的设计范围，比如在哪方面进行创新设计，是产品设计、商业模式、流程探索还是某个项目的创新方案。资料收集的过程也是对创意产品背景进行调研了解的过程，从创意产品的用户角度出发，调研相关产品应用现状和存在的问题，并对这些现状和问题的背景做充分的理解。

②资料收集的5W1H方法。

Who？——关于目标群体的信息，包括年龄、性别、数量、兴趣爱好等。

What？——明晰预期目标的解决方案形式或解决问题的途径。比如，目标是一件创新产品还是改善服务、是开发软件还是修改工作流程、是变革组织架构还是重建企业文化等。

When？——通过搜集前人的研究成果和收集已有案例，明确用户在何时、用多长时间、多高使用频率需要类似的解决方案。

Where？——确定在什么具体的地方或场景下，用户需要类似的解决方案。

Why？——了解用户为什么需要这个而不是其他的解决方案。

How？——分析解决方案具体如何实现，需要采取哪些步骤，需要多少人、财、物以及其他资源等。

③观察和访谈。观察和访谈是设计思维的关键来源之一，是发现用户、发现需求的关键步骤。资料搜集过程中得到的定量数据，只能被告知已有的东西，只会带来概念化、类型化的认知，而创意产生的切入点是走进世界，走进人群，去观察人们的生活和经历。设计思维的观察不满足于调查问卷，更主张进入情境、和具体的“人”接触，通过倾听、观察、询问去了解一个人，并获得切身体验。观察和访谈的方法可以参照本章第3.3节和第3.4节中观察和沟通的方法进行。

（2）问题定义。在问题定义阶段中，要总结共情阶段挖掘收集好的信息。在总结过程中，可以将所有的信息加以抽象整理，要综合分析与处理你的观察结果，以界定到目前为止所鉴别的核心问题，从而获得有价值的创意目标。也就是说，在此阶段，要让问题更明晰、更聚焦，要找到问题的解决方案和基本思路。

界定阶段会帮助团队中的设计师搜罗到更好的点子，来确立特征、功能与其他任何可帮助用户解决问题的因素；或者说，至少让用户自己可以不费吹灰之力地处理好问题。在此阶段中，通过提出能帮助找到解决方案思路的问题，你会逐渐进入到第三阶段产生创意。

设法用问题陈述的形式去界定问题，并做到以人为本。设计思维提供了一系列支持综合整理的工具和方法，让创意者整理前期收集的大量信息，缩小研究范围，对用户需求加以分析和提炼，并确立进一步的创新方向。表3-4提供了一个具体方法，即设计思维中的用户要点聚焦（point of view，PoV）。具体的工作是要打磨出一段内容明确、操作性很强的任务描述。

表3-4　制定PoV

方法	PoV句子/填写空白部分
我们可以如何	比如：我们可以如何帮助（用户）达成（某个目标）？ 或者：对（用户）来说，达成（某个目标）有多少种方法？ 示例：我们可以如何帮助爱美的女性在忙碌工作的时候快速获取到营养水果

续表

方法	PoV 句子/填写空白部分
标准 PoV	比如：（什么样的）的用户，他们需要（动词），因为（具体描述）对他们很重要。 或者：为了（需求满足），（谁）想要（什么），因为（动机）。 示例：一名少女需要方便获取的营养水果，因为对她来说忙碌的工作之余，维生素对皮肤保养更重要。 或者：为了在忙碌的工作之余保证皮肤红润有光泽，一名面黄多斑的职业女性想要可以方便获取的营养水果，因为对她来说保持良好的外貌让自己更加自信、获得更多人亲近的机会非常重要

比如："我们需要将年轻女孩的食品市场份额提高 5%。" 更好的定义方式是，"十几岁的女孩需要摄入有营养的食物，才能保证健康茁壮成长。"

（3）产生创意。在设计思维过程的第三阶段中，设计师们可以开始集思广益了。在共情阶段时已逐渐了解了用户及其需求，并在界定阶段中综合分析处理过观察结果，最后总结出了一份从用户角度出发的问题陈述。有了这些强有力的准备，可以开始"跳出思维局限"，为写好的问题陈述找到新的解决方案。同时，我们也可以开始试着从不同角度去观察这个问题。

在构思创意阶段的初期，关键的一点在于要尽可能地获得更多的想法与解决方案。而到阶段的末期时，应换另一种产生创业的方式来探讨测试想法，以便能够找到解决问题的最佳方案，或是为规避问题营造必需条件。

所以，在整个构思创意环节，需要结合建立共情阶段获得的灵感，围绕在问题定义阶段得出的核心判断，通过特定的创意流程，在短时间内相互激发，输出各种各样的解决方案。在实际操作领域，有很多创新方法和设计思维工具作为解决问题的手段，渗透在设计思维流程的各个阶段。本节以头脑风暴和思维导图为例进行介绍，其他创新思维方法和设计思维工具，可以通过本章"认知能力"一节的训练获取其他资料。

①头脑风暴。在设计的最初阶段，不要吝啬自己的想法，大量输出大胆抛弃，想象创意是一个漏斗，在大量过滤一般的想法后，留下来的，会是更加接近成功的创意。

所谓"头脑风暴"，要求参与者尽可能多地写下脑海中和研讨主题有关的一闪而过的创意点子，不拒绝任何疯狂的想法，然后再将大家的见解重新分类整理。在整个过程中，无论提出的意见和见解多么可笑、荒谬，其他人都不得打断和批评，从而产生很多的新观点和问题解决方法。

选定一个主持人：利用白板、黑板或者一张大的白纸，主持人在上面写下全部人的创意，主持人可以将每个人的创意进行分类排列。主持人是头脑风暴过程的主导者，任何有耐心、激情的人都能胜任这个工作。

界定主题：专注于具体的主题，让头脑风暴更有效地进行。例如，"为厨房设计新产品"这个主题是模糊的，而"人在厨房会遇到的问题"则更能激发参与者去思考他们每天在厨房会遇到的麻烦。把主题打散后再各个分支继续深入，例如做饭、清洁、收纳等话题。

穷尽：把全部东西都写下来。团队中的每个人应该感受到轻松不拘谨，写下团队成员提出的全部想法，不审查对错。接着，把各个想法简单连线，看看会迸发出什么新奇的东西。

设置时间：人在有时间限制下的状态更有创造力。设置一定时长让成员心里有个衡量标准和目标，有激发作用。

跟踪：把创意分类并给各个成员分配任务，复盘并继续对某个方向进行深入调研。复盘是非常重要的一步，许多头脑风暴会议后就忘记了之前的讨论，很多细小的创意就在这时流失掉，非常可惜。

②思维导图。思维导图也称为辐射思考。简单说，思维导图可以是头脑风暴的视觉化，也是思维调研的一种形式，一张美观易读的思维导图可以让人更快去探索研究问题的各个方向、主题领域和创意概念。手绘、便签、图形、文字、照片等都可以是制作思维导图的视觉手段。

如何创造出一张思维导图呢?

专注：把核心的元素写在版面的正中间。

拓展：延展出与核心相关的元素或图像，可以用文字或者简单图像。

组织：思维导图中的主要分支代表了头脑风暴的目录作用，可以尝试用不同的颜色或者字体来区分每一个分支内容。

细分：每一个分支可以发展出次级目录，快速写下头脑中的全部想法来放空思维。把每个分支的词汇或图像随意搭配，可以寻找出独特的创意。

比如，做一个校园文化产品的用户需求思维导图，如图3－2所示。

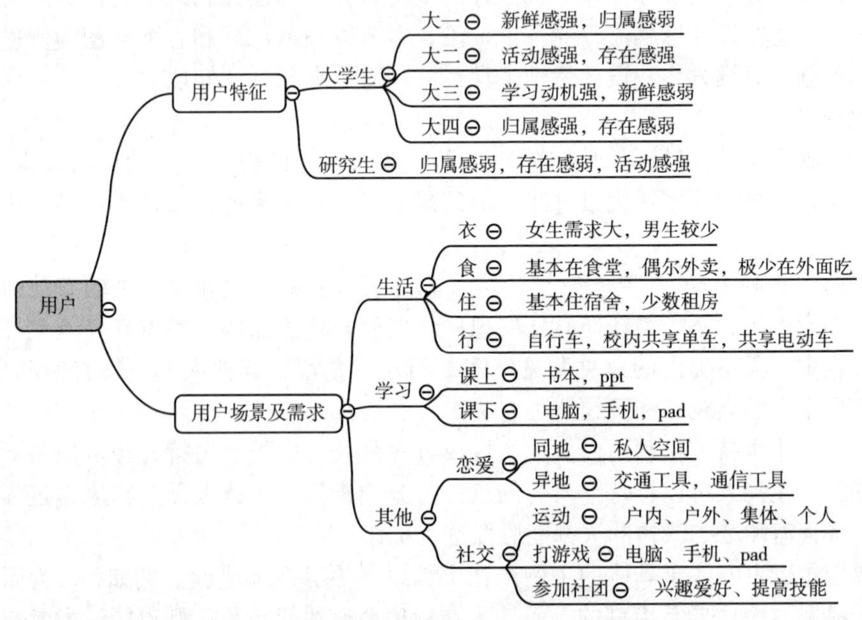

图3－2 校园文化产品用户需求思维导图

设计思维产生创意的流程，可以根据原始的流程按照自己的需要逐步优化。流程不是刻板的规矩，而是一套能帮助思考的工具，要学会灵活运用。

（4）原型设计。原型设计师通过动手搭建来尝试某事的意愿，是产生创意后进行创业实践活动的最好验证。可以把“原型设计”称为“用手来思考”。以有形产品为例，最初的原型可以用最简单的材料制作，而且越简单、越快速、越便宜的原型，失败放弃的成本越小。随着时间的推移，原型会越来越成熟、精美，能够投入的时间和财力多少决定了原型的成熟度高低。

无论是想创造产品、服务、系统还是网站等，我们都可以在过程中使用各种不同类型的原型（见表 3－5），原型的低、中、高保真程度（也就是原型的详细程度）可以帮我们在创新的不同时间点找到合适的类型。表 3－5 中：低 = 在初期阶段；中 = 首个解决方案；高 = 接近尾端的解决方案。

表 3－5　常见原型类型在不同时间点的保真程度

类型	描述	保真程度			适合于/示例
		低	中	高	
草图	纸上或电子的，草图或者潦草画出	•			适用于所有情况
小样	展示系统的整体印象，但不需要实际可以运用或操作		•		实体产品、数字产品
框架	系统的早期概念设计，显示功能的各个方面及各要素的安排	•			网站
图标	呈现关联，可以使大家看到想法之间是如何相互连接、逻辑关系、如何变化等	•	•		空间、流程、结构
纸	用纸或硬纸板建立或改进物体或产品	•			实体产品家具、配件等
讲故事和写故事（故事板）	沟通或呈现一系列事件或故事（可以用图片、视频、漫画等显示）	•	•	•	体验
开源硬件平台	用于结合电机、传感器的模拟接口和数字接口		•	•	电机系统
照片、视频	用蒙太奇模拟想要的描述的情形，可用利用照片、视频编辑软件	•	•		数字产品或实体产品体验
实体模型	将二维的想法用三维表现出来，可以用 3D 打印或者乐高积木来完成	•			
服务蓝图	对于服务的结构化描述，针对端到端用户旅程中体验的全面设计	•	•	•	实体服务
商业模式	系统化描述商业背景和联系，比如利用商业模式画布或者精益画布	•	•	•	商业模式

续表

类型	描述	保真程度			适合于/示例
		低	中	高	
角色扮演、体力风暴	项目组成员表演或身体行为表现出或再现用户在使用产品或服务时的情感体验、使用情况	•	•		体验

资料来源：迈克尔·勒威克，等. 设计思维手册［M］. 北京：机械工业出版社，2020.

在这一阶段中，设计团队会制作一些产品或产品中特定功能的低价缩小版原型，检验上一阶段归纳出来的解决方案。这些原型可以在团队内部、其他部门或团队外的小部分人中，进行共享测试。这阶段相当于试验阶段，其目的在于为前三个阶段中所总结的每一个问题找到最佳方案。所有的方案会挨个试用于原型上，并基于用户的体验进行检测，最终要么通过、改进，要么重新审核或否决。到阶段末期时，设计团队将更好地了解产品内部的局限性与目前存在的问题，并对真实用户与终端产品互动时的所为所思与所想，有更加全面的理解。

（5）产品测试。产品测试是设计思维过程中必不可少的一步，是五阶段式模型的最后一个阶段。在产品测试之前，需要定义测试问题，确立测试场景和清晰的测试目标。在执行测试的时候，要让没有参与过原型设计的人参与，以便保持中立。要避免测试过程过长，把测试聚焦在必要的内容上。通过对测试的记录，可以整合发现新的问题，再形成新一轮的原型设计。

测试阶段常用于重新界定一个或多个问题，并决定对用户的认知、使用条件、人们的思维方式、行为与感受，以及用来共情。通过产品测试，并根据测试结果进行迭代过程中，尽可能地深入了解产品及其用户群体，不断改动与改良产品，可以得到最好的解决方案。

设计思维的五个阶段并不是连续的——他们不必遵循某种特定的顺序，可以同时进行也可迭代地重复。因此，这些阶段应该理解成不同的模式，而不是按几个顺序步骤来完成一个项目。然而，我们可能会在任何问题解决的创新项目中，用到这五个阶段。每个项目都会涉及开发产品的具体活动，但每个阶段背后的核心思想都是一样的。

3.5.2　创新方法

爱因斯坦曾经说过："创新一定不是逻辑思考的结果，但它一定与一个逻辑化的过程有关。"

3.5.2.1　创新方法的演变

自有人类出现以来，公开发布过的有关"创新"的方法多达300余种。各种创新方法体系经历了大约三代的演变。目前国际上的创新技术基本上以第二代为主。

（1）第一代创新方法。突出不同于以往的思维方法的研究，创新方法体系还不能应用于规模化的企业生产实践中，对人的能力依赖比较高。其中代表性的创新方法有水平思考、六顶思考帽、发散思维、SCAMPER 方法等。

这一代的创新方法告诉了创新者们创新的方向，但是它并没有提供具体的创新路径，即：何时何地如何因地制宜而又以错落有致的优先级来实施创新。它们更像是一种面向过去的总结而不是面向未来的拓展。因此在企业的实践中创新的效率很低。

（2）第二代创新方法。第二代创新方法对创新体系进行了建模。其中，不同的技术体系建模的方式又不尽相同。

①苏联 TRIZ 体系。TRIZ 体系对创新对象定义其所在环境的物理或者事情的场或者矛盾，通过分析矛盾的属性寻找相应的创新方法，从而得到相应的创新方案。这些创新方法则通过总结大约 50 万项的发明专利得来。

②中国可拓学。可拓学的理论是将目标领域建模成物元、事元、关系元，之后研究这些基元的变化得到创新方法。目前，在实践领域没有进行更进一步的统计和深化，因而影响较小。

③以色列的 SIT 创新体系。SIT 改进了 TRIZ 的创新方法，将 40 种常见的创新方法简化为 5 种。“可以规模化产生成果”是第二代创新技术的基本特征。由于这些创新方法都是统计了几十万项发明专利而得来，因而实用性特别强，迅速成为各国的国家战略级技术被加以保护。

第二代创新方法更多地被用于改善具体的某个产品——改善功能、改善产品表现、改善服务、改善体验等。它们无法解答如何在产品定位方面创新，无法解答如何在商业模式方面创新，无法用于品牌创新、营销创新乃至盈利模式方面的创新。

（3）第三代创新方法。第三代创新方法还没有形成完整的体系，但从趋势来看，更加符合互联网时代，逐渐做到可复制、可大规模推广、可实际落地的方法。目前，以 CODEX 为代表的创新方法，起源于 GOOGLE、GROUPON、ROGERS 等公司的创新实践，融合了 TRIZ、SIT、USIT 等创新领域的顶级方法论以及金融、心理学等最新成果。CODEX 创新体系最大的特点是按照人的思维成熟度对创新技术进行了分类。从易到难的“5 层阶梯创新模型”，也就是 5 个层面上成功概率最大的创新，即复制（C）、优化（O）、维度（D）、生态（E）和元模式（X）5 个级别的创新。由于脑科学一直是人类最为复杂难以攻克的学科，因此，在 CODEX 之前还没有尝试从人的思维成熟度的角度来重新审视创新技术。为此，CODEX 结合了人脑科学、逻辑学、认知科学、心理学、控制论、系统论、元认知、哲学等众多学科的知识。对 CODEX 模型的每一级进行了建模和统计，最后整理出了一整套创新的工具体系并用于实践。未来，CODEX 创新方法能否被广泛运用和操作，还需要时间来检验。

大学生可以通过基础性的创新方法训练，提高创业实践中的创新能力。下面，将介绍几种常用的创新方法。

3.5.2.2 常用创新方法

（1）六顶思考帽。六顶思考帽是“创新思维学之父”爱德华·德·博诺

(Edward de Bono）博士开发的一种思维训练模式，或者说是一个全面思考问题的模型。它提供了“平行思维”的工具，避免将时间浪费在互相争执上。运用六顶思考帽，将会使混乱的思考变得更清晰，使团体中无意义的争论变成集思广益的创造，使每个人变得富有创造性。

六顶思考帽，是指使用六种不同颜色的帽子代表六种不同的思维模式。任何人都有能力使用以下六种基本思维模式：

①白色思考帽。白色是中立而客观的。戴上白色思考帽，人们思考的是关注客观的事实和数据。

②绿色思考帽。绿色代表茵茵芳草，象征勃勃生机。绿色思考帽寓意创造力和想象力。具有创造性思考、头脑风暴、求异思维等功能。

③黄色思考帽。黄色代表价值与肯定。戴上黄色思考帽，人们从正面考虑问题，表达乐观的、满怀希望的、建设性的观点。

④黑色思考帽。戴上黑色思考帽，人们可以运用否定、怀疑、质疑的看法，合乎逻辑地进行批判，尽情发表负面的意见，找出逻辑上的错误。

⑤红色思考帽。红色是情感的色彩。戴上红色思考帽，人们可以表现自己的情绪，人们还可以表达直觉、感受、预感等方面的看法。

⑥蓝色思考帽。蓝色思考帽负责控制和调节思维过程。负责控制各种思考帽的使用顺序，规划和管理整个思考过程，并负责作出结论。

六顶思考帽是一个操作简单、经过反复验证的思维工具，给人以热情、勇气和创造力，让每一次会议，每一次讨论，每一份报告，每一个决策都充满新意和生命力。

这个方法能够帮助我们提出建设性的观点；聆听别人的观点；从不同角度思考同一个问题，从而创造高效能的解决方案。

对六顶思考帽的应用关键在于使用者用何种方式去排列帽子的顺序，也就是组织思考的流程。只有掌握了如何编织思考的流程，才能说是真正掌握了六顶思考帽的应用方法。

帽子顺序非常重要，我们可以想象一个人写文章的时候需要事先计划自己的结构提纲，自己不会写得混乱，一个程序员在编制大段程序之前也需要先设计整个程序的模块流程。大学生在进行创新方法的训练中，学习用“六顶思考帽”进行创造性思考，会起到意外的效果。

六顶思考帽的具体应用步骤：

①陈述问题（白帽）。运用“白色思考帽”来思考、搜集各环节的信息，收取各个部门存在的问题，找到基础数据。

②提出解决问题的方案（绿帽）。戴上“绿色思考帽”，用创新的思维来考虑这些问题，不是一个人思考，而是各层次管理人员都用创新的思维去思考，大家提出各自解决问题的办法、好的建议、好的措施。

③评估该方案的优点（黄帽）。

④列举该方案的缺点（黑帽）。分别戴上“黄色思考帽”和“黑色思考帽”，

对所有的想法从“光明面”和“良性面”进行逐个分析，对每一种想法的危险性和隐患进行分析，找出最佳切合点。

⑤对该方案进行直觉判断（红帽）。戴上“红色思考帽”，从经验、直觉上，对已经过滤的问题进行分析、筛选，作出决定。

⑥总结陈述，做出决策（蓝帽）。在思考的过程中，还应随时运用“蓝色思考帽”，对思考的顺序进行调整和控制，甚至有时还要刹车。因为，观点可能是正确的，也可能会进入死胡同。在整个思考过程中，应随时调换思考帽，进行不同角度的分析和讨论。

（2）检核表法。检核表法是美国人亚历克斯·奥斯本（Alex Faickney Osborn）所创的方法。这种技法的特点，就是根据需要解决的问题，或需要创造发明的对象，列出有关的问题，然后一个个来核对讨论，以期引发出新的创造性设想。奥斯本的检核表法是从以下九个方面来进行检核的：

①现有的发明有无其他的用途？

②现有的发明能否引入其他的创造性设想？

③现有的发明可否改变形状、制作方法、颜色、音响、味道？

④现有的发明能否扩大使用范围，延长它的寿命？

⑤现有的发明可否缩小体积、减轻重量或者分割化小？

⑥现有的发明有无替代用品？

⑦现有的发明能否更换一下型号，或更换一下顺序？

⑧现有的发明是否可以颠倒过来使用？

⑨现有的几种发明是否可以组合在一起？

可以看出，检核表法是指在考虑某一个问题时，先制成一览表对每个项目逐一进行检查，以避免遗漏要点，获得观念的方法。大学生在创业实践中可以通过此方法训练周密思考，避免考虑问题有所遗漏的能力。也可以根据奥斯本检核表的核心特点，结合实际问题需要，改造出多种具有各自特色的检核表法。

（3）TRIZ。

①TRIZ 概述。TRIZ 是俄文“发明问题的解决理论”的英文音译 Teoriya Resheniya Izobreatatelskikh Zadatch 的缩写，是由苏联发明家、教育家阿奇舒勒（G. S. Altshuller）和他的研究团队通过分析大量专利和创新案例总结出来的。人们在解决发明创造问题的实践中，遇到的各种矛盾以及相应的解决方案总是重复出现，而用来彻底解决技术矛盾的创新原理与方法数量并不多，且解决本领域技术问题的最有效原理与方法，往往来自其他领域的科学知识。TRIZ 的核心是技术的发展都是遵循着客观的一般规律发展进化的，具有客观的进化规律和模式。各种技术难题、冲突和矛盾的不断解决是用尽量少的资源实现尽量多的功能。

TRIZ 经过多年的研究，发展出很多理论及工具。目前，TRIZ 理论常用的主要体系包括 8 大技术系统进化法则、IFR 最终理想解、40 个发明原理、39 个通用参数和矛盾矩阵、物理矛盾和分离原理、物—场模型分析、76 个标准解法、ARIZ 发明问题解决算法、科学原理知识库、功能属性分析、资源分析。TRIZ 的来源与内容如

图 3 -3 所示。

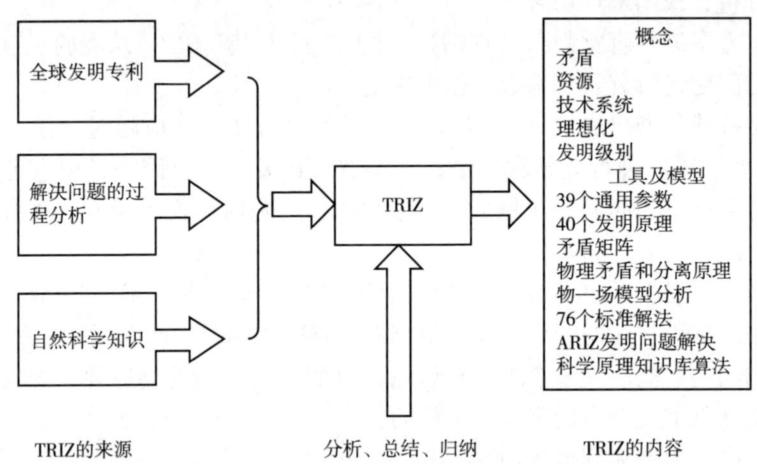

图 3 -3　TRIZ 来源与内容

②TRIZ 体系。TRIZ 理论成功地揭示了创造发明的内在规律和原理，是一种科学的创新方法，对产品或服务的创新设计有明确的指导性。TRIZ 理论包含了许多系统的、科学的、具有可操作性的创造性思维方法和发明分析方法，能有效地打破思维定式，扩展创新思维，从更新更广的角度看待问题，为产品创新设计提供了科学的问题分析方法，从而保证产品创新设计找到创新性问题解决方法。TRIZ 理论具有较强的实用性，并经过了实践检验，为众多知名企业创造了巨大利益，应用领域也从工程技术领域扩展到管理和社会等方面。

我们通常遇到的问题都是具体的问题，我们所要寻求的解决方案也是具体的解决方案。我们在研究的过程中所采用的一般做法是，迅速利用自己的经验做一系列的试验，以图尽快解决这个问题。但事与愿违，这种试错的方法虽然在一些简单的问题上效果比较明显，在一些比较难一些的问题上却要往往花很长的开发时间，需要消耗较多的资源。

TRIZ 理论引导我们对遇到的具体问题有非常清楚的定义，问题定义得越清楚，则解决问题的可能性越大，如果这个问题还没有弄清楚，则需要将这个问题研究透彻后再着手解决。

利用因果分析和功能模型分析对问题进行分析，找到突破问题瓶颈的其他路径，或者找到问题出现的根源，然后将这个问题抽象成一个一般化的问题。

对于这个一般化的问题，根据 TRIZ 的工具，如标准解、发明原理、科学效应库、技术发展趋势等找到一般的解决方案，也就是说遇到类似的问题，一般可以有哪些解决方法。

将这些一般化的解决方案引入我们的具体项目中，转化成我们自己的解决方案。

TRIZ 理论更注重问题的分析以及借用，从前人的解决方案中，从其他领域的类似问题中去寻找答案。所以通过 TRIZ 理论所得到的解决方案通常是被证实可用的，所以可靠性高，易于操作，项目失败的风险也比较小。经典 TRIZ 理论体系结构如图 3－4 所示。

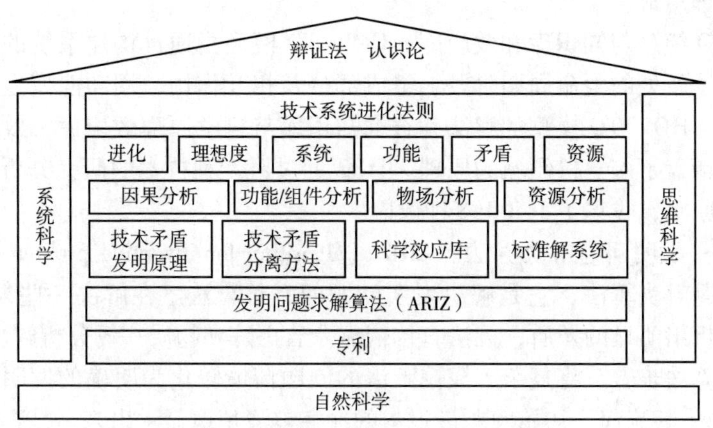

图 3－4　经典 TRIZ 理论体系结构

③TRIZ 解决问题的方法。由于 TRIZ 是基于几何、物理、化学等跨学科知识的手段和方法来解决工程问题的，那该如何应用 TRIZ 理论解决问题呢？

首先，要对一个实际问题进行细致分析和准确定义；其次，依照 TRIZ 理论提供的方法，把需要解决的实际问题归纳为一个类似的 TRIZ 标准问题模型；再次，针对不同的标准问题模型，应用 TRIZ 理论已终结、归纳出的类似的标准解决方案，找到对应的 TRIZ 标准解决方案模型；最后，将这些类似的解决方案模型应用到具体的问题中，演绎得到问题的最终解决方法。

TRIZ 理论将能够运行某个功能的事物定义成为技术系统。如果一个技术系统出现问题，其表现形式通常有许多，解决问题的方式也有很多，关键是要区分技术系统的问题属性和产生问题的根源。根据问题所表现出来的参数属性、结构属性和资源属性，TRIZ 的问题模型共有四种形式：技术矛盾、物理矛盾、物—场模型、HOW TO 模型。与之相对的，TRIZ 的工具也有四种：矛盾矩阵、分离原理、知识库与效应库和标准解系统。

创新原理和技术矛盾。在 TRIZ 理论中技术矛盾是技术系统的某个参数或特性得到改善的同时，导致另一个参数或特性发生恶化而产生的矛盾。TRIZ 理论将导致技术矛盾的因素总结为 39 个通用工程参数，建立了矛盾矩阵表，提供了 40 个解决技术矛盾的创新原理。

物理矛盾和分离原理。对技术系统的同一个参数有相互排斥的甚至截然相反的需求时，就出现了物理矛盾。解决物理矛盾的核心是实现矛盾双方的分离。40 个创新原理中的分离原理可以用来解决物理矛盾。分离原理的主要内容是将矛盾双方分离，并将其分别构成不同的技术系统，以系统与系统之间的联系代替内部联系，从而将内部矛盾外部转化。

标准解与物—场模型。TRIZ 理论中拥有最小机能、可控技术系统的图形表现被称为物质—场模型。物质—场分析可以将许多非常复杂的问题构建成和已有的技术系统相关的物质—场模型，并从 76 个标准解中找到最为接近的解决方案，简单有序地获得最终理想解。

HOW TO 模型与知识库和效应库。HOW TO 模型指通过构建系统的抽象功能模型，明确系统所处的生命周期阶段、组成部分及相互作用，用功能模型全面地描述和理解系统。HOW TO 模型的解法是查询知识库与科学原理效应库。效应是各领域的定律，它涵盖了多学科领域的原理。TRIZ 通过对专利技术的研究分析，按照从技术到实现的原则，收集了 1 400 多种效应。

ARIZ——发明问题解决算法。ARIZ（algorithm for inventive problem solving）被称为发明问题解决算法，它是解决发明问题的完整算法。在解决一些复杂问题时，由于不能分析出明显的矛盾，无法直接依靠矛盾矩阵和物质—场分析解决。ARIZ 提供了独特的算法步骤，将复杂、模糊不清的问题情境转化为明确的发明问题。运用 ARIZ 提供的步骤流程，初始问题最根本的冲突被清楚地显示出来，是否能够求解非常清晰。

TRIZ 解决问题的方法如图 3－5 所示。

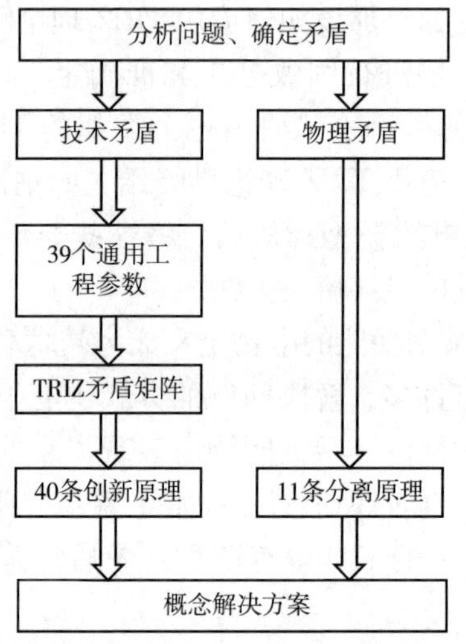

图 3－5　TRIZ 解决问题的方法

由于 TRIZ 理论来源于专利，通过对于专利的总结分析，得出一套能够帮助我们突破思维障碍，打破定势，以新的角度分析问题，进行逻辑性和非逻辑性的系统思维，而且还能根据技术进化规律预测未来发展趋势的解决问题的逻辑。由于 TRIZ 理论比较庞杂，本教材不对其进行详细描述。大学生在培养创业实践能力的过程中，可以通过其他专业资料学习 TRIZ 理论，逐渐培养自己的创新思维尤其是系统性思维和跳跃性思维的能力，而这对于提高所谓的“创造性”有非常大的帮助。对创业者来说，TRIZ 理论会服务于专利，通过形成更多的解决方案形成专利布局，阻止自己的产品或服务的竞争对手入场。

第 4 章　市场需求导向的创业实践

【开篇案例 1】“95 后”女生白手起家的创业故事[①]

“95 后”这一批年轻人，大多数已经进入社会，并成为现今社会的主流力量。

01　“95 后”女生创业不“冲动”，稳扎稳打

创业征途上每迈出一步，都需要提前周密部署。这个弱小的闽南农村女孩精心“设计”着自己早教创业的每一个步骤。林留芳的创业经历，似乎少了些冲动，但毫无疑问她的规划意识却不同于其他人白手起家的创业故事，会给青年创业者带来不少启示。

02　屡屡转折，萌生创业冲动

从一个按部就班的大学生“转身”成为一位激情澎湃的创业者，虽然有些偶然，但林留芳三年内的三次“转折”，每一步都走得很坚定，她坚信自己所熟稔的艺术专业就是自己创业的方向。

在读大二时，就读音乐教育专业的她接到这样一份兼职家教：要将一个毫无基础的小男孩送上电子琴大赛赛场，而时间只有短短的三个月。在她的精心调教下，这个男孩子最终获得大赛第二名的好成绩。

毫无疑问，这大大增强了从小就向往教师职业的林留芳对自己教学方法的信心。从此，她开始更多地接触音乐兼职家教，也越发感觉到艺术培训市场极为广阔，开始有一种朦胧的创业冲动。

然而，仅有的那点冲动显然没将林留芳推向创业浪潮。大学毕业那年，经过为期三个月、“20∶1”的残酷竞争，她进入厦门一家知名的教育机构，成为幼儿部的一名教师。但是，因为感觉到全封闭的教育模式束缚了自己的思路，自己所学的专业与岗位出现脱节，三个月后，她果断放弃了月薪超过 3 000 元的第一份工作。旋即，进入了泉州本地的一家琴行。在接下来的一个月时间内，她每天重复着接电话、接待学生、打扫卫生这样的工作，不仅感到枯燥，而且更加清楚地认识到艺术培训机构有不少都存在经营不规范的现象。她再次主动“下岗”。

03　日日走访，“生”出创业好项目的计划

积蓄了足够的创业冲动能量，和其他白手起家的创业故事主人公不同的是，林

---

① 作者根据全国大学生创业服务网相关资料编写。

留芳却一点也不冲动。她清楚地意识到，自己首先应该对泉州的艺术培训市场有一个理性的认识。2004年底，她开始酝酿周密的创业计划。接下来的日子里，市区的大街小巷总是能看到一个矮小的小姑娘蹬着一辆自行车来回穿梭。走过每一条街道，钻进每一个巷子，拜访每一所学校、闯入每一个小区，在跟保安聊天的过程中掌握小区的入住率、学校的就学率。白天在外调查，晚上分析数据。悄无声息的三个月后，她一丝不苟地完成了前期的市场调查，撰写了一份厚厚的计划书。

一个饭后的夜晚，林留芳将这份计划书递向父亲。作为长女，在父母眼中，她的能力不容置疑，她是个能独当一面的女儿。多年经营菜摊子，家里虽然有一定的积蓄，但是创办一个艺术培训中心所需要的启动资金不是一个小数字。那一夜，父女俩有了一次长谈。“孩子，这就当是提前给你的嫁妆吧。”最终，父亲将一张有20万元存款的银行卡慎重地交到林留芳的手中。

攥着父母劳作大半辈子的全部积蓄，林留芳告诉自己：创业只许成功。从此以后，拉开了这个白手起家的创业故事的序幕。

04 “步步为营”，赢得持续运作

然而，20万元启动资金并不是创业的全部，创业更需要一种谋略和战胜困难的勇气。为了租到自己花了两个月才找到的颇为看好的办公场所，林留芳三番五次找到房东的办公室。可对方张口就要她将整幢5层楼全部租下来，压根没将她这个黄毛丫头看在眼里。10多次推门而入，每次都被“请”到门外。然而，“认死理”的她还是赖在门口，拉着对方的员工分析：自己先租下部分楼层，必将带动整幢楼走向热租。最后对方被她的合理分析打动，双方签下合约。

如果说租场地靠的是“步步为营”以理服人的话，那么接下来的广告位“争夺大战”似乎靠的是胆识。林留芳的艺术培训机构入驻后，果然一家又一家的公司搬了进来，整幢楼被抢租一空。随之而来的是，外墙广告位变得炙手可热，费用水涨船高。由于费用偏低，对方向林留芳提出要撤换她的广告。虽然遭到拒绝，但仍有一家相当强势的企业乘虚而入，派5个工人偷偷地将艺术培训机构的广告“摘”了下来。闻讯火速赶到现场的林留芳也丝毫不示弱，一边脚踩广告牌讨要说法，一边报警求助。当时，一个体重不过40公斤的弱小女子与5个大男人怒目相视。经过协调，她保住了其中一个广告位。林留芳感叹，当时斗胆做点挣扎，保住的不仅仅是一个广告牌，更为关键的是守住了自己的阵脚。

同时，一股不言败的坚韧劲让她克服了一波未平一波又起的创业危机。精打细算，折腾了几个月，培训机构的牌子终于挂起来了，可林留芳已经是身无分文，她不得不精心筹划着每一分钱的开销。房租和工资的支付，全指望收取的培训费。可是因为名不见经传，遇到了招生难的问题，刚起步时她的培训机构里老师比学生还多。这些老师都是她好不容易从各地挖过来的，深谙艺术人才严重短缺的她只有一个念头，无论如何也要将人留住。本来就很要面子的她，不得不四处举债。

正是靠着自己提前规划的意识和敢拼的韧劲，她的培训中心已经从雏形迈向机构化运作，创业的路子越走越宽敞。如今，已经有356名学生从她的艺术培训中心走出来，走进艺术的海洋。

思考题：

1. 大多数的大学生创业者都没有较多资金，估计都需要白手起家。对于这一点你怎么看?

2. 此案例的创业者步步为营、提前规划是此案例主人公创业成功的原因之一。在你的人生中，你有远期、中期和近期规划吗？分别是怎样的?

【开篇案例2】GoPrint——多功能智能打印机先行者①

这是由浙江大学的大学生创业者们设计发明的一款继移动笔记本电脑、移动智能手机之后的又一项革命性的发明——移动智能打印机。

作为办公和学习的必备工具，在这个时代，打印机却始终没能移动化。创业者们期望改变这一现状。经过团队工程师的不断努力，终于将打印机缩小到了钱包的大小，它包含传统打印机的功能却不止于此，大至A4甚至更大的打印幅面都可以打印。打印，从此随时随地。

市场背景：移动办公的人越来越多，纸质材料却难以被取代，如何在外出时获得打印材料成了很多人的痛点。市场调研显示，人们对便携式打印机的需求正在持续增长。相关市场正处于发展阶段，创业机会增多。而现阶段市面上的便携式打印机难以实现传统打印机的功能。创业者们希望能用革新的产品GoPrint，实现传统打印机的功能并提供更多可能，触及普通打印机不易触及的时空——掀起一场打印机的革命。

技术优势：产品具有独创技术。GoPrint的打印喷头摆脱了框架导轨的束缚在平面上自行打印，减小了体积。团队工程师应用了先进的微电子学工业成果和计算机图形学应用设计了一套特别的定位方式，在打印机体积缩小成钱包大小时仍有较高打印质量。同时提供多套方案面向不同市场。相关技术申请了中国发明专利。

市场优势：GoPrint解决了相关人群的痛点。不管是学生需要随时打印错题、复习材料或论文，还是商务人士在外办公打印文件合同，甚至是普通消费者日常使用，GoPrint都将成为他们生活中的好伙伴。GoPrint的核心技术还可用于超大幅面印刷，现行业内相关设备动辄数十万元，GoPrint降低了行业门槛。GoPrint还具有很强的可扩展性：搭载在GoPrint上的打印喷头可快速拆卸，换成CCD传感器变身扫描仪，扫描仪和打印机组合变身复印机。还可基于GoPrint打印用的App建立一整套生态系统，用独占内容和社群建设提高用户黏性，助力产品营销。

营销策略：将结合6P和6C营销理论。产品面向国际市场，充分利用互联网优势，可先采用众筹方式获得生产资金和第一批用户，接着线上线下铺货，除传统营销方式外，还可采用和相关产品（如纸张）组合搭售的方法。通过合适的营销策略、周全考虑的定价策略和审慎的财务分析，项目有很强的盈利能力，市场前景良好。团队也进行了风险评估，做好了应对准备，为项目长足发展奠定坚实基础。

---

① 全国大学生创业服务网. GoPrint——多功能智能打印机先行者［EB/OL］.［2023-06-26］. https://cy.ncss.cn/search/8a8080857 9f4ef1c017a0f2fa2135e54.html.

思考题：

1. 在目前的打印机市场中，你觉得客户还可能存在哪些痛点没有得到解决？请阐述你对于该解决之道的思考要点。

2. GoPrint 采用了将打印机和相关产品（如纸张）组合搭售的方法，这种销售方法有什么优点？

3. 6P 和 6C 营销理论的要点分别是什么？

4.1 创业过程中的自我认知与剖析

4.1.1 自我认知与剖析的含义

创业对个人能力的要求是相当高的。因此，如果你想创业，你应该先客观、全面地了解自己，分析自己各方面的优势和劣势，扬长避短，这就是自我认知与剖析的过程。

自我认知与剖析，指的是对自我的洞察、理解和分析，包括自我观察和自我评价。

4.1.1.1 自我观察

自我观察是指对自己的感知、思想和意向等方面的察觉，也称为自省。自省在我国传统思想中占有重要的地位。它通常指人们对所感、所想与所为的一种虚心体察的反思过程。无论从历史文献记载还是从日常生活观察中，都表明具有广博学识、深邃见解而有较多成就建树者，不乏重视对自己的意识经验与行为举止常作内省或反思的人。我们的祖国具有悠久的文化历史，看重个人内心修养，是中华民族优秀的精神传统之一。

4.1.1.2 自我评价

自我评价是自我意识的一种形式，是主体对自己思想、愿望、行为和个性特点的判断和评价。

4.1.2 对创业者的认知与剖析

有志于创业的人可以自问：我是喜欢成为一个指挥员呢，还是一个按部就班的人？一定要相信“天生我材必有用”，这个世界没有废品，只有放错地方的宝藏。也许每个人都喜欢当将军，可是应该先问问你有没有这样的能力，是喜欢独处还是群体活动……这些对一个人是否适合创业至关重要。比如，在当今世界，如果一个人只愿意独处，不善于与他人一起合作，即使他非常擅长技术或者科研，绝大多数情况下，他若去创业，成功的可能性也是很低的，只有喜欢团队合作并善于团队合作的人，才能在创业之路上取得较好的成果。

4.1.2.1　创业价值观

（1）创业价值观的定义。创业价值观是指在创业者的主观世界中，那些具有开创性、创造性的思想、观念、意志、作风和品质等。

人无价值观则不立，国无价值观则不强。唯有价值观上站得住、站得稳，一个民族才能在历史洪流中屹立不倒、挺立潮头。同困难作斗争，是物质的角力，也是价值观的对垒。在中国从站起来、富起来到强起来的伟大飞跃中，是中国共产党人的价值观谱系在斗争中淬炼，在淬炼中成长，在成长中创新。

企业价值观的本质仍着重于一种创新活动的行为过程，而非企业家的个性特征。创业价值观的主要核心为创新，也就是创业者通过创新的手段，将资源更有效地利用，为市场创造出新的价值。虽然创业常常是以开创新公司的方式产生，但创业价值观不一定只存在于新企业之中。在一些成熟的组织内部，只要创新活动仍然旺盛，该组织内部的相关人员就具备创业价值观。

创业是创业者依自己的想法及努力工作来开创一个新企业，包括新公司的成立、组织中新单位的成立，以及提供新产品或新服务，以实现创业者的理想。创业本身是一种无中生有的历程，只要创业者具备求新、求变、求发展的心态，以创造新价值的方式为新企业创造利润，那么这一过程中就贯彻着、体现着创业价值观。

创业价值观所关注的在于“是否创造新的价值”，而不在于是否设立新公司，因此，创业的关键在于创业者能否“将新事物带入现存的市场活动中”，包括新产品或服务、新的管理制度、新的流程等。创业价值观指的是一种追求机会的观念、意识及其行为，这些机会不仅仅在于资源应用的范围，也在于未来有可能创造资源应用的新价值。因此，可以说，创业价值观即是促成新企业形成、发展和成长的原动力。

今天的大多数经济学家都认为，创业价值观是在各类社会中刺激经济增长和创造就业机会的一个必要因素。在发展中国家，成功的中小企业是创造就业机会、增加收入和减少贫困的主要动力。因此，政府对创业的支持是促进经济发展的一项极为重要的策略。培育创业价值观的政策是创造就业机会和促进经济增长的关键。政府官员可以采用优惠措施，鼓励人们不畏风险创建新企业。这类措施包括实施保护产权的法律和鼓励竞争性的市场机制。

社会群体文化也与创业价值观相关。创业价值观在不同文化中的差异在某种程度上取决于创业所能得到的回报。

创业价值观是个体对创业活动表现出来的内禀特征。由于创业是社会个体通过自己的主动性和创造性开辟新的工作岗位、拓展新的职业活动范围、创造新的业绩的实践过程，这一活动是个体在后天成长过程中，基于对社会发展的一定认知和自我生涯的规划而进行的实践活动，因此，创业价值观的形成和发展更多的应基于后天的学习和实践习得，它既可以指个体价值观中有待开发的创业基本价值观，又可指社会发展的成果在个体身心结构中积淀和内化的创业价值观元素。

那么，创业价值观由哪些创业价值观元素构成呢？从构成来看，人的价值观实际上是一个多侧面、多层次的价值观结构系统，它的各个组成部分不是孤立存在的，而是相互依存、相互渗透、相互制约、相互促进的，它们形成了一个有机的整体。创业型人才一般都具有一些共同的创业价值观元，这些共同的创业价值观构成了创业型人才的基本特征。

（2）创业价值观的意识结构和品质结构。创业价值观是人们从事创业活动的强大内驱动力，是创业活动中起动力作用的个性因素，是创业者创业行动中的驱动系统。

①创业价值观的意识结构。创业价值观的意识结构是指在创业实践活动中对个体起动力作用的个性心理观念等，包括创业需要、创业动机、创业理想、创业信念等。

创业需要指创业者对现有条件的不满足，并由此产生的最新的要求、愿望和意识，是创业实践活动赖以展开的最初诱因和最初动力。但仅有创业需要，不一定有创业行为，想入非非者大有人在，只有创业需要上升为创业动机时，创业行为才有可能发生。

创业动机指推动创业者从事创业实践活动的内部动因。创业动机是一种成就动机，是竭力追求获得最佳效果和优异成绩的动因。有了创业动机，才会有创业行为。创业动机是创业行为实践的内驱力，是进行创业的前提和基础。

创业理想是个体对创业活动未来奋斗目标的持久向往和追求，指创业者对从事创业实践活动的未来奋斗目标较为稳定、持续的向往和追求的心理品质。创业理想属于人生理想的一部分，主要是一种职业理想和事业理想，而非政治理想和道德理想。

创业信念是个体在创业实践中表现出的一种对创业活动坚信不疑、坚守到底、不畏艰难的心理倾向。创业信念的形成是创业者创业精神的集中体现，同时也是创业价值观意识结构中最核心和最关键的要素。

②创业价值观的创业品质结构。它是指个体在创业实践中将对创业活动的坚定信念和执着精神演化为其内在的相对稳定的价值观念，并凝聚为其内在的个性特征和道德品质。这种创业品质，既包含对个体创业实践活动的心理和行为起调节作用的个性心理品质，也包含个体所彰显的以创业精神为核心内容的创业道德品质。当个体创业社会知识结构得到丰富、创业技能得到提升、创业意识有所提高时，个体的创业价值观也得到发展。美国百森商学院的杰弗里·蒂蒙斯（Jeffry A. Timmons）认为，真正意义上的创业教育应当着眼于“为未来的几代人设定‘创业遗传密码’，以造就最具革命性的创业一代作为其基本价值取向。”这里所称的遗传密码，就是指以创业精神为内在表现的创业价值观的传承问题，它也是评价创业价值观教育成功与否的关键环节。

（3）加强培养创业价值观的重要性。

①从微观层面来看。创业价值观教育的思想是对传统就业教育思想的突破，它

着眼于发挥人的创造性潜能，满足个体适应未来社会的生存和发展的需要，培养个体以开拓性的精神对待生活的积极态度，增强其适应社会生存和发展的能力。有学者称，创业价值观与以往价值观教育中科学、人文、创新价值观相比较，它是一种综合性的较高层次的价值观。

因为创业需要创业者了解、掌握市场营销、企业管理、心理学、领导科学、人际沟通、资源获取等多学科的知识，提高创新能力、领导组织能力、协调沟通能力、动手能力、策划决策能力、学习能力等综合能力，因此，创业价值观的提升，不仅能为个体适应未来社会生存与发展奠定坚实的基础，而且也能为其具备终身的创造性品格提供当下关怀，从而促进个体全面和自由的发展。

②从宏观层面来看。加强创业价值观的培养能造就一大批创业型人才，有效地促进就业，增强经济活力，促进国家经济的持续繁荣发展。研究表明：一个社会的创业教育水平越高，创业型人才发展越快，其社会成员灵活就业、自主创业、岗位立业的效果就越好，随之而来的社会效益和经济效益也就越好。

就我国而言，努力提升对广大大学生创业价值观的培养效率，培养创业型人才，鼓励创业型就业，不仅是当前解决就业问题的根本出路，同时也是有效提高整个国家创新能力、促进我国经济持续增长的重要保证。

（4）创业价值观的分类。创业价值观类似一种能够持续创新成长的生命力，一般可区分为个体的创业价值观及组织的创业价值观。

①个体的创业价值观。指的是以个人力量，在个人愿景引导下，从事创新活动，并进而创造一个新企业的创业价值观。

②组织的创业价值观。指在已存在的一个组织内部，以群体力量追求共同愿景，从事组织创新活动，进而创造组织的新面貌的创业价值观。

（5）创业价值观的三个主题。

①对机会的追求，创业价值观致力于追求环境的趋势和变化，而且往往是尚未被人们注意的趋势和变化。

②创新。创业价值观包含了变革、革新、转换和引入新方法——新产品、新服务或者是做生意的新方式。

③增长。创业者追求增长，他们不满足于停留在小规模或现有的规模上，创业者希望他的企业能够尽可能地增长，员工能够勤奋工作。因为他们在不断寻找新趋势和机会，不断地创新，不断地推出新产品和新的经营方式。

（6）创业价值观的四个特征。

①高度的综合性。创业价值观是由多种价值观特质综合作用而成的。诸如创新价值观、拼搏价值观、进取价值观、合作价值观等都是形成创业价值观的特质价值观。

②三维整体性。无论是创业价值观的产生、形成和内化，还是创业价值观的外显、展现和外化，都是由哲学层次的创业思想和创业观念，心理学层次的创业个性和创业意志，行为学层次的创业作风和创业品质三个层面所构成的整体，缺少其中任何一个层面，都无法构成创业价值观。

③超越历史的先进性。创业价值观的最终体现就是开创前无古人的事业，创业价值观本身必然具有超越历史的先进性，想前人之不敢想、做前人之不敢做。

④鲜明的时代特征。不同时代的人们基于不同的物质生活条件，创业价值观的物质基础各不相同，创业价值观的具体内涵也不同。创业价值观对创业实践有重要意义，它是创业理想产生的原动力，是创业成功的重要保证。

（7）创业价值观的十大要素。我们经常听那些有名的企业家说起：在他们还没有运作百万美元规模的公司之前，借着在街边售卖饮料、在车库里生产些小玩意，他们逐步培养起自己的经商技能。看起来好像每一位成功的大人物都是为了商业而生的。

不过企业家到底有哪些与众不同之处呢？是什么令某些人能够充满自信地积极面对失败和挫折，先人一步达成自己的目标？

创业价值观是一种天赋。我们可以从下面这些企业家身上寻找到创业价值观的十大要素。

①激情。没有人能比维京集团（Virgin Group）创始人理查德·布兰森（Richard Branson）更理解“激情”一词的含义。布兰森的激情，从他对创建公司的强烈欲望中可窥一斑。始建于1970年的维京集团，旗下拥有超过200家公司，业务范围涵盖音乐、出版、移动电话，甚至太空旅行。布兰森曾打过一个比方，“生意就好像公共汽车，总会有下一班车过来。”

②积极性。亚马逊创始人杰夫·贝索斯（Jeff Bezos）非常清楚积极思考的能量。他以“每个挑战都是一次机会”为座右铭。事实上，贝索斯把一家很小的互联网创业公司发展成了全球最大的书店。

亚马逊于1995年7月正式启动，两个月内就轻松实现每周2万美元的销售额。20世纪90年代末，互联网公司纷纷倒闭，亚马逊股价也从100美元降至6美元。雪上加霜的是，一些评论家预测美国最大的书店巴诺（Barnes & Nobles）启动在线业务，这将彻底击垮亚马逊。紧要关头贝索斯挺身而出，向外界表达了乐观和信心，针对批评言论，他还一一列举公司的积极因素，包括已经完成的和准备实施的。

贝索斯带领亚马逊不断壮大，出售从图书到衣服、玩具等各种商品。今天，亚马逊的年度营业收入已超过数百亿美元，这很大程度上要得益于贝索斯的积极思考。

③适应性。具备适应能力是企业家应具备的最重要的特质之一。每个成功的企业主，都乐于改进、提升或按照客户意愿定制服务，以持续满足客户所需。

谷歌（Google）创办人谢尔盖·布林（Sergey Brin）和拉里·佩奇（Larry Page）更进一步，他们不仅对变化及时反应，还引领发展方向。凭借众多新创意，谷歌不断引领互联网发展，将人们的所见所闻提升到一个前所未有的新境界，你可以想想Google Earth技术带来的变化。拥有这种先锋价值观，也无怪乎谷歌能跻身最强大的网络公司行列。

④领导力。好的领导人一定具有很强的个人魅力和感召力，有道德感，有在组织里树立诚信原则的意愿；他也可能是个热心人，具有团队协作价值观。在已近迟暮之年的玫琳凯·艾施女士（Mary Kay Ash）身上我们可以发现所有这些元素。她

创建了玫琳凯（Mary Kay Cosmetics）品牌，帮助超过50万名女性开创了自己的事业。

很早以前，身为单亲母亲的艾施为一个家用产品公司做销售。虽然25年间她的销售业绩一直名列前茅，但是由于性别歧视，艾施无法在晋升和加薪时获得和男同事一样的待遇。艾施终于受够了这种待遇，1963年她用5 000美元创办了玫琳凯公司。

艾施以具有强大驱动力和富于灵感的领导风格闻名，她创办公司的态度是“你能做到!”她甚至会将轿车奖给顶尖的销售者。由于其强大的领导力技巧，艾施被认为是近35年来最具影响力的25位商业领袖之一，而玫琳凯也被评为美国最适合工作的企业之一。

⑤雄心壮志。20岁时，戴比·菲尔兹（Debbi Fields）几乎一无所有。作为一个年轻的家庭主妇，她毫无商业经验，但她拥有绝佳的巧克力甜饼配方，并梦想全世界的人都能分享到。

1977年，菲尔兹开设了自己第一家店（Mrs. Field's），尽管很多人认为她仅靠卖甜饼无法将业务维持下去。菲尔兹的果断决定和雄心壮志使得小小甜饼店变成了一家大公司，600多个销售点遍布美国和其他10个国家。

⑥商机。真正的创业者，会在他创业前、创业中和创业后，始终面临着识别商机、发现市场的考验。他必须有足够的市场敏锐度，可以宏观地审视经济环境，洞察未来市场形势的走向，以便作出正确的决策来保证企业的持续发展。

⑦转化。仅有商机意识是不够的，还要在机会来临时抓住它，也就是把握机会，把商机转化成实实在在的收入和公司的持续运作，最终实现自己的创业梦想。转化意识就是把商机、机会等转化为生产力；把你的才能、你在学校学到的知识转化为智力资本、人际关系资本和营销资本。

⑧战略。创业初期给自己制定一个合理的创业计划，解决如何进入市场，如何卖出产品等基本问题。创业中期需要制定整合市场、产品、人力方面的创业策略，转换创业初期战略。需要指出的是，创业战略不止一种，也没有绝对的好坏之分，关键要适合自己的创业之路。在这条路上应时刻保持着战略的高度，不以朝夕得失论成败。

⑨风险。创业者要认真分析自己在创业过程中可能会遇到哪些风险，一旦这些风险出现，要懂得应该如何应对和化解。大学生是否具备风险意识和规避风险的能力，将直接影响到创业的成败。

⑩勤奋、敬业。李嘉诚说：“事业成功虽然有运气在其中，主要还是靠勤劳，勤劳苦干可以提高自己的能力，就有很多机会降临在你面前。”大学生创业，一定要务实，要勤奋，不能只停留在理论研究上。可以从小投资开始，逐步积累经验。没有资金、没有人脉都不要紧，关键你要有好的思路和想法，有勇气去迈出第一步，才更有可能成功。

4.1.2.2　创业条件

创业条件是指影响创业成功发展的诸因素。一般可以从战略和战术两个层面对创业条件进行分类。

（1）从战略层面上划分类别。创业条件包括社会条件和自然条件。

①社会条件。社会条件主要是指创业主体所处的社会环境，如政策条件、家庭条件、工作学习条件、人际关系条件等。创业者充分利用这些条件，是创业者打开创业局面、顺利进入创业角色的基础。

政策条件。党的十五大以来，党中央明确提出社会主义初级阶段的基本经济制度，即以社会主义公有制经济为主体，引导和鼓励其他经济成分共同存在和发展。

家庭条件。家庭是创业者早期接受启蒙教育和健康成长的摇篮。每个创业者的家庭条件都因人而异，无论家庭条件好还是家庭条件差一些，对创业者来说都有可以利用的有利因素。有的家庭条件相对好一些，如家庭主要成员在社会上具有一定的地位或影响，使创业者早期便能结识一些有利于创业者将来从事创业活动的关键人物。也有的家庭是继承并在不断从事或扩大家庭传统的创业项目，多年的经营，为创业者提供了大量的经营经验和经营项目，加之生产或经营技术的传统垄断性，使创业者在创业活动中往往容易成功。也有一些创业者家庭条件很一般，有的甚至较差，但这并没有影响创业者的自信心和其创业活动。自古至今仍有许多创业者，他们克服了重重困难，通过自身的艰苦努力而逐步实现了自己的理想和抱负。

人际关系条件。人际关系条件对创业者十分重要。尤其是在当前市场经济条件下，搞好人际关系，对创业者顺利完成创业活动将起到积极的促进作用。所谓的人际关系条件主要是指创业者在自己工作、学习以及生活的空间内，通过交往而逐步形成的相对稳定的人力资源联系，对创业者从事创业活动有促进和影响的各种有利条件。人具有社会属性和自然属性，其社会属性主要通过人的社会行为体现出来，具体表现在个体的人在衣食住行等方面都不可能脱离这个社会群体，总要直接或间接地与他人发生联系。这样，创业者总在自己的生活范围内逐步形成一个相对稳定的关系网络。这个网络对于创业者来说，是一笔不可多得的财富。同时，作为创业者还要学会充分利用和调动这些有利因素，使其能最大限度地为创业活动提供援助。

②自然条件。自然条件主要包括创业者的生存环境条件和创业者自身素质条件，生存环境条件对创业者从事的行业往往影响较大，而创业者自身素质条件，在很大程度上决定着创业者的创业活动能否获得成功。

生存环境条件。俗话说，靠山吃山，靠海吃海，这表明我们的祖先对自己赖以生存的自然条件的认识和分析是比较全面的，利用也较为合理。人的生存总是离不开一定的自然地域和社会空间。愿意从事餐饮、服务等行业的创业者就应选择城市。愿意从事养殖、种植行业的创业者，就应选择乡村，一是经营空间大，空气新鲜；二是行业的性质也决定了创业者选择创业区域的范围。对创业者来讲，无论是城市还是乡村，都是大有可为的。

自身素质条件。创业者的自身素质条件决定了创业者的创业活动性质和经营范围，也决定了创业者最终能否获得成功。创业者自身素质应包括其文化素质、身体素质和心理素质等智力因素和非智力因素。在当今社会，一个成功的创业者首先要有较高的文化素质，如从事行业的技能和文化水平；其次是身体素质，创业的初期是艰难的，没有一个好的身体素质很难做好每一件事。同样，非智力因素对创业者来说也很重要，如创业者的性格、人品和心理健康情况等，都很重要。

（2）从战术层面上划分类别。创业条件可以划分为以下六个类别。

①拥有良好的心态。良好的心态是创业成功的关键。其中包括积极主动、自信坚持和自我激励等。

②树立明确的目标。目标是个人、部门或整个组织所期望的成果。它同梦想、理想的区别在于：梦想比较虚幻，理想比较现实，而目标则更强调脚踏实地、一步一个脚印地实践行动。大学生创业可以从兴趣爱好切入，但创业后必须树立明确的目标。

③具备全面的创业能力。创业能力指的是能够顺利完成某一创业活动所必需的各项主观条件的总和。能力是直接影响活动效率，并决定活动是否能顺利完成的个性心理特征。当代大学生创业条件中，必须具备的能力包括学习、规划、行动和感知能力等。

④了解和掌握相应的知识和技术。

知识。知识是创业的基础和能量，大学生创业应了解和掌握的知识包括技术生产中的专业知识、经济活动中的企业管理知识和创办企业的政策法规等知识。

技术。手握技术专利，或者创业者本身就是颇有建树、技术领先于大多数竞争对手的工程师。技术是一种核心竞争力，卓越的技术型创业者可以切实控制其所在行业中技术最领先的产品，他的技术具有优越性、不可替代性和独一无二性，技术就成为他出奇制胜的核心竞争力。世界上最杰出的那些企业创始人几乎全部是技术出身，“是金子都会发光”说的就是这一类的创业者。技术型的企业创始人对外部资源的要求不高，比起寄希望于难以把握的他人，本身就是工程师的创业者在实现梦想时可以更加依赖自己。

⑤实现有效的融资。融资是一个企业资金筹集的行为与过程。它是公司根据自身的生产经营状况、资金拥有的状况，以及公司未来经营发展的需要，通过科学的预测和决策，采用一定的方式，从一定的渠道向公司的投资者和债权人去筹集资金，组织资金的供应，以保证公司正常生产需要、经营管理活动需要的理财行为。

值得一提的是，更大比例的创业者并不具备自有资金，他们需要找到投资人给自己带来一定量的现金。比起找亲戚朋友刷脸借款，借助风险投资平台联系到国内一线投资平台或投资人，并获取他们的投资和背书，显然是更好的选择。

⑥拥有有效的渠道。例如，你毕业于国际国内最一流的高等学府，或者你在某一行业领域很出类拔萃，拥有数量可观的铁杆粉丝或支持者，你由此认识大量的高净值人群，他们就有可能成为你企业的合伙人或第一批重要客户。这样拥有着有效渠道的创业者比常人更容易打通市场、融资、政府、媒体、人才等诸多渠道，是运筹帷幄型的创业者，甚至可能在创业路途中游刃有余。

4.1.2.3 创业性格

（1）创业性格的内涵。心理学一般把性格定义为：性格是在生活过程中形成的对现实的稳定态度以及与之相适应的习惯化的行为方式。我们每个人的性格形成都经历了日积月累的过程，没有谁的性格是与生俱来的。在这里，我们把性格比较适合创业的人的一些性格特质的总和，定义为创业性格。

创业者的主观因素直接影响了他创业成功率的高低。其中，创业性格是最为重要的一个创业者主观因素，因为创业者的个人经历、经验、知识储备等因素可以通过努力而获得，或者可以依赖一起创业的合伙人取长补短而拥有。

一个简单明了的理解是：性格不适合创业的人确实不适合创业，这样的人创业难以取得成绩，创业成功的可能性大大降低；而其他方面有欠缺的人也许只是“暂时”不适合创业。

美国前总统尼克松先生曾经说过：“什么是领导？领导就是说服！”如果你没有开放的心态和性格，如何顺畅地与人交流？如何与人合作？又如何说服他人呢？

一个创业者的成功，离不开良好的创业性格。良好的创业性格的形成和改变，是一个逐渐的过程，不能操之过急。应从大处着眼，小处着手，从行为中养成习惯，从习惯中巩固出性格。忽视平时良好习惯的养成而想拥有良好的性格，无异于在空中建造楼阁。

（2）创业性格的特征。对于创业性格的观点众说纷纭，各有不同。让我们先来看看一些知名的企业创始人和企业高管们都是怎么说的。

李彦宏：独立的思考能力和判断力。

马云：勇气、乐观、坚持和分享。

马化腾：“玩也是一种生产力。”从玩中找到乐趣，把玩的心态和现实结合起来。

雷军：创业考验的是把握1%机会的能力。

俞敏洪：得到别人信任的能力、与人平等沟通的能力、学习的能力以及判断力。

比尔·盖茨：挑选一个你认为真正能在这里作出独特贡献的领域，你将享受为它而工作的每一天……从非常小的事情开始。

拉里·佩奇：慧眼识人，精进、钻研、向专家迈进，设定“不可能”的目标，解决关键问题，在潮流面前保持冷静。

扎克伯格：相信你的使命和永不放弃非常重要。

彼得·蒂尔：失败者才谈竞争，胜者只求垄断。

谷歌董事会主席施密特：不要因为钱去做一件事，因为点子的力量去做。成功不只在于利和名，给予用户新的产品，最后一定会获得成功。

亚马逊CEO贝佐斯：“想做就去做。”这意味着在主要工作职责之外，成就惊天动地的事业。

由以上阐述，我们可以总结出两点：在动机层面，创业应基于兴趣；在行动力层面，创业者应该具有高度专注和克服困难的能力。如果将“克服困难”简单理解为“坚持不懈”，就错了。“克服困难”应该是一种正视问题、寻找解决方法的心态，是一种逢山开路、遇水搭桥的强韧动力，而不是面对障碍和挫折却绕弯或回避的妥协。“克服困难”重要的表现之一是，创业者应该具备克服自身性格缺陷的能力。

良好的创业性格一般都具备以下明显的特征。

①自尊与自信心。自尊是性格中一种高尚的品质，自尊的人关心自我形象，积极向上，有追求目标。自尊促使人积极向上。

在这方面艾森豪威尔总统的母亲堪称典范。有一位记者采访她时说：“您有这样出色的儿子，一定感到十分自豪吧。”母亲赞同地说：“是这样。不过，我还有一个儿子，也同样使我感到自豪，他正在地里挖土豆。”这位母亲的话令人深思。功成名就，确实让人骄傲；但平凡充实，也足以令人自豪。自尊是人格健全者的主要标志之一，没有自尊的人，什么事情也做不好，遑论创业呢。

但自尊过了头往往是自卑的表现。自卑的人通常有两种表现：或是自轻自贱，妄自菲薄；或是狂妄自大，容不得别人的半点意见，实际上这是缺乏自信的表现。

自信心建立在客观的基础之上，是成功人士必不可少的性格特征之一。很难想象一个没有自信心的人会有所作为。自信是在肯定自己存在价值的基础上，了解自己的长处和短处，在工作学习中扬长避短，并相信自己的能力和努力。自信是对自己、对他人的悦纳，是一种意念、一种意志。自信并不意味着没有失败，没有风险，而是具有面对失败的勇气、战胜失败的信念和把握成功机会的能力。性格中有了自信，生活里就会充满快乐。

②上进心。上进心是不断追求新成就的冲动，如果一个人总是安于现状，不思进取，肯定不能取得新的成绩。

③认真负责。认真负责是工作和学习中必不可少的优良品格。一个人对自己、对别人负责，表示他对自己有信心。他会在说话做事前经过思考，而不是随心所欲，信口开河。面对困难，一个有责任心的人不会推诿逃避，不会寻找借口以求得心理的暂时安慰，而是敢于承担责任，并努力去获得成功。与一个有责任心的人交往，会有一种信任感和安全感。所以这种人往往是受人欢迎的。认真负责并不意味着轰轰烈烈，而是从完成一次作业、兑现答应朋友的一件事、为自己的一次小小的过失承担责任开始。

④坚韧不拔。坚韧不拔是创业成功的必要条件。历史上许多成功者都是靠着坚强的意志才取得了最后的辉煌。要养成坚韧不拔的性格特征，首先应树立远大的目标。每个人都有未来的梦想，成大器者，必然抱有鸿鹄之志向。但远大目标的实现，靠日积月累的努力，有时会碰到意想不到的困难。坚强的意志表现在对已确定的目标能坚持完成，不轻易半途而废。

此外，坚韧不是狂妄自大，也不是固执己见，它建立在对自己能力合理评估的基础之上。自信是坚强之源，人云亦云者如墙头草，东西南北随风倒，没有自己的主见，更谈不上坚定不移；但不顾一切地自说自话，否认事实，表面上是坚强，实质是脆弱的表现，因为他连承认事实的勇气也没有。坚强者是自信的、理智的、独立的、百折不挠的。

⑤挫折忍受力。每个人在日常生活中都会有快乐、悲哀、愤怒或恐惧等情绪反应，情绪的调控对人的身心健康很重要。情绪是性格的反映，情绪也会影响性格，我们可以通过有意识地培养某种情绪来影响性格。生活里的不快情绪很多来自挫折。如何面对挫折？如何发泄心中的愤怒或悲哀？不同性格的人会有不同的情绪和行为反应。

心理学家认为，从小一帆风顺的人、期望值高于本人能力的人和身体羸弱的人较易有挫折感。我们不能奢望生活中没有挫折，而应该考虑如何尽快地提高自己的挫折忍受力。如果遭遇挫折，首先应分析挫折的原因。有的挫折是由于客观因素造成的，如洪水泛滥、容貌丑陋、运气等。有的挫折是主观因素的结果，包括人的气质、性格、能力、努力程度、意志、策略的运用等。

要科学辩证地认识挫折。人碰到挫折后，都会产生挫折感，但每个人的感受程度不同。有人觉得天崩地裂，从此一蹶不振，有人却从挫折中吸取教训，从逆境中奋起。据调查发现，大部分成功人士都曾经历挫折，也许，从某种角度说，要感谢挫折，挫折使人成熟，让人清醒，促人奋进。当然，挫折对心理影响的消极成分远远大于积极成分。挫折会引起焦虑、紧张、苦恼、失望等消极情绪反应，减弱自控能力，发生行为偏差。所以，需要建立挫折的心理适应机制。

对挫折的适应有积极型和消极型两种。积极的适应如合理的攻击、理由化、积极补偿、重新确定目标、更加努力、升华等。消极的适应如肆意攻击、消极补偿、孤立、固执、退化、压抑等。前者比后者更能从根本上达到减轻心理紧张、缓解情绪的目的。

⑥乐观豁达。乐观豁达的心胸是保持良好心境的法宝。豁达的心胸来自宽容，容忍不同的意见，容忍不同的人。对小事不斤斤计较，对“小人”不秋后算账。豁达的心胸来自忘却，来自谅解。忘却生活中不愉快的事情，忘却别人的冒犯，谅解他人的缺点和过失。常从事情的积极面来看待问题，才会体会到“心旷神怡，宠辱皆忘”的心境。在人际交往中，乐观豁达的人较受人欢迎，所谓“大度集群朋”。要养成自己豁达的心胸，最佳的途径是提高自身的修养。

⑦独立和创新。独立思考的倾向是性格成熟的标志之一。独立的人较少依赖别人，喜欢依靠自己的能力去达到目的。对别人的观点不是全盘接受，而是有所选择。作为一个成熟的人，应该用自己的目光去观察事物，从新的角度去分析问题，并在前人的肩膀上有所创新。社会的发展、文化的延伸需要年轻一代对过去和现实的扬弃。

好奇心是创新的起点，较强的能力和自主独立的性格是创新的要素，自我实现是创新的目的。创新遇到最大的困难是陈旧的观念和思维定式。一个成功的创业者不能满足于现状，要拒绝定式的束缚，要在不断地创新过程中激发生命的活力，完善自己的人格。

⑧决断力。决断力是一个人下定决心去做某件事情的一种魄力和能力。与优柔寡断形成鲜明对比的是，善于决断的人总是能够把握稍纵即逝的机会，果断采取措

施。要做到当机立断，需要敏锐的观察力、对大局清晰的把握能力，以及丰富的阅历，否则，只能是莽撞的表现。

⑨自我控制。自我控制是一个人良好性格的重要指标之一。一个人如果不善于自控，则意味着不能有效地发动、支配或抑制自己的激情，控制自己的冲动，对未来的成长过程有害无益。很多人由于不能控制自己的激情和冲动行为或失去理智，或犯罪堕落甚至危及生命。自我控制主要靠后天自身的修养。首先，要明确自己的人生目标，对该做的和不该做的有清晰的认识，使自己的行为服务于目标。其次，要养成"说一不二"的习惯。当然这并不是指固执、刻板，而是指自控能力的培养需要有坚定的意志，例如，按照作息时间表生活，今日事今日毕。要经常克服懒惰、消极、逃避、贪婪等缺点，凡事从长远考虑，不要为眼前的一时一事而放弃未来。

⑩充沛的精力。在与人交往的过程中，要时刻保持充沛的精力。不要总是唉声叹气，这样会让人觉得你暮气沉沉，毫无激情，从而敬而远之。保持充沛的精力，也会影响到你身边的人，让他们同样觉得精力充沛，干劲十足。所以，就算自己感觉不愉快，也要尽量表现得精力十足，乐观豁达。

⑪幽默感。如果在与人的交往中合理运用幽默感，会产生意想不到的效果。它能够活跃彼此间的气氛，增进人与人之间的距离，能够更加迅速交到朋友。对于幽默感的把握一定要恰到好处。

⑫乐于助人。人活在社会上，早已不是一个简单的个体，人与人之间需要很好的交流、沟通和帮助，才能够在社会上立足。要做到能够与人和睦相处，建立良好的人际关系环境，首先必须有一种开放的心态去主动认识别人，不封闭自己，愿意敞开内心世界，在陌生人面前表现出足够的自信，不卑不亢。在交往的过程中，要以诚相待，对别人的事情热情关心，对别人的困难想办法解决，这样才能够取得别人的信赖。当别人快乐的时候才会跟你一起分享，自己遇到困难的时候别人才会毫不犹豫地给予你帮助。帮助别人，可以从中得到一种别样的快乐。

一个创业者在创业过程中，如果能够合理运用各种技巧去表达自己，时刻表现出自己的自信、上进、责任感、毅力、决断力、勤奋、乐观、精力充沛、乐于助人等优良品质，那么相信你会吸引到更多志同道合的创业伙伴和知心朋友，创业之路也会越来越宽广，命运也会牢牢把握在你自己的手中。

4.1.2.4　创业兴趣

（1）兴趣的定义和内涵。兴趣是个人力求接近、探索某种事物和从事某种活动的态度和倾向，也称"爱好"，是个性倾向性的一种表现形式。兴趣在人的心理行为中具有重要作用，是一个人走向成功甚至一切成就的重要的动力源泉之一。一个人对某种事物或某个方面感兴趣时，便对它产生特别的注意，对该事物观察敏锐、记忆牢固、思维活跃、情感深厚。

兴趣是指个人对研究某种事物或从事某项活动积极的心理倾向性，是在社会生活实践中产生和发展起来的。兴趣作为一种意识倾向和内心要求，不是先天就有的，而是在人们需要的基础上，由于对某种事物的了解和反复接触后产生的；不是靠外界强制力量形成的，而是出于个人的强烈愿望建立和发展起来的。

人们的兴趣对象，随着时代的进步和社会的发展而变化，并不断增多。人们的兴趣表现形式是多种多样的，一般有广泛和狭隘、短暂和持久之分。兴趣的内容也是多种多样的，就其性质而言，有正当的兴趣与不正当的兴趣、低级庸俗的兴趣与高雅积极的兴趣等差异。兴趣是引起和维持人的注意力的一个重要因素，对感兴趣的事物总是积极愉快地去探究和完成，不会感到是种负担。因而成为人们探求未知和从事某种活动的一种精神动力，是养成个性、品德和才能的先导和重要条件。兴趣受着社会历史条件的制约和人生观、道德观的支配。不同的时代、不同的社会、不同的阶级的人，会有不同的兴趣。

兴趣是在需要的基础上，在社会实践的过程中形成和发展起来的，它反映人的需要，成为人对事物认识和对知识获取的心理倾向。一个人只有对某种客观事物产生了需要，才有可能对这种事物产生兴趣。例如，一个人感到了学习知识的必要，才有了学习知识的要求，然后产生对学习知识的兴趣。让·皮亚杰（Jean Piageb）指出："兴趣，实际上就是需要的延伸，它表现出对象与需要之间的关系，因为我们之所以对于一个对象发生兴趣，是由于它能满足我们的需要。"但需要不一定都表现为兴趣。例如，人有睡眠需要，但并不代表对睡眠有兴趣。

对于大学生创业者而言，创业兴趣指的是创业者对从事创业实践活动的情绪和态度的认识指向性。它能激活创业者的深厚情感和坚强意志，使创业意识得到进一步升华。

兴趣是最好的创业指导老师，兴趣是创业的精神支柱与动力源泉，爱好是创业的最大资本与成功砝码。大学生创业者创业要尽量选择自己最感兴趣的行业，认清自我，走适合自己的创业之路。

（2）兴趣与爱好的差异。在日常生活中，常把兴趣和爱好作为同义词使用，实际上二者既有联系又有区别。爱好是在兴趣的基础上发展起来的，爱好的事物必定是感兴趣的事物。兴趣只是认识的倾向，当它进一步发展为从事某种活动的倾向时，才成为爱好。爱好是活动中的倾向，是和活动紧密相连的。一个人对小说感兴趣，仅仅表现在阅读方面，当他积极从事写作活动时，就转化为了爱好。

人的需要是各种各样的，人的兴趣也是各种各样的，特别是人对精神和文化的需要是产生兴趣的重要基础。兴趣是人们认识和从事活动的强大动力。凡是符合人的需要和兴趣的活动，就容易提高人活动的积极性，使人轻松愉快地从事某种活动。兴趣对活动的作用一般有三种情况，即对未来活动的准备作用、对正在进行的活动的推动作用、对活动的创造性态度的促进作用。

（3）兴趣的种类。人的兴趣是各种各样的，可以按不同的标准加以分类。

①物质兴趣和精神兴趣。根据兴趣的内容，可以把兴趣分为物质兴趣和精神兴趣。

物质兴趣主要是指人们对舒适的物质生活（如衣、食、住、行等）的兴趣和追求。

精神兴趣主要是指人们对精神生活（如学习、研究、文学艺术、知识等）的兴趣和追求。

儿童更多是对物质的兴趣，青年以后，精神兴趣得到发展，开始对文学、艺术感兴趣。对于大多数而言，其人生观和世界观尚未完全成熟，无论物质兴趣还是精神兴趣都需要进行积极引导，以防止在物质兴趣方面的畸形发展、在精神兴趣方面的消极发展和追求。

②直接兴趣和间接兴趣。根据兴趣的倾向性，可以把兴趣分为直接兴趣和间接兴趣。

直接兴趣是指对活动过程的兴趣。例如，幼儿园的孩子对游戏有极大的兴趣，他们喜欢游戏过程带给他们的快乐，而很少去注意游戏的结果。

间接兴趣主要是指对活动过程所产生的结果的兴趣。有的中学生喜爱英语口语，当发现自己能和外国朋友自如地对答时，他会对自己取得的成绩表现出极大的兴趣。

直接兴趣和间接兴趣是相互联系、相互促进的。大学生创业者要积极把自己的直接兴趣和间接兴趣有机地结合起来，才能充分发挥一个人的积极性和创造性，才能持之以恒、目标明确，直至取得创业的成功。

③短暂兴趣和稳定兴趣。根据兴趣时间的长短，可以把兴趣分为短暂兴趣和稳定兴趣。

短暂兴趣存在的时间短，往往产生于某种活动，又随着某种活动的结束而消失。

稳定兴趣具有稳定性，它不会因活动的结束而消失。只有短暂兴趣而没有稳定兴趣，最终将是一事无成；只有稳定的对某种事物的兴趣，而没有对其他事物的短暂兴趣，人生也会过于单调。因此，人既要有短暂兴趣又要有稳定兴趣。

（4）兴趣的特征。兴趣通常具有广博性、倾向性、稳定性、效能性这四个特征。

①广博性。兴趣的广博性又被称为“兴趣的广度”，是指兴趣的范围大小或丰富性程度。在兴趣的范围上，存在着个体差异。有的人兴趣范围较广，对许多事物和活动都感兴趣；有的人则兴趣单调狭窄，对什么都不感兴趣、漠不关心。兴趣的广度和个人知识的丰富程度有关，个人的兴趣越广泛，知识面越丰富，就越容易取得成功。历史上许多卓越的人物都有广泛的兴趣和渊博的知识。例如，爱因斯坦是最伟大的物理学家，但又非常喜欢音乐，小提琴拉得很好，钢琴也弹得很出色，甚至能撰写文学评论。兴趣的广博和兴趣的分散不同。兴趣的广博是指一个人兴趣丰富，但有中心兴趣。兴趣的分散是指一个人兴趣易变、肤浅，而且没有中心兴趣，好像样样懂，但样样都不精，忙忙碌碌，无所创造。因此，在中心兴趣基础上的兴趣的广博，才是兴趣珍贵的品质。社会要发展，需要具有广博兴趣的复合型高素质人才，但并不是要求所有人都要广泛学习。很多“望子成龙”“望女成凤”的父母给孩子报了很多培训班，但由于没有结合孩子的特点，反而使孩子丧失了对一切培训班的兴趣。在培养兴趣广博性的基础上，要有所侧重地发展中心兴趣。

②倾向性。兴趣的倾向性是指兴趣所指向的是什么事物。人与人之间在兴趣的倾向性上有很大差异。有人喜欢音乐，有人喜欢舞蹈，有人喜欢美术等。兴趣又有高尚和低级之分。高尚的兴趣是对有益于人类社会的事物发生兴趣；低级的兴趣是

对有害于人类社会的事物发生兴趣。

③稳定性。兴趣的稳定性是指兴趣保持时间的长短。有的人兴趣保持的时间长，而有的人兴趣保持的时间短，变化无常。稳定的兴趣能使人长时间地专注于某项活动，一步一步地深入探索，有极大的热情和意志力，遇到困难能百折不挠，这样很容易在某领域取得成功。有的人很少专注于一项活动，兴趣多样化而不稳定，朝秦暮楚，见异思迁，往往最终难有成就。

④效能性。兴趣的效能性是指兴趣对活动产生的作用的大小。兴趣对人的活动产生的作用有积极和消极两种，凡是能推动社会进步和个人身心发展的，就是具有积极效能的兴趣；凡是阻碍社会进步和个人身心发展的，就是具有消极效能的兴趣。同样，人们兴趣的效能性是有很大的个体差异的。有些人的兴趣是主动的、积极的；有些人的兴趣是消极的、被动的。例如，有的学生对上网很有兴趣，但主要用于玩游戏或聊天，影响了正常的学习和生活，这样的兴趣就是消极效能的兴趣。

（5）兴趣的产生机制。了解兴趣的产生机制，对于激发和维持兴趣有重要的实践意义。当前兴趣发生机制的研究大致上可以概括为三种理论假设：需要假设、认知假设和信息假设。兴趣发生的需要假设主张人的兴趣是在需要的基础上发展起来的，需要的对象也就是兴趣的对象，认为兴趣产生于个体在与环境相互作用时一定对象对个体需要的满足。兴趣发生的认知假设主张兴趣产生于个体的智力活动或思维过程，而与需要、情绪并没有直接的联系。兴趣发生的信息假设强调智力活动中信息的获得在兴趣发生中的关键作用，同时它也不否认兴趣与需要、情绪的联系。

（6）大学生创业者对自我学习兴趣的培养。学习兴趣不仅使人渴望获得知识，具有促进学习的作用，而且在学习过程中伴随有愉快的情绪体验，有利于产生进一步学习的需要。美国心理学家拉扎勒斯（A. L. Lazarus）研究表明，具有浓厚学习兴趣的学生，其学习成绩与智力高的学生的学习成绩相比，显出更占优势。也就是说，在学习过程中，兴趣与智力相比，在某种程度上兴趣更为重要。学习兴趣能使大学生创业者努力求知、勤奋钻研，乐而不倦、专心致志地学习。

大学生创业者要爱惜自己已经形成的学习兴趣，并采取各种途径和方法进一步提升自己的学习兴趣。

（7）兴趣与创业。当人的兴趣对象指向创业活动时，就形成了人的创业兴趣。创业兴趣对人的创业活动有着重要的影响。一份符合自己兴趣的创业工作常常能够给自己带来更高的愉悦感、满足感。在选择创业行业和领域时，人们总会将自己是否对此有兴趣作为考虑因素之一，从有趣开始，逐渐地形成更加稳定、持久的乐趣，进而再与自己远大的奋斗目标相结合，形成有着明确方向性和意志性的志趣，这就是遵循“有趣—乐趣—志趣”的创业兴趣发展阶段。

创业兴趣指创业者对从事创业实践活动表现出来的积极情感和态度定向，是一种情绪和态度的认识指向性。它能激活创业者的深厚情感和坚强意志，使创业活动实现更高的工作效率。

一般根据兴趣类型的不同（兴趣偏好），把相应较适合的创业行业划分为10种，对应的关系如表4-1所示。

表 4-1　　兴趣类型与相应较适合的创业行业的对应关系

兴趣类型	概念与特点	相应较适合的创业行业
愿与事物打交道	喜欢与事物打交道，而不喜欢与人打交道	制图、勘测、工程技术、建筑、机器制造、出纳、会计等
愿与人接触	喜欢与人交往，对销售、采访、传递信息一类的活动感兴趣	记者、推销员、服务员、教师、行政管理人员、对外联络人员等
喜欢从事有规律的工作	喜欢常规的、有规则的活动，习惯于在预先安排好的程序下工作	邮件分类、图书管理、档案管理、办公室工作、打字、统计等
喜欢从事提供社会福利和助人类的工作	乐意帮助别人，试图改善他人的状况，帮助他人排忧解难	律师、咨询人员、科技推广人员、医护人员等
愿做领导和组织工作	喜欢掌管一些事情，希望受到众人尊敬和获得声望，在组织中发挥重要作用	行政人员、企业管理干部、学校领导和辅导员等
喜欢研究人的行为	对人的行为举止和心理状态感兴趣，喜欢讨论人的问题	心理学、政治学、人类学、人事管理、思想政治教育等研究工作以及教育、行政管理工作
喜欢从事科学技术事业	对分析、推理、测度的活动感兴趣，长于理论分析，喜欢独立解决问题，也喜欢通过实验做出新发现	生物、化学、工程学、地质学等工作
喜欢抽象的和创造性的工作	对需要想象力和创造力的工作感兴趣，大多喜欢独立的工作，对自己的学识和才能颇为自信，乐于解决抽象的问题，而且急于了解周围的世界	社会调查、经济分析、各类科学研究工作、化验、新产品开发等
喜欢操作机器等技术工作	对运用一定技术、操作各种机械、制造新产品或完成其他任务感兴趣。喜欢使用工具，特别是喜欢大型的、马力强的先进的机器，喜欢具体的东西	飞行员、驾驶员、机械制造、建筑、石油和煤炭开采等
喜欢从事具体操作性的工作	希望能很快看到自己的劳动成果，愿从事制作能看得见、摸得着产品的工作，并从完成的产品中得到满足	室内装饰、园林、美容、理发、手工制作、机械维修、厨师等

（8）常见的大学生创业兴趣。一旦大学生创业者对某事非常感兴趣，经过持续的有意识的积累和学习，往往会获得有关该特定领域的系统信息。如果大学生创业能把自己的兴趣爱好变成赚钱的来源，还有什么比这更好的呢？这样不仅能让你在经济上实现独立自主，还能让你获得精神上的成就感和满足感。因为你正在做你真正喜欢做的事情，并且可以做一整天而不会感到无聊或困倦。一个重要的问题是，能够实现利益累积的最佳兴趣是什么？你将如何通过你的兴趣来创收？

大学生创业者通常都是从与个人兴趣相关的轻资产项目起步，以下整理了可以帮助一般大学生创业者赚钱的一些常见的创业兴趣。大学生创业者可以将它们作为小型工作室或企业开始创业经营，然后寻找机会将它们扩展到高级水平。

①写作。写作是赚钱和探索自己能力的最佳创意方式之一。它不仅可以帮助大

学生创业者实现财务独立，还可以为他提供不同的机会来获得特定领域的经验。作为一名作家，可以通过撰写博客文章、产品描述、自助书籍、视频脚本和文案来赚钱。

②图形设计。在家工作赚钱的另一个选择是图形设计。大学生创业者每天可以获得数百名正在为其在线业务寻找图形设计的客户。你可以选择一些合适的自由职业者平台并在搜索栏中寻找图形设计的工作项目，你会在那里看到不同的选项，可以探索并开始工作。

最受欢迎的图形设计服务包括标志设计、网站横幅设计、广告素材规划、矢量设计等。

③绘画。可以通过在线出售原创艺术画作、按需定制绘画服务、开设绘画课程，以及为博客和杂志提供绘画工作等，将绘画爱好转化为利润的来源。

④摄像。毫无疑问，摄像也是网上赚钱最赚钱和最好的爱好之一。作为一名摄像师，大学生创业者可以在短视频网站上发布广告视频、创建社交视频和趣味视频，甚至可以开始自己的小型电影制作业务。

⑤游戏。谁不喜欢游戏？有些人玩游戏是为了度过他们的空闲时间，但有些人会在玩游戏时尝试腾出时间做其他事情。因为他们对游戏充满热情，以至于他们甚至没有时间吃饭或睡觉。如果一名大学生创业者确实非常热衷于游戏，那么就有机会尝试让它成为你的赚钱来源。

⑥翻译。可以作为独立或自由的翻译者，先与翻译公司合作完成翻译任务，由此起步。在具备足够翻译能力，积累了一定客户资源的前提下，再成立自己的翻译工作室。

⑦培训或教学。培训或教学完全不局限于朝九晚五的工作，大学生创业者甚至可以将其作为自由职业或自营职业来完成，可以选择不同类型的教学任务和工作。可以亲自在家辅导某人，也可以在线教授不同的技能；可以通过在线创建课程，使自己的个人培训或教学爱好成为可以批量打造的被动收入来源。

⑧园艺。对于性格内向、不特别喜欢与人打交道的大学生创业者来说，园艺是一项非常平静和无压力的工作。因为你在工作的时候，不会有人来打扰你。如果你有园艺爱好，可以通过签订商业场所、住宅的草坪或花园的合同，来维护和打造一片园林艺术的美妙场景，将其转化为你的收入来源。

⑨烹饪。一个热爱烹饪并长期从事的人，能够做出许多美味可口的食物，那为什么不让别人尝尝呢。大学生创业者可以通过开设餐厅、食品摊位来利用烹饪爱好赚钱，也可以在家开展在线业务。

⑩健身。对健身很感兴趣的朋友，会尽力保持身材。一个健身狂人知道关于饮食、锻炼和日常生活的一切，可以帮助人们获得健康和身材管理的最佳结果。与他人分享知识和经验不仅可以帮助他们摆脱困境，还可以使他们在财务上独立。

⑪音乐表演。作为一名音乐表演者，大学生创业者可以通过街头表演、教授音乐、录制自己的音乐、在音乐会和活动中唱歌或创建自己的音乐直播频道来赚钱。

⑫书法。可以通过出售自己书写的贺卡、励志名言、对联等，或通过向客户教授书法来创业。

⑬驾驶。你可以是网约车司机，也可以是送货员，甚至可以通过租车来被动赚钱。

⑭室内设计。可以帮助顾客设计他们的办公室、居住房屋和其他场所等。

⑮演讲。公开演讲技巧对工作、生活的不同方面都有很大帮助，无论是与人交流、建立网络，还是咨询和教学。如果大学生创业者具有良好的公众演讲技巧，并且在特定专业领域具有较好的经验和知识，获得的收入更为可观。

⑯针织、缝纫等手工艺品制作。针织和缝纫对女孩来说都是令人愉快的爱好。如果你是那些为了乐趣而做这件事并真正享受它的人之一，你可以将它添加到你的收入来源之中。大学生创业者可以出售设计服装、手工包袋，甚至可以出售可爱的女士围巾等衣物饰品。销售手工艺品是赚钱的最佳创意方式之一。在实体店或网上销售都可行，具有各自的优点和劣势，一般建议大学生创业者从在线销售开始创业起步。这项业务有着巨大的市场。因为人们喜欢手工制品，尤其是家居装饰。

⑰股票交易。成功的股票交易需要丰富、专业的金融经验和市场知识。在这个先进的技术世界中，获取任何知识类的信息都非常容易，并存在着许多深入学习的机会。如果大学生创业者已经了解了股票交易的基础知识，可以进一步去选择合适的付费课程来学习这个领域的高级技能。

⑱活动策划。喜欢活动策划的人对项目管理、休闲、餐饮、庆祝、纪念等各种类型的活动都非常感兴趣，而且肯定有很多人会需要你帮助他们策划并执行出一个满意的活动氛围和场景。

⑲旅行。旅行创业者在享受不同地理区域风光美食和风土人情的同时，通过创造和设计行万里路的内容变现。旅行中赚钱的方法很多，比如，在视频网站或 App 上创建一个旅游频道，在社交媒体上获得关注者，寻找旅行社、酒店、餐馆等赞助商合作获取广告宣传的收入，创建旅游博客等。

4.1.3 对创业团队的认知与剖析

创业需要多种多样的资源和机会，仅靠个人很难满足这些条件。越来越多的证据证明，成功的创业活动越来越多地基于一个创业团队，而非基于一个单独的创业个体。

4.1.3.1 创业团队的概念

人们经常混淆三个概念，即人群、群体和团队。人群指结合在一起的、没有共同目标的人员；群体指为共同的目标结合在一起做事的一伙人；而团队指比较优秀的群体。创业团队，是适应新的、更高的创业要求而诞生的新的创业形态。

硅谷流传着这样一条“规则”：由两个 MBA 和 MIT 博士组成的创业团队，几乎就是获得了风险投资的保证。这虽然有些夸大其词，却蕴含着这样的事实：如今，创业已非纯粹地追求个人英雄主义的行为，团队创业成功的概率要高于个人独自创业。一个由研发、技术、市场、融资等各方面人才组成的、优势互补的创业团队是创业成功的法宝，对科技企业来说更是如此。适用人群包括海归人士、科技人员、在校大学生、在职人员等。

具体来说，创业团队是创业者集体以一定章程和组织形式组织起来的、从事企业经营活动的创业模式。它依靠团队的力量凝聚社会的资金、技术，按照现代企业制度开展经营，凭借企业的规模获取效益。它代表了当今时代创业的发展方向，在我国大力推广市场经济的今天具有非常广阔的发展前景。

4.1.3.2 创业团队的组成要素

（1）目标（purpose）。创业团队应该有一个既定的共同目标为团队成员导航，知道要向何处去。没有目标，这个团队就没有存在的价值。目标在创业企业的管理中以创业企业的愿景、战略的形式体现。

（2）人（people）。人是构成创业团队最核心的力量。三个及三个以上的人就形成一个群体，群体有共同奋斗的目标就形成团队。一个创业团队中，人力资源是所有创业企业资源中最活跃、最重要的资源，所以应充分调动创业者的各种资源和能力，将人力资源进一步转化为人力资本。

目标是通过人员来实现的，所以人员选择是创业团队中非常重要的一个部分。一个团队中可能需要有人出主意，有人订计划，有人去实施，有人协调不同的人一起工作，有人去监督创业团队目标的达成。在人员选择方面，要考虑人员的能力、经验、技能等各自处于怎样的水准，以及团队成员之间是否能够互补。

（3）定位（place）。创业团队的定位包括两层意思。

①创业团队的定位。即创业团队在企业中处于什么位置、由谁选择和决定团队的成员、创业团队最终应该对谁负责、创业团队采取什么方式激励下属等。

②个体（创业者）的定位。即成员在创业团队中扮演什么角色，是制订计划，还是具体实施或评估计划；是大家共同出资，委派某个人参与管理，还是大家共同出资，共同参与管理，或者共同出资，聘请第三方（职业经理人）参与管理。这体现了创业实体在组织形式上是合伙企业还是公司制企业。

（4）权限（power）。创业团队中领导人的权力大小与其团队的发展阶段和创业实体所在的行业相关。一般来说，创业团队越成熟，领导者所拥有的权力相应越小；在创业团队发展的初期阶段，领导权相对比较集中。高科技实体大多都实行民主的管理方式。

（5）计划（plan）。计划有两层含义。

①目标最终的实现。这需要一系列具体的行动方案，可以把计划理解成为完成目标的具体工作程序。

②按计划进行可以保证团队的进度顺利。只有在计划的操作下，创业团队才会一步一步地接近目标，从而最终实现目标。

4.1.3.3　团队创业的优势与劣势

（1）团队创业的优势。

①集合了团队甚至社会的财力、人力和物力，使企业的规模得到空前的发展，具有最大限度的规模效应。

②高起点经营，可以承担较大的市场压力与风险。

③投资多元化，特别是股份有限公司，使企业越过了艰苦的原始积累阶段，直接进入经营。

④可以发挥团队的优势，创业者没有孤军作战之感。

（2）团队创业的劣势。

①创业历史短，多数企业尚在探索、试验当中，没有成熟的经验。

②容易造成依赖思想，创业者个人的作用难以充分发挥。

③经营过程中容易发生矛盾，取得成功时常会出现利益冲突。

④企业经营费用开支较大，有时会抵消规模效益。

4.1.3.4　创业团队组建的必备条件

（1）共同的目标。一个团队不仅只是将一群人集合在一起，若彼此没有共同的目标、相互的认同和统一的行动，即使形式上聚集在一起，也无法形成强大的凝聚力。所以，作为一个成功的团队，必须要有共同目标，只有具有共同目标的团队才有凝聚力、战斗力。

团队的共同目标只有符合团队成员个人的价值观，才能提高成员工作的主动性，推动成员一起努力工作，才能为成员之间相互协作、相互负责奠定基础，才能把团队成员的创造性、积极性和工作技能向着同一方向进行整合，形成最大合力。团队目标是一个有意识地选择并能表达出来的方向，它运用团队成员的才能，促进组织的发展，使团队成员有一种成就感。因此，团队目标表明了团队存在的理由，能够为团队运行过程中的决策提供参照物，同时能成为判断团队进步的可行标准，而且能为团队成员提供一个合作和共担责任的焦点。有时，进行团队建设时，可能觉得为团队确定目标还是相对比较容易的，但要将团队目标灌输于团队成员并取得共识，就不是那么容易的事情了。

建立一支优秀的团队并不容易，但是，如果团队中的所有成员都能够齐心协力，面对一个共同目标而努力，那么，在任何时候、任何市场情况下、任何行业中，都可以取得成功。

（2）相近的理念。一群拥有领先技术的人才聚集在一起不一定就能够创建一支成功的团队；一群有着高学历的人才聚集在一起也不一定能够创建一支优秀的团队。虽然某个成员看起来很优秀，甚至可能对于团队的程序运作都非常了解，然而一旦真正成为团队的一员时，我们会发现他与团队很难合作；相反，没有他的加入，团队的运作却很顺利。这不是说他不够优秀，而是因为他与团队成员之间缺乏相近的理念。

一个团队的建立，主要是基于成员在追求特定目标上的技术能力，而成员之间彼此的吸引力是次要的。团队成员对于彼此的个性必须能够互相容忍，才能够紧密地工作在一起。

除此之外，所有的成员均需努力追求一个共同目标，并且遵守为达到此目标所设定的一套程序。

（3）彼此信任。随着社会的发展，创业者的队伍在不断壮大，合伙创业的青年也越来越多。在创业初期，他们往往能够取得优异的成绩，但是在取得一定成绩后，他们之间便出现许多不合作的情形，钩心斗角，互相拆台，导致彼此间关系疏离，最终使创立的企业做不大甚至走向破产的结局。

许多创业团队之所以失败，主要的原因就是创业团队成员之间没有建立起深厚的信任感。这种信任危机在利益分配的阶段，随着矛盾激化而凸显出来，产生了一系列破坏性后果。

（4）优势互补。人力资源系统中每个个体的多样性、差异性，使人力资源整体中具有能力、性格等多方面的互补性，通过互补可以发挥个体优势，并形成整体功能优化。互补分为知识互补、气质互补、能力互补、性别互补、年龄互补等。在创建一个团队时，不仅要考虑相互之间的关系，更重要的是要考虑成员之间在知识、资源、能力或技术上的互补性，充分发挥个人的知识和经验优势。这种互补将会有助于强化团队成员间彼此的合作。

（5）合理的利益分配机制。创业之初的股权分配与以后创业过程中的贡献往往不一致，因而会发生某些具有显著贡献的团队成员拥有股权数较低，贡献与报酬不一致的不公平现象。因此，好的创业团队需要有一套公平合理的利益分配机制，遵循一定的利益分配原则。

①依法分配。为规范企业的利润分配行为，国家制定和颁布了若干法规，这些法规规定了企业利润分配的基本要求、一般程序和重大比例。企业的利润分配必须依法进行，这是正确处理企业各项财务关系的关键。

②分配与积累并重。企业的利润分配，要正确处理长期利益和短期利益两者的关系，坚持分配与积累并重的原则。企业除按规定提取法定盈余公积金以外，可适当留存一部分利润作为积累，这部分未分配利润仍归企业所有者所有。这部分积累的净利润不仅可以为企业扩大生产筹措资金，增强企业发展能力和抵抗风险的能力，还可以供未来年度进行分配，起到以丰补歉、平抑利润分配数额波动、稳定投资报酬率的作用。

③妥善处理创业团队内部的利益关系。新创企业的报酬体系十分重要。创业早期阶段财力有限，因此要认真研究和设计整个企业生命周期的报酬体系，使之具有吸引力，并且使报酬水平不受贡献水平的变化和人员增加的限制，即能够保证按贡献付酬和不因人员增加而降低报酬水平。

许多创业企业之所以没有存活下来，一个很重要的原因就是没有制定合理的利润分配机制。合作的时候，没有把股权的分配谈清楚并记录下来，更没有考虑假如一个合伙人中途退出时其股权如何分配。

很多时候，在企业创立初期，创始人之间不想对谁应该占多少利润进行争论，他们或者避免进行全面的讨论，或者搞得模棱两可。但是，这种讨论拖得越久，就越难定夺。在创业项目中，随着时间的推进，每个人都在收集自己贡献大的证据，使得接下来的讨论更加困难，所以关于企业利益分配的方案应在团队达成协议之后就制定下来。

4.2　创业项目与客户需求契合

4.2.1　正确挖掘客户需求

正确挖掘客户需求是创业企业销售成功的起点。

我们做业务往往都是由发现客户的需求，找到线索，进而转化成机会点来不断开展下去的。

这就好比假如医生不了解病人的病因就盲目用药，会带来很严重的后果一样，销售人员如果不了解客户需求，只是一味地推销自己的解决方案有多好，做再多其实都是无用功。

所以充分、全面、清楚地找到客户的需求所在，我们才能对症下药，给客户提供更好的解决方案，同时也为我们的业务成功奠定基础。

如何理解客户需求：

在当今市场竞争极其激烈的时代，创业应该先遵循客户需求至上的原则，这是毫无疑问的。客户需求很重要，要充分挖掘客户需求，但是客户需求到底是什么呢？

其实，当我们说到客户有一个需求的时候，这个词本身至少有以下四层含义，如图 4－1 所示。

图 4－1　客户需求的四个层次

最底下这一层叫作客户的问题。实际上是客户的困难、矛盾、疑难，而且是隐藏在冰山之下的，没有被客户感知的矛盾和疑难，客户还没有发现有这样的一个困难存在。

往上一层就叫作客户的痛苦。往往是问题进一步向上攀升，生成了一个负面的影响，而且被客户认识到了，这个时候问题进一步变成了一个痛苦，客户感知到了难受。

再往上走就叫作客户的计划。其实是说客户主观上的一个判断，他到底要不要去改变这个问题，因为不是所有的问题都需要被解决。但是一旦这个痛苦让客户难以接受，不得不作出改变，这时候客户就开始做计划了，而此时对于销售来讲，机会也进一步增加了。

那么到最上面冰山尖的位置，客户的行动层面，这个时候客户已经想清楚了，他要解决掉自己的痛苦，需要用一个非常具体的手段，或是非常具体的产品、服务来改变痛苦。实际上这个时候客户的购买的意愿也已经达到了峰值，即有了明确的采购意愿。

客户需求就是这样从问题到痛苦，到计划，再到行动的一个发现、发生、发展的过程，如图 4－2 所示。正如冰山一样逐渐露出水面。而且越往高走，客户需求越明确的时候，我们也面临越多的竞争对手。因此，客户需求发现越早，我们的竞争对手也就越少。

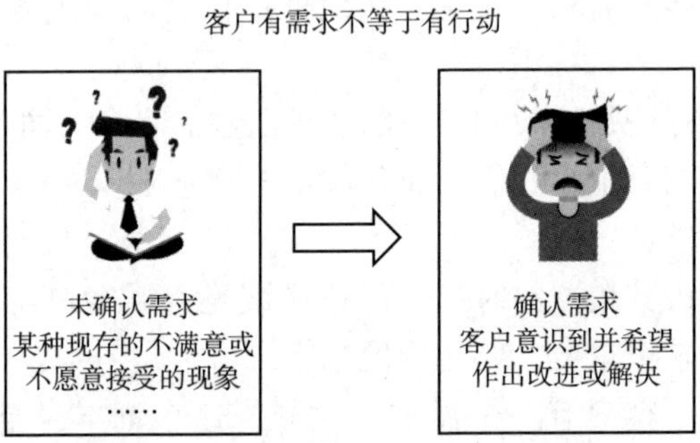

客户有需求不等于有行动

未确认需求
某种现存的不满意或
不愿意接受的现象
……

确认需求
客户意识到并希望
作出改进或解决

图 4－2　客户需求从问题产生到行动的过程

而关于客户的痛苦，还有一个词叫作痛苦链。打个比方，生产部门抱怨新进的生产设备安装工序复杂，每套都要多花几分钟时间去安装。这时就要让他们意识到这种痛苦，一套多几分钟，几千套多的时间就会非常长，生产部门不能按时交付，客户就会有抱怨有投诉，长此以往，客户就要找替代方案，痛苦就传递给了销售部门，业绩上不去，销售痛苦就传递给了管理层，老板也难受了，这就叫痛苦链，就是把痛苦放大，将痛苦在整个链条上逐个传递。

我们会发现，我们自己告诉客户他的痛苦，往往不如客户内部真正产生痛苦的声音管用。

因为问题通常是从下向上传，绝大部分问题会首先出现或者反映在执行层，问题到一定程度，就会造成痛苦，而只有高层有痛苦，才有改变的可能。

所以一个成功的创业者要做的事，就是不断地去推进，从痛苦这个层面进入到动机，再从动机进入到期望。并且要引导客户认识问题的严重性，鼓励采取行动，让痛苦在组织里得到蔓延，销售的希望才会大增。

4.2.2 有效挖掘客户需求的提问法

从不同层次理解了客户需求以后，具体又该怎么样去细化落实呢？

如图 4 - 3 所示，在挖掘客户需求时，不同的需求采取的方式是不一样的。

在挖掘需求上不同销售的差别

优秀的销售	平庸的销售
■准备问题 ■关注重点客户、重要事情 ■灵活应变、因地制宜	■准备答案 ■不分主次，搞不清重点 ■生搬硬套销售技巧

图 4 - 3 两种不同的销售方式

很常见的一种，我们称为“准备答案”，也就是准备关于我的产品、我的方案、我的服务等相关的种种信息，平庸的销售业务员往往就是这样，习惯于站在自己销售的视角去“准备答案”。

而优秀的销售业务员的关注对象却始终是客户，在“准备问题”时，总是站在客户的视角，不停地去询问客户，细致、全面地了解客户的各种情况，并在此基础上深入挖掘客户的具体需求，通过问题去让双方都更明确问题的所在，然后销售业务员得以更灵活应对，更好地给客户提供有针对性的、个性化的解决方案。

挖掘客户需求，实际上就是问出来的。而 BPIC 就是一种可以更有效地结构化地挖掘客户需求的提问法，如图 4 - 4 所示。

销售活动中以问题形式进行调查（或探索）的模式
设法发现隐含的顾客需求并将其培育成明确的需求
· B=背景问题 （background question）
· P=痛点问题 （problem question）
· I =影响问题 （impact question）
· C=确认问题 （commitment question）

图 4 - 4 BPIC——挖掘客户需求的提问法

4.2.2.1 BPIC 的四个步骤

BPIC 实际就是四个首字母的连接，分别是背景问题（background question）、痛点问题（problem question）、影响问题（impact question）和确认问题（commitment question）。

即从背景问题出发，找到客户的不同的痛点，找到痛点之后，实际上这个需求逐渐就产生了，需求产生之后就可施加影响，最终确认客户需求，确认客户有没有兴趣，如果有，那么我们有一个解决方案，客户有没有兴趣去了解。这是整个销售过程中十分有效的结构化的一种提问方式。

（1）背景问题。背景问题实际上就是有关顾客现状的事实、信息及背景数据。如图 4－5 所示。

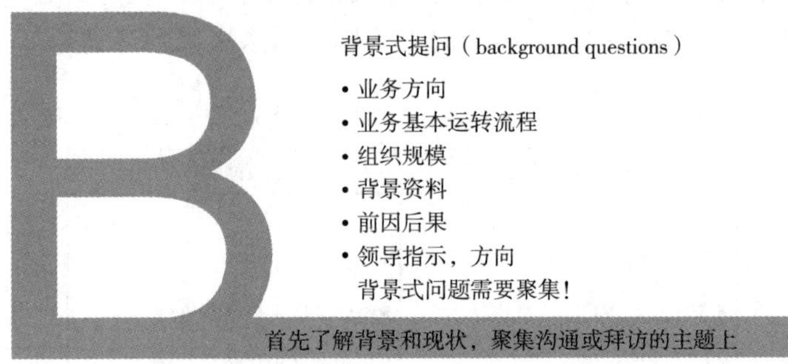

图 4－5　BPIC 的第一个步骤：背景问题

进行背景提问，提前准备很重要，我们需要从其他有关的信息来源那里收集信息与事实。

背景问题通常在精，不在多。我们在提问的时候要注意去除一些不必要的背景问题，只问关键信息，保证我们问的每一个背景问题都有明确的目的。

而且在这个过程中注意要让客户感觉我们是像个医生一样在帮他解决问题，而不是像警察一样在盘问。

（2）痛点问题。痛点问题重点是来探索客户隐藏的需求，使客户透露出所面临的问题、困难与不满足，并有技巧性的接触来引起客户的兴趣，进而营造主导权使客户发现明确的需求。如图 4－6 所示。

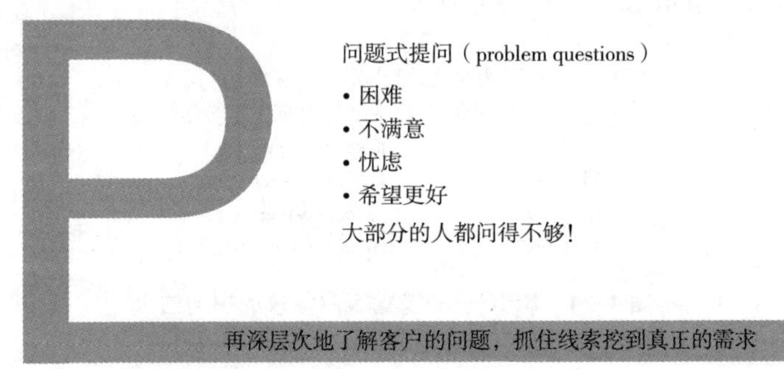

图 4－6　BPIC 的第二个步骤：痛点问题

需求几乎都是对现状的不满开始的，需求越清晰、越明确，客户购买的可能性越大。在遇到客户的痛点时，不要浅尝辄止，但一遇到客户的回避，就不深入探寻。并且对于痛点式提问，也不能急于求成，立刻抛出解决方案。

（3）影响问题。影响问题就是将痛点问题进行引申，导向我们希望客户重视的深层次问题，目的是升温客户需求。影响问题是最难的，但往往与最终的销售成功紧密相连。如图 4 - 7 所示。

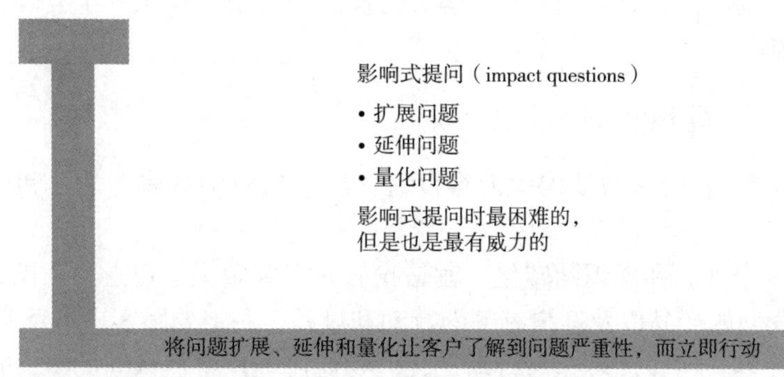

图 4 - 7　BPIC 的第三个步骤：影响问题

影响问题就是要去把客户的痛苦进行一个具体的量化。比如你的问题可能带来什么样的影响，如果你不解决这个问题可能会发生什么样的后果，你需要耗费多少精力和成本等。通过将问题扩展、延伸和量化，把隐含的需求提升为明显的需求，指出问题的严重后果，从而培养顾客的内心需求，让客户意识到他必须要作出一些改变了。

（4）确认问题。确认问题是将客户的购买意愿引导至与销售方能力相符合的方向上来，目的是获得客户的承诺。客户必须要有改变现状的一个意念，才会付诸行动。如图 4 - 8 所示。

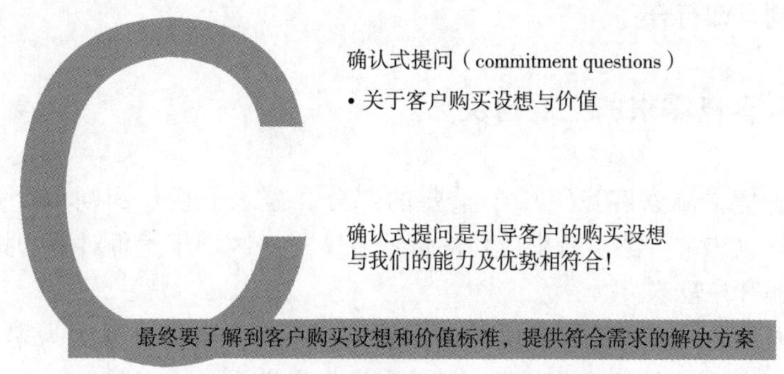

图 4 - 8　BPIC 的第四个步骤：确认问题

在进行确认问题时通常将客户的购买设想和我们的能力与优势进行匹配。

而确认问题往往都是封闭式的问题，也就是以“是”和“否”来回答的。而且如果能让客户提出需求，会是最佳的确认式问题。

这时到了确认式问题，也就形成了一个闭环。实际上 BPIC 就是这样一个不断地通过一组又一组问题的提问方式，来实现整个需求的挖掘。而我们在实际的销售过程中，通常也会需要循环走好几轮这样的过程。

其实 BPIC 并不是一个硬性的流程，不是说我们走到这个地方就要开始做背景提问，到这里该进行影响提问了。其实它所展现的是一个从发现需求到确认需求的过程，我们从客户的业务现状出发，然后寻找到客户对于问题的看法，再让客户意识到问题的严重性，到最终关于客户购买的设想与价值，这样一个发现需求到确认需求的整个流程。

4.2.2.2 使用 BPIC 应该注意什么

了解了 BPIC 提问法的结构和内容以后，还应当明确具体在学习和运用中的一些注意事项。

（1）做一个观点和意识的转化。就是我们一定要做一个观点和意识的转化，去转化成为跟我们的产品以及客户有关的行动和过程，一定要跟客户本身关联起来。

（2）促使客户将概念转化为行动。我们要促使客户将他认同的概念转化为他实际的行动，这才是真正能提升业绩的保证。也就是一定要影响客户最核心的观点，让客户有所触动，有所触动之后才能有所行动，把这个概念转化为真实的行动。

（3）循序渐进。BPIC 是一个循序渐进的过程。虽然 BPIC 所展现出来的是基本四步就可以到达我们的核心问题，但其实在实际运用 BPIC 的过程中，需要视情况进行逐步分解，从痛点再到影响问题。经常存在的实际情况是，销售业务员需要向客户多询问几轮，才进行下一步的动作。

“世界上最遥远的距离，是知道和做到的距离。”在互联网时代，知道一项知识的成本已经变得很低了，但是做到并且坚持做到，往往是最不容易的。一个成功的创业者，当知道了客户的需求以后，要更好地去细化落实，从知道到做到。同时，知道了好的方法，也需要不断在实践中尝试，才能不断给予自己反馈并不断迭代，从知道到做到，知行合一。

4.2.3 客户需求的三层含义

需求分析是“洞察客户”中最重要的部分。需求分析作为初创企业战略的输入，应用场景也非常广泛。一个成功的创业者要具备区别于竞争对手的核心竞争力，必须精准理解客户需求。

大部分人认为，有时我们提供的产品满足不了客户需要，是因为客户告知的需求是错误的。这听起来有一些道理，却没有任何意义。

不同角色对于需求的理解是不一样的。在客户需求和厂家需求之间，必然有一定差距，甚至可以说存在着深刻的鸿沟。

如果客户提的需求非常专业，反而是一件比较糟糕的事情。比如，华为提的需求非常专业，那么你在需求理解上就赚不到它的钱，只能辛辛苦苦挣点加工费。

通常，我们可以把需求可以分为三层含义。

要求（requirement）：明确的功能、性能要求，客户已经告诉你这个事情如何实现，确定要的一个东西。

潜在需求（want）：客户确定想要一个东西，但是不确定如何实现，这是一种主动需求。

痛点需求（pain）：客户不想要，又不得不解决的东西，也叫痛点，这就是一种被动需求。

很多时候，客户告知的可能是要求（requirement）。它可能是一种产品需求，也可能是一种规格（specification），清晰告知你产品的功能、性能、尺寸等。

但有的时候，客户告知的并不是一个 requirement 需求，而是一个潜在需求（want）。比如，苹果需要一个行业最先进的电感，但先进到什么程度，它自己也不知道，只知道要比原来更好，是别人做不到的。

还有痛点需求（pain）。客户不想要，也不主动追求，但不得不解决这个问题。比如，政府的环保要求，对于制药厂来说，它可能并不想解决这个问题，甚至想把污水直接排放，因为这样成本最低。但现在医药公司都实行牌照制了，而要申请到牌照，就必须通过安全环境评审，这就是痛点。

让我们从一个故事来看需求（want）与要求（requirement）的区别。

有一次，一个企业家带爸妈去吃日本料理，这家店是他经常去吃的，他觉得海胆特别好吃，于是就想让爸爸尝尝。然而，老板了解到他爸爸肠胃不是很好之后，就给他推荐了银鳕鱼，因为海胆非常伤胃，而银鳕鱼对胃更好一些，而且煎的银鳕鱼也很美味。

让爸爸吃得健康开心，是这位企业家真正的需求（want）。老板基于他的要求（requirement）（海胆）之后去确认他的需求（want）（健康好吃），又提供了一个更好的替代要求（requirement）（银鳕鱼）。

所以，客户告诉我们的需求不正确、不准确、不完整，都是很合理的。这个时候，我们需要做的事情就是把要求跟需求去做一一对应，要拨开迷雾、去伪成真、去粗取精，这才是我们的价值所在。

有一家企业最近在服务一个餐饮的客户，他们用了这个方法就能把需求做得更准确，觉得非常有价值。

餐饮的难点是可复制性，关键的解决方案是各个环节的标准化。比如服务态度，是典型的需求，如果转换成上菜周期、环境的清洁程度等要求，更容易标准化。

比如，好吃也是需求（want），翻译成要求（requirement）是菜的烹饪标准：使用的是高温油还是低温油？是菜籽油还是花生油？原材料是否地道？食材是否新鲜？什么时间内食用口感更佳？这就是具体的要求（requirements）。

4.2.4　企业需求和个人（岗位）需求

在 To B 业务中，客户需求又分成两个维度：一是企业需求；二是岗位（个人）需求。

但在企业里，真正做决策的岗位的需求才是真正的需求。所以，有时候企业需求是很虚的，甚至是假的，意义不大。

在市场交易地图中有决策链，其中有做最终决策的决策者，也有不能做决策但可提出否定意见的岗位（如品质主管），他们的需求才是真正的需求。

【延伸阅读】华为 To B 业务决策中的个人需求①

2009 年，华为的英国客户电信运营商出现一个痛点，因为 3G 和 2G 的业务流量超过了网络的容量，导致电话经常打不通或者 3G 网络断网，客户投诉很多。基于这样的背景产生了需求。但如果仅仅这样理解需求，华为提供相应的 2G/3G 解决方案，是远远不够的。

在这项业务中，有三个核心的决策者。

第一个角色是首席财务官（CFO）。在 2008 年之前，CFO 在决策链中几乎没有话语权。但 2008 年发生了比较严重的经济危机，没有足够的财政支持运营商网络的扩展，所以 CFO 变成了一个拥有一票否决权的决策者。CFO 的核心需求是扩容和新建站点的单位成本必须大幅下降，所以倾向于引进华为。

第二个角色是首席技术官（CTO）。在 2008 年之前，首席执行官（CEO）在整个决策链里面几乎占了 80% 的决策力。但是因为网络设备很赚钱但又很复杂，所以 CTO 也有了一部分话语权。CTO 注重网络的稳定性，希望有高质量的网络。当时爱立信的网络设备最稳定，质量最高，能减少客户的投诉，所以，CTO 倾向于选择爱立信。

第三个角色是运营总监。因为 2G 网络和 3G 网络混合在一起很复杂，所以他期望降低运维的难度。他也希望供应商能提供 7 × 24 小时服务，所以他倾向于选择原有的供应商诺基亚。

所以，这三个角色的需求是矛盾的。至少 CTC 跟 CFO 的需求很矛盾，CTO 希望用最好的，但价格更贵；CFO 要大幅降低成本，坚定地认为应该引进华为。

企业需求一定是企业中关键角色的个人需求。而这些个人角色之间的需求往往是矛盾的。在其中，我们应当遵循权力更大的原则。

比如，在这个案例中，CFO 的权力是最大的，拥有一票否决权，因为这个客户企业面临着很大的经济危机。

在一个项目中，可能 90% 的需求都没有价值。但是你需要把剩下的 10% 找出来，而那 10% 中你要找到目标客户关键岗位的需求，这是客户需求分析的原则。

在 To C 业务中的逻辑可能没有那么明确，但也存在。比如，经销商的需求也很重要，但也在于经销商的关键决策者的个人需求。

4.2.5 把对客户需求的理解转化成产品需求

对于厂家（供应商）来讲，应该把对客户需求的理解转化成产品需求，这样才能开发出满足客户需求的相应产品、解决方案或者服务。

从这个维度看，供应商的视角一定是小于客户视角的。作为供应商，可能要和

① 作者根据华为技术有限公司官网相关资料编写。

其他供应商一起组建一个数字化工厂，而在这个工厂中，你只提供了一种设备，你需要满足在这个场景中的某些需求，而客户要满足这个场景中的所有需求。

所以，供应商看到的需求天然小于客户看到的需求。厂家看市场的关键是，一定要扩大到客户的视角，要站在客户的角度去看客户所认为的需求。

提到产品需求，很多人认为是产品的尺寸、功能、性能（功率、Q 值、灵数度）等，华为给产品需求做了一项定义：

产品需求 = 客户问题 + 解决方案

比如，一个学校客户给华为提了一个需求：希望 CC08 机（一款程控数字交换机）实现晚上 12 点到早上 8 点切断电话。但依据法律要求，电话机必须随时都能拨通 110 和 119，所以切断电话是不合适的。

客户真正的需求是因为有人在那个时间段打电话，影响了他人的休息。可以在晚上 12 点到早上 8 点这个时间段，将 CC08 机设置为不接入电话的状态，就可以解决这个问题了，这才是真正的产品需求

所以，提到产品需求，不能只想着产品，而是要聚焦于解决客户内心中想要解决的问题。

比如，一家客户提出了将产品交期从 30 天缩短到 20 天的需求。将产品交期从 30 天缩短到 20 天，对所有供应商而言，都是非常困难的。

客户是电商，需要快速地将货物交付给消费者，所以希望让产品交期缩短。其实客户真正的期望不是要把交期缩短，而是需要做好备货。

但备货对于供应商和客户而言，都有风险，所以把备货的风险分担原则设定清楚才是更好的解决办法。因为将交期缩短对于很多供应商来说，是一个无法解决的问题。但解决掉备货的风险分担问题，就可能让交期变得更短。

所以，基于客户真正想要解决的问题，针对性地提出解决客户问题的方案，才是真正的产品需求或者供应商需求，才能有机会赢得市场的认同。

从客户的需求转化成产品需求是一件非常重要的事情。这是厂家（供应商）的职责所在，不是客户的职责所在。同时，这也是厂家（供应商）价值的体现，是厂家（供应商）是否能够赚钱、实现企业盈利的关键点。

4.3　创业项目的商业模式

4.3.1　商业模式的定义

商业模式一词由美国哈佛商学院战略与竞争力研究所高级研究员琼·玛格丽（Joan Magrettea）2013 年在其著作《什么是管理》一书中提出。书中，琼·玛格丽讲道：“商业模式就是一个企业如何赚钱的故事。”

商业模式是一种包含了一系列要素及其关系的概念性工具，用以阐明某个特定

实体的商业逻辑，包括十大要素。不同学者对商业模式的定义有着不同的界定，综合现有的研究成果，本书认为的商业模式是企业通过整合资源和能力，进行战略规划，充分开发创业机会，以实现利润的内在逻辑。

通常，一个完整的商业模式必须回答四个问题：

（1）卖给谁？

（2）卖什么？

（3）如何卖？

（4）如何持续盈利？

举个例子，美国服装品牌 ZARA，在中国的数十个一二线的大中型城市都有专卖店，可以从以下四个方面简要描述 ZARA 的商业模式：

（1）卖给谁：卖给时尚年轻人，但不是最有钱的人。

（2）卖什么：卖最新款、最时尚的服装。

（3）如何卖：平民时尚概念，用最快的速度上市，但并非最好的质地。

（4）如何持续盈利：建立时尚信息及快速物流的渠道，保证企业的持续盈利。

【延伸阅读】精影求精——全球首创精神疾病诊疗仪①

（1）项目概述。精神障碍类疾病为人类疾病负担之首，现阶段精神疾病难识别和易误诊，治疗价格昂贵、有效率低。本产品转化于国家仪器重大项目，以精神影像学技术链为主线，配备国际首创神经立体导航经颅磁刺激装置实现患者的精准定位治疗。

（2）市场分析及定位。2030 年整体精神疾病市场规模将达千亿元，产品可占有超 20 亿元份额，市场前景广阔。

（3）产品介绍。瞄准精神疾病亚型诊断和治疗方面，亚型诊断采用精神影像分型技术，治疗采用神经导航经颅磁刺激装置，能够同时实现精准诊断、亚型分类以及精准无创治疗。

（4）产品特色。

①独创光学分析技术，将传统神经调控大脑模型构建时间由 30 分钟缩短到 3 分钟，速度提升 10 倍。

②利用行业合作伙伴优势及自主研发，产品价格仅需 1 800 元/疗程，相比于国外，价格仅为其 1/10。

③治疗效果在 1 分钟内可观测，起效是目前同类产品中最快最稳定的。

④治疗精准度达到毫米级，满足精神疾病现有临床需求。

⑤目前市面上唯一能够进行精神疾病亚型分类的产品，结合独有的精神影像技术链，理论和技术方面领先于国际水平。

⑥产品拥有的诊断准确率和亚型分类准确率是国际最高水平，在各个精神疾病

① 全国大学生创业服务网．精影求精——全球首创精神疾病诊疗仪［EB/OL］．［2023－06－22］．https：//cy. ncss. cn/search/8a8080877b3d24c2017b4462c98f289c. html.

诊断率方面都有显著提高。

（5）商业模式。公司依托风投机构资金支持、华西医院技术支撑、供应商设备建造、政府机关政策助力，同时借助媒体推广、客户反馈，从分级诊疗角度出发，以大型医院和基层医院为目标群体，引入不同设备，向患者提供针对性服务从而实现盈利。

（6）营销策略。分线上渠道以及线下渠道。推广采取试点推广、新媒体推广、学术会议推广等方式。

（7）财务分析。公司遵循《会计法》《企业会计准则》等相关法规制度。项目基准投资回收期为 3 年，NPV 6435.49，Pt 2.68，有较好的项目前景与盈利能力，预计三年营收达 4 亿元。

（8）团队介绍。团队成员极具交叉学科特色，兼有高水平技术人员和专业的运营、市场、财务等方面的人员，学科优势互补，实践经验丰富。指导教师龚启勇为长江学者特聘教授，相关领域国际顶尖教授，中国放射学领域最具有影响力的专家。

4.3.2　商业模式的重要性

可以说，创业者给其创业项目设计一个什么样的商业模式，是创业是否能够获得成功的最重要的关键因素。为什么这么说呢？因为商业模式是新企业开发有效创意的重要环节，也是新企业盈利的核心逻辑，只有开发出有效的商业模式，新企业才能吸引足够多的顾客、供应商等加入合作，创办出真正可以持续发展的成功新企业。

这里有一个关键概念：有效创意。有效创意包括如何同时为顾客、企业以及合作伙伴创造价值，而商业模式是新企业开发有效创意的重要环节。一方面，商业模式是新企业技术（产品特征和品质）创意的必要补充；另一方面，商业模式是新企业启动筹集资金、整合优秀合作伙伴、雇用高素质员工等实际工作的前提。

其实，商业模式并非单一的企业盈利方法或过程，应当从多层次、多角度去解读和领会商业模式的概念。

4.3.2.1　体现在创业机会核心特征层面的商业模式

商业模式体现在创业机会的核心特征层面，即市场特征和产品特征的特定组合。这一组合是新创企业独特竞争优势的根本源泉，也是企业商业模式的构成基础。

4.3.2.2　体现在创业机会外围特征层面的商业模式

商业模式体现在创业机会的外围特征层面，即如何有效支持创业机会的核心特征，特别是创业团队和创业资源两个要素如何有效整合，来共同维系创业机会核心特征的有效开发方面。商业模式是否可行，取决于创业者所构思的商业逻辑是否能够有效推行，在这一推行过程中，必要的人力资源、资金资源、信息资源等资源要素都是必不可少的支持因素。

4.3.2.3 体现在创业企业未来成长战略层面的商业模式

商业模式还体现在创业企业的未来成长战略上。新创企业能成长为一个有市场影响力的成熟企业，其直接的影响因素是企业的成长战略，即创业者能否根据企业现有的产品特征、市场特征、创业团队、创业资源状况等制定有效的长期成长规划和市场竞争战略。因此，战略也是商业模式的重要构成部分。

4.3.3 商业模式的十大要素

4.3.3.1 价值主张

（1）价值主张的定义。价值主张，即客户价值主张。指对客户真实需求的深入描述，即对客户来说什么是有意义的。

（2）制定价值主张的方法。罗列全部优点、宣传有利差、突出共鸣点是供应商制定“价值主张”通常所用的三种方法。

一般客户在选择产品时有几项关键指标。比如，客户在采购大型设备时，会主要关注质量、售后服务、价格、品牌等几个方面的因素。

①罗列全部优点。指的是针对客户主要关注的产品的几项关键指标，将自有品牌在这些指标方面的全部优势和长处给客户做全面的介绍。这种方法相对来说针对性不是很明显，是从供应商自身的角度出发，来宣传和推介产品的优点。

②宣传有利差。同样是聚焦于客户的关注点，将自有品牌与市场上常见的竞争品牌之间在产品价值方面的一些差异阐述出来，引导客户做对比，彰显自有品牌独有的优点，尤其是自有品牌相对于竞争品牌的优势所在。在应用这个方法时有一个禁忌，就是我们可以从各个方面比较自有品牌和竞争品牌之间的差异，但绝不可以用任何方式对竞争品牌及其产品进行负面的阐述和评价，这样很容易引起顾客反感。只要让客户明白，我们的产品跟其他竞争产品是有所不同的，不同的具体之处体现在哪里就可以了。

③突出共鸣点。这里的共鸣指的是销售业务员与客户之间要达成共鸣。富有亲和力的销售业务员通常会从与产品和品牌无关的其他话题开始，先真实、具体地认同，拉近彼此观点或情感的距离，再转向对自有品牌、产品等的相关沟通。站在客户的角度去体会客户之所想，急客户之所急，需求客户之需求，销售业务员要让客户充分感觉到，你跟客户就是一体的，你是真心为了客户利益考虑在进行产品的推介，你的内心和客户的内心达成了一致和共鸣。当客户对销售业务员产生信赖和认同感之后，客户会进而认同销售业务员所推介的关于产品、品牌等的相关信息，那么达成客户购买就有了更大的可能。

以上三种方法可以同时使用、交叉使用或选择其中的 1 ~ 2 种使用，而突出共鸣点是最关键的一点。

4.3.3.2 消费者目标群体

(1) 消费者目标群体的定义。消费者目标群体，即目标消费者指企业在制定产品销售策略时，所选定的消费群体构成。

(2) 定义消费者目标群体应考虑的要素。要精准定义消费者目标群体具有相当的难度。一般可以从人口特征、使用习惯、需求心理等较简单的因素出发，去找到消费者目标群体的大致范围，再从媒体接受习惯、接受态度、收入水平、消费能力以及对同类产品的不满等为标靶，进一步全面考虑，逐步缩小所在区域，进而做到对消费者目标群体的精准锁定。

①人口特征。比如娃哈哈果奶定位的是 5～12 岁的少年儿童群体。又比如某一种植物提取的染发剂主要针对的客户群体是 55～75 岁崇尚健康和养生的中老年人群。

②使用习惯。使用习惯是每一个消费者都具有的某种生活共性。比如，我习惯穿深色的西服；他习惯喝麦芽浓度高的啤酒。很多使用习惯一旦养成就很难改变，所以品牌在定位目标消费群体时，对消费者的消费及使用习惯应进行深入的调查分析。

举个例子，微软公司在设计办公软件时通过对办公族群体的调查分析后发现，在这个族群中，左撇子的人还有相当的一部分，经过确认和经济分析后，微软公司在鼠标的选项中设置了左右手方向的选项，照顾了消费群体的习惯性需求。

宝洁公司的护舒宝卫生巾广告诉求同样如此，我们知道，青年女性中青春、活泼好动的居多，睡觉时动来动去是许多青年女性的共同习惯和特点。那么，在每月最难过的那几天晚上，睡觉时就像被绑在床上一样真是难受，于是护舒宝卫生巾的传播诉求就认准了这个共性的习惯，在以前的单独诉求产品的吸水性强有效预防侧漏的产品功能利益前提下，加上了“晚上睡觉想怎么动，就怎么动”的诉求，取得了很好的绩效。

③需求心理。需求心理有两个方面的内容。

一是客户对产品的功能性利益需求。比如，购买住房是为了遮风避雨，安居乐业；购买电视机是为了看电视节目，丰富业余生活；购买衣服为了遮羞御寒等这些都是消费者对商品一般功能性的基本需求，满足这些边际需求也是消费者购买商品的基本动因。把产品的功能性利益放在考虑因素第一位的，大部分是可支配收入不是很丰厚宽裕的工薪阶层。

二是产品及品牌给客户带来的情感、精神等心理层面上的需求。在产品满足了客户功能性利益需求的基础上，有些客户，比如中产阶级，会有更多精神和情感上的需求。比如，在日常的消费活动中，常常可以看到这样的现象，两款款式和质地相差不多的西服，却在售价上有天壤之别。为什么呢？因为一款标着物美价廉，而另一款则是“金利来，男人的世界”。当客户穿上金利来品牌西服时，他会觉得自己更具备了成功商务人士的形象和气质，能够更加获得周边人群对他的尊重和认同，所以他愿意花费更多的金钱来购买品牌服装的品牌价值。因此也有一种说法，赚富人的钱其实是要经营客户的感觉系统，要深入挖掘客户的心理需要，进而让他的精神和情感的需求得到满足，从而达成客户对产品的购买。

在商品短缺的时代，人们为了获得产品满足生活的基本需求，往往挖空心思以获得商品为主，对于所谓的商品情感利益是不考虑的。随着物质生活的不断提高，各种商品大多有许多的产品充斥其中，产品同质化的现象也越来越普遍，在产品本身已经缺乏可做的文章后，企业们开始进行消费群体的需求心理的调查研究，并根据调研结果针对不同的消费者的需求特征在产品上附着不同的情感性利益，以获得消费者心理上的认同和青睐。于是奔驰轿车的名称超越了名词的概念，成为成功与尊贵的代名词；原本是止咳药水的可口可乐成为美国人的精神；与它同属一类的百事可乐成为“新一代的选择”。别小看了这些只言片语，他们各自所代表的都是世界上一大群人的情感利益需求和寄托。

4.3.3.3　分销渠道

（1）分销渠道的定义。分销渠道：指某种产品从生产者向消费者或用户转移过程中，所经过的一切取得所有权的商业组织和个人等各个环节连接起来形成的整个通道。

可以从三个方面全面理解分销渠道的概念。

①分销渠道的起点是生产者，终点是消费者或者用户。销售渠道作为产品据以流通的途径，就必然是一端连接生产，另一端连接消费，通过销售渠道把生产者提供的产品或劳务，源源不断地流向消费者。在这个流通过程中，主要包含着两种转移：商品所有权转移和商品实体转移。这两种转移，既相互联系又相互区别。商品的实体转移是以商品所有权转移为前提的，它也是实现商品所有权转移的保证。

②分销渠道是一组路线，是由生产商根据产品的特性进行组织和设计的。在大多数情况下，生产商所设计的渠道策略会充分考虑其参与者——中间商。

③产品在由生产者向消费者转移的过程中，通常要发生两种形式的运动：

一是作为买卖结果的价值形式运动，即商流。它是产品的所有权从一个所有者转移到另一个所有者，直至到消费者手中。

二是伴随着商流所有发生的产品实体的空间移动，即物流。

商流和物流通常都会围绕着产品价值的最终实现，形成从生产者到消费者的一定路线或通道，这些通道从营销的角度来看，就是分销渠道。

经由分销渠道，产品得以正确的数量、正确的时间和正确的地点运送。在当今时代，电子订单等网络沟通方式大大提高了生产者与消费者或用户之间的沟通效率和能力，有效减少了营销渠道的低效、成本和过剩，同时也明显加快了传送速度，提高了顾客服务水平。因特网的互动本性使公司能与它们供应链的成员发展紧密的合作关系。准许供应商获取顾客交易的数据有利于促进营销渠道更好地协调。通过电子方式了解公司的顾客们订购了什么，供应商可以精确地知道什么时候运送原料来满足需求，使之可以减少手头的库存，这就降低了公司的运输成本，使其更具有竞争力。例如，沃尔玛与宝洁公司和其他生产商交换有关库存量和产品获取性的数据，因而建立了伙伴关系，使所有它的供应链成员的竞争优势机会最大化并获取利益。由于因特网提供了必需的积极合作和沟通，供应链的管理得到了加强。

（2）分销渠道的三个要素。

①起点是生产者，终点是消费者（生活消费）和用户（生产消费）。

②参与者是商品流通过程中各种类型的中间商，包括各种批发商、零售商、商业服务机构（如经纪人、交易市场等）。

③前提是商品所有权的转移。

（3）分销渠道的类别。

①根据有无中间商参与交换活动，可以分为两种最基本的销售渠道类型：直接分销渠道和间接分销渠道。

一是直接分销渠道。指生产者将产品直接供应给消费者或用户，没有中间商介入。直接分销渠道的典型形式是：生产者—消费者或用户，是工业品分销的主要类型。一般使用复杂有较高技术性的大型设备、专用工具等需要提供专业咨询服务的产品，都采用直接分销；消费品中有部分也采用直接分销类型，例如鲜活商品等。

二是间接分销渠道。指生产者经由一个或数个中间商将商品间接供应给消费者或用户，中间商介入交换活动。间接分销渠道的典型形式是：生产者—批发商—零售商—个人消费者（少数为团体用户）。现阶段，我国消费品需求总量和市场潜力很大，且绝大多数商品的市场正逐渐由卖方市场向买方市场转化。与此同时，对于生活资料商品的销售，市场调节的比重已显著增加，工商企业之间的协作已日趋广泛、密切。因此，如何利用间接渠道使自己的产品广泛分销，已成为现代企业进行市场营销时所研究的最重要的课题。

②宽渠道与窄渠道。渠道宽窄取决于渠道的每个环节中使用同类型中间商数目的多少。

企业使用的同类中间商多，产品在市场上的分销面广，称为宽渠道。如一般的日用消费品毛巾、牙刷、保温瓶等，由多家批发商经销，又转卖给更多的零售商，能大量接触消费者，实现大批量地销售产品。

企业使用的同类中间商少，分销渠道窄，称为窄渠道。它一般适用于专业性强的产品，或贵重耐用的消费品，由一家中间商统包，几家经销。它使生产企业容易控制分销，但市场分销面会受到一定限制。

③单渠道和多渠道。

当企业全部产品都由自己直接所设置的门市部销售，或全部交给批发商经销，称之为单渠道。

多渠道则可能是在本地区采用直接渠道，在外地则采用间接渠道；在有些地区独家经销，在另一些地区多家分销；对消费品市场用长渠道，对生产资料市场则采用短渠道等。

（4）创业者如何设计分销渠道？分销渠道设计的目标是，要尽可能让分销渠道顺畅、便利、易于控制，有利于开拓市场、提高市场占有率，还需要具备较好的经济性和市场覆盖面、市场覆盖密度。

分销渠道的一般设计步骤如下。

①确定渠道模式。企业分销渠道设计要决定采取什么类型的分销渠道，是派推销人员上门推销或以其他方式自销，还是通过中间商分销。如果决定中间商分销，还要进一步决定选用什么类型和规模的中间商。

②确定中间商的数目。即决定渠道的宽度。这主要取决于产品本身的特点，市场容量的大小和需求面的宽窄。通常有四种可供选择的形式。

一是密集型分销。运用尽可能多的中间商分销，使渠道尽可能加宽。消费品中的便利品（如卷烟、火柴、肥皂等）和工业用品中的标准件、通用小工具等，适于采取这种分销形式，以提供购买上的最大便利。

二是独家分销。在一定地区内只选定一家中间商经销或代理，实行独家经营。独家分销是最极端的形式，是最窄的分销渠道，通常只对某些技术性强的耐用消费品或名牌货适用。独家分销对生产者的好处是，有利于控制中间商，提高他们的经营水平，也有利于加强产品形象，增加利润。但这种形式有一定风险，如果这一家中间商经营不善或发生意外情况，生产者就要蒙受损失。

采用独家分销形式时，通常产销双方议定，销方不得同时经营其他竞争性商品，产方也不得在同一地区另找其他中间商。这种独家经营妨碍竞争，因而在某些国家被法律所禁止。

三是选择性分销。这是介乎上述两种形式之间的分销形式，即有条件地精选几家中间商进行经营。这种形式对所有各类产品都适用，它比独家分销面宽，有利于扩大销路，开拓市场，展开竞争；比密集性分销节省费用，较易于控制，不必分散太多的精力。有条件地选择中间商，还有助于加强彼此之间的了解和联系，使被选中的中间商愿意努力提高推销水平。因此，这种分销形式效果较好。

四是复合式分销。生产者通过多条渠道将相同的产品销售给不同的市场和相同的市场。这种分销策略有利于调动各方面的积极性。

③规定渠道成员彼此的权利和责任。在确定了渠道的长度和宽度之后，企业还要规定出与中间商彼此之间的权利和责任，如对不同地区、不同类型的中间商和不同的购买量给予不同的价格折扣，提供质量保证和跌价保证，以促使中间商积极进货。还要规定交货和结算条件，以及规定彼此为对方提供哪些服务，如产方提供零配件、代培技术人员、协助促销；销方提供市场信息和各种业务统计资料。在生产者同中间商签约时应包括以上内容。

（5）分销渠道的影响因素。

①市场因素。

目标市场范围。市场范围宽广，适用长、宽渠道；反之，适用短、窄渠道。

顾客的集中程度。顾客集中，适用短、窄渠道；顾客分散，适用长、宽渠道。

顾客的购买量、购买频率。购买量小，购买频率高，适用长、宽渠道；购买量大，购买频率低，适用短、窄渠道。

消费的季节性。没有季节性的产品一般都均衡生产，多采用长渠道；反之，多采用短渠道。

竞争状况。除非竞争特别激烈，通常，同类产品应与竞争者采取相同或相似的销售渠道。

②产品因素。

物理化学性质。体积大、较重、易腐烂、易损耗的产品适用短渠道或采用直接渠道、专用渠道；反之，适用长、宽渠道。

价格。一般地说，价格高的工业品、耐用消费品适用短、窄渠道；价格低的日用消费品适用长、宽渠道。

时尚性。时尚性程度高的产品适宜短渠道；款式不易变化的产品，适宜长渠道。

标准化程度。标准化程度高、通用性强的产品适宜长、宽渠道；非标准化产品适宜短、窄渠道。

技术复杂程度。产品技术越复杂，需要的售后服务要求越高，适宜直接渠道或短渠道。

③企业自身因素。

财务能力。财力雄厚的企业有能力选择短渠道；财力薄弱的企业只能依赖中间商。

渠道的管理能力。渠道管理能力较强和经验丰富的企业，适宜短渠道；渠道管理能力较低的企业适宜长渠道。

企业控制渠道的愿望。愿望强烈，往往选择短而窄的渠道；愿望不强烈则选择长而宽的渠道。

④中间商因素。

合作的可能性。如果中间商不愿意合作，则只能选择短、窄的渠道。

费用。如果利用中间商分销的费用很高，则只能采用短、窄的渠道。

服务。中间商提供的服务优质，企业采用长、宽渠道；反之，只有选择短、窄渠道。

⑤环境因素。

经济形势。经济萧条、衰退时，企业往往采用短渠道；经济形势好，可以考虑长渠道。

有关法规。如专卖制度、进出口规定、反垄断法、税法等。

4.3.3.4　客户关系

（1）客户关系的定义。客户关系指的是企业为达到其经营目标，主动与客户建立起的某种联系。

客户关系可能是单纯的交易关系，也可能是通信联系，也可能是为客户提供一种特殊的接触机会，还可能是为双方利益而形成某种买卖合同或联盟关系。

初创型企业必须要对客户关系管理（customer relationship management）有足够的重视。

（2）客户关系的特征。客户关系具有多样性、差异性、持续性、竞争性、双赢性的特征。它不仅可以为交易提供方便，节约交易成本，还可以为企业深入理解客户的需求和交流双方信息提供一定机会。

（3）客户关系的重点类型。

①买卖关系。一些企业与其客户之间的关系维持在买卖关系水平，客户将企业作为一个普通的卖主，销售被认为仅仅是一次公平交易，交易目的简单。企业与客户之间只有低层次的人员接触，企业在客户企业中知名度低，双方较少进行交易以外的沟通，客户信息极为有限。

客户只是购买企业按其自身标准所生产的产品，维护关系的成本与关系创造的价值均极低。无论是企业损失客户还是客户丧失这一供货渠道，对双方业务并无太大影响。

②供应关系。企业与客户的关系可以发展成为优先选择关系。处于此种关系水平的企业，销售团队与客户企业中的许多关键人物都有良好的关系，企业可以获得许多优先的甚至独占的机会，与客户之间信息的共享得到扩大，在同等条件下乃至竞争对手有一定优势的情况下，客户对企业仍有偏爱。

在此关系水平上，企业需要投入较多的资源维护客户关系，主要包括给予重点客户销售优惠政策、优先考虑其交付需求、建立团队、加强双方人员交流等。此阶段关系价值的创造主要局限于双方接触障碍的消除、交易成本的下降等“降成本”方面，企业对客户信息的利用主要表现在战术层面，企业通过向客户让渡部分价值来达到交易长期化之目的，可以说是一种通过价值向客户倾斜来换取长期获取价值的模式，是一种“不平等”关系，客户由于优惠、关系友好而不愿意离开供应商，但其离开供应商并不影响其竞争能力，关系的核心是价值在供应商与客户之间的分配比例和分配方式。

4.3.3.5 价值配置

（1）价值配置的定义。价值配置指企业对所拥有的资源的分配以及经营活动的安排。

（2）价值配置的原理。价值必须配置，因为战略就是定位，定位就是选择，选择就是放弃。

价值不可兼得，资源不可并用，这就是商业模式及其价值配置原理。

4.3.3.6 核心能力

（1）核心能力的定义。核心能力指公司的主要能力，即是公司在竞争中处于优势地位的强项，是其他对手很难达到或者无法具备的一种能力。

聚焦核心能力，企业核心能力可以给企业带来长期竞争优势和超额利润。

（2）核心能力的五个特点。

①价值性。核心竞争力富有战略价值，它能为顾客带来长期性的关键性利益，为企业创造长期性的竞争主动权，为企业创造超过同业平均利润水平的超值利润。

②独特性。又称独具性，即企业核心竞争力为企业独自所拥有。同行业中几乎不存在两个企业都拥有准确意义上相同或相似的核心竞争力。

③延展性。它有力支持企业向更有生命力的新事业拓展。这种能力是一种应变

能力，是一种适应市场不断变化的能力。

④难以模仿和不可替代性。由于企业核心竞争力是企业内部资源、技能、知识的整合能力，常常难以让竞争对手模仿和替代，否则，其独特性自然也就不具备了，竞争优势也相应丧失。例如，索尼公司的产品创新特别是小型化的能力；松下公司的质量与价值的协调能力；海尔公司的广告销售和售后服务能力；科隆公司的无缺陷制造和销售产品的能力等。

⑤长期性。核心竞争力的培育建设取决于长期积累的经验、教训、知识、理念，需要一个漫长的过程，绝不可能一蹴而就。

4.3.3.7 合作伙伴网络

（1）合作伙伴网络的定义。合作伙伴网络是企业与其他企业之间，为了有效地提供有价值的项目和产品并实现其商业化而形成的各种合作关系的网络。

（2）高效率打造合作伙伴网络。为了商业模式的有效运转，一些资源需要从企业外部去获得。企业在创立初期，尤其需要供应商等合作伙伴的助力和配合。创业者需要认真考虑：我们比较重要的合作伙伴有哪些？谁是我们的关键供应商？我们正在从合作伙伴那里获取哪些核心资源？合作伙伴都执行了哪些关键业务？

在市场经济时代的商品社会，商业利益上保持较好相关性、发展性的合作伙伴之间，才有可能缔结稳固、长久的合作关系。为合作伙伴考虑，让利于合作伙伴，切实让合作伙伴得到好处，以双赢、多赢的宗旨去发展与合作伙伴之间的关系，是持续吸引到优质合作伙伴的重要前提。

4.3.3.8 成本结构

（1）成本结构的定义。成本结构是工厂成本中各个成本项目的数额占全部工厂成本数额的比重，即产品（劳务或作业）成本的构成情况，一般用百分数表示。

比如，IBM的研究开发费用占总成本的7.27%，几乎是惠普的2倍；IBM每实现1美元的销售收入，花费85美分，比惠普少花8美分。这正是马克·赫德（Mark Hurd）“仍然必须削减成本结构”的原因。

成本结构可以反映产品的生产特点，从各个费用所占比例看，有的大量耗费人工，有的大量耗用材料，有的大量耗费动力，有的大量占用设备引起折旧费用上升等。

（2）成本结构的影响因素。成本结构在很大程度上受到技术发展、生产类型和生产规模的影响。如采掘业的产品成本结构，生产工人工资的比重较大；而机械制造业的产品成本结构，原材料费用的比重较大。同一生产部门的产品，由于生产技术水平的高低，成本结构也会受到影响。机械化程度较高的企业、车间，产品成本中车间费用的比重就比较大。

惠普的CEO马克·赫德说“我们正在努力使成本结构更低”，说的是他作为CEO加盟惠普第一年所做的一项主要工作。他又说“公司仍然要削减成本结构，才更能盈利和增长”，说的是他两年后对惠普的成本结构还不满意。

惠普的竞争对手——联想的高级副总裁兼大中华区总裁陈绍鹏说：“联想的成本结构还不合理。为了提高运营效率，这是联想作出的艰难决定。”他指的是，联想上个月宣布的全球裁减 1 400 名员工。

如果你是马克·赫德，就需要看一看，产品成本超过了总成本的六成，是不是有点多了？能否提高生产效率，降低产品成本？销售行政及管理费位居第三位，是研究开发费的 3 倍，是不是有点多了？研究开发费是不是有点少了？

分析成本结构可以帮助经理人看清楚，在他管理的团队、业务、公司中，哪部分花的钱多了，哪部分少了。

它帮助经理人看清楚，实现 100 元（或者 1 元）的销售收入，需要投入多少钱的成本费用。比如惠普每实现 100 美元的销售收入，就得投入 93 美元，每 1 美元销售需要花费 93 美分来获得。

它帮助经理人看清楚，自己与竞争对手有没有差距，差距在哪里。虽然从销售收入看，惠普曾经一度超过了它的竞争对手 IBM，取代它成为世界上最大的信息技术公司，但是从成本结构看，它与 IBM 还有一定的差距。

4. 3. 3. 9　收入模型

（1）收入模型的定义。收入模型是企业通过各种收入流来创造财富的模型，是企业通过其解决方案、产品和服务货币化的系统设计。

（2）正确理解收入模型的内涵。作为商业模式的关键组成部分，收入模式是企业赚钱的商业计划，它描述了企业如何从它为客户创造的价值中产生收入流。

有许多不同类型的收入模式。每个创新公司都发明了自己独特的收入模式。强大且创新的收入模式对于早期创业公司非常重要，因为他们的投资者通常非常关注投资回报。

创业者需要关注自己的企业从每个客户群体中获得的现金收入，需要定期考虑与收入模型相关的一些问题：是什么样的价值能真正让客户愿意买单？目前客户付费买单的是买什么？他们如何支付费用？每一个收益来源的收益数额占总体比例多少？

4. 3. 3. 10　资本增值

（1）资本增值的定义。

①资本增值的狭义定义。指现有资产价值减除购入时之价格，所赚取或损失之价值。即当基金持有的可变卖资产（如股票、债券其他有价证券），在脱手时，其卖价高于原先购进成本，即产生利润，此利润为已实现的资本利得。

②资本增值的广义定义。指随着企业生产经营规模的不断扩大，将增值的一部分作为积累再投入到扩大再生产中去，如此周而复始、良性循环，积累不断增加，促进企业发展壮大的过程。

（2）资本增值率。资本增值率即资本保值增值率，是指企业本年末所有者权益扣除客观增减因素后同年初所有者权益的比率。该指标表示企业当年资本在企业自身的努力下的实际增减变动情况，反映了企业资本的运营效益与安全状况，是评价企业财务效益状况的辅助指标。

资本增值率计算公式为：

资本增值率 =（年末所有者权益÷年初所有者权益）×100%

这一指标是根据资本保全原则设计的，反映企业资本的保全和增值情况。它充分体现了对所有者权益的保护，能够及时、有效地发现所有者权益减少的现象。该指标越高，说明企业资本保全状况越好，所有者权益增长越快，债权人的权益越有保障，企业发展后劲越强。

4.3.4　商业模式的特征

4.3.4.1　全面性

商业模式是对企业整体经营模式的归纳总结。在企业层面，创业者必须关注企业的整体发展方案和发展目标，在各个不同的管理职能分类上设想可行的经营方案；在企业经营的基础层面，创业者需要制定必要的方案引导基层员工的操作。因此，商业模式的全面性反映了创业者是否对创业发展中遇到的各类问题进行了全面的思考，是否准备了相应的对策。缺乏全面性的商业模式或许在某一方面相当诱人，但是由于创业者忽略了支持其内在营利性的某些要素，这种诱人的商业模式可能根本无法实现。

全面性并不意味商业模式需要包含经营管理中所有琐碎的事务。商业模式需要提取更为重要的要素，进行归纳，这对企业的整体发展具备更强的指导意义。

4.3.4.2　独特性

成功的商业模式应具有独特的价值，可以表现在创业者能够让客户用更低的价格获得同等的价值，或者用同样的价格获得更多的价值，抑或向客户提供额外的价值，从而保证市场的占有率。例如，拼多多瞄准了被某东、某宝“轻视”的三四五线城市人群，以低价的方式大量拉取用户，借助电商拼团、砍价这种简单直接、病毒式的营销模式，再利用QQ、微信流量的分享助攻，拼多多的各种砍价互助群跟着应运而生，几乎没打什么广告就吸引了大批用户，最终拼多多在2019年成交额突破了万亿元大关。

商业模式独特价值的根本来源是创业者所拥有的独特资源和基于资源独特性所构建的发展战略，这一战略包括市场经营层面的竞争战略，包括独特的营销方案及分销渠道，也包括未来可行的公司层面发展战略。

4.3.4.3　难以模仿性

成功的商业模式必然是难以模仿的，一个即使再全面、再独特，但易于被他人模仿的商业模式也难以维系，因为迅速跟进的追随者很快就会使企业的盈利能力大大下降。因此，难以模仿的商业模式意味着企业的经营模式是可持续的，创业者不用太早陷入行业竞争的漩涡中，而是在一定时间内可以通过有效的手段维持企业的成长速度。

商业模式的难以模仿性体现在以下方面。

（1）难以模仿的要旨。企业的商业模式要充分发挥先行者的优势，让后进入者的获利可能降至最低，这样追随者对模仿现有商业模式的兴趣就不会很大，从而，创业者可以尽可能减少未来面临的同类产品的市场竞争。

（2）越注重细节，越难以模仿。为了实现难以模仿的商业模式，创业者也需要注重细节。只有执行到位，注重每一个细节，这一特定的商业模式才是竞争对手难以模仿的。当然，如果有必要，创业者也需要及时抓住知识产权等自我权益保护的有力武器，来防止他人的模仿。

我们知道商业模式是企业通过整合资源和能力，进行战略规划，充分开发创业机会，以实现利润的内在逻辑。

全面性、独特性、难以模仿性，这三个基本属性构成了商业模式的基本属性特征。

对于成功的商业模式来说，这三个属性之间的关系类似于通常意义上的木桶效应，任何一个层面存在短板都会对商业模式造成重大伤害。因此，创业者在准备创业时，尤其需要警惕那些在其他层面特别突出，但是在某一个层面上存在缺憾的商业模式。

第 5 章　创业项目的实施

【开篇案例】从马云和任正非看创业的试错过程①

创业是一个试错过程，是一个学习过程。对于那些胸怀大志的企业家来说更是如此。行业选择是一种创业政策，它深刻影响企业未来可能成长为什么样。

1. 选择容易生存的行业还是有发展前途的行业。

创业选择容易生存的行业还是有发展前途的行业，取决于企业家的勇气和抱负。选择容易生存的行业，企业会由于进入门槛低，模仿和同质化严重，面临激烈的低水平的价格竞争，最终反而可能使企业陷入长期的生存困境。而选择更有发展前途的行业，企业马上就会面临行业巨头的竞争，这使得企业生存成为最紧迫的问题。但如果能在有发展前途的行业中生存下来，一家伟大的企业可能会就此诞生。因此，这种创业选择是需要勇气的。

在创业的产业选择问题上，华为公司的任正非总裁曾说过：最初之所以选择通信产业，完全是出于幼稚，只知道通信产业是一个非常大的产业，在这样大的产业中，我们怎么还不能在其中占一小块市场？只要能占一小块市场，就够我们活的了。

当时政府为了加快通信这种重要的基础设施的发展，采取了向世界通信巨头开放中国的通信市场的政策，几乎世界上所有著名的通信设备公司都进来了。那么，任正非的这种判断是幼稚还是有远见？显然，不能说是出于幼稚的盲目乐观，其中蕴含着远见和宏伟的目标。

他同时也补充道：没想到通信市场是一个遵循国际通信标准的这么规范的市场，但是进去了就别无选择了，只有坚持做下去。通信设备是一个高技术行业，任正非也不是通信行业专家，他凭借着凑来的 21 000 元就敢选择通信设备市场创业，胆量真是不小。当然，当时的中国通信市场还在起步阶段，既有一、二线城市以及 300 多个本地网这样的大型网络，需要装备上千门甚至万门的交换机；也有分布于三、四线城市和广大农村地区的市场，这些市场客户的需求是几十门甚至几百门的用户机，非常适合华为这样的初创公司经营。

2. 创业是个试错过程。

有雄心壮志的企业家在创业的时候，一定是选择或者在创业过程中找到了发展

① 资料来源：作者根据《管理政策》（黄卫伟著，中信出版集团 2022 年出版）等相关资料编写。

前途的大市场，同时在其细分市场上先活下来。马云在创业时最终选择了电子商务，创立了阿里巴巴，成功地开启了企业对企业（B2B）模式，树立了“让天下没有难做的生意”的使命，这是一个典型的试错和学习过程，我们从中可以得到重要的启示。我们说创业是个试错的过程，试错可以是失败的经历，也可以是对企业发展方向的探索。以下是对马云最终创立阿里巴巴的创业试错过程的概述和评论。

第一次试错：互联网可能有戏。1992 年，当时还是杭州电子工学院（后改名为杭州电子科技大学）的一名英语教师的马云下海经商，创办了海博翻译社，在很长时间内，这个翻译社入不敷出，马云这个老板必须经常到各种市场里批发小商品再零售以维持它。

创办这个小得不能再小的商业机构，说明此时的马云已经很有走出学校闯一闯的想法了。1995 年，马云被杭州郊县的一家公司聘为代表，与美国合作方谈判一项投资，来到了西雅图。在西雅图的一所大学里，在朋友的帮助下第一次接触了电脑，他给他的海博翻译社做了一个简陋的网页放到互联网上，几个小时里接到了 5 封电子邮件。这 5 封电子邮件都说，他们有事情要与他合作。马云当时在想，这个东西可能会有戏。

我们可以想见，如果不是下海创办了海博翻译社，开始有了商业意识，马云不会在第一次接触互联网时就产生了用它做生意的念头。但对马云来说，显然海博翻译社不是个合适的生意载体。

第二次试错：互联网是用来赚钱的工具，但从什么客户那里能赚到更多的钱呢？从西雅图回来的马云显然沉浸在互联网给他带来的巨大冲击中，他决定用互联网这个工具创业了。1995 年 4 月，他创建了中国黄页公司。显然，马云的想法是，把自己的公司做成类似于电话号码黄页一样的公司，把中国公司的网址像黄页中的电话号码一样一个个地搬到互联网上去，介绍给世界。马云一直把中国黄页的这段经历说成是成功的经历。这段最初的互联网传奇故事基本上决定了马云之后在互联网领域闯荡的线索：互联网企业要赚钱，为中小企业服务是盈利的最好途径。同时，中国黄页的经历为自称不懂电脑的马云聚集了一批铁杆伙伴，这里面就有阿里巴巴的 18 位创业元老。另外，由于中国黄页起步的领先和之后的出色经营，马云给整个互联网行业留下了深刻的印象，而他的很多机会也正是从这里来的。

第三次试错：未来网站的架构和经营理念是什么样的？1997 年，马云被当时的外经贸部选中，带着他中国黄页的 8 个伙伴，赴北京构建外经贸部的官方网站。该网站实际上是一个封闭的内部网站，由外经贸部下属的中国国际电子商务中心主持，不是真正意义上在互联网上开放的网站。对网站性质的争论促使马云和他的团队在完成此项目后，接着去做了外经贸部的另外一个项目——网上中国商品交易市场。该网上交易市场开展得比较成功，但对马云来说，更重要的是未来网站的初步架构和思想开始成形，并得到了初步验证。网上中国商品交易市场网站中的很多想法和要素，比如说搜索引擎、商品分类、客户交费等，都是构成后来阿里巴巴的核心要素。可以说，网上中国商品交易市场就是阿里巴巴的一个雏形。特别是，马云和他的团队发现，他们当时作为对客户的一个增值服务而设立的电子公告牌系统

(BBC) 论坛，在整个运作过程中特别活跃，这几乎就是接下来他们做阿里巴巴从BBC 的公告牌开始的原因。但中国商品交易市场也不是一个完全市场化的交易市场，两年的北京之行对马云和他的团队来说，是一次不成功的实践。所以，到 1998 年底，马云决定回杭州再去开创一项自己的事业，他发誓一定要建立一家伟大的公司。

第四次试错：电子商务是别人还没有走过的路，出路在何方？返回浙江杭州再创业，使马云他们离后来的主要客户——大量的民营中小型企业更近，“离钱更近”了。但是新公司从哪里起步呢？它的生意模式是什么呢？它吸引和凝聚人才的使命是什么呢？它叫什么名字呢？经过讨论，他们决定成立一家基于互联网、立足于商业的网络公司，这是他们在中国黄页和外经贸部的两段经历决定的，新公司的起步先以 BBC 形式来实现，把商人聚集起来从中寻找生意机会，这个想法来自中国商品交易市场网站的实践。关于新公司要采取的生意模式，在互联网的先行国家美国，已经有公司用自己的行动给电子商务领域定出了初步方向，在后来被定义为企业对个人（B2C）领域，著名的网上购物平台亚马逊已经有了相当规模的业务收入，得到资本市场的认可；在个人对个人（C2C）领域，易贝（eBay）也已经走出了自己的道路；只是在 B2B 领域，美国的先行经验是不成功的，而这恰恰成为马云为新公司选择的方向。浙江是民营中小企业扎堆的地方，新公司就是要让天下没有难做的生意。而新公司叫什么呢？为了这个名字，马云苦恼了很久，最终突发奇想，发现阿里巴巴的故事被全世界人所熟知，而且“阿里巴巴”的中文与外文发音一样，那为什么不用此作为新公司的名字呢？因此，他们决定用“阿里巴巴”作为新公司的名称。

3. 孔子登东山而小鲁，登泰山而小天下。

纵观阿里巴巴的创业历程，公司的创始者们从第一次接触互联网，打开了生意的想象空间；到第二次试错，认识到互联网是用来赚钱的，为中小企业服务是盈利的最好途径；再到第三次试错，使未来网站的初步架构和思想得以成形；最后到第四次试错，解决的是创办阿里巴巴，选择 B2B 的生意模式，明确定义公司的使命是“让天下没有难做的生意”。他们一次比一次站得高，一次比一次看得远，一次比一次更接近生意的本质。这正有点儿像俗话所说的：孔子登东山而小鲁，登泰山而小天下。

为了充分激发发展潜力而选择更有前途的行业，会增加失败的风险和不确定性。怎么规避大的风险呢？《华为基本法》中写道：“顺应技术发展的大趋势，顺应市场变化的大趋势，顺应社会发展的大趋势，就能使我们避免大的风险。”笔者的建议是：创业要在发展前途大的行业里求生存。这也是任正非始终强调“活下去”是最低纲领的原因，“剩者”为王。

思考题：

1. 创业是一个试错过程，是一个学习过程。你怎么理解这句话？

2. 你认为当今时代有哪些技术发展、市场变化和社会发展的大趋势？请分别举例说明。

5.1 创业项目起步

5.1.1 创业项目的来源

创业项目必须首先要存在，而存在的项目只有经过生的过程才能使项目真正产生。而项目只有靠创新和独特的优势才能够生存发展。因此，项目不是通过选择、空想和猜测来确定的，而是来源于已经存在的项目。创业项目都要经历一个漫长的孕育、出生、发育、成长的过程。

创业项目的来源很多，需要学习、总结和创新。常见的创业项目来源路径有以下方面。

5.1.1.1 问题

要善于发现问题、思考问题，把问题作为创新的机会点，某个产品或服务的缺陷就可能是一个创业的好项目。要改变观念，从存在的项目中发现问题，并挖掘出新的项目。

5.1.1.2 整合

要善于发现各种项目资源的优势、劣势及其相互之间的关联，对此加以整合，并根据市场需求的变化，把两个或两个以上的项目加以整合，从而产生一个全新的项目。

5.1.1.3 借势

学习和研究政策时势，从政策中发现机会点，从而产生新的创业项目。也可以借助时代趋势或市场中某一种强大的势力，获得相应的力量，从而产生新的创业项目。

5.1.1.4 挖掘

挖掘自身资源优势，抓住市场需求热点，寻找能够满足市场需求的现有项目之外的其他路径，并对其加以改进、提升，从而产生一个新的项目。或者通过现有存在项目的隐蔽资源，经过转化而产生新的项目。

5.1.1.5 兴趣

兴趣是最好的老师，兴趣能激发创业者源源不断的内生创造力。以自身的兴趣为出发点，针对与兴趣有关的特定事物、活动、人为对象，客观分析自身对这些对象所产生的积极倾向和选择性的态度，从而产生一个有市场需求和商业价值的新项目。

5.1.1.6 优势

通过与其他项目的比较，从最强的市场优势出发，去挖掘、发现市场价值新的突破，从而产生出新的项目。

5.1.1.7 揭示

清晰地去观察混沌事物的表面现象，深入事物本质，发现其中所隐含的价值，并加以创新，从而产生一个新的项目。

5.1.1.8 入链

对现有产业链条进行分析、研究，选择进入一个成长性产业链条中，并发现其中的某些空缺环节，从而产生一个新的产业链环节，即一个新的项目。

5.1.2 创业项目的选择原则

正确选择合适的创业项目，是成功创业的重要基础。每位创业者都知道项目选择的重要性，但是对于如何正确选择创业项目和把握时机却不太专业。创业投资项目从计划到实施能否顺利进行，很大程度上取决于此创业项目能否吸引各种风险投资。因此，创业者必须要严谨对待项目的选择，依据自身的优势条件和能力对项目行业进行细致对比和分析。创业者如何把握行业趋势，选择有足够发展潜力的创业项目，实现成功创业，一般需要遵守以下几个原则。

5.1.2.1 符合国家产业政策的原则

如果一个创业项目符合国家的产业导向，它成功的概率将会大大提高，反之则很容易失败。因此，创业者要想成功开创一番事业，必须要知道国家和所在地区目前扶持鼓励哪些行业的发展，以及国家不允许或限制创业的行业。国家重点鼓励扶持的产业，将会给予政策和经济上的支持，产业投资明确限制的项目一定要回避。创业者选择了政策扶持的行业，对于企业的发展会起到不可估量的作用。此外，国家和当地政府出台的贷款利率、办公场地租赁等相关优惠政策等也需要核查清楚，确保资金等资源更为充足。

5.1.2.2 市场原则

创业项目要以满足市场需求为前提，市场需求量一定要足够大，发展前景广阔，有足够的市场规模。投资项目不是凭空想象，必须从社会市场需求出发。了解社会需求，必须要做详细严谨的市场调研。目前，风险投资和孵化器一般比较青睐有较高技术含量的创业项目，比如，网络技术、新材料、新能源、生物医药等，这类项目的技术含量高，发展前景较好。

同时，这类项目因为具有比较高的技术门槛，不容易被他人模仿和跟随，也就将一些竞争对手拦在了门外，对创业项目的未来发展也有好处。

5.1.2.3 独特性、差异化原则

追求新奇特，寻找市场空白，做别人没有的东西，在经济学理论上称创造需求。风险投资寻找的就是一些有新意的或者从来没有出现的项目。如果一个创业项目没有独特之处，不具备与其他类似项目明显的差异点、区分点，很难吸引到风险投资。但是，创新和差异化也要植根于真实的生活，是市场所必需的产品或服务。创新和差异化必须坚持以正为合，以奇为胜。离开正，何以谈奇。无本之木，何以生存。项目的选择也是这样。

5.1.2.4 效益原则

效益原则讲求的是投资项目要具有较高的投入产出比，即投资要讲究一定的回报率。创业投资并不是盲目的乱投资，它对项目可行性的要求非常高。风险投资是一种追求高利润回报率的金融行为，投资者在认同项目极高的投资回报率的前提下，才会愿意承担风险，给予投资。

5.1.2.5 充分利用优势的原则

选择的项目要能充分利用当地资源优势和创业者自身优势。选择自己熟悉并拥有资源优势的项目，不盲目追求社会经济热点，以避免决策失误，浪费资源和投资。同时，创业者要能够利用自身优势与当地资源进行良好的对接，还能够基于自身的才能，保证拥有优秀的管理团队、规范的财务和行政管理制度。这些优势都是创业项目准确选择的前提条件。能充分发挥自己的长处和优势，并且选择自己有兴趣、很熟悉、比较有实践经验的行业，创业就更有可能成功了。

5.1.2.6 熟悉原则

要对创业相关行业有所了解，才能更精准地把握住行业发展规律，甚至具备一定的前瞻眼光，预计行业的未来发展。不能看哪个行业特别挣钱，就一头扎进去，否则到最后，大概率会因为不了解行业规则和搞不清行业发展方向而“扑街”。所以，最好选择自身切实了解过的行业。如果觉得自身所学专业的发展前景不错的话，可以选择和专业有关的行业。

5.1.2.7 兴趣原则

一个人若对某一件事很感兴趣，就会对这件事拥有很高的激情和热情，就会全身心地投入进去。这一点放在创业上同样如此。如果选择了一个自己完全没兴趣的行业的话，那就像是在上自己不喜欢的课程，完全是在熬时间，而且工作效率多半不理想。所以，创业者要选择自己喜欢和感兴趣，能最大限度发挥自身激情的行业。

5.1.2.8　短时间有成效原则

大学生创业虽然有着很多先天优点，却同样有着很严重的缺点，那就是严重缺乏实践经验。大学生毕竟不是社会人士，更不是在某个行业摸爬滚打了很久的专业人士，所以大学生们大多只是拥有读万卷书的理论，缺乏行万里路的实践经验。因此，在创业中遇到的很多事情，大学生都只能靠主观的“想法”和“猜测”去做决定。

因此，大学生创业最好选择能短时间看到成效的行业，实践出真知，这样才可以迅速试错，较快验证自身想法的对错，及时纠正和调整思路。

5.1.2.9　小成本、轻资产原则

除了经验这个缺陷外，大学生创业者们大多也缺乏资金。虽然会有学校、政府和银行的各项补贴和支持，但是，创业开端需要的资金并不少。店铺租金、员工工资、设备和材料采购、装修预算……

所以，对于大学生来说，最好选择小成本、轻资产的行业。可以把小成本行业的创业当成是积蓄资金和经验的过程，等资金足够了，再考虑做大做强，或者转行。

5.1.2.10　量力而行原则

创业是一种价值风险投资，创业者必须量力而行，尽可能稳健发展。应该尽量规避风险较大的创业项目，聚焦投资风险较小、运营规模较小的创业项目，先稳妥起步，积少成多，由小到大，滚动发展。

5.1.2.11　发展前景原则

当前社会发展迅速，日新月异，关于新生行业的崛起和老牌行业没落的新闻屡见不鲜，最好选择拥有未来市场，或者短时间内不会被淘汰的行业。

（1）互联网服务行业。最近几年，互联网行业正在以迅猛的速度改变着以前的传统行业，而它们巨大的吸金能量和对人才的巨大需求和渴望，也使得这两年互联网企业的涨薪速度曲线几近陡直向上。互联网本身是个瞬息万变的大行业，不同的行业的热门程度往往与所在行业的垄断程度、发展速度和从业公司数量有关，目前较为热门的有互联网金融、电商、视频、搜索等，像数据开发、云计算、搜索、移动互联网等热门领域都有大量的高薪工作需求。

（2）医疗健康行业。人口的老龄化和生活的日趋富裕，将使医疗卫生成为 21 世纪初最赚钱的行业之一，不仅是医生和护士，营养学家、家庭护士、维生素制造商、按摩师和针灸师都将成为热点职业。

（3）教育行业。教师这一行业，是一种脑力劳动，是以人为本，以人的成长为核心的工作。国家的发展，希望在教育；国家的富强，长远基础在教育。教育是不可不提的重要领域，教育是不能不做的最重要的工作之一。基于此，中国的教育，今后五年、十年或更长时间，都将是最重要的行业之一。国家对于教育的投入，只

会增加；教师的前景，肯定是水涨船高，越来越好。

（4）环境保护行业。开展环境保护工作是国家和社会实现可持续发展的技术支持与物质基础，是改善环境质量，保护人们身体健康和全面建设小康社会的重要手段，是扩大内需，吸纳就业人员和国民经济发展中新的增长点，是当代的一项朝阳产业。

（5）新能源行业。煤炭、石油和天然气等传统型的能源在使用时会大量排放二氧化碳、二氧化硫、氮氧化物等化合物，带来严重的环境污染和气候变化问题。同时，清洁能源的储量丰富。据统计，全球水能资源超过 100 亿千瓦，陆地风能资源超过 1 万亿千瓦，太阳能资源超过 100 万亿千瓦，仅开发其中 0.05% 就可以满足未来人类社会的能源需求。以上数据表明，传统的能源发展方式难以为继，清洁能源取代化工能源将是大势所趋。

创业者只有遵循上述创业项目的选择原则，再根据创业项目的选择条件和程序要求，发现商机，确定适宜的创业项目，才有可能创业成功、实现梦想、创造奇迹。

【延伸阅读】舞指科技，从东北大学走出来的创业品牌①

致力于打造生物电信号领域的 Neuralink（马斯克创立的脑机接口领域全球龙头企业），通过基于生物电信号的神经接口，随时随地控制智能设备，成为万物互联的基础设施之一。公司构建了国际领先的从信号处理的 SIP 封装芯片到算法、数据库的一整套核心壁垒，对比国际当前行业指标提升 10 倍以上，解析动作数量突破 1 000种，准确率达到 90% 以上。

公司作为冬奥会独家官方手语转换与翻译供应商，产品入选我国《残疾人基本辅助器具指导目录》，为来自各国的聋人和听人提供跨国界、无障碍的沟通服务。与小米集团、科大讯飞等名企携手打造全球最大的中文手语数据库。

公司天使轮获洪泰基金（工商已变更）及科大讯飞（协议已签订）数百万元战略投资，当前估值超两亿元，Pre－A 轮融资获陆奇博士（华人在全球科技圈前最高职位，微软全球前副总裁，百度前总裁）领衔的奇绩创坛、顺为、英诺天使基金等一线机构 TS（投资意向书）。

公司产品已应用于 AIOT（AI＋物联网）、VR、AR、助残、军工（快速响应）等多个领域，已和小米集团、科大讯飞、新松机器人、中易康复、中国残联、航天科工集团等行业头部企业及组织就产品协同研发及销售、生产基地建设、供应链整合等方面达成深度合作，2019～2021 年近 3 年营收增长均超过 400%，截至 2021 年 8 月，签单额已超过 2 000 万元。

创始人曾振，入选领航类“5213 计划”，是最年轻的东吴科技创业领军人才，获批杭州市、苏州市总额超千万的项目资金支持，入选福布斯全球 2018U30 社会创新榜。于 2018 年、2019 年两次代表中国科创企业出访硅谷，与 Google、Apple 等世

① 舞指科技，从东北大学走出来的创业品牌［EB/OL］.［2023－05－20］. https://cy.ncss.cn/search/8a80808b7765c4e8017817128a471d52.html.

界著名科技企业及研究机构进行深度交流，并多次获得新华社、央广网以及《中国日报》《哈佛商业评论》等国内外媒体报道。

团队主要成员毕业于东北大学、北京大学、加州大学伯克利分校等相关专业一流高校，曾就职于日产自动车株式会社、大疆、Google、依图科技、网易等世界 500 强及行业头部企业。其中博士 10 人，硕士 22 人。目前公司直接带动就业 32 人，建设残疾人就业培训基地、云端数据基地，捐赠东创基金，间接带动上千人就业。

计划 3 年时间营收超过 5 亿元，成为全球神经接口领域的头部企业，登陆科创板。

5.1.3　如何把握创业机会

大学生在创业过程中最大的劣势就是在成长过程中只读书、读死书，非常缺乏商业经历和社会实践，即使是专修管理学、经济学的学生，多半也是大学毕业之后才开始真正进入企业实践。根据过去很多创业者的经历证明，很多极好的创业创意是来源于满足消费者需求的工作实践过程，所以如果创业者是有心人，要真正关注自己的社会实践，尤其是全职进入职场的工作阶段。

5.1.3.1　着眼问题把握机会

机会并不意味着无须代价就能获得，许多成功的企业创意都是从解决问题起步的。所谓问题，就是现实与理想的差距。比如，顾客需求在没有满足之前就是问题，而设法满足这一需求，就抓住了市场机会。

比如海尔公司设计、制造出可以满足农民洗红薯的洗衣机，从而大大扩展了其产品在农村的销售业绩，就是一个很生动的案例。

5.1.3.2　利用变化把握机会

变化中常常蕴藏着无限商机，许多创业机会产生于不断变化的市场环境。

【延伸阅读】中国电动汽车生产商比亚迪：抓住黄金时刻成功进军世界 500 强①

比亚迪公司成立于 1995 年，2003 年成长为全球第二大充电电池生产商，同年组建比亚迪汽车。比亚迪汽车遵循自主研发、自主生产、自主品牌的发展路线，产品的设计既汲取国际潮流的先进理念，又符合中国文化的审美观念，因而产品一直很畅销。但是，导致公司最快发展的决策是利用了全世界人民要求保护环境的强烈愿望，中国政府出台政策配合联合国降低碳排放的指标，抓住黄金机会重点发展电动汽车。

要说目前知名度最高国产汽车品牌，比亚迪绝对可以名列前茅，尤其是在新能源汽车这个新赛道开辟后，比亚迪完全可以用异军突起来形容。要知道成立于 1995

① 作者根据比亚迪股份有限公司官网相关资料编写。

年的比亚迪最早可不是在汽车领域，可现在比亚迪已经成为全球新能源汽车标杆。

2022 年 8 月初，比亚迪公布了 2022 年 7 月份的销售数据，数据显示 7 月份比亚迪共售出汽车 162 530 辆，其中乘用车销售 162 214 辆，同比增长 183.1%，环比增长 21.3%。至此，比亚迪月销量再创历史新高，也让比亚迪在 2022 年累计销量突破了 80.39 万辆。

2022 年 6 月 10 日，比亚迪股价大涨近 7%，市值突破万亿元，股价再创历史新高，跻身世界 500 强之列。同时，比亚迪成为中国首个跻身万亿市值俱乐部的汽车自主品牌。2022 年上半年，比亚迪超特斯拉成为全球新能源车销售冠军。

5.1.3.3　跟踪技术创新把握机会

世界产业发展的历史告诉我们，几乎每一个新兴产业的形成和发展，都是技术创新的结果。产业的变更或产品的替代，既满足了顾客需求，同时也带来了前所未有的创业机会。比如，电脑诞生后，软件开发、电脑维修、图文制作、信息服务和网上开店等创业机会随之而来，很多创新创业企业因此获得了极大发展。

5.1.3.4　在市场夹缝中把握机会

创业机会存在于为顾客创造价值的产品或服务中，而顾客的需求是有差异的。创业者要善于找出顾客的特殊需要，盯住顾客的个性需要，并认真调查和研究其需求特征，这样就可能发现和把握商机。时下，创业者热衷于开发所谓的高科技领域等热门课题，但创业机会并不只属于“高科技领域”，在金融、保健、饮食、流通这些所谓的“低科技领域”也有机会。

5.1.3.5　弥补对手缺陷把握机会

每个竞争对手的设计缺陷背后，都有大机会。很多创业机会是缘于竞争对手的失误而“意外”获得的，如果能及时抓住竞争对手策略中的漏洞而大做文章，或者能比竞争对手更快、更可靠、更便宜地提供产品或服务，也许就找到了创业机会。为此，创业者应追踪、分析和评价竞争对手的产品和服务，找出现有产品存在的缺陷，有针对性地提出改进方法，形成创意，并开发具有潜力的新产品或新功能，就有可能出其不意，成功创业。

【延伸阅读】戴森吸尘器的诞生——每个设计缺陷背后都有个大机会①

如果你是一个善于观察的人，你会发现我们身边充满了各种不好用的工具和设备，吸尘器就是一个例子。大部分吸尘器用不了太久，吸力就会下降，尽管很多家庭主妇在购买吸尘器时都会配上集尘袋，但实际上，很少有吸尘器能在这些集尘袋用光之后还能够保持使用，用户们早就更新换代了。

① 作者根据《发明：詹姆斯·戴森创造之旅》（詹姆斯·戴森著，中国纺织出版社 2022 年 4 月出版）相关资料编写。

这个缺陷成为戴森公司成立的契机。1978 年，戴森公司的创始人詹姆斯·戴森（James Dyson）在用吸尘器清理房间时，发现这台高端吸尘器的吸力越来越小。作为一名工程师，戴森决定打开机器看看，这让他发现了一个被隐藏多年的设计缺陷，吸尘器用布满气孔的集尘袋分离空气和灰尘，但时间长了，这些气孔就被灰尘堵塞，机器就失去了吸力。

发现问题的戴森，很快想到一个解决方案，他发明的手推车的制造厂房里，风道过滤器经常被塑料颗粒堵住，受到当地锯木厂使用巨大的气旋除尘器从空气中分离出木屑的启发，戴森用钢板焊了一个直径 9 米的圆锥，利用风扇将塑料颗粒吸到里面，塑料颗粒在离心力的作用下被甩到一侧，干净的空气在另一侧进入风道。

如果制造一个类似的迷你的分离装置，放到吸尘器里，不就可以解决吸尘器的问题吗，于是戴森开始设计产品原型，测试，分析再改进，如此不断重复。经历了 4 年时间、多达 5 271 个产品原型之后，戴森成功地用双气旋装置替代了与吸尘器同样历史悠久的集尘袋，解决了长期使用后通道阻塞引发的吸尘器吸力下降的难题，“没有尘袋”“吸力永不下降”也成了后来戴森吸尘器长期使用的产品宣传语。

起初戴森并没有建立工厂生产吸尘器的想法，他更希望把这项技术授权给现有厂商，帮助他们生产用户体验更好的吸尘器，但这遇到了行业内巨头们的一致抵制，因为新技术会损害他们以及相关利益集团的利益，在他们看来，追捧这种新式吸尘器，无疑是一种“自杀”行为。

虽然戴森先后向几十家英国和美国的主流吸尘器厂商演示了他的产品，但没人愿意合作，甚至有吸尘器厂商断言，售卖无尘袋吸尘器是不会成功的。其实，吸尘器制造商们早就心知肚明，但销售集尘袋是这个行业最重要的赚钱门道。

在欧洲，集尘袋的生产和销售已经形成一个 5 亿美元的庞大产业，当吸尘器不好用了，用户来维修时，销售人员就能向他们推荐新的吸尘器，又能从用户身上赚一笔，因此，这个吸尘器的设计缺陷一直被当成行业秘密，巨大的商业利益和企业惯性成为阻碍创新的绊脚石。

直到 1985 年，戴森才成功将技术授权给一家名为 Apex 的日本公司，当时日本刚经历几十年的战后恢复，正处于经济最繁荣的时期，新中产阶级在日本崛起，他们对新科技很感兴趣。

这款名为 G－Force 的双气旋吸尘器 1986 年上市，售价高达不可思议的 2 000 美元，还是很受消费者追捧，是当时最高档时尚的家电产品，并于 1991 年在日本赢得设计大奖，这款吸尘器因此成为某种身份的象征，当时的日本媒体说：“以往人们总是把吸尘器放在黑暗的角落里，G－Force 却被摆在了家中最显眼的位置。”

G－Force 在日本的成功给戴森带来了一大笔资金，随后他创办了以自己名字命名的公司，1993 年，由戴森公司自主研发、生产的双气旋无尘袋吸尘器 DC01 正式在英国上市，两年后就占据英国吸尘器市场份额第一，2002 年，戴森进入美国，同样只用了两年时间，就成为市场第一。

5.1.3.6 捕捉国情变化把握机会

中国市场受国情影响很大，新国情方案一旦出台，往往引发新的商机。如果创业者善于研究和利用国情和政治形势，就能抓住商机，站在潮头。

【延伸阅读】猪八戒网：政企沟通护航“取经路”——一家私有企业迅速成长中在遇到政企沟通困难时的解决方案①

政企关系，一直以来都在中国社会关系中占有重要地位。政企关系是企业社会关系的顶层和重点。在中国现行政治经济环境下，企业发展到一定的体量，必然与政府产生千丝万缕的联系，并且企业越是发展壮大，越离不开政府资源和政策的支持。当企业或行业得到了政府资源的支持，或者享受到某项政策的红利，往往能获得更多发展机遇。自党的十八大以来，党风政风发生了新的变化，尤其是自2017年10月以来，中央发起了大力弘扬企业家精神，建立“亲”“清”政企关系的号召，对企业家和官员的交往，提出更高要求和更明确导向。但如何有效地建立健康的政企沟通，依然需要注意多方面的方式方法。

随着中国双创战略的实施，市场迅速进入爆发式增长阶段。猪八戒网于2006年在重庆成立，截至2018年6月公司聚集了来自25个国家和地区的1 300多万服务商和700多万中小微企业雇主，累计交易额310多亿元，市场占有率超过80%。其中，2016年落地云南并与当地政府有效合作沟通是一个重要的里程碑。但自猪八戒网落户云南以来，其新兴的经济业态得不到当地政府领导的理解和认同，又落地在一个县级单位的管辖区内，有困难诉求无门，致使很多工作推动缓慢。2016年5月，猪八戒网高层思考如何解决这一问题，是寻到特殊渠道直接向省委省政府领导反映情况以寻求支持？还是按规范和程序在落地省市与相关政府部门汇报沟通推进合作事宜？

猪八戒网云南分公司管理团队全面分析了猪八戒网所具有的优劣势，决定主动与当地政府部门进行沟通，通过公函申请双方高层会见，在官方正式场合与地方政府领导洽谈高位推动并解决实际问题。公司管理团队对政府运转体制进行了全面系统分析，决定以猪八戒网的名义向云南省主管业务部门发公函，请主管业务部门报省政府，请求拜访云南省政府领导并举行会见和座谈。公司管理团队又商讨起了公函的具体写法，如何介绍猪八戒网这样的新兴产业及其潜在能力，应该表述一个什么样的立场，可以提出哪些不会被拒绝又有利于后期工作的要求呢？与此同时，公司内部非常重视，如申请被批准并有机会与省政府领导会面沟通，将由董事长带队，集团高管以及云南分公司负责人共同参与会见会谈。应该注意哪些有助于公司后期工作推动和落实的细节？具体会见又应该如何配合当地政府的组织安排呢？

云南分公司负责人亲自到主管部门拜见相关领导并获得了支持，由主管部门向

① 作者根据中国工商管理案例库相关资料编写。

省级政府发公函请求会见会谈，公函中提到了猪八戒网的领军地位、入驻云南省的缘起、省委书记的指示和支持、在云南省的发展情况及可行的会见方案等内容。不久，猪八戒网收到了云南省政府的回复：2016 年 7 月 21 日，由云南省分管副省长带领省工信委、省教育厅、省科技厅、省商务厅、省文化厅等部门领导，会见猪八戒网董事长一行。之后，猪八戒网高层拜访了出席会见的云南省相关领导和部门，与他们建立了良好的沟通关系。2016 年 10 月 31 日，猪八戒网与云南省政府正式签署了战略合作协议，随后与云南省科技厅、省旅发委、省商务厅等省级部门和大多数重要州市县政府和部门签订了一系列具体的合作协议。猪八戒网在云南省的落地工作逐渐取得成效，截至 2018 年 6 月，顺利建设了“互联网 +”创新创业示范区，云南省域平台注册用户达 23 万，派送订单 0.7 亿元，招商企业 130 家，孵化企业 40 余家。云南分公司每季度都会主动向相关政府和部门汇报对接。通过良好的政企沟通，云南省成为猪八戒网与全国各个省市合作中，第一个签订省级政府战略合作协议的省份，也成为猪八戒网在全国合作最多、政治资源最为有利的省份。

在创业过程中，猪八戒网的主创团队与当地政府主管部门进行了很好的政企沟通，打通了一条护航“取经路”。

5.1.4 创业项目的方向确定

5.1.4.1 高科技领域

身处科技前沿阵地的大学生，在高科技领域创业有着“近水楼台先得月”的优势，“易得方舟”“视美乐”等大学生创业品牌的成功，就是得益于创业者的技术优势。但并非所有的大学生都适合在高科技领域创业，一般来说，技术功底深厚、学科成绩极其优秀的大学生才比较具备成功的把握。有意在这一领域创业的大学生，可多多积极参加各类科技创业大赛，历练自身科技能力和其他综合素质，获得脱颖而出的机会，同时吸引风险投资。

5.1.4.2 智力服务领域

智力是大学生创业的资本，在智力服务领域创业，大学生游刃有余。例如，家教、少儿艺术培训等教育培训领域就非常适合大学生创业。一方面，这是大学生勤工俭学的传统渠道，很多大学生已经积累了一定的实践经验；另一方面，大学生有机会充分利用高校教育资源，更容易赚到“第一桶金”。此类智力服务创业项目成本较低，一张桌子、一条网线、一部电话就可以开始运营。

5.1.4.3 连锁加盟领域

相关统计数据显示，在相似的经营领域，个人创业的成功率低于 20%，而连锁创业的成功率高达 80%。对创业资源十分有限的大学生来说，借助连锁加盟的品牌、技术、营销、设备优势，可以实现以较少的投资、较低的门槛实现自主创业的成功。但连锁加盟并非“零风险”，在市场鱼龙混杂的现状下，大学生涉世不深，在选择加盟项目和品牌时，更应注意规避风险。一般来说，大学生创业者资金实力较弱，适合选择启动资金不多、人手配备要求不高的加盟项目，从小本经营开始为宜。此外，最好选择运营时间在 5 年以上、拥有 10 家以上加盟店的成熟连锁品牌。

5.1.4.4　开店

（1）实体店铺。大学生开店，一方面可充分利用高校的教职员工、学生顾客资源；另一方面，由于熟悉同龄人的消费习惯，入门较为容易。大学生的消费实力有限，正因为主要走“学生路线”，所以要靠价廉物美、性价比高来吸引顾客。此外，由于大学生资金有限，不可能选择热闹地段的店面，因此推广工作尤为重要，需要用心设计成本低、效果好的营销推广手段，比如经常在校园里张贴广告或和学校社团联办活动等，才能逐步吸纳客户资源，打响知名度，广为人知。

（2）线上店铺。电子商务、互联网的发展日新月异，淘宝的出现等改写了中国的商业格局，互联网消费成为人们当今生活的主流，可以说淘宝是中国互联网消费的鼻祖，虽然淘宝不是第一个在中国做电商的，但是市场竞争的残酷磨灭了曾经存在的其他电商霸主，易趣等企业都只能默默地关上了门。

淘宝让许多人成为百万富翁，让消费者购物更便捷，让物流业发展更迅猛，在改变了人们生活方式的同时，也改写了许多人的命运。

5.1.4.5　技术创业

大学生毕业后，在学校课堂上学习的课程知识通常很难应用到实际工作中。在大学时代或毕业后学习掌握一门技术，可以提升大学生很快融入社会的可能。有一技之长，进可开店创业，退可打工积累资本。好酒不怕巷子深，所以有一技之长的大学生在开店创业的时候，可以避开热闹地段，节省大量的门面租金，把更多的创业资金用到经营活动中去。

5.1.5　大学生创业的常见行业

5.1.5.1　早餐、休闲饮品、中式特色小吃等小型餐饮行业

民以食为天，“一天不吃饿得慌”，因此，餐饮是最被看好的大众化创业行业之一，比较适合于资金、渠道、客户资源都不丰厚的大学生创业者。另外，小型餐饮业因投资门槛最低，也一直大受创业人士的欢迎。餐饮行业专家分析，现阶段做餐饮最具赚钱潜力的项目，当属早餐店、休闲饮品店和中式特色小吃店。早餐店与休闲饮品店具有成本低、利润丰、回收快的优势，平均投资成本为 2 万 ~ 10 万元，平均净利为 25% ~ 35%，一般 6 ~ 9 个月就可收回初期投资，因而是许多创业者首先应考虑的选择。随着中国很多地方的城市建设近年逐渐成形，创业者在经营思路上要改变过去以经营“过路客”为主的思维，应以培养“熟客、回头客”为主，要有

意识地培养顾客美誉度和忠诚度，逐步提升顾客黏性。中式地方特色小吃，也一直被看好。

5.1.5.2 服务多元化的城市便利店行业

随着中国经济的平稳发展和生活节奏的加快，目前我国的上海、北京和深圳等一线发达都市中，服务多元化的便利店行业发展迅速，甚至一些便利店日营业额已高达万元以上。但纵观中国的整个服务便利店行业，目前仍只处于起步阶段。种种迹象表明，服务多元化的便利店将是中国大多数城镇地区下一阶段零售业发展的重心。根据国外的便利店行业发展经验，便利店行业发展的基本条件是地区人均收入达到 3 000 美元。目前我国常住人口总数已经超过 500 万的一线城市有上海、北京、广州等，以及二线城市如苏州、无锡、杭州等，人均 GDP 均已超过了 3 000 美元。这就是说，上述城市具备了大规模发展便利店的大环境，并且市场空间非常大。便利店行业规模，目前在中国还远未饱和。

就以我们的首都北京市为例：从便利店的发展规律看，大约每 3 000 人就需要一家便利店。以北京城区常住人口 2 500 万计算，北京需要近 1 万家服务便利店。而据北京市商委统计，目前全北京的便利店仅有 300 多家，这个行业存在着很大的发展空间。现代便利店与传统便利店或日杂小店的主要区别，是其提供多元化的服务方式。行业人士建议：在目前整体商业零售业竞争激烈的情况下，传统便利店或日杂小店仅靠出售商品已无法取得“异业竞争”优势，所以创业者应在自己的店中扩展其各种不同的服务功能。

5.1.5.3 药品店和健康食品店等健康服务行业

随着中国广大老百姓知识水平和收入水平的提高，人们对于物质生活和精神享受的需求也明显提升，大家都对健康越来越关注，因此与人们健康紧密相关的药品店和健康食品店，都是“钱景”不错的创业方向。从投资门槛来看，综合药品店或中药店的投资门槛，平均都在数 10 万元，毛利约 35%，投资回收期较长，适合资金较充足的创业者长期发展。

健康食品店，则分成天然健康饮品店和讲求养生、食疗的健康食品餐饮店，后者开店成本较高，也在数 10 万元。而健康饮品店的投资门槛则相对较低，开店成本平均为 10 万 ~ 15 万元，不仅较易入行，且目前毛利可高达 50% 以上，一旦成功将是健康概念行业中盈利速度最快的。

【延伸阅读】欧姆威克，胃你守护——开启幽门螺杆菌免疫新时代[①]

项目背景：幽门螺杆菌是一种长期定植于胃黏膜上皮黏液层的革兰阴性菌，具有高传染率与高感染率。目前，全球幽门螺杆菌平均感染率为 62.8%，我国幽门螺

① 欧姆威克，胃你守护——开启幽门螺杆菌免疫新时代［EB/OL］.［2023－05－26］. https：//cy. ncss. cn/search/8a80808b7979212c0179899ac4b82172. html.

杆菌感染率为 55.8%。诸多共识及指南均指出幽门螺杆菌的感染与胃部疾病以及胃癌的发病密切相关，每年治疗幽门螺杆菌所致疾病的费用超过 100 亿元。抗生素是治疗幽门螺杆菌感染的主流药物，然而其耐药性却逐年上升，且易产生毒副作用，治疗费用高。疫苗的研发无疑成为这种背景下的最优解，然而目前市面上仍没有一款成熟的预防幽门螺杆菌的疫苗用于临床。

产品介绍：本项目团队以足够安全的外膜囊泡为出发点，通过对幽门螺杆菌外膜囊泡进行改造和提纯，制成口服幽门螺杆菌疫苗——幽菌清，临床前期试验从 16 个方面、54 组数据证实了“幽菌清”外膜囊泡疫苗的安全性和高效稳定的免疫保护效力。疫苗有效率达到 86%，预计可让全国 6.6 亿人免于幽门螺杆菌感染。项目团队自主拥有高效刺激宿主免疫反应的幽门螺杆菌突变株构建、外膜囊泡的纯化方法两大核心技术，力争在未来实现幽门螺杆菌全民免疫。

市场分析：前期通过对江西、湖南两地的调研结果显示，89.27% 的人对于接种幽门螺杆菌疫苗持支持态度。本项目首先将选取 0 ~ 35 岁未曾感染幽门螺杆菌的人群作为目标人群，以江西为中心，向抗生素耐药率高的地区扩展，最终面向全国市场，市场规模预计超过 38.81 亿元。

商业模式：本项目团队提供纯化和生产技术，掌握核心幽门螺杆菌突变菌株，委托公司进行大规模生产，形成完整的生产销售网络。并成功与成都康华生物制品股份有限公司签订投资合作意向书、代理销售意向书，实现成本最低化、利益最大化，具备了疫苗生产研发初创企业的先决条件。

项目团队：本团队创始人来自南昌大学，创业团队为本科生多学科复合型团队，成员优势互补、分工明确。项目团队有强大的专家团队阵容，包括中华消化学会幽门螺杆菌学组秘书谢勇教授、西南大学孔庆科教授为项目保驾护航。

项目成果：本项目已拥有技术相关 4 项授权发明专利、2 项正在审批的发明专利、相关 SCI 论文 14 篇、1 项科技查新报告。

5.1.5.4 加工、批发及零售等服饰行业

服装与纺织是每年为中国提供 9% 以上 GDP 和 25% 以上外汇收入的一个支柱产业，中国纺织服装出口额占世界纺织服装出口总额的 1/5。“佛靠金装、人靠衣装”，今天的中国人“爱美之心，人皆有之”，因此在全国各城市服饰行业里，都蕴含了巨大的商业机会。

以童装市场为例，据统计数据，目前中国 0 ~ 16 岁儿童有 3.8 亿，年童装消费需求量在 8 亿件左右。

权威机构预测，今后几年，中国童装市场每年仍将以 8% 左右的速度递增，是中国最有增长性的市场行业之一。从个人投资创业的角度而言，在服饰行业创业，一是可以创办服饰加工厂或工作室，进行服装加工。其最关键的就是设计必须要能跟上时代潮流，否则不会有很强的竞争力。二是可以做服装的市场销售，批发或零售皆可。对于资金不充足的创业者而言，先开一家服装零售店以完成原始资金的积累，是迈向成功的第一步。而对于拥有一定资金量的创业者，可以开销售公司做服

装生产商的销售代理，或进入服装批发市场。投资服装批发市场的摊位有其明显优势，批发市场的摊位是固定的，省去了创业者的装修投资，而且客源丰富，较为稳定，也容易从其他摊位的同行身上学习经验，总结教训。但是竞争必然存在，所以应对销售压力也是批发市场投资摊位的最大难点。

5.1.5.5 化妆护理、瘦身减肥等美容行业

以往想创业的多为男性，但从近几年加盟创业展的市场调查中发现，有志于创业的女性与男性的数量比例已跃升接近为1∶1。女性创业意愿提高，除了其他因素，也是因为近年很多女性看到了“化妆护理”“瘦身美容”等专门针对她们同性群体的商机“钱景”。

女人的“美丽产业”大有赚钱机会。女性为了让自己更美，花钱多是毫不手软的。尤其近年化妆护理、瘦身美容等观念出现了更为猛烈的宣传攻势，几乎激起了每位女性爱美的天性，也因此大大拉动了女性美容产业的兴起。据行业协会统计，中国目前美容行业市场每年约3 000亿元，美容经济平均以每年15%的速度递增。

这个行业的高额利润、庞大市场吸引了大量的资本进入，每年都有难以计数的美容新产品、高科技护理仪器、高科技瘦身设备等问世，为美容行业带来了巨大的发展机会，也让这个行业的竞争进一步白热化。《中国美容经济年度报告》指出：中国“美容经济”正在成为继房地产、汽车、电子通信、旅游之后的中国居民“第五大消费热点”。

5.1.5.6 专卖店形式的婴幼儿用品行业

婴幼儿用品市场到底有多大？据我国第五次人口普查发布的统计公告，中国大陆每年新生婴儿1 600万，目前0~3岁的婴幼儿数量为大约6 900万，其中城市0~3岁的婴幼儿数量超过1 000万，相当于澳大利亚一个国家的人口总和。从市场资料分析得知：我国城市新生儿用品的家庭月平均消费达900元。

再加上广大农村城镇地区婴幼儿消费，中国大陆的婴幼儿用品市场每年将超过1 000亿元的市场规模。通常一个家庭只有一个或两个孩子，孩子是家庭消费的轴心，且家长们在为婴幼儿选择衣物、玩具等商品时，特别注重商品的安全性、教育性和个性化，这就使得家长们把目光自然盯在了婴幼儿用品的专卖店或大商场的品牌专柜上。因此，一些品质优良、价位适中的品牌儿童用品的专卖店经营形式，将成为未来婴幼儿用品市场的主流。

目前投资国内品牌婴幼儿用品专卖店的起点已较高，一般为15万~25万元。由于是采取品牌专卖经营形式，货品质量能得到严格保证，且利润较丰厚。但创业者必须注意：品牌婴幼儿用品专卖店中的产品价格一般较高，容易受到区域消费水平的限制，所以创业者在店面选址时应特别注意，建议选在高档或成熟社区附近。

5.1.5.7 儿童早期教育行业

超过半数的中国城市家庭，孩子每月花费占家庭总收入的20%以上，44%的家

庭每月用于养育子女方面的费用在500~1 000元。以北京市的市场情况为例：月收入在1 500元的家庭，孩子月消费额为532元；月收入达到5 000元的家庭，每月用于孩子的消费额则是1 135元。

如果按每个孩子月消费额的30%用于教育消费计算，北京一个城市的儿童早教市场每年就高达数百亿元。“望子成龙”“望女成凤”是中国家长的普遍心态，为了孩子健康成长、出人头地，很多家长认为“花再多精力与金钱，都值得”。

所以，儿童早教正在全国掀起新一轮热潮，各地纷纷办起了美术班、舞蹈班、钢琴班等兴趣特长培训学校，生意十分兴隆。投资儿童早教机构的门槛，平均为10万~20万元，选址较适合在少年宫、儿童游乐场所、学校及大型商业中心附近。选择熟悉儿童心理、有一定实践经验的老师，是在此行业竞争中制胜的关键。只要生意走上了正轨，未来的生源不用愁，一年半内完全可以收回初期投入。

5.1.5.8 成人在职教育行业

随着市场竞争的加剧和大学毕业生失业情况的增多，越来越多的在职上班族感受到了前所未有的压力。为了寻找或保持一份好工作或一份好薪水，越来越多的中国成年人加入到在职教育中，周末培训班、夜校“充电班”等成人教育行业正日益壮大。成人教育可以分成两个概念：

（1）上班族培养工作专长的补习班。如英语、计算机知识或创业知识等补习班。

（2）利用双休日，针对成年人的个人兴趣的进修班。如插花艺术班、交际舞培训班等。

前者目前商机较大，投资门槛平均10万元，较适合开在办公商务区、中高档次的住宅楼宇等具有一定消费能力的区域。与儿童早期教育行业相似，培训师资是制胜的关键，只要树立了口碑，生意就会源源不绝。

5.1.5.9 老年用品和服务行业

我国老年用品和服务行业的市场需求为每年6 000亿元，但目前每年为老年人提供的产品和服务产量却不足1 000亿元，供需之间的巨大差距让老龄产业“商机无限”。按照国际上60岁以上老年人口达到10%、65岁以上老年人口达到7%即为进入老龄化社会的标准，我国早在1999年就已经全面进入了老龄化社会。

目前，我国已成为世界上老年人最多的国家，60岁以上老年人口达到1.4亿，占总人口的11%。与此同时，我国老年人的消费能力相当可观。据调查，目前我国城市60~65岁的老年人口中约45%的人还在就业；而城市老人中有42.8%的人拥有存款，老年消费市场是一个现实存在的巨大市场。我国的老年用品和服务产业才刚刚起步，涉及养老机构、医疗保健产品、旅游、房地产等领域，在各方面的专项产品及服务都还亟待开发。

【延伸阅读】狄赛生物科技——全球免疫再生修复领跑者①

浙江狄赛生物科技有限公司是一家专注骨骼肌肉系统完美修复再生的高新技术企业。基于脱细胞技术，狄赛巧妙去除天然组织的细胞成分，完好保留了物种间高度同源、具有强劲再生修复功能的细胞外基质（ECM）。狄赛成功研发骨、肌肉、肌腱、肝肾器官等系列 ECM 产品，首度提出“免疫调控智能化”，实现多维度（促细胞定植及血管化，调节局部免疫）、多阶段（修复不同时间点）的全时空修复策略。

创伤骨折、关节退变、肌肉老化三大问题伴随人类一生。目前传统植入材料效果尚不理想且价格昂贵，使得完美修复仍是遥不可及的神话。狄赛借自然进化之力，融仿生创造理念，力求通过再生修复、免疫调节实现人类机体的“二次进化”。

公司重视科技自立，抢占技术高地。学术成果发表于 JACS、Biomaterials 等生物材料顶级期刊，影响因子累计 100 余分，在 EFORT 等国内外顶级学术会议发言；申请国家发明专利 17 项（已授权 10 项），PCT 专利 2 项。先发优势和技术壁垒使公司竞争压力较小。本公司首款产品——脱细胞脱钙骨 ECM 支架已完成中试和注册检验合格，已启动临床试验。产品通过免疫调节，解决了现有市场上竞品排斥渗液等问题，加速血管生成、新生骨长入，修复效果佳。第二代 ECM 凝胶系列产品国内外均属空白。丰富的转化经验，可获绿色审批通道。狄赛已获科技部在内的系列重点研发计划资助，产品可进入绿色审批通道，抢占市场先机。

国内销售覆盖广。通过科惠医疗现有的 1 000 余家合作医院及 500 余家经销商，实现产品迅速覆盖。推动国际专利申请，与 Orthocell 等海外生物公司合作，联手布局国际市场。

师生共创赢未来。获第七届浙江省互联网 + 大学生创新创业大赛省亚军、金奖。导师范顺武教授占股 31%，任董事长；博士生林贤丰占股 29%，任 CEO。公司全职员工 26 人（硕士 5 人，博士 3 人），浙江大学在读硕博生研发占比高。公司设置股权激励池，发展储备人才。

公司董事长范顺武教授作为中国骨科领军人物、浙江省医学会骨科分会前任主委、“十三五”重点研发计划的首席科学家，拥有 30 余年的临床一线经验和强大的临床资源。强大的资金支持，例如，2020 年获得科惠医疗 800 万元种子轮投资，2021 年 9 月获得浙商创投 2 000 万元天使轮融资，2021 年底预计获得钱塘区政府 650 万元人才资助。项目获得 2 项“十三五”科技部重点研发计划 4 000 余万元。

5. 1. 5. 10　汽车后续服务行业

汽车后续服务市场，是指消费者自购车之日起至若干年后报废之日止，其间若干年内在该车上的所有花费所引发的商机。虽然整车销售利润将呈现下滑趋势，但

---

① 狄赛生物科技——全球免疫再生修复领跑者［EB/OL］.［2023 - 03 - 16］. https: //cy. ncss. cn/search/8a80808b79f032b50179f41778027220. html.

与汽车相关的售后服务市场却是上升势头。

许多创业者认为提供汽车服务，必须具备庞大投资。其实汽车服务业的资金起点并不如想象中那么高不可攀，独立投资一家汽车服务企业，启动资金在 10 万 ~ 50 万元皆可。另据了解，我国汽车美容养护连锁企业品牌如驰耐普等，其加盟店中投资要求最少的基础店，启动资金为 7 万元左右；投资要求最高的旗舰店，启动资金为 80 万元左右。如果经营得法，一般一年左右就可以收回投资，回报率非常高。业内人士指出，中国汽车售后市场的规模巨大，在亚洲仅次于日本。汽车美容业巨大的市场潜力可见一斑。

5.2 创业项目策划

5.2.1 创业策划书的价值和意义

5.2.1.1 科学梳理项目逻辑

创业不是一件容易的事情。无论是发现创业机会、设计商业模式、规避创业风险、获取创业资源、组建创业团队，还是强化项目创新、突出核心竞争力，都涉及方方面面的因素。创业者们只有科学有效地梳理清楚创业项目中各种因素之间的逻辑关系，使其聚焦集中作用于项目目标之上，才可能顺利启动项目，并推动项目向正确的方向发展。

5.2.1.2 对内稳固初创团队，对外吸纳资源

创业的过程虽然事务众多且繁杂，但也不是无章可循。创业策划书就可帮助创业者们梳理有关启动与推进项目的各个要素及其相互作用的机制，进而明确项目方向，分析项目市场，确定价值主张，设计商业模式，规划项目运作，构建项目管理等。

那么这个梳理与阐述，对初创团队而言，对内，可以让每一个创业者都对自己的项目有更清晰的了解和把握，更有跟随项目一起发展前进的信心，未来遇到困难和障碍时，也能更加坚韧不拔，齐心协力，渡过难关。对外，可以让初创团队有章可循，以条理清晰、图文并茂的方式向其他的合作伙伴、风险投资者等展现项目的前景和价值，从而吸引资金、人力资源等各项资源注入项目，为项目的长远发展奠定坚实的基础。

5.2.2 创业项目策划的特征

美国哈佛企业管理丛书认为，“策划是一种程序，在本质上是一种运用脑力的理性行为。”策划是以人类的实践活动为发展条件，以人类的智能创造为动力，随

着人类实践活动的逐步发展与智能水平的超越而发展起来的，策划水平直接体现了社会的发展水平。生产力的进步推动社会的发展，社会发展的同时必然要求策划也随之发展，而策划的发展又依托于人类智能创造的提高，社会越发展，人类的智能创造力越丰富，策划的水平也就越高。由此可见，社会的发展造就了策划的历史，策划是社会发展文明化的必然产物，必将随着人类文明的高度发展，走入科学策划阶段。

创业项目策划是一门新兴的策划学，以具体的创业项目活动为对象，体现出功利性、社会性、创造性、超前性等特征。

5.2.2.1　功利性

功利性指策划能给策划者带来经济上、财务上的满足或愉悦。功利性也是创业项目策划要实现的目标，是策划的基本功能之一。创业项目策划的一个重要作用，就是使策划主体更好地得到实际利益。

创业项目策划的主体有别，策划主题不一，策划的目标也随之有差异，即创业项目策划的功利性又分为长远之利、眼前之利、钱财之利、实物之利、发展之利、权利之利、享乐之利等。在创业项目策划的实践中，应力求争取获得更多的功利。在进行策划创意、选择策划方法、创造策划谋略、制定策划方案时，要权衡考虑，功利性是创业项目策划活动的一个立足点、出发点，又是评价一项策划活动成功与否及成果佳否的基本标准，因此，一项创意策划必须具备功利性。在注意策划功利性的同时，还要注意策划投入与策划获利两者的比例是否协调，策划创意即使再完美，如果策划获利低于策划投入，那么这个策划也是一个失败的案例。

5.2.2.2　社会性

创业项目策划要依据国家、地区的具体实情来进行，在注重本身的经济效益的前提下，更高的要求是，关注它的社会效益，经济效益与社会效益两者的有机结合才是创业项目策划的功利性的真正意义所在，因此说，创业项目策划要体现一定的社会性，只有这样，才能为更多的社会受众所接受。

在创业项目策划的实践中，各种商业化组织往往通过赞助体育比赛、赞助失学儿童、捐款协办大型文艺活动等方式来构筑策划主题，塑造正面积极的项目社会形象。

5.2.2.3　创造性

创业项目策划应该具备策划学的共性——创造性。

新旧的更替，以新者代替旧者的行为本身就是一种发展，因此，策划要想实现策划客体的发展，必须要有创造性的新思路、新创意、新策划。“鹦鹉学舌、照葫芦画瓢”，照搬、模仿、抄袭别人固有的模式都不是真正的策划。《孙子兵法》中有言：“兵无常势，水无常形。”策划应随具体情况而发生改变，需要创造性的思维，不能抱残守缺、因循守旧，要想不断地取胜，必须不断地创造新的内容。即使已有成功的模式，我们也不要生搬硬套，要善于依据客观变化的场景条件来努力创新，只有这样，策划才能别具一格，与众不同，吸引顾客，打动顾客，更能取得成效。

提高策划的创造性，要从策划者的想象力与灵感思维入手，努力提高这两方面的能力。创造需要丰富的想象力，需要创造性的思维。著名的策划大师科维有言："我要做有意义的冒险，我要梦想，我要创造，我要失败，我也要成功……我不想效仿竞争者，我要改变整个游戏规则。"提高创造性的策划能力必须具备涉及的相关知识，没有渊博的文化知识、策划知识、广告知识等，策划只能是无知者的呻吟。具备了扎实的理论知识，我们才能展开理想的翅膀，放飞智慧的火花，去畅想，去创造。创造性的思维方式，是一种高级的人脑活动过程，需要有广泛敏锐、深刻的觉察力，丰富巧妙的想象力，活跃、丰富的灵感，渊博的知识底蕴，只有这样，才能把知识化成智慧，使之成为策划活动的智慧能源。

创造性的思维，是策划活动创造性的基础，是策划生命力的体现，没有创造性的思维，创业项目策划活动的创造性就无从谈起，创业项目策划也就没有生命力，没有继续发展的可能。

5.2.2.4 超前性

一项策划活动的制作完成，必须预测未来消费者行为的影响及其结果，必须对未来市场的各种发展、变化的趋势进行预测，必须对所策划的结果进行事前事后评估。创业项目策划的目的就是"双赢"，委托策划方达到满意，策划方获得用货币来衡量的思维成果，因此，策划方肩负着重要的任务，要想达到预期的目标，必须满足策划的超前性。

创业项目策划要具有超前性，必须经过深入的调查研究。"没有调查，就没有发言权"，同样，没有经过深入细致的调查研究，创业项目策划方案也无从说起。要使创业项目策划科学、准确，必须深入调查，获取大量真实全面的信息资料，必须对这些信息进行去粗取精、去伪存真，分析其内在的本质。超前性是创业项目策划的重要特性，在实践中运用得当，可以有力地引导将来的工作进程，达到策划的初衷。但策划追求超前性，是以一定的条件为前提的，不能脱离现有的基础，提出毫无根据的凭空想象。

创业项目策划一定要立足现实，面向未来，诉诸对象。既具有超前性，又具有创意的策划，一定会把实体的诉求目的表达得淋漓尽致，实现策划的目的，实现策划活动的经济最大值。

5.2.3 创业项目策划的原则

创业项目策划是一种具有建设性、逻辑性的活动过程，其目的就是把所有可能影响项目结果的因素和资源利用、运营起来，最终达到项目的发展目标。创业项目策划一般应该遵循以下原则。

5.2.3.1 可行性原则

“实践是检验真理的唯一标准”，做项目要脚踏实地，稳健发展。创业项目策划的创意内容要可行，要能够落地，要经得住实践的检验。如果不具备实践可行性，创业项目再完美出彩，也只是海市蜃楼，毫无意义。

5.2.3.2 创新性原则

创新是指以现有的思维模式提出有别于常规或常人思路的见解为导向，利用现有的知识和物质，在特定的环境中，本着理想化需要或为满足社会需求，而改进或创造新的事物，包括但不限于各种产品、方法、元素、路径、环境等，并能获得一定有益效果的行为。创新是事物得以发展的动力，是人类赖以生存和发展的主要手段。

创业项目策划中的“新”，尤其要与该项目所处行业中的竞争厂商比较而言。与竞争对手相比，该项目的“新”有哪些具体体现？项目在哪些地方具备了人无我有、人有我优、人优我变的“新”？这些地方就可能成为项目出奇制胜的关键。“新”，也意味着项目相对于其他竞争对手的差异化之所在。俗话说得好，“一招鲜吃遍天”，言简意赅地阐述了市场差异化竞争的强大。当项目具备了较好的创新性时，就是在引领市场，而不是在跟随市场了。

（1）人无我有。比如，设计、生产出市场上没有的某种商品。

（2）人有我优。比如，市场上已经有某种商品在销售了，就在质量上取胜，或提供更为多元化的咨询和服务。

（3）人优我变。比如，市场上的竞品已经相对完美，很难找到优化提升的空间了，就尝试降低价格，或设计赠品，甚至转向开辟新的项目内容。

【延伸阅读】卖爆米花的小男孩的成功之路①

在美国伊利诺伊州的哈佛镇，有群孩子经常利用课余时间到火车上卖爆米花。一个 10 岁的小男孩也加入了这一行列。他不但卖爆米花，还往爆米花里掺入奶油和盐，使其味道更加可口，结果他的爆米花比其他任何小孩都卖得好。因为他懂得如何比别人做得更好，创优使他成功。

当一场大雪封住了几列满载乘客的火车时，这个小男孩赶制了许多三明治到火车上去卖。虽然他的三明治做得并不怎么样，但还是被饥饿的乘客抢购一空。因为他懂得如何比别人做得更早，抢占先机使他成功。

当夏季来临，小男孩又设计出能挎在肩上的箱子，里面放着特制的蛋卷，蛋卷的中间还放上冰激凌。结果这种新鲜的蛋卷冰激凌备受乘客欢迎，使他的生意火爆一时。因为他懂得如何做出比别人有新意的东西，创新使他成功。

---

① 作者根据《摩托罗拉创业者的风采——保罗·高尔文的一生》（哈里·马克·佩特拉基斯著，人民日报出版社 1995 年 9 月出版）相关资料编写。

当车站上的生意红火一阵后，参与的孩子越来越多，这个小男孩意识到好景不长了，便赚了一笔钱后，果断地退出了竞争。结果，孩子们的生意越来越难做了，不久车站又对这些小生意进行了清理整顿，而他因为及早退出，没有受到任何损失。因为他懂得如何比别人更清醒，一件事在大家都看好时，他能保持清醒的头脑，及时抽身使他成功。

一个比别人做得更好、做得更早、做得更新、做得更清醒的人，一个懂得如何创优创新、抢占先机并及时抽身的人，怎么可能不拥有成功的人生呢?

后来，这个小男孩果然成了一个成功的企业家，他就是摩托罗拉公司的创始人和缔造者保罗·高尔文（Panl Galvin）。

【延伸阅读】“我为人人”到“人人为人”：众创空间模式下心客如何起舞?①

2015 年，随着国家战略“大众创业，万众创新”的提出，在市场和技术的催动下，一批有亮点、有潜力、有特色的众创空间如雨后春笋般兴起。

江西心客投资有限公司（以下简称心客）成立于 2014 年 12 月，作为江西省首家以众筹模式组建开业的 O2O 咖啡，心客一直高效连接企业家资源，为创客和投资者提供交流沟通机会。但众筹咖啡模式服务相对单一，有限的创客需求满足率和区域覆盖面，让心客被动地触到了行业“天花板”。重压之下，心客顺势抓住政策扶持的“风向标”，开展“共享办公”业务，在高端硬件办公设施上嫁接软性创业服务，打造成熟的“一站式”企业服务。然而，场地转租的利润毕竟有限，业务与盈利的双重限制使其无法与有多元需求的创客磨合，心客的发展逐渐陷入瓶颈。边沉淀边探索，厘清需求、整合资源、精致服务……2017 年，心客率先发布“众创生态战略”，明确以“创客需求”为核心，“中科心客基金”为驱动，高端共享办公、资源聚合平台和项目投融资管理为核心业务的众创生态链。

在 CEO 缪金生及其团队的带领下，心客以创客需求为指引，从众筹咖啡到共享办公，再到众创生态的模式变革之路。两度换“甲”，由心客创新定义的众创生态让心客成为创业服务领域的“独角兽”。

5.2.3.3 无定势原则

世界万物都处在一个变化的过程之中，没有毫无运动变化的事物，事物就是在不断运动的作用下向前发展的。创业项目策划时，要充分打开自己的思路，摒弃固有的思维定式，以“脑洞大开”的方式去进行。在进行一些群体决策的时候，可以适当应用头脑风暴法，先有量，再有质，在快速获得足够的点子的基础上，再从中提炼出更有商业制胜把握的创意。

5.2.3.4 价值性原则

创业项目策划要按照价值性原则来进行，这是其功利性的具体要求与体现。这

① 作者根据中国工商管理案例库相关资料编写。

个价值性，指的是项目要具备商业价值，项目提供的产品要有市场吸引力，能吸引到顾客来购买，这样，项目才有继续运营下去的经济基础。

5.2.3.5　集中性原则

在战争中，集中优势兵力攻击对方关键性的部分，是军事谋略的上策。创业项目策划也一样。运用这一原则，需弄清以下四点：

（1）辨认出胜败关键点。

（2）摸清竞争对手的优缺点。

（3）集中火力，胜过竞争对手的缺点。

（4）在决定性的地方，聚焦投入决定性的力量。

5.2.3.6　信息性原则

信息是创业项目策划的起点。具体来说，包括以下几项要求：

（1）收集原始信息力求全面。不同地区、不同部门、不同环节的信息分布的密度是不均匀的，信息生成量的大小也不相同。因此，创业者在收集原始信息时，范围要广，防止信息的短缺与遗漏。

（2）收集原始信息要可靠真实。原始信息要经过一个去伪存真的过程。脱离实际的浮夸信息对项目策划来说只会产生伤害，一个良好的项目策划必然是建立在真实、可靠的原始信息之上。

（3）信息加工要准确、及时。市场变化多端，信息也是瞬息万变的，过去的信息可能在现在派不上用场，现在的信息可能在将来毫无用处。因此对创业策划者来说，掌握信息的时空界限，及时地对信息加以分析，指导最近的行动，才能使策划效果更加完善。

（4）保持信息的系统性及连续性。任何活动本身都具有系统性与连续性，尤其作为策划的一个具体分支——项目策划更是如此。对某一事物发展各个阶段的信息进行连续收集，从而使项目策划更具有弹性，在未来变化的市场中，更有回旋余地。

5.2.4　创业策划书

5.2.4.1　撰写创业策划书的几个策略

创业策划书是创业者所写的商业文件中最重要的一个。那么，如何编写出一份好的创业策划书呢？为了确保创业策划书能“击中目标”，创业者应做到以下几点策略：

（1）了解市场。创业策划书要给投资者提供企业对目标市场的深入研究和分析。要细致分析文化、经济、地理、职业以及心理等因素对消费者选择购买该公司产品这一行为的影响，以及各个因素所起的作用。创业策划书中应简述企业的营销战略，写出主要的营销策划方案，应列出该公司打算开展广告、促销以及公共关系活动的地区，明确每一项活动的预算和收益。

（2）关注产品。在创业策划书中，应提供所有与企业的产品或服务有关的细节，包括企业所实施的所有调查和研究。这些问题包括：产品的市场前景分析、独特性怎样？企业分销产品的方法是什么？产品的生产成本、售价分别是多少？企业发展新产品的思路是什么？把出资者吸引到企业的产品或服务中来，这样出资者就会和创业者一样对产品有兴趣。在创业策划书中，创业者应尽量用言简意赅的词语来描述每件事——商品及其属性的定义对创业者来说是非常明确的，要让其他阅读创业策划书的人也一样能清晰地领会到它们的含义。

（3）表明行动的方针。企业的行动策划应该是无懈可击的。创业策划书中应该明确下列问题：企业生产需要哪些原料？如何设计生产线？如何组织产品结构？企业拥有哪些生产资源，还需要什么生产资源？生产和设备的成本是多少？企业是买设备还是租设备？解释与产品组装、储存以及发送有关的固定成本和变动成本的情况。

（4）敢于竞争。在创业策划书中，创业者应细致分析竞争者的情况。要明确每个竞争对手的销售额、利润、收入以及市场份额，阐明竞争者给该公司带来的风险以及该公司所采取的对策。然后再向投资者展示该初创型企业相对于每个竞争对手所具有的竞争优势。创业策划书要使它的读者相信，该公司不仅是行业中强有力的竞争者，将来还可能是确定行业标准的领先品牌。

5.2.4.2 创业策划书的内容结构与撰写逻辑

一份完整的创业策划书，可以全方位展现创业项目，表达创业团队对项目运作的思考与设计，是项目价值与团队实力的集中展现。其核心在于把项目科学、合理地阐述清楚，不在于字数多少，而在于准确清晰地表达，体现出项目的全貌和优势。

（1）封面。封面需要明确项目名称、项目团队（公司）名称、联络方式、团队（公司）LOGO、编制日期等。要知道，外人看到创业策划书的时候，首先看到的就是封面。能否吸引眼球，体现团队品位与认真的态度，这是给他人的第一印象。

（2）项目概述。项目概述是用文字和图表的方式，使他人能在一分钟内较为全面地了解项目。

可以按如下格式描述：在……背景或……趋势下，我们通过对……的创新，向……提供……产品/服务，解决了……的问题，或是更好地满足了……的需求，优化了……的客户体验，我们已经完成了……，得到了……市场的验证，我们已经与……建立了合作关系，我们下一步打算……。我们将以……为核心竞争力，力争实现……的发展目标。

（3）市场分析。市场分析就是要发现市场上存在哪些问题，有哪些需求；这些是谁的问题和需求，也就是客户是谁；这个群体和群体的需求有多大，目前是怎么满足的；这个群体存在的最大痛点是什么，目前是怎么解决的；客户更希望得到什么样的消费体验；等等。市场分析既要有宏观的政策趋势分析，也要有微观的市场调查，提倡用事实说话、用数据说话。

市场分析涉及以下一些内容：

①本项目领域中国家和地区的相关政策要求。

②本项目的行业现状与发展趋势。

③本项目所涉及的技术现状与发展趋势。

④本项目所启动的地区市场的现状。

⑤基于现状与趋势的市场需求。

⑥目前市场上主要是哪些企业在满足这些需求？

⑦他们满足这些需求的解决方案。

⑧国际国内满足这些需求的最好解决方案及其核心创新点。

⑨本项目开展市场调查的分析结果。

⑩本项目主要针对的客户群体与其最希望解决或改善的痛点。

⑪客户群体的主要特征与消费习惯。

⑫客户消费的决策流程。

⑬针对本项目的解决方案，通过市场调查的反馈分析。

⑭本项目的结论。

（4）产品或服务说明。产品或服务说明就是基于客户需求和市场趋势，将项目的核心内容介绍清楚，主要是对产品原型的说明，其对应的是商业模式中的价值主张，最好以列举原型实例的方式进行说明。

产品或服务说明涉及以下一些内容：

①本项目产品或服务解决的主要问题。

②本项目产品或服务的应用场景。

③相对于现有的解决方案，本项目产品或服务的创新点。

④本项目产品或服务的核心功能。

⑤本项目产品或服务原型验证的结果。

⑥本项目产品或服务的未来创新和改进方向。

（5）商业模式。商业模式是对如何启动与推进项目进行的系统阐述。

商业模式涉及以下一些内容：

①本项目的核心竞争力。

②本项目获取收益的方式。

③本项目的价值主张（产品/服务解决方案）。

④本项目的营销渠道与营销方式。说明同行业一般使用的销售方式，本项目的营销方式，包括电话拜访、现场拜访、商展、公关造势活动、网络营销等。

⑤本项目如何维护客户关系。

⑥本项目具有的核心资源与资源策略。

⑦本项目的关键业务与业务模式。

⑧本项目在产业链中的定位。

⑨本项目如何建立上下游伙伴网络。

⑩本项目的成本结构。

⑪本项目应对市场竞争的方式。

（6）团队资源。创业团队是推动项目向前发展壮大的决定性力量。再好的项目，如果没有一个有凝聚力、有战斗力的创业团队去执行和推动，也一样会面临失败的结果。反之，竞争力或许只是一般的项目，如果由一个出类拔萃的创业团队去做，就可能让项目在原有基础上变得更优更新更具备差异性，项目也更有可能走向成功。

要证明你们的团队具有启动与推进本项目的能力，涉及以下一些内容：

①我们团队的文化和管理策略。

②我们团队的核心成员的主要资历、经历和能力。

③我们团队的外部成员的相关情况。

④外部成员给项目提供哪些支持，或参与哪些工作。

⑤我们与外部成员的合作模式。

⑥支持我们项目的主要合作资源。

⑦我们与这些资源的合作模式。

⑧这些资源已经发挥了哪些作用。

⑨我们团队已经取得的成绩。

（7）财务分析。核心点是分析项目的盈利能力。要知道项目的资金花在哪里，又从哪里获得利润回报，要对项目设定需要的启动费用（硬件与软件）、未来一段时期内需要的营运资金等作出估算。要说明项目预期在何时达到收支平衡，并预估未来的经营利润。对于项目的推进而言，要合理支出，扩大收入。财政分析也包括创业团队的出资金额比例、银行贷款等情况，这会影响项目的股权分配与红利分配。

财务分析涉及以下一些内容：

①本项目的主要收入来源。

②本项目主营产品的价格体系。

③本项目启动后可预期的月（年）销售规模。

④本项目的其他收入来源。

⑤本项目的主要支出项目。

⑥本项目开拓市场的支出预计占成本的比例。

⑦本项目设计研发的支出预计占成本的比例。

⑧本项目维护客户的支出预计占成本的比例。

⑨本项目获取资源与维护资源的支出预计占成本的比例。

⑩本项目用于维持公司运营的月（年）最低成本。

⑪本项目实现盈亏平衡的预计时间。

⑫本项目启动的最低投入资金额及资金使用在哪些方面？

（8）战略规划。基于客户细分和市场需求、趋势，对项目的未来发展作出预期判断与愿景设计。在战略规划中，既要“仰望星空”，更要“脚踏实地”，确定项目发展的分阶段可行性措施。

战略规划涉及以下一些内容：

①本项目的启动区域市场及全国市场的预计规模。

②如果顺利，本项目预计未来能占有的市场份额。

③本项目的启动期长短及完成启动期里程碑的时间。

④本项目各阶段的目标与主要工作的时间节点。

⑤本项目 1 ~3 年的战略目标。

⑥支持本项目实现战略目标的核心能力是什么？

⑦本项目在实现战略目标过程中的主要创新方向和创新内容是什么？

（9）发展需求。要阐明为了更好地实现项目的战略规划、快速启动和推进，所需要的外部帮助和支持，以及今后达成某些战略目标后，给予支持方的回报方式。这些往往体现在本项目中的核心资源与伙伴网络两大要素上。对发展需求起到支撑作用的，是项目的价值主张、营销渠道、客户关系、核心业务和收入来源等。

从创业资源不同类别的角度，发展需求涉及以下一些内容：

①资金需求。需要投资方提供的资金额，资金的主要用途，本项目给予投资方的回报方式，本项目可提供的承诺。

②人才需求。本项目对人才的吸引与激励措施，本项目现阶段需要的人才类型，这些人才主要解决的问题。

③物质需求。本项目需要合作的物质资源类型，通过合作能推动项目的哪些方面？本项目能提供给合作方的回报方式。

④技术需求。本项目需要哪些技术开发和支持？这些技术开发和支持主要解决哪些问题？本项目对技术开发和支持的要求及回报方式。

⑤组织管理需求。本项目需要完善哪些管理？打算如何完善？完善这些管理能给本组项目带来什么好处？

（10）风险评估。风险评估涉及以下一些内容：

①本项目在创业过程中可能遭受的风险。比如：政策变动、竞争对手消长、股东意见不合、执行业务的危险性等。

②对各种风险的应对策略

5.2.5　创业策划展示

创业策划书是创业发展战略和具体执行计划的图文载体，不论对外还是对内，都需要在不同的场合对不同的对象进行说明。用什么形式展示，重点说明哪些内容，如何应答展示对象的质疑和困惑，是创业者要着重思考并作出细致准备的问题。

展示创业策划的方式有文档方式、PPT 方式、视频方式、对话问答方式等，适用于不同的场合与不同的对象。在确定了较为完整的文档，即创业策划书之后，就缔造了其他展示方式的基础。

创业团队应当选派团队中对本项目有充分理解、有必胜信心，并且具备优秀演讲推介和随机应变能力的成员来担当创业策划的展示者，这个角色通常是创业团队中的领导者，也可能是其他的核心人员。

5.2.5.1　创业策划展示对象最关注的要点

创业策划展示有不同的对象，通常是投资人、孵化园、创业比赛评委、客户群体等。针对创业策划展示的不同对象，展示者应该设身处地思考，以同理心的方式，去考虑展示受众对项目最感兴趣的角度和相关要点。以下列出了决定和影响创业策划展示效果的一些重要问题。

（1）最想看到的是什么？

（2）最想先看到的是什么？

（3）最想较为清晰地了解什么？

（4）可能会对哪些问题有疑问？

5.2.5.2　创业策划主讲者的选择

创业团队应当选派团队中对本项目有充分理解、有必胜信心，并且具备优秀演讲推介和随机应变能力的成员来担当创业策划的展示者，这个角色通常是创业团队中的领导者，也可能是其他的核心人员。

5.2.5.3　重复决定效率

任何事情都是熟能生巧，展示者对创业策划的演绎也是这样。在项目策划书、PPT 或者视频已经足够优化的基础上，展示者应充分熟悉项目策划的内容，除了呈现在文本上的部分，对其背景资料的构成逻辑也要有足够的了解和把握。

展示者应多次练习，直到可以脱稿说明。此时可以由其他团队伙伴来模拟投资者、大赛评委等，进行创业策划展示或路演的实际模拟。模拟过程要完全按实际来复制，包括展示者的商务着装，投影仪、翻页笔等设备的调试等。细节决定成败，非常严谨认真的态度和执行会帮助创业团队在项目展示中获得更好的效果。

5.3　创业项目打磨

5.3.1　创业项目打磨的良性循环

当创业项目开始落地实施，其实也是边创业边学习边调整的一个活动过程。打磨过程不断循环，直到项目基本正常运营。

5.3.1.1　提高创业成功率的策略

创业其实是一件很痛苦的事，有时候会让创业者不得安宁。越是伟大的创业想法，越是会带来痛苦，可能会让创业团队彻夜难眠。只有在创业思路逐渐明朗成型后，痛苦可能才会稍微减轻一点。但是创业者所要承受的困扰，付出的汗水甚至流下的泪水却不会就此结束。在痛苦的创业过程中，创业团队应该了解以下几点策略，让创业之路轻松一些，成功率高一些。

（1）目标明确。有明确的创业目标，发愤图强，努力实现自己的理想，不负青春，为社会和人民作出贡献。

（2）生活规划是创业的基础。创业者及其创业团队应当将个人财务和公司财务划分开来，分别管理。在开始创业前，要先保证你的个人生活不会出现问题，否则你很难取得成功。创业者及其创业团队可以通过贷款等融资方式解决公司运营资金的需求。创业是为了生活得更好，而生活不是为了更好地创业。

（3）聘用能创造价值的人才。初创性公司应该聘用的员工，不仅要符合工作岗位的能力要求，更要能够为公司创造价值。最关键的创业初期，有能力的创业者及其创业团队无须在人力资源聘用方面总是考虑节约，尤其是一些关键部门，比如市场业务部、技术开发部等部门的负责人，要进行谨慎甄选和试用。未来，这些企业的元老级员工，就有可能成长为企业合伙人，成为企业发展壮大的中坚力量。

（4）对进退有考虑。创业者对创业应该全力以赴，奋斗向前，去期待创业成功后的美好图景，同时，创业路途千难万险，创业者也应该对创业可能面临的种种困难和阻碍有充分的思想准备，对创业最差的结果有所预计。创业者及其创业团队要设定好创业失败时的退出策略，比如，可以选择转让、出售公司或者拆分创业团队，实施独立经营。创业者一定要知道何时该进、何时该退。

创业者在创业道路上往往会遇到各种各样的问题。然而，要做一名合格的创业者，就必须要学会去面对这些问题，学会和自己的创业伙伴共同去积极解决这些问题，还有学会积累这些解决问题的经验，这样才会使事业有条不紊地发展下去。

（5）积极利用现有资源。不少在职人员都选择了与工作密切相关的领域创业，工作中积累的经验和资源是最大的创业财富之一，要善于利用这些资源，以便近水楼台先得月。对能帮助自己生存的项目，要优先进行考虑，不要在只能改善形象或者带来更大方便的项目上乱花费用。

切不可误用资源，在职老板不能将个人生意与单位生意混淆，更不能吃里爬外，唯利是图，否则不仅要冒道德上的风险，而且很可能会受到法律的制裁。在自己的地盘上，时间、金钱才能任由自己使用。

（6）慎重选择创业伙伴。现今是团队制胜的时代，创业者自身个人能力再强，其能量也比不上一个凝聚力强大的创业团队。同心协力的创业团队，可以实现 $1+1>2$，甚至实现 $1+1>N$ 的创业合作效果。

选择创业伙伴，首先要在商业价值观上志同道合，其次要互相信任。

在创业初期，创业者可能会遇到有的贡献了企业的启动资金，或者帮助设计了这个企业的某个构思，或者他有自己需要的资源，或者企业需要他为营销鸣鼓吹号……这些在某些方面有杰出能力的人士，如果各方面足够合适，可以发展为创业伙伴；但如果不合适，创业者可以给予其一定的经济补偿，或者给予其没有经营管理权利的企业股份。不要与那些工作业绩很好，却与自己的创业价值观不一致的人合作创业，也不要与那些没有心理准备面对创办企业巨大压力的人合作创业。

此外，和创业伙伴各自的责、权、利一定要妥当划分清楚，最好形成书面协议，有合作双方和第三方见证人的签字，这样可以在一定程度上避免纠纷。

（7）细致准备必不可少。创业是一项庞大的工程，涉及选项、找人、融资、选址、营销等诸多方面，因此在创业项目启动之前，一定要进行细致的准备。

根据自己的实际情况选择合适的创业项目；通过各种渠道增强这方面的基础知识和专业知识；撰写一份翔实可行的商业策划书，为创业开一个好头，包括市场机会评估、盈利模式分析、创业危机应对等；摸清市场情况，知己知彼，打有准备之仗。

创业者不妨时时扪心自问一下：是否得花大力气来宣传自己的产品或者服务？是否具备了足够的经济资源、技能、人手和业务关系？在寻找潜在客户的过程中，哪些才是应该聚焦攻关的购买决策者？没有必要在那些没有决策权的人身上浪费时间。

（8）尽量利用相关政策。学校、政府、银行等部门有很多鼓励大学生创业的政策，是对大学生创业的鼓励和支持，创业时一定要注意足够利用这些政策，如免税优惠、在某地注册企业可享受比其他地区更优惠的税率、可以免费或减低租金使用办公场地等。这些政策可大大减少创业初期的成本，使创业风险大大降低。

（9）辩证看待决策失误。作为企业家，冒风险时，要谨而慎之。市场竞争极其激烈，同时，市场也瞬息万变，创业者出现决策失误，其实很正常。不必对决策失误过于敏感，当失误带来一些负面后果时，比如发错货可能致使一个客户立刻与企业断绝关系，要先接受失误，静下心来，集中精力解决后续问题。之后，可以对失误的发生过程进行复盘和反思，总结得与失，从中吸取教训。

（10）在暂时的胜利前保持清醒。不要被一时的胜利冲昏头脑。自己第一步的成功全靠自己的创意好、时机合适、运气不错和良好的业务关系。不过，这一切随时都可能离自己而去。因此，不要太过自信，投入过量的资金，使自己陷入泥沼之中。

5.3.1.2 创业者与投资人交谈易犯的错误

在项目发展壮大的过程中，吸引风险投资无疑是创业者吸纳资源的一个重要方式。那么如何与投资人高效率沟通，在有限的交谈时间里充分展现项目的种种优点和良好前景呢?

如果创业者无法避免以下九种易犯的错误，那他们和投资人的对话肯定很难超过 10 分钟。

（1）侥幸心态。创业者堵投资人的门、向投资人群发 E－mail，认为投资人看到邮件就会投资。其实没有这么简单，投资人每天要看数以百计的商业计划书，然后再筛选并做深入调查，不可能让你“侥幸”获胜。

（2）拍脑子想点子。不要认为拍脑子想出的点子就会拿到投资，富有创新性、价值性、差异化的好点子才值钱。

（3）想问题没有深度。有的创业者很浮躁，有了一个点子，自己感觉很兴奋，根本不去做市场调研，不去摸排市场上竞争对手的状况，不去采集行业相关数据，马上就写商业计划书、找投资。但与风险投资者见了面，对方几个问题问下来，创业者自己就失去了方向，就被问倒了。

（4）堆叠商业模式。有的创业者喜欢把一系列的“流行商业模式元素”做堆叠，但事实上这让投资人很倒胃口。大多数情况下，投资人对于“平台”“模式”“系统”这样的大词都缺乏好感。创业者要摒弃一些华而不实的修饰辞藻，用朴实无华的语言向风险投资者讲述项目优势。

（5）伪需求。有的创业者习惯于把周边部分人群的需求放大。比如“我先生有这个需求，我朋友有这个需求”。但这些需求很可能是伪需求。只有创业者从真正的用户群体那里经过切实调查确认过的需求，才有可能是真正的市场需求。

（6）低估创业难度。创业难，难于上青天。即使创业者在创业前期得到了风险投资，要想成为腾讯、阿里巴巴这样的大型成功企业的概率还不及万分之一。

（7）故作神秘。有的创业者把“点子”当成商业机密，与投资人谈条件：“先给钱，再说点子”。要知道，创业者是靠商业方案和一流的执行获胜，而不是靠秘密的点子。

（8）不诚信。创业者“盗窃”他人项目的知识产权或运营方案等。

（9）没重点。“描述不清晰，讲话没重点”。投资人希望创业者能够用一句话就把他项目的概况、用户、市场和团队优势等阐述明白，这样才不会浪费彼此的时间。

5.3.2　创业项目的发展阶段

5.3.2.1　创业项目的第一阶段

一般是指企业初创阶段，以产品和技术来占领市场，获得利润。

5.3.2.2　创业项目的第二阶段

公司化阶段，通过规范管理来增加企业效益。这需要创业者开始重视公司管理的正规化、标准化、规范化，并且为之付出持续不断的努力。比如，公司的销售开始逐渐转变为依靠可复制的营销渠道来完成，创业搭档团队也初步形成。

5.3.2.3　创业项目的第三阶段

集团化阶段。公司的进一步发展依靠的是硬实力，即产业化的核心竞争力，整个集团和子公司形成了系统平台，通过系统平台来完成公司的管理，由人治变成了公司治理，销售变成了营销，区域性渠道转变成一个个地区性的网络，建立了销售队伍，具备较好的销售队伍管理能力。这时创业者就可以考虑退休了，因为创业者及其创业搭档已经有了现金流系统，或者说有了持续不断的赚钱机器，它 24 小时为企业工作。这就是许多创业者及其创业搭档梦想达到的理想状态。

5.3.2.4 创业项目的第四阶段

这是创业的最高境界，集团总部阶段，是一种无国界的经营，也就是俗称跨国公司的经营模式。集团总部的系统平台和各子集团的运营系统形成了一种体系。集团总部依靠的是一种可跨越行业边界的无边界的核心竞争力，一种难以模仿和超越的软实力。这样将使集团的各行各业取得它们在单兵作战的情况下所无法取得的业绩水平和速度。这是企业发展所能追求和达到的最高境界。

第6章　创业实战

【开篇案例】王佳佳："80后"农创客书写传奇人生①

王佳佳，浙江省舟山市人，中共党员，本科学历，毕业于温州大学英语专业，舟山市人大代表，现为舟山市传奇农业发展有限公司总经理、舟山市传奇庄园果蔬专业合作社理事长，浙江农艺师学院2019级在职研修生。曾荣获全国巾帼建功标兵、第十一届全国农村青年致富带头人、浙江省青年五四奖章、浙江省乡村振兴带头人金牛奖提名奖、浙江省农村电子商务创业示范青年、浙江省百名大学生农创客、浙江省优秀农创客标兵、浙江省乡村振兴新锐奖、舟山市十大杰出青年、舟山市三八红旗手、舟山市首届十佳创业新秀、舟山市百名学习之星等荣誉称号。

传奇庄园如今已是舟山人都熟悉的地方。10年时间，一片荒山变成了青葱的果园、休闲度假的欢乐谷。书写传奇的，就是"80后"农创客王佳佳。

甜甜的笑容、浅浅的酒窝，王佳佳有着一张稚气未脱的娃娃脸，在她甜美的外表下，隐藏了一颗刚毅果敢的心，正是她的艰辛付出和奇思妙想，打开了传奇庄园的大门，铸就了一段传奇之旅。

1. 报效家乡，锻造新征程。

2009年，从英语专业毕业的王佳佳，辞去宁波外贸企业同声传译的工作，返回家乡定海区白泉镇柯梅社区工作。2010年，柯梅社区根据国家政策要求，开垦出长龙岗山上200多亩耕地进行招标承包，但由于山地贫瘠，无人问津。"抛荒实在浪费，别人不愿承包，我去承包！"这么有胆魄的话，从一个20多岁女孩口中说出，不免让旁人多了几分难以置信。说干就干，王佳佳与4个合伙人，各出资100万元成立了舟山市传奇农业发展有限公司，共同承包200多亩山地开始创业。1年后，4个合伙人退出，只有王佳佳一人坚守了下来。

"传奇"公司，终将创造传奇。王佳佳经营发展思路清晰，以农业立本，打造特色果园。山地贫瘠，不适合种植，王佳佳购买大量羊粪，开始科学改良土壤。山地地质以岩石居多，开垦和改良都不容易，成本巨大，初期就花掉300万元。很快，这个曾经荒废的山头改头换面了。山上被整齐的桑葚、白枇杷、红心猕猴桃、杨梅、樱桃、桃、梨等果树覆盖。

庄园地形陡、坡度高，土地利用率不高。王佳佳脑子灵活，她想到了发展立体

① "80后"农创客书写传奇人生［N］．潇湘晨报，2021-10-02.

种植和立体养殖。根据水果成熟期的先后，在葡萄架下种蔬菜，在猕猴桃架下种植蓬蘽和皇菊，每逢4月中下旬蓬蘽成熟的季节，看起来就像醉人的玛瑙，美极了。每逢11月初，皇菊盛开，满城尽带黄金甲。

王佳佳坚持“绿色种植、自然生长、最本地、至新鲜”的原则，施用有机肥，让果蔬在山上无污染的环境里自然生长，待到农产品达到自然成熟期，再进行采摘和销售。

9月，拳头产品之一的红心猕猴桃上市了。王佳佳要求对每颗猕猴桃都称重，进行等级分类，再分级包装、销售，严格把控产品品质。经过几年的发展，公司积累了一大批粉丝。王佳佳让“本地产”体现了价值，刚上市的猕猴桃卖到了50元一斤，依然供不应求。事实上，早在2012年庄园里首批桑葚上市，35亩的桑葚亩产达到600斤，因为缺乏经验，包装、销售都不尽如人意，丰产不丰收，让王佳佳颇为苦恼。“看着满山的桑葚，卖不掉就坏了，太心疼了。”王佳佳没有气馁，想到了入园采摘，既节约了人力成本，也打开了销路。如今九成以上的桑葚收入来自入园采摘，同时以桑葚为原料的周边产品，例如桑葚酒、桑葚馒头、桑葚炖鸡等风靡一时。最为重要的是，这次因祸得福的经历，让王佳佳灵机一动：农业和旅游可以巧妙结合。

2. 农旅融合，开辟新天地。

入园采摘打开了市场，也打开了王佳佳的经营思路。随后，庄园加大基础设施投入，精心规划游玩路线，并按照水果蔬菜采摘时令表，开放采摘游。

创业没有休止符，农旅融合是个时髦的词儿，王佳佳看到了商机。“有客流量就有市场”，王佳佳秉持“回归自然，亲近自然”理念，围绕着青山绿水，搭建百米天桥、长城景观带、飞瀑广场，搞起了山野烧烤、动物园、游乐园等，一个偏僻的山谷竟然摇身一变成了名副其实的欢乐谷。在自己发展的同时，王佳佳认为作为一名农创客，有责任带领农户发家致富。她经营的传奇庄园果蔬专业合作社，吸纳了109个成员，带动农户150多户，种植面积超过500亩。她积极为社员推介新品种和新技术、创新管理理念、拓展销售渠道，获得了良好的社会效益和经济效益。2015年，传奇庄园获得全国妇联、科技部和农业部等三部门颁发的全国巾帼现代化农业科技示范基地荣誉称号。当年，她开始建设精品果园，还拿到了政府补贴，这让她更有信心。王佳佳说：“国家有扶持政策，政府关心我们农创客，我们有信心做好农业。”

“我希望壮大农创客队伍，让更多扎根农村、奉献农业的年轻人快速成长。”2015年她辞去了社区工作，专心投入农创事业中。她参加省农创客联合会组织的培训，到浙江农艺师学院继续深造学习，到全省有名的农场观摩学习，这让她收获很大。她觉得活学活用很要紧，要与时俱进，学习当下流行的销售方式。同时，王佳佳拓展产业链，发展农家乐。为了满足生产需要和游客需求，庄园投入200多万元新建了生态餐厅，可以给入园游客提供就餐、休憩的地方。庄园种植的蔬菜，养殖的鸡鸭、活鱼，深加工的特色水果、蔬菜，例如桑葚药膳鸡、桑葚圆子羹、猕猴桃鸡脯肉、火龙果馒头等，就地取材、绿色无污染的农家乐特色菜吸引了上海、江苏等周边地区的游客。互联网时代，农业发展不能走上一辈的老路。王佳佳深感自己所处信息时代，要想发展，必须以现代的理念去建设、经营、管理。“她脑子灵活，执行力强。”这也是乡镇干部对她的评价。

3. 奇思妙想，创造新未来。

一桥飞架，横跨山谷。一座叫洪福桥的绳索桥，桥面由木板铺就，桥栏由塑料绳编织而成，人走在桥上晃晃悠悠。2016年，在五一黄金周来临之前，这座吊桥横空出世，配合着新鲜上市的桑葚以及“采摘+旅游”的模式，庄园在一个黄金周内实现了200万~300万元进账。抓住爆点是王佳佳的法宝，她不遗余力抓住任何一个平台和时机，将传奇庄园推到受众眼前。2018年十一黄金周之前，另一座升级版的桥——悬空玻璃栈桥如约而至。全桥长度近200米、宽2.5米，观光平台宽3.6米，投资约1 000万元，成为浙江省首个玻璃栈桥。凌空悬挂于两山之间，风一吹还会轻轻打晃，这条名副其实的“高空荡桥”吸引了省内外游客前来体验，当年入园人数突破了8万人次。

4. 不忘初心，扎根黄土地。

在景区内，有一块巨石，上书笔力浑厚的“创业难忘”四个大字。题词者王全奇，正是传奇庄园主人王佳佳的父亲。“我老爸那一辈的创业者，是苦出来的，他总是告诉我，人要持续艰苦奋斗。”王佳佳说，虽然家庭条件不错，从小就像公主一样长大，但如今她却能吃苦，独当一面，艰苦创业不在话下，源于内心那一股不服输的劲儿。“我爸说我挺像他的。”从小受到良好的家风影响，长大后，她逐渐领会到父亲言传身教的生意经，“老板看起来不做事情，但是必须知道事情运转的规律，关注每个环节，例如要关心每天的菜价。”

“我最感谢的人是我父亲，感谢他的支持，包括资金支持和精神支持。”王佳佳说，传奇庄园的名字，就取自父亲名字“全奇”的谐音，也寄托了庄园未来越来越好的希望。“把一个不毛之地变成一个四季飘香的果园，我觉得这是挺传奇的事情，这个名字的含义越来越丰富。”如今，王佳佳是一个8岁孩子的妈妈，也是传奇庄园掌舵人，是市人大代表、市青联副主席、定海区妇联兼职副主席，出席了2020年浙江省女企业家协会年会暨企业发展创新论坛。

“相对来说，还是做农业回本快，种植的时候虽然辛苦，收获的季节就可以赚钱了，可是搞旅游，钱扔进去，溅不起花。”王佳佳说，即便这样，她还是渴望每次都有新的变化。这几年，随着329国道各个标段陆续通车，从传奇庄园出发到东港也只需要15分钟。随着舟山进入自贸区时代、舟山融入长三角经济圈，白泉高铁站建成指日可待，传奇庄园的区位优势更加明显，王佳佳对传奇庄园的未来发展充满了信心。“我想扎扎实实把农业做好，走过这么多路，回过头发现，还是要以农立本。”王佳佳说，下一步，传奇庄园还将增加农业相关配套设施，围绕农业开展研学游；保护好优质森林资源，在更广阔的领域深度开发。“我要围绕着我的果园，不断做好农业文章，这将是我一生为之奋斗的事业!”

思考题:

1. 王佳佳毕业于英语专业，却在农业领域取得了创业成功。很多人的职场从业领域往往跟当初大学所学的专业不同。你对这一点怎么看？

2. 有人说“创意就是奇思妙想”，你同意这种说法吗？为什么？

6.1 创业实战的合理合法性

6.1.1 法律层面

在创业的实战过程中，我们首先要问问自己做的事情是否合法？这既决定项目的成败，更决定项目的生死。

在包装行业，没有受到追究的仿冒包装事件不知有多少，由于抄袭或者模仿他人名牌产品而导致的法律纠纷案件不胜枚举。

【延伸阅读】高技术犯罪“汉芯事件”[①]

在高技术的科研领域，创新创业的利润丰厚，最受投资家们的青睐，所以也是造假事件的重灾区，震惊全国的“汉芯事件”即是一个最典型的案例。

1. 事件败露。

2006年1月17日，一个类似美国“水门事件”中“深喉”的人物，在清华大学水木清华BBS上，公开指责上海交通大学微电子学院院长陈进教授发明的“汉芯一号”造假。

一些嗅觉敏锐的媒体很快介入，进行了艰难的追索和求证。在举报人和媒体的共同努力下，一个个事实渐次浮出水面。一个月后的2月18日，该事件的调查组得出结论：“汉芯一号”造假基本属实。

2. 事件发展。

“汉芯一号”采用国际先进的0.18微米半导体工艺设计，在只有手指指甲一半大小的一个集成块上有250万个器件，而且具有32位运算处理内核，每秒钟可以进行2亿次运算。经过国内权威专家验证，认为这一成果接近国际先进技术，在某些方面的性能甚至超过了国外同类产品。

3. 发布仪式。

“汉芯一号”正式发布于2003年2月26日。当天的盛大场面：上海市政府新闻办公室亲自主持，信产部科技司司长、上海市副市长、上海科委、教委负责人悉数到场。在发布会上，由邹士昌、许居衍等知名院士和“863计划”集成电路专项小组负责人严晓浪组成的鉴定专家组作出了一致评定：上海“汉芯一号”及其相关设计和应用开发平台，达到了国际先进水平，是中国芯片发展史上一个重要的里程碑。

① 作者根据中央广播电视总台央视网相关资料编写。

被视为“汉芯一号”发明人的陈进自然也是荣誉加身。上海市科委授予其上海市科技创业领军人物称号。同时，陈进本人还身兼数职——上海交大微电子学院院长、上海硅知识产权交易中心 CEO，上海交大汉芯科技有限公司总裁、上海交大创奇科技有限公司总经理。

4. 调查结论。

2006 年 1 月 28 日，科技部、教育部和上海市政府成立专家调查组并开始工作，在其后的两个多月的时间里，专家调查组，针对举报人对“汉芯”事件的举报内容，采取与举报人、当事人和相关人员面谈、现场查验技术文档、分析对比有关技术资料、查验芯片演示系统和调阅相关音像资料等方式方法，对“汉芯”系列一至四号芯片的设计过程和性能指标等进行了全面调查与核实。调查结论如下：

陈进在负责研制“汉芯”系列芯片过程中存在严重的造假和欺骗行为，以虚假科研成果欺骗了鉴定专家、上海交大、研究团队、地方政府和中央有关部委，欺骗了媒体和公众。据调查，陈进负责的汉芯团队所研制的“汉芯一号”，是一款 208 只管脚封装的数字信号处理器（DSP）芯片，由于其结构简单，不能单独实现指纹识别和 MP3 播放等复杂演示功能。为了在上海市举办的新闻发布会上能够达到所需的宣传效果，陈进等预先安排在“汉芯一号”演示系统中使用了印有“汉芯”标识、具有 144 只管脚的芯片，而不是提供鉴定的 208 只管脚的“汉芯一号”芯片。调查表明，当时汉芯公司并没有研制出任何 144 只管脚的芯片，存在造假欺骗行为。

“汉芯二号”是受某公司委托定制的 DSP 软核，汉芯公司完成了设计实现，但核心技术不为其所有；“汉芯三号”是对“汉芯二号”的简单扩充，技术上与“汉芯二号”来源相同，由于缺乏必要的外围接口，不能独立实现复杂的应用。芯片实际情况与汉芯公司宣称的“已经达到国际高端的 DSP 设计水平”的说法不符，夸大了事实。“汉芯四号”是一款使用了其他公司中央处理器的单核系统芯片（SoC），不包含汉芯 DSP 核，与汉芯公司向有关部委提交的项目文件中关于“汉芯四号”是双核芯片的陈述不符，存在夸大欺骗行为。

2003 年 2 月，陈进负责的团队推出的“汉芯一号”，不过是从美国一家公司买回的芯片，雇人将芯片表面的原有标志用砂纸磨掉，然后加上“汉芯”标志“研制”而成，却因为其欺骗成功，被鉴定为“完全拥有自主知识产权的高端集成电路”，是“我国芯片技术研究获得的重大突破”。此后，随着“汉芯”二号、“汉芯”三号、“汉芯”四号相继问世，“汉芯”项目成为国家级重点科技攻关项目，有关部门下拨大量课题经费，陈进本人不但当上上海交通大学微电子学院院长，而且荣获“全国优秀科技工作者”等一系列荣誉称号。2006 年 12 月，上海交通大学接到对陈进等人涉嫌造假的举报后十分重视，立即对有关情况进行了初步调查。考虑到问题的严肃性和复杂性，上海交大随即请求国家权威部门对事件进行深入全面调查。

5. 事件处理。

科技部根据专家调查组的调查结论和国家科技计划管理有关规定，决定终止陈进负责的科研项目的执行，追缴相关经费，取消陈进以后承担国家科技计划课题的资格；教育部决定取消其享受政府特殊津贴的资格，追缴相应拨款；国家发展和改革委员会决定终止陈进负责的高技术产业化项目的执行，追缴相关经费。上海交通大学按照学校有关规定和程序，经研究决定：撤销陈进上海交通大学微电子学院院长职务；撤销陈进的教授职务任职资格，解除其教授聘用合同。

遗憾的是，直到2006年末，相关记者向国家有关部委询问的结果是，确实没有相关责任人受到任何法律上的追究。时至今日，陈进这个让中国芯片停滞13年，让我国损失11亿元资金的犯罪分子，携款逃往美国，仍未归案。

像陈进这种人做的事情是明显的犯罪，而我们创业的人如果从一开始就不能从严要求自己，面对巨大的金钱诱惑洁身自好，是很容易走入歧途以身试法的，后果不堪设想，所有创业人当引以为戒。

【延伸阅读】全兴酒厂的侵权诉讼事件①

1. 事情起因。

1999年，成都全与酒厂发现在繁体字中“兴”字的隶书写法和“与”字的写法十分相似，分别是“興”和“與”，所以就用繁体字写法的“与”字代替生产出“全与大曲”在市面上销售，成都全与酒厂自以为聪明，觉得不会迈过法律的底线而导致官司。但成都全兴酒厂的销售人员发现后立即将该厂诉上法庭，经过法庭调查，最后成都市中级人民法院和四川省高级人民法庭作出了判决。

2. 判决结果。

备受社会关注的四川全兴酒厂诉成都全与酒厂、四川杜甫酒厂专利侵权纠纷一案，由省高级法院作出终审判决：维持成都市中院一审判决，全与、杜甫两酒厂不但必须马上停止销售“全与”侵权酒类产品，还必须公开赔礼道歉，赔偿全兴酒厂损失18万元。

据成都市中级人民法院审理查明，全与、杜甫两酒厂未经全兴酒厂许可，以生产经营为目的共同使用与全兴酒厂酒瓶外观设计专利相近似的酒瓶销售其新产品，其行为已侵犯了全兴酒厂的酒瓶外观设计专利，构成了共同侵权，应依法承担侵权的连带赔偿民事责任，遂判令判决生效之日起，杜甫、全与酒厂立即停止销售全与酒厂侵权酒瓶产品，两酒厂连带赔偿全兴酒厂经济损失18万元并公开赔礼道歉。宣判后，杜甫酒厂不服，以自己是生产酒的企业，不是生产瓶的企业及一审判决对诉讼主体认定错误，杜甫酒厂不是本案适用的被告等为由向省高院提起上诉。

省高院审理后，作出维持成都市中级人民法院一审判决的终审判决。

这个案件告诉我们，在商业行为中不要耍小聪明投机取巧，以偷梁换柱、移花接木的方式来误导消费者，虽然可以一时增加产品销路，但终将付出代价，不可长久。

① 作者根据每日经济新闻报社官网相关资料编写。

6.1.2　道德伦理层面

有些创业项目表面上看来合法也合理，也没有什么道德层面上的瑕疵，但是如果从伦理层面上去分析，仍然具有很大问题，这样的项目也是不能触碰的。

【延伸阅读】克隆人事件①

美国华盛顿大学的科学家进行的一次人类胚胎的克隆（无性繁殖）研究引起了一场关于基因操纵的伦理道德风波。对于生物工程中类似的问题，无论是科学界还是政府都未做好充分的准备。一些科学家和社会活动家认为在这整个领域内存在着一个伦理道德真空。另一些科学家认为，对人类的胚胎进行克隆“是一种有害的优生方式”。

尽管华盛顿大学的克隆研究并未能发育“成为完完全全的人的胚胎”，但这个思路会导致出现“令人不寒而栗”的可能性，即批量生产人或任意制造完全一样的双胞胎以备器官移植用。这是否意味着，人类的整个概念发生变化，人变成某种制造的东西？

所以我们的创业和科研也需要考虑这方面的问题，具有伦理瑕疵的事情仍然不可以做，这也是一种人类的底线意识。

6.1.3　社会公益层面

企业创业过程中，为了迅速提高知名度和扩大销路，必然要用到广告宣传。通过慈善事业扩大企业知名度往往能够事半功倍，起到极好的效果。而这个时候，前期创业阶段的投入已经耗费了很多资金和精力，企业的压力很大，往往也是有些创业人士容易犯错误的时候。下面介绍一起企业通过诈捐方式欺骗贫困山区群众的典型案例。

【延伸阅读】慈善诈骗：企业以“捐赠 900 盏灯”为诱饵，用“信息差”坑骗农民②

2021 年 7 月，四川广元市旺苍县慈善会和一家中山的公司开展了一项捐赠活动，这家企业打算捐赠 900 盏照明灯，总价值 25. 2 万元，但实际上是借机在农村搞商业促销，利用信息差欺骗农民，一盏灯他们能赚 50 多元，而负责人表示，已经卖出去十几万盏灯，涉及金额上千万元。

旺苍县的慈善会长吴静表示，这家公司表示要捐赠给全县每个村几盏太阳能灯，

① 作者根据新京报社官方账号相关资料编写。

② 企业以“捐赠 900 盏灯”为诱饵，用“信息差”坑骗农民［EB/OL］.［2020 - 11 - 06］. https://cbgc. scol. com. cn/news/1798453. html.

他们觉得这是好事，而且这家公司提供了企业营业执照，产品质量检测报告和商标注册信息，也提供了正式的已盖公章的捐赠函，如图 6－1 所示。产品本身是正规的，对方说他们还负责安装调试，需要到村里去，希望慈善会出一个文件。

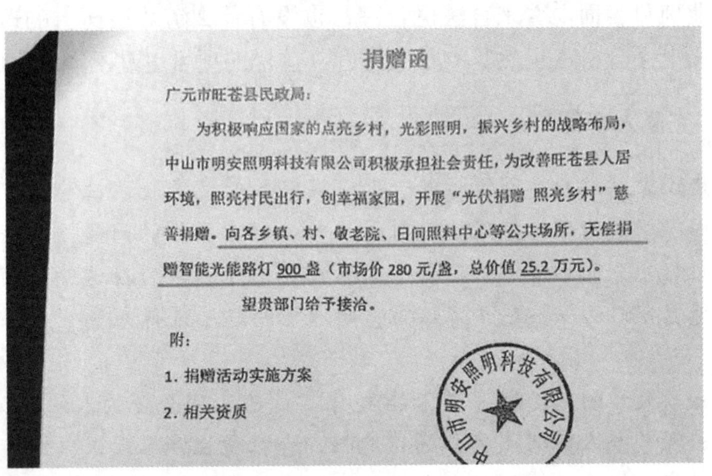
捐赠函

广元市旺苍县民政局：

为积极响应国家的点亮乡村，光彩照明，振兴乡村的战略布局，中山市明安照明科技有限公司积极承担社会责任，为改善旺苍县人居环境，照亮村民出行，创幸福家园，开展“光伏捐赠 照亮乡村”慈善捐赠。向各乡镇、村、敬老院、日间照料中心等公共场所，无偿捐赠智能光能路灯 900 盏（市场价 280 元/盏，总价值 25.2 万元）。

望贵部门给予接洽。

附：

1. 捐赠活动实施方案

2. 相关资质

中山市明安照明科技有限公司

图 6－1　正式的盖公章的捐赠函

吴静说，慈善会考虑到这个公司捐赠的同时可能有销售行为，还专门在末尾注明了，此惠民捐助行为和旺苍县慈善会无关，如图 6－2 所示。但是慈善会觉得如果产品不错，农民自愿购买，也无可厚非，但并不知道这里面存在价格欺诈。

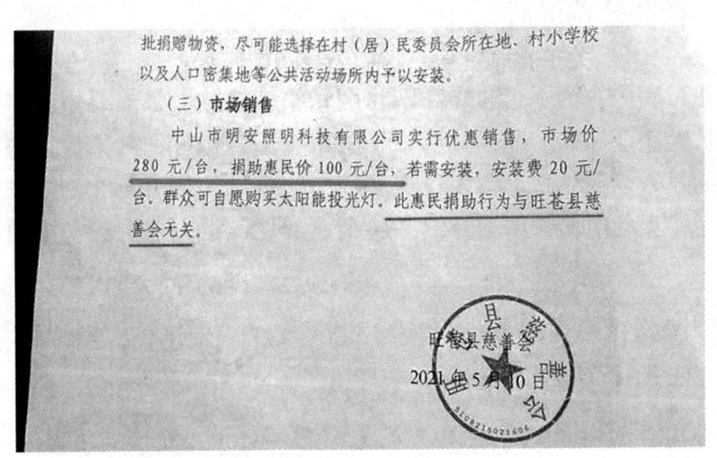
批捐赠物资，尽可能选择在村（居）民委员会所在地、村小学校以及人口密集地等公共活动场所内予以安装。

（三）市场销售

中山市明安照明科技有限公司实行优惠销售，市场价 280 元/台，捐助惠民价 100 元/台，若需安装，安装费 20 元/台。群众可自愿购买太阳能投光灯。此惠民捐助行为与旺苍县慈善会无关。

旺苍县慈善会

2021 年 5 月 10 日

图 6－2　旺苍县慈善会的特别注明

在文件中提到，公司销售的市场价为 280 元一台，捐助惠民价格为 100 元一台，安装费 20 元一台，随后慈善会将这个文件发给了下面所有村镇。很多村的村主任称，这家公司的人拿着文件找到他们，说给村里捐赠 3 盏灯，让转发一个通知，如图 6－3 所示。

图 6－3　该公司请村主任转发给村民的手机通知

这个通知的信息完全变了样，说为了倡导节能，公司捐赠了一批太阳能灯，功能非常多，一年都用不到一度电，原价 280 元，上面补贴 180 元，个人只需要 100 元，数量有限，领完为止，如图 6－2 所示。旺苍县很多村民家里都购买了这种灯，一个村都买了上百盏。

但村民说，这个灯号称 300 瓦，一年用不到一度电，但实际上亮度和 15 瓦灯泡一样，而且这个灯网上的价格非常低，村民怀疑这家公司故意把价格报高，造成优惠的假象，这就是利用信息差坑钱的把戏。

而中山市明安照明科技的负责人说，他们已经把南充、广元和巴中地区扫了两遍了，这种灯如果卖 100 元，利润大概有 50 元，负责人还教授了他们的销售模式，首先拿到当地的文件，然后每个村捐几盏灯，以慈善捐赠的名义去做，他们已经在四川卖了十几万盏这种灯了。

按照最低的 100 元一盏计算，这家公司坑骗的金额超过千万，根本不存在所谓补贴 180 元，灯的利润最少有一半，还有安装费都挣了上百万，这就是慈善捐赠新骗局，旺苍县慈善会的吴静说，目前他统计的捐赠是 590 盏，已经叫停了这家公司的虚假活动，下一步，他们将向这家公司追索剩余的照明灯，不会再接受这种形式的捐赠了。

像以上这样，挂羊头卖狗肉的诈骗把戏是千万不能干的，不仅伤天害理，而且涉嫌严重犯罪，将受到法律的严惩，断送创业者一生的前程。

6.2 创业实战的盈利性

6.2.1 盈利性是企业生存之本

6.2.1.1 盈利是创业的原动力

盈利是企业存活的基本条件，更是企业发展壮大的关键所在。初创型企业更需要持续的盈利能力，才能从幼小的春苗长成参天大树。

尤其对于大学生创业者来说，大多数创业团队都比较缺乏资金，项目若没有盈利能力，很快就无法持续。由于初创型企业在技术、资金、资源，尤其是运营经验等方面的不足，成功率是很低的，其中企业盈利能力不足是导致创业失败最主要的原因之一。

6.2.1.2 企业无法盈利的主要原因

企业无法实现较佳的盈利能力，原因一般有以下几种。

（1）产品成本上升。

（2）产品售价降低。

（3）运营期间费用增加。

（4）销售人员减少。

（5）市场萎缩。

（6）产品过时。

（7）营销策略错误。

（8）对消费者心理把握不准导致定价不准。

（9）上述几种情况同时存在。

如果深入研究一下失败的初创型企业，他们的问题多半也是以上这些。哈佛商学院给我们提供了一个典型的案例。

【延伸阅读】为什么机票能在旺季涨价，可口可乐就不行?[①]

1999 年秋天，可口可乐当时的董事长兼 CEO 道格拉斯·依维斯特（Douglas Lvester）在接受一家巴西新闻杂志采访时，透露公司正在研发一种新型交互式售卖机。售卖机配备了传感器，能监测周围温度，并自动调节可乐的价格。比如，天热时售卖机会自动把可乐卖得更贵。

不过，记者当场就表示了质疑：天热就涨价，这不合理吧?

为了说服记者，依维斯特耐心地做了解释：在炎热的夏天去观看球赛，人们对

---

① 作者根据哈佛商学院教授 Das Narayandas 的课堂内容整理。

冷饮的需求肯定会增加，需求决定价格，在这个时候适当涨价，完全公平合理。

不久后，《纽约时报》也报道了这个新闻，但是文章结尾引用了百事可乐发言人的一段话："我们相信，在炎热天气里提价的机器，是在剥削消费者……百事可乐也专注于创新，但是我们的目标是让消费者更容易买到饮料，而不是更困难。"

这段赤裸裸的批评一出来，舆论哗然，各大媒体纷纷跟进，对可口可乐口诛笔伐。

可口可乐不得不发表了一篇公关稿，宣布收回依维斯特的话，并表示这个交互式售卖机只是一款测试产品，公司根本没打算让它走出实验室。

但是，光解释没用，负面报道依旧铺天盖地。因为这起风波，再加上其他问题，几个月后，依维斯特被迫辞职，事情才逐渐平息下来。可口可乐的这次创新研发，也戛然而止了。

可口可乐这个案例的核心问题，就是动态定价。

动态定价并不是什么新鲜事：反季节的蔬果，一般比应季更贵；航空公司、酒店都会在旺季涨价、淡季打折。

同样，可口可乐研发的这款自动售卖机，能根据气温来自动调节可乐的价格，其实就是一种动态定价的策略。表面看来，这跟旺季涨价、淡季打折的机票，似乎没有本质区别。

都是动态定价策略，为什么航空公司行得通，而可口可乐只是做了个实验，就引起媒体和公众这么强烈的抵触呢？他们到底在愤怒什么？

可口可乐的做法，实际上触犯到了消费者对于定价的一个固有认知：商品的价格可以调整，但是你得给出一个"合理的理由"。这个理由行不行？企业说了不算，必须是消费者认可的"合理"才行。

可口可乐公司在创新过程中所犯错误明显属于以上的"（8）对消费者心理把握不准导致定价不准"，拥有如此长久企业历史和丰富营销经验的品牌公司都会犯这样的错误，初出茅庐的大学生在创业创新的过程中更容易出错，需要倍加小心。

【延伸阅读】济南一家激光切割机公司，新品上市仅 1 月就被模仿①

小型创新企业进行技术创新是非常困难的，项目投入了大量资金，千辛万苦研发出来，很快就面临被抄袭的风险。抄袭意味着低成本。现在行业门槛低，每家企业的产品都差不多，天下设备一大抄，翻来覆去就那点东西，客户可选择性增大，产品肯定就会压低价格。

激光切割设备行业经过十多年的发展，国产激光切割设备已经占据市场主流，但是行业市场竞争一直是居高不下，设备价格也是逐年走低。稍微了解过这个行业的应该清楚，三大件（激光器、激光头、控制系统）绝大部分厂家并不生产，即使有厂家承诺自己是源头厂家，但大多是贴牌加工，行业创新能力缓慢，中小企业要

① 作者根据济南金强激光数控设备有限公司官方账号相关资料编写。

想破局很难，没有强大的资源整合或者创新能力是很难从激烈的价格战中脱颖而出的。

当赛道进入白热化阶段，还会出现比较明显的一个现象，那就是模仿抄袭严重；很多厂家并不具备研发创新能力，通过客户现场考察同行设备进行结构拆解，研发出自己的设备也是常见的事情。这种现象就会倒逼创新企业破产，是劣币驱逐良币的典型现象。终端消费市场过于看重价格，也压缩行业利润，产生无意义的内耗。

这个公司倒闭的例子告诉我们，你如果对产品成本估计不足，对各种各样降低产品成本的方法估计不足，或者是没有把某些依靠不正当竞争手段入行者的招数考虑周全，就不能在价格或者技术上对竞争对手造成碾压态势，失败或许就在转瞬之间。

6.2.1.3　初创型企业需要更高盈利

初创型企业需要的是超出一般水平的盈利，否则我们为什么要创业？一般初创型企业如果走的是发明创造之路，可以为社会提供一种全新的产品或者服务，它的定价可以是比较高的，因此利润率相应也会较高，否则就不符合市场规律。

同时，因为企业初创，经验相对不足，如果利润率不够高，也不能满足企业应对企业风险的资金需要。如果我们的产品售价正是消费者为了满足其需求或解决其痛点所愿意付出的价格，那我们为何不应该获得超额的利润呢？超额的利润，也正是大多数创业者创业的重要动机。

那么，什么样的利润率对中小创新创业企业是比较高的利润率呢？

有的创业者说："我从事的行业是'夕阳'行业，3%的利润率已经是行业平均水平了。"这样的说法本身就有问题，创业者在创立公司时若实行平均主义，只会让企业的发展倒退。在企业的利润率问题上，也是同样的道理。

其实每个行业都有利润高的企业。我们以互联网平台为例，阿里巴巴的利润率为47%，腾讯为35%，百度为27%，但如果我们求平均值，就会发现这个行业的平均利润率非常低，因为这个行业中除了高利润的企业，还有像京东这样多年负盈利的企业。

很多传统行业的创业者认为传统行业的利润率最多只能达到5%，但实际上依旧有一些企业的利润率高达35%甚至45%。

面对自己眼前的利润表和很多同行的抱怨，很多创业者很难想象在自己的行业里居然有人能创造高利润率。但如果我们能跳出来站在全局的高度看，就会发现任何行业都有高利润率的企业。

【延伸阅读】深耕客户需求，打印耗材转型成功，实现高利润[①]

北京有一家属于低端制造行业的耗材公司，主营各类打印耗材，包括硒鼓、墨

① 深耕客户需求，打印耗材转型成功，实现高利润［EB/OL］.［2021-06-20］. http：//www.58fw.com/bangbang/qywt/809.html.

盒、碳粉等。它的经营方式是通过批发商、代理商和自营店面进行销售，年销售额约 300 万元，但利润率很低，只有 3%。

随着行业竞争的日渐激烈，这家公司面临着转型困境。目前，我国有很多这样的传统企业，它们的发展远远落后于现在的智能化、网络化大趋势。而这家耗材公司面对的困境是除惠普原装硒鼓外，硒鼓市场极少有其他公认的品牌。

曾经有同行试图通过新的营销策略推广自己的品牌，但效果甚微。普通消费者对硒鼓的需求量小，而大量需要硒鼓的企业或机构大多是通过招标采购的。因此，广告投入对提高销量的作用不大。

这家耗材公司尝试了很多转型的方法，比如取消中间商，改为直营或电商渠道，延长服务链条，开辟打印机维护维修业务等。但最终都因行业特点、自身资源和能力有限等因素失败。走了一圈弯路后，这家耗材公司痛定思痛，沉下心来进行分析，最后从用户需求的角度挖掘创新空间。

通过研究用户构成，该公司发现占硒鼓使用量 70% 的客户是那些打印量大的单位，例如银行、保险公司等，而这类公司负责物资采购的通常是行政部门。而真正的使用部门从产生需求到实际拿到硒鼓，至少要经过一周的时间。而且，行政部门和使用部门还要腾出专门的空间来存放这些硒鼓，产生了一定的库存费用。

这家耗材公司根据这一现状改变了销售方式，改由独立经销商推测时间点主动上门给客户补货。这样一来，客户就不需要库存，也不用建立出入库程序，可以节约不少时间和资源。

这家耗材公司还设计了一个产品箱，在箱子内装上一个月用量的硒鼓，同时在每一个硒鼓上贴有条形码，客户第一次使用硒鼓之前需要扫一次码，这家耗材公司就能收到使用消息，每隔一周上门服务一次，及时补货，将坏了的硒鼓回收，没用完的检修。

紧接着，这家耗材公司又与第三方公司开展推广合作，在箱子内配上第三方公司的宣传单、优惠卡券、试用装等，从中收取配送服务费，使这个产品箱变成了一个销售渠道。这些赠品既为这家耗材公司带来了额外收入，又为客户带来了惊喜。这家耗材公司有了这些额外收入，就可以下调硒鼓的价格，在采购招标时获得竞争优势。

通过对用户的分析，结合实际需求，不断创新，这家耗材公司最终实现了转型，找到了自己的解决方案与新的价值空间。很快，它的利润率就超过了 10%，走出了困境。

从这个案例中我们可以看出，利润率不是由行业决定的，而是由企业的能力决定的。企业就像滑雪道上的人，技能越高，竞争就越少，盈利水平也会越高。因此，即使我们是一个白手起家的创业者，没有很多资源和渠道，但只要我们放宽眼界，敢于创新，新手也能实现高利润率。

6.2.1.4 初创型企业再核算利润率是应该把握的关键因素

当创业者的创业进入实战阶段时，第一个重要的问题就是要对本企业所产生的利润进行复核。用最简单的描述方法分析，影响企业利润的因素主要有以下四个。

（1）产品的价格。不管是对成熟企业还是创新创业企业的新产品来说，定价的精准度决定企业的生死。因此，新产品推向市场时，千万不能随意定价，你可以想当然地认为产品值得消费者掏腰包，但如果消费者不买账，那公司就死定了。

2018 年，受新款苹果手机销量不振影响，短短三个月苹果的市值就蒸发了4 000亿美元。但为什么，即便在如此巨大的业绩压力面前，苹果无论如何也不降价，而是采用“以旧换新”搞促销？

同样，华为手机也越卖越贵，最新款的保时捷款定价更是高达 16 800 元。

再说小米，在互联网思维下仅仅用了三年时间就走过了联想近 20 年的发展之路，虽然布局中高端智能手机市场屡屡碰壁，但还是屡败屡战。

看似毫不相关的三件事情，其实背后反映了一个深刻的营销相关问题，那就是：价格问题。

不一样的定价，决定了企业不一样的发展路子。价格作为营销的基本要素之一，更是企业经营发展过程中最核心、最为关切的要素，价格决定了市场选择，决定了消费群体，决定了利润空间，进而影响着企业的长远发展。

企业只有拥有足够的利润，才会有更多费用投入研发、提升经营效率，同时为经销商、渠道商等合作伙伴创造更多的利益，构建长期稳固的合作关系。定价就是企业最大的战略，一流的企业才会相对拥有定价的权利。

艾德·梅尔在营销领域提出了著名的“四四二理论”，简单地说，就是成功的40%取决于定位，即营销对象；40%取决于产品和价格；20%取决于营销。

在现实的营销当中，营销对象往往很大程度上来说受价格影响最大，我们习惯将市场分为高中低端市场，也习惯性地将消费者细分为高中低端消费者。因此，按照“四四二理论”，价格在成功关键因素中就占到了 80%，定价就是定市场，价格策略关乎着产品经营成败，决定了企业经营生死。

①定价决定了市场选择。从某种意义上来说，小米过去的成功是定价上的成功。小米选择走的是一条高性价比的市场拓展路线，通过低价快速打开了市场，并通过低价在激烈的手机市场中开辟了一片蓝海市场，成功俘获了互联网用户、爸妈辈的消费者以及城市、乡镇、农村等区域里的中低端手机用户，并快速推动了智能手机的全民普及。

应该说小米的成功得益于早期的高性价比、但小米后续的乏力也得归咎于低价策略，一个没有高毛利的企业是不足以受到资本市场青睐的。

②定价影响了企业创新。管理大师彼得·德鲁克（Peter F. Drucker）说，企业的宗旨是创造顾客，而企业的职能则是营销和创新。而定价决定了企业自身的利润率，以及长期的发展能力。事实上，只有实现了较高毛利润的企业的发展才是可期的，只有实现了较高毛利润的企业才舍得并有能力拥有足够的经费投入研发、营销以及经营，以提升企业盈利的效率。

一个企业的自我更新、创新能力才是最核心的竞争力，而这一切都得基于企业拥有足够的毛利率，换言之，企业得有足够的资金，这样才能通过创新提供更好的产品，通过营销获得更多的市场。

③定价决定了合作伙伴忠诚度。商业社会里，市场经济时代，往往没有永恒的朋友，只有永恒的利益。商业本身无关乎忠诚，只关乎利益，利益某种程度上就是忠诚，利益越大，忠诚度越高。

如今的商业早已是生态链经营，每一个企业自身都只是生态链中的一环而已。

【延伸阅读】苹果为什么不直接降价?[①]

苹果的核心供应商在全球有200 多家，某种意义上来说企业的半条命已经不在自己手里，供应商、合伙伙伴的竞争力决定了企业的竞争力。所以，马化腾才会说出“把半条命交给合作伙伴”这样的话，并指出：腾讯的使命就是链接和赋能。

再回到“苹果为什么不直接降价”这个问题上。

众所周知，苹果的品牌价值和品牌忠诚度是很高的。之所以不直接降价，表面上是为了维护已购买用户的利益和情感，实质上，是为了延续“高定价”模式，以便下一代苹果手机可以继续以高价销售。

如果降价的话，那么苹果的利润率就会被削弱，进而影响到公司的营业收入，对股价造成巨大压力，并直接影响下一代产品的研发经费。没有了产品技术优势，苹果何以卖高价?

另外，降价的直接后果就是压缩了供应商的采购价格和经销代理商的销售利润，一旦经销商、供应商的日子不好过，到时候谁还会愿意跟苹果合作？还有谁愿意为苹果买单？苹果多年来构筑的供应链优势和经销代理体系就会崩塌，而这将是苹果的灾难。

在日本“经营之神”松下幸之助的理念中，“企业的使命就是赚钱，如果不能赚钱，那就是犯罪。”所以，定价问题不仅仅是企业的营销问题，而更应该是战略问题，它决定了市场，影响了企业研发和创新，以及企业与相关合作利益方的关系。

(2) 产品的单位变动成本。产品的单位变动成本是指单位商品所包含的变动成本平均分摊额，即总变动成本与销量之比。它实质上是一个反映企业成本风险大小的指标，看似很难理解，但举个例子就明白了。

比如说制造洗衣机的企业，常见的变动成本一般包括产品成本中的直接材料成本和直接人工成本，制造费用中随业务量呈正比例变动的物料用品费、燃料费、动力费，按销售量支付的销售佣金、包装费、装运费等。有一家企业，某一年这些费用的总和是1 000 万元，总销售量是10 万台洗衣机，则平均每台洗衣机的单位变动成本就是100 元 (1 000/10)。

因为，以上费用中每项支出都可能随市场情况而变化，所以经营者必须对支出的情况持续关注，以便留有余地，避免出现亏损。

---

① 作者根据人民网相关资料编写。

（3）产品的销售量。产品销售量对利润率的影响就更不用说了，同样的工厂、同样的产品、同样数量的员工、同样的时间内，生产的产品越多，利润率越高，这是很好理解的。一般而言，创新创业企业刚刚开始推出产品的时候，销量是比较低的，随着企业管理水平的不断提高，销量会随之而上升。

但创业初期，企业经常容易犯的错误是过高估计销售量，由此带来企业的生存危机，要特别注意加强防范。

（4）产品的固定成本。产品的固定成本一般包括如下项目：租金、工资、保险、税费、利息、折旧和公共事业费用等。固定成本是指不随生产或销售的商品或服务数量的增加或减少而变化的成本。固定成本是公司必须支付的、独立于任何特定经营活动的费用。这就意味着固定成本通常是间接发生的，因为它们不适用于公司生产的任何商品或服务。

折旧费是一种非常常见的固定成本，固定资产的价值随时间而下降，这部分通常被记录为间接费。

例如，一家公司可能会为生产线购买自动化设备，随着时间的推移，设备使用会产生折旧费用。除此之外，管理人员的工资是另一个主要的固定成本支出。

一般来说，降低固定成本可以通过减少开支而增加公司的利润，从而使股东获益。

初创型企业在开办初期经常容易犯的错误是，没有把有些前期确实无法节约的固定成本费用计算在内，如设备采买不足、租用场地不足等。

除以上几点外，初创型企业还应该从企业的规模适度性、技术先进性、渠道合理性、资金充裕性、人员经济性等各个方面精打细算。

什么是规模适度性？简单地说就是创业的企业规模（主要是指面积、设备、资金、人员）不能太大，这个道理很明显，就像一个人从小孩到长大成人是有一个过程的，企业也是一样。至于什么样的规模才是适度的，这需要创业团队有足够的智慧与经验才能把握。

通用中国的总裁钱惠康先生在被记者问及对新造车企业的看法时，给出了这样的回答：盈利是企业可持续性发展的关键，通用汽车要对股东负责。为此，通用汽车甩卖了“欧宝”，割舍澳大利亚、南非和俄罗斯汽车市场，抽身印度车市，并一度传出要退出韩国市场。不在亏损的市场浪费时间，这成为通用汽车的最新标签。这话很直观，企业如果不能盈利，一直亏损，早晚会亏空，走向倒闭。

如果一直不能创造利润，哪个投资者愿意继续投资呢？通用公司在上述市场的退出，表现的是对目标市场选择的考虑。

当然，对于初创型企业来说，前期一般都是亏损的，因为要拓展市场，要获取客户等。但是，如果长期都不能盈利，必须要放弃亏钱的市场，也应该要裁掉不能创造价值的员工。只有每一个员工都是有价值的，企业才能往更好的方向发展。只有企业是盈利的，企业才能持续发展，这是从企业的人力资源成本角度去考虑盈利多少。

6.2.2　相对高的盈利性

企业的利润计算方法主要是本行业的平均利润率。比如在电脑还没有普及的 20 世纪 80 年代，销售台式电脑的毛利可以达到 100% 以上，但现在的笔记本电脑销售利润平均不超过 5%，如果我们把销售笔记本电脑作为创业的项目，显然是很不现实的。因此，作为创业实践，选择项目需要有相对较高的利润率。那么，企业的高利润从何而来呢？

6.2.2.1　聚沙成塔的麦当劳餐厅：规模效应

如果你创业所从事的行业涉及大众服务，那么一定从开始就要考虑连锁经营的问题，一旦首家店取得成功，可以迅速扩大为连锁店，一家店的盈利可能少些，但形成数家、数十家、数百家的时候，盈利就会大增。

当然，能够想出可以搞大规模连锁店的主意的创业团队，一定有着比较强的团队协作力，只要策划得当，考虑众筹、融资等迅速扩张方案的可能性也会增加。

6.2.2.2　唯我独尊的南美餐厅：特色制胜

【延伸阅读】南美洲的火地岛乌斯怀亚的“中国餐厅”①

南美大陆南端的火地岛有着世界最南城市——乌斯怀亚，它离南极只有 800 公里，是去往那片白色南极大陆的最后一站。很多人说，只要有人的地方就有中国餐馆，一家名叫竹子餐馆的中国餐馆就开在了这里。

竹子餐馆是阿根廷华人经营的，主要供应的是自助餐，经过改良的菜品，既可以被当地人接受，也十分适合中国人的口味，竹子餐馆也成了乌斯怀亚最火爆的餐馆之一，中国游客来了，中国餐馆就他这一家，所以很多中国游客会来这家餐馆就餐。

帝王蟹是乌斯怀亚的一大特产，也是竹子餐馆的特色菜之一。当地其他餐馆做法都是清蒸，只有竹子餐馆将帝王蟹拆解，再用中式做法以葱姜爆炒，这道爆炒帝王蟹也就成了餐馆的特色菜，可以卖到高达 100 美元一份的售价。火地岛还盛产脂肪含量低、肉质香嫩的羊肉，竹子餐馆的烤羊肉在当地可算数一数二，炭烤的羊肉配以辣椒和香葱，肉质鲜嫩，葱香四溢。

虽然有帝王蟹和巴塔哥尼亚羊肉作为主要食材，但与食材同样重要的还有配料调味品和时令蔬菜，乌斯怀亚的食材紧缺，中国调料也特别少，其他的中国时令蔬菜和配料都要从 3 000 公里之外的布宜诺斯艾利斯运过来。可以看出，要在如此特殊的地理位置和自然环境下开中国餐馆挑战真的前所未有。

人类在地球上几乎没有到不了的远方，即使天涯海角也近在咫尺。从中国出发，

① 作者根据申江服务导报（解放日报报业集团主办的综合性周报）相关资料编写。

无论向东或者向西，直线距离2万公里以上，时差11个小时之外的远方，依然有中国餐馆。在世界尽头开中国餐馆，既能满足中国游客的中国味，又能让全世界的游客品尝中国美食，这家餐馆的老板真的是用自己的行动在定义着诗和远方。

经营绝招一个字——“特”。一个是在全世界可以吃到一样的食品，一个是在全世界独一无二的地方吃到独一无二的美味。一个靠的是独特的规模，一个靠的是独特的位置。

6.3 创业实战的创新性

6.3.1 创新性的内涵

6.3.1.1 人无我有，人有我优，人优我变

（1）人无我有。什么是人无我有？不管是产品还是模式，不管是产品的包装还是某个细节的设计，只要是别人没有的，别人没有做出来的，你比别人更先推向市场，就有可能获得巨大的经营利润。

【延伸阅读】今天，苹果将彻底改变手机①

第一代苹果手机由史蒂夫·乔布斯（Steve Jobs）于2007年1月9日发布，并于2007年6月29日开始销售。“An iPod，a phone，an internet mobile communicator...these are not three separate devices，This is one device，and we are calling it iPhone.”（一台iPod，一台手机，一款互联网通信设备……这不是三个独立的设备，这是一个设备，我们叫它iPhone）乔布斯有句名言：“今天，苹果将彻底改变手机。”

智能手机出现也不过大约20年的时间。在之前没有出现智能手机的时候，有很多其他的行业针对智能手机后来实现的功能进行组合、替代等，不过自从智能手机问世之后，那些行业都大不如从前，无法继续发展下去。

首先，在家庭DV和卡片相机行业，人们用随身所带的手机轻而易举就可以拍摄视频和照片，而且将它们存进手机非常便利，也不会产生额外的任何费用，让这些行业面临了严峻的挑战。

其次，智能手机的出现也让报纸、杂志这样的传统媒体行业受到了不同程度的威胁。手机的资讯更快、更新、更准确，让传统的纸媒行业的受众人群中直接衰减了一大半。

最后，就是MP3或者是MP4这样的音乐设备。如今智能手机里各式各样的音乐软件已经能够满足大家日常的音乐需求，现如今几乎所有的歌曲都将版权卖给这

① 作者根据潇湘晨报相关资料编写。

些音乐软件，多在手机上安装几个这样的音乐软件，就能够获得几乎全部想听的歌曲了。因此，以前用来听歌的工具已经被渐渐取代。

除了听音乐的工具，还有钱包也在被逐渐取代。钱包作为多年前人们最常见的出行必备工具，在人们的日常生活中占据着很重要的地位，不过随着智能手机的出现，移动支付也成为现在人们离不开的支付方式。现在只需要一部手机，就能够轻松出门，不用担心钱包还在不在身边。移动支付在智能手机上的存在让整个社会的消费、人际交往等生活方式都发生了巨大的改变，更不要说是对钱包制造业的影响了。

智能手机带给整个社会的改变是潜移默化的。智能手机的移动支付给银行、出租车行业等都带来了改变，还有像外卖这样的行业，都是智能手机不断发展道路上带来的兴起。这些行业的发展无疑是在挑战传统行业的地位。智能手机还给很多的方面都带来了颠覆，给整个社会都带来了很大的变化。智能手机未来还将会怎么发展，目前社会中各式各样的行业要怎么应对未来的发展？每个行业都要在时代的发展中找到更适合这个行业发展的未来趋势，才不会被像智能手机这样的快速发展行业所取代，这就是“人无我有”的创业带给人类社会的无穷福利。

（2）人有我优。什么叫人有我优？如果两个企业生产同种产品，但我的产品在某一方面大大超过另一企业，不管是功能还是款式，或者其他任何消费者所需要的诉求方面，均可产生超额的利润。

例如，同样是生产电冰箱，海尔的同款产品总是比其他品牌贵 1 000 元左右，因为它质量好，售后服务也比较好。它的知名度很高，口碑也比较好，比较受消费者的青睐。

具体而言，海尔冰箱采用了绿色环保材料，很优质，没有异味，不会释放出甲醛等有害物质。它的存储空间也比较大，可以存放的食物比较多，保鲜效果和冷藏效果也比较好。另外，它的耗电量也比较低，比较好清洗，使用寿命比较长。海尔冰箱的款式和颜色也纷繁多样，符合各种家居风格的都有，为消费者提供了多样化选择，提升了整体家居品位。

（3）人优我变。什么叫人优我变？当我在某一领域不再占有竞争优势时，果断地退出这一行业，而开拓新的产品，就是“人优我变”。下面以日本的家电行业退出中国市场为例。

20 世纪 80 ~ 90 年代，日本家电称霸全球，以松下、索尼、东芝、日立、三洋、夏普为代表的日本家电品牌集群，不仅“淹没了”中国市场，还在全世界范围内“泛滥成灾”，给日本人带去了丰厚的利润，成就了日本经济史上有名的“景气时代”。那个时候，家里有一台日本家电，不管是电视还是洗衣机，都是有身份、有地位的象征，一台含有日本产的显像管的电视机，竟然能卖到 4 000 元的高价。按照等价购买力来换算，相当于现在的 4 万元。就这，你有钱还不一定能买到，得凭票供应。所以，拥有一台日本产的家电，才能够成为有身份、有地位的象征。

可短短二十几年后，那个曾经不可一世的日本家电，在中国市场还找得到多少？

举目所见，都是美的、格力、海尔、创维、海信、TCL 等一系列国货品牌。你可能以为日本品牌只是在中国市场消失了，在国际市场上依然很吃香？真相是中国的家电品牌，早已在全球范围内取代了日本品牌。日本家电业已经整体没落，辉煌不再了。

那是不是这些日本企业就消失了呢？

更接近于真相的事实是：因为家电不赚钱了，所以日本人主动不干了。

事情就是这么残酷，当日本因为人力资源成本上升、家电行业利润率下降、家电行业技术含量较低产生同行业恶性竞争的时候，我们发挥自身优势在家电行业为索尼、松下、东芝们接盘的时候，日本企业集体向技术要求和利润率更高的医疗、精密仪器等行业转行。日本某家电企业高管曾向外界表示，“我们最怕的是，消费者对我们的印象还停留在当年做家电的时代”。

事实上，对于很多中国消费者来说，索尼、日立、松下就是生产电视、冰箱的厂商。这一根深蒂固的印象影响了我们对于他们转型是否成功的判断。举个简单的例子，现在的日系品牌手机虽然淡出了我们的生活，但是手机摄像头大多产自索尼，风靡全球的 iPhone 浑身上下有一半的元器件来自日本制造商也是铁一般的事实。日本家电企业在转型，成功案例不胜枚举。

世界消费电子巨头们也有意识地收缩竞争激烈的 B2C 市场，转而将精力转向市场更为广阔的 B2B 领域，去产业链上游的核心技术攫取更高利润。这就是人优我变的魅力，也是我们国家提倡“大众创业、万众创新”的目的。

6.3.1.2 拒绝同质化

拒绝同质化最根本的就是一个字，“变”。企业的技术、设计、营销、文化、宣传要变，是因为人的消费需求是随着技术发展的不断更新而产生的。要满足人们不断更新的各种需要，我们不断地通过“变”去适应这个社会，因此变是绝对的，不变是相对的。

上面我们讲了很多通过“变”去适应社会需求的成功范例，下面我们讲一个拒绝改变去适应消费者的失败案例，从中吸取一些教训，要知道，拒绝同质化是企业经营的灵魂。

导致柯达破产最核心的挑战来自数字成像技术对传统成像技术造成的冲击。高昂的成本、笨重的设备、严重的污染是底片与相纸生产和冲印过程中难以解决的问题，体积大、不能永久保存、查找困难是使用底片和相纸给人们带来的不便。而由于柯达公司是全球生产胶卷、相纸最大的厂商，他们留恋这些产品给公司带来的丰厚利润不愿改变。

更为可惜的是：全世界的第一台数码相机是由柯达公司在 1974 年发明并生产的，本来在数码相机的技术方面是领先的，但是正因为公司高层对于相纸和胶卷利润的迷恋，他们没有在数码相机的技术改进方面投入太大的资金，完全忽视了数码相机在未来市场的巨大潜力。所以当后来日本的企业推出大量数码机的时候，柯达公司的产品销量大大下降，最终导致公司破产，一个经营了百年以上的世界一流企业倒下了。柯达公司的教训告诉我们：在科技进步的面前，任何对它的忽视都是不可原谅的错误。同质化的发展不是保险箱，只有求变才是制胜法宝。

6.3.2　创新性的具体表现

6.3.2.1　产品的创新性

（1）产品性能的改进。例如，洗衣机：单筒—双筒—半自动—全自动，越来越方便。

一个小改动创造大效益的成功案例。经常有消费者到海尔集团学习参观，身临其境，对海尔先进的企业文化和创新精神体会更为真切，特别让人回味的是讲解员对海尔的一款可以洗红薯的洗衣机的描述。

海尔这款洗衣机生产起因缘于偶然。有一次，四川一名用户抱怨海尔洗衣机不好，下水管老堵。原来是他用洗衣机来洗红薯，有时泥沙堵塞了下水管。针对这个问题，一些人觉得像是笑话，说重要的问题是教育他“怎么使用洗衣机”。但海尔最终认为，“用户的难题就是我们的课题”。后来海尔专门开发出一种下水管加粗的可以用来洗红薯的洗衣机，在农村的销路非常好。

哲学中讲到，偶然是事物发展的表象，是有形的，必然是事物发展的主体，是无形的。必然决定和制约着偶然。海尔生产可以洗红薯的洗衣机是偶然现象，而无形的决定因素就是海尔以人为本的服务理念和持续创新的海尔精神。“用户的难题就是我们的课题”，让产品去尽量满足客户的需要，而不是一味地让客户去适应产品，这就是以人为本服务理念的高度体现。同样，解决用户难题的过程也是不断探索和创新的过程，创新和实践是紧密联系的，创新要从实践中来，到实践中去检验，离开了实践的创新将毫无疑义。新型海尔可以洗红薯的洗衣机的出现正是在实践中解决用户难题的过程中创新产品，虽然这个新产品的改进不算大，但也是海尔人创新精神的体现。海尔公司依靠这种持续创新的精神，凭着这种个性化产品的不断涌现，企业不断发展壮大，使一个亏空 147 万元的集体小厂迅速成长为中国家电第一品牌。

（2）新产品的推出。例如，交通工具：自行车—摩托车—汽车，速度越来越快，乘坐起来越来越舒适。

有时新产品的推出甚至不是一种颠覆性的创新，就是一种思维角度的改变，可以开发出一个很大的市场来，比如这几年风靡中国的 SUV 汽车。

城市越野车（SUV）是大家非常熟悉的车型，它是由原来的越野车进化而来，越野车在野外道路情况复杂的情况下很有优势，但突出的缺点是乘坐不舒适，油耗很高，而且价格较高；而轿车与 SUV 相比有野外通过性能差、空间小、驾驶也不舒适等致命缺点。与它们相比 SUV 有太多的优越性，因其在舒适度、经济性、耗油量、能动性、安全性、大容量等方面综合比较优势，现在是最畅销的车型，根据官方公布的数据，2021 年中国车市销量排行榜上轿车表现平平，SUV 仍然旺销，SUV

在中国市场从2000年开始起步，到2021年SUV销量达1 010.1万辆，占当年汽车总销量的38.44%，这是一个惊人的数字，可见它在中国的受欢迎程度。

这就是思路角度的不同，给产品以一定程度的调整创新所带来的销路大增的经典案例。调整创新的关键是找到消费者的诉求，不管新产品是一个新品种的出现或者老产品品质的提升，只要你用新的产品满足了消费者的诉求，这种满足程度越高，涉及的消费者越多，它的利润就越可观。

6.3.2.2 定价策略的创新性

任何一种产品从刚发明出来时的垄断性造成它的高价，逐渐过渡到规模性经营时的平价，都会经过一个价格由高到低的过程，全过程中的每个阶段定价策略设计对销售有很大的影响，同时也是一种机会，如果创业者能够通过对某种畅销产品的价格分析，发现其存在巨大的空缺，则意味着某种绝好的创业机会的出现，但同时要知道这种创业的机会窗口期非常短暂，而且风险极大，对决策者的判断力要求很高，失败的可能性很大。

【延伸阅读】最失败的矿泉水品牌，砸60亿元广告费邀成龙代言，亏损40亿元惨败收场①

先问大家一个问题，你们认为卖什么产品最赚钱？估计对于这个问题，回答啥的都有，其实你可能不知道的是，各种商品中，其实卖水是非常有利可图的，毕竟只要有好水源，那么你就可以源源不断地汲取。

矿泉水，我们都喝过，有很多牌子的矿泉水。常见的有康师傅、农夫山泉、怡宝、崂山、娃哈哈、依云等。其中，依云矿泉水是世界知名品牌，在世界市场占有率为10%，非常强大。除了依云矿泉水，其他知名品牌矿泉水的价格在1～3元不等，但你喝过一瓶5元的矿泉水吗？

恒大冰泉2013年创建，本来是要进军瓶装水市场，但是随着时间推移已经渐渐落没，为了让恒大冰泉有更高的知名度，还邀请了很多大牌明星为其代言过。恒大冰泉的广告费曾经就砸了60亿元，但是依旧没有崛起，最终亏损40亿元以失败告终。

市面上的矿泉水多在1～3元钱，只有法国高端水“依云”卖到10元以上，而恒大冰泉同样定价在5元，很明显他们是准备走中高端路线，因为觉得这是一个价格空间留下的空白市场，谁知根本就没几个人会去消费，矿泉水本来是一个大众消费品，为我们生存所必需，但是解决口渴的问题有很多种方法，喝大众矿泉水的人就是想解决口渴问题，1～3元钱他还是可以接受的，但是，如果你的价格太高，绝大多数人就觉得不合适了。至于喝依云矿泉水的人，他根本就不缺钱，而需要的是一种极高的品质，这种消费者在市场上是很少的，他们是属于一个小众群体。所以

① 作者根据中国工商管理案例库相关资料编写。

恒大开发的冰泉矿泉水的定位不准，高低价格两头的消费者都不接受，当然会没销路，必然以失败告终。

从这里我们显然可以看到定价策略的创新中有一些显著的错误需要避免。例如对消费者的心理判断失误。因为矿泉水是一个相当大众化的产品，市场已经非常成熟，冰泉矿泉水从价格空间分布上分析后认为：1～3 元的大众矿泉水已经有很多，10 元的高端市场被法国依云矿泉水占领，因而觉得 5 元左右的冰泉矿泉水有巨大的机会，可以赢得中等价位市场。但实践证明，虽然投入 60 亿元的资金，仍然不能获得消费者的接受。

如果你的产品是有高科技水准的产品，定价过低会给消费者一个便宜货的心理暗示，导致销量太低而导致失败。

如果你的产品确实有某种品质的优越性，就像冰泉矿泉水一样自认为我是像依云矿泉水那样有很好的品质，同时售价又只是依云的 1/2，而消费者却不认同你的优越性能值得他多掏 5 元钱的腰包来喝一瓶矿泉水，那你的失败就是必然的。

冰泉矿泉水的折戟沉沙告诉我们：花费 40 亿元来买一个教训，这个损失不是随便哪个创业团队都承担得起的。

6.3.2.3 营销渠道的创新性

营销渠道的类型随着社会的发展和进步，发生很大变化。

（1）按照营销场所来分类。营销渠道有游走推销、固定摊位推销、门市推销、商场推销、超市推销、网上推销等方式。

游走推销方式是一种很古老的方法，也许现在的人都觉得这个方法很落后。和田玉是我国新疆维吾尔自治区出产的著名的玉石，因此，旅客凡是到了新疆和田，都要去和田玉石的市场逛一逛。2020 年春节暴发新冠疫情以来，新疆和田地区的玉石市场全部都关闭了，那么玉石的销售人员是不是就没有办法进行推销了呢？实践证明还是可以推销的。有很多摊主就把他们自己的一些零售玉石拿到和田河的旁边，在有一块大的空地那里等待着，等游客到这个地方来游玩的时候，主动向他们推销，这样的推销效果也非常不错。不是说一定要推荐游走推销这种方式，但是，当营销环境、推销条件发生变化的时候，如果可以迅速对销售方案作出调整，那么也可能产生非常好的效果。和田玉的销售应该是一个比较典型的方法。创业者在推销过程当中应该有创新销售方式的积极性，主动摸索、实践，并将其成功的经验推广到销售团队中，那么，随时都有可能给你的企业创造很大的经济效益。

（2）按照商品到消费者之间渠道的不同来分类。营销渠道有直销——企业通过自己的销售渠道直接将产品销售给终端消费者、经销商、分销商等类别。

由于经销商和分销商是目前市场上主要存在的两种销售方式，所以要解释一下两者的不同。分销商和经销商的主要区别是性质不同、特点不同、上下级不同。具体如下：

①性质不同。分销商是指贸易中获得商品所有权的中间商。他们通过购买取得

商品所有权并转售出去，所以要承担各种风险。经销商就是在某一区域和领域只拥有销售或服务的单位或个人。

②特点不同。分销商拥有价格决定权。他们只对利润感兴趣，并不忠实于哪个生产厂商和出口商。经销商具有独立的经营机构，拥有商品的所有权（买断制造商的产品/服务），获得经营利润，多品种经营，经营活动过程不受或很少受供货商限制，与供货商的责权利是对等的。

③上下级不同。分销商不直接从厂家那里取货，而是从产品的经销商处拿货后销售，其上级为经销商，下级为批发商。经销商以合同的方式从厂家获得某一商品在某一区域的独家经销权，再往分销商处销售，其上级为厂家，下级为分销商。

（3）按照是否主要利用互联网来分类。营销渠道分为线下营销和线上营销两种方式。

①线下营销。线下营销是传统的营销方式，通常会用到实体店面或摊位，因而会产生店铺租金、物业管理费、水电网络费、实体店面的人员工资等较高的经营固定成本。而这些成本与销售业绩并没有关系，即使业绩为零，固定成本也一样已经产生。

②线上营销。线上营销又称为网络营销，是最近二十多年来发展起来的一个明星销售渠道，同时，大众产品的网络销售渠道在近十多年的飞速发展当中已经完全饱和了。要在众多网络店铺当中杀出一条有营销业绩的血路，也需要创业者推陈出新，创新营销方式。

随着新冠疫情的出现，人们有大量的时间居家工作和封控，总要找些什么事情干。于是，把自己的家装扮得更加漂亮实用，就迎合了很多闲居在家消费者的需要。很多生产家用花卉菜品栽种器具的厂商及时把握了这个新兴的消费趋势，在中国很多城市零售商品销售困难的情况下逆市而上，创造出年销售业绩逾百亿元的巨大市场，这是一个十分成功的渠道改变命运的奇迹。

【延伸阅读】家庭园艺市场空间越来越大，利润越来越多①

近年来，我国花卉产业发展形势良好。从目前细分到每一块市场领域当中来看，花卉在花海旅游、花卉小镇、特色小镇等领域关注度颇高，而盆花、切花等在节庆、节日等特殊时间节点上会成为我们关注的焦点，还有养生食用型、芳香产业型花卉，虽然不够引人注目，但市场份额很大，此外，近年来兴起的家庭园艺领域亦不容忽视。很多常年在国外考察的园林行业的企业负责人和专家都持有这样的看法：花卉最先走上了园艺化道路，但国内目前对园艺花卉的认识还较少。

园林行业未来的目标市场都是产品园艺化的未来市场。因为我国的市场一直以来都以工程类型花卉为主导，工程类型花卉即应用于市政公共项目类型的花卉。伴随着我国城市建设的发展，这类花卉数十年来在人们的意识中一直是花卉产业市场的主要来源。可以说，市场空间很依赖于项目的开发建设。

---

① 作者根据中国花卉报相关资料编写。

园艺类型花卉相比于工程类型花卉，品种更丰富、品质更优良、价格更高、用途更灵活。居民生活水平越高，园艺花卉的市场空间就越大。

目前，家庭园艺花卉的市场前景大好。越来越多面向家庭园艺的企业在崛起。家庭园艺市场和项目工程类市场未来极有可能走向两极分化。随着居民生活水平的提高和消费观念上的改变，节庆、节日类花卉市场的总体消费量应该是持续而平稳的。

此外，体量庞大的食用类花卉和芳香类花卉，市场领域更加宽泛。因为这块市场的延展性良好，在未来花卉市场中存在变量较大。

让产品走进居民的生活，产品园艺化是必然的发展趋势。摆在我们面前最艰巨的任务，是如何提升对自有品种的培育和研发的技术水平，让中国制造都走进居民的阳台、庭院，让中国生产的好花在祖国大地上生根发芽，那么，我们的鲜花也一样能出口到国外的市场。

6.3.2.4　促销方法的创新性

促销方法的多种组合也可以在创业过程中使用，创业者在实践过程中还可以根据时间、地点等不同的应用场景和目标消费者群体的具体状况，创造出更多方法。

（1）积分促销。积分促销是大众快速消费品厂商经常在各种大型超市里面应用的促销方式。就是当消费者购买每一个商品，都能根据付款金额得到同等额度的积分，当积分累积到一定数额，就可以按不同级别的积分数额去超市的售后服务中心兑换成不同商品，甚至兑换成现金，或者获得购买上的一些优惠折扣。

比如说，一个消费者在某个商场里面每买1块钱的东西，就可以得到1分积分。有一天，他买了580元的东西，可以得到积分580分，当他下次再来这个商场买了420元钱东西的时候，又得到420积分，两次加起来有1 000分，商场规定1 000分就可以兑换成现金10元钱，结账的时候就可以用这10块钱来购买其他东西。

这种方法的好处，一是可以促进消费者买更多的东西，因为买得多积分就多，折算的积分现金也多，等于给顾客打折；二是由于兑换的是商品购买额度，而不是现金返还，只能在本商场使用，所以可以继续把消费者留在自己的商场里面去购买东西，再次扩大销售量。

（2）返券促销。这种促销方式在很多连锁商店、餐饮店里都有使用，可以起到促进消费者再次光顾的作用。就是在消费者购买了东西或消费了以后，一次性的根据你的消费金额返给你一定的代金券，当你下次再到这个商店来消费的时候，可以用这个代金券来当现金使用。这种代金券通常都会有使用时间限制和消费金额限制，比如，消费金额满了200元，才允许使用一张20元的代金券。消费者往往因此会花销更多。从某个角度来说，可以说掉进了商家精心设计的诱导陷阱，为了一点小便宜，却付出了更高的代价。

（3）打折促销。打折扣是商家常见的促销方法，几乎百分之百的消费者都体验过此类方式。

（4）办卡促销。各种卡琳琅满目，如月卡、季卡、年卡和金卡、贵宾卡等。

（5）免费试用促销。向客户宣传在某一时间段内，可以完全免费试用，厂家还提供免费送货上门，是让客户先体验产品效果形成了使用上的依赖性，然后再向客户收费的一种促销方式。

（6）买赠搭配促销。买二送一，买大送小，购 A 赠 B，搭配促销。比如购买化妆品赠送免费试用装，购买笔记本电脑赠送打印机等。

（7）集团促销。某个单位员工众多，一次性购买量大，就可以应用集团促销这种方式。主要方式一种是为某一集团客户办理各种不同面值的消费卡，按购买总金额打折优惠；另一种是一次性购买某种物品总量很大，按购买总量打折优惠。这种促销方式常常在节假日之前进行。

（8）卡内存款打折优惠。这种促销方式常见于连锁商店和餐饮店。比如在加油站，每次为加油卡充值 1 000 元，就赠送 200 元油费，等于卡里面实际上有 1 200 元；或者在加油时直接打九折优惠。此类消费卡也会这样向客户个人出售。

（9）时段优惠。如在客户生日、结婚纪念日、商场周年纪念日定时减价等等。

促销方式还有很多很多，市面上五花八门、层出不穷，直到今天，任何一种促销方式，甚至包括最早的游走式推销都仍然在使用。比如 2020 年春节新冠疫情暴发以来出现的汽车上直接装载货物在街边销售，都会产生不俗的销售业绩。

只要创业者具备促销创新的能力，动脑筋、想办法，不同的产品在不同的时期进行不同促销方式的组合、变化和创新，根据市场的实际情况灵活运用，可以产生很好的销售效果。

6.3.2.5 经营方式的创新性

每一个初创型企业可能是产品品牌，或产品的设计、生产、销售、服务中的一个或者几个环节的首创者，但不一定在这个产业链上的创新能力都很突出，现代企业没有哪一个是能够在各个环节都实现创新的全面赢家。专业的人做专业的事，只要创业者把整个产品或服务产业链中的某一个环节进行创新，就在某种程度上，创新了一种发挥自身优势的现代化商业模式。

比如富士康公司，其主营业务是为全世界各种品牌的 3C 产品公司进行代加工，是全球最大的代加工品牌企业之一。富士康之所以能由十多年前名不见经传的地区性企业，经由“在压力中被迫创新、在成长中勉强传承、在运气中连番跃升”的考验，锐变成当今全球 3C 代工服务领域的龙头，不仅是靠着富士康团队上下一心、无与伦比的执行力及全体员工的共同努力，亦是因为集团的核心竞争力——创新性提供的六大产品策略及自创的垂直整合商业模式，把过去的“我向你的企业提供某种产品零件”这种被动加工模式，经过不断地创新变成“请你把产品的整个生产过程包给我来做，比你自己建厂更经济、更方便”这种主动参与加工模式，通过发挥自身优势和其他企业合作共赢。

富士康的六大产品策略是速度、品质、工程服务、弹性、成本、客户附加价值。在富士康总裁郭台铭先生的领导下，多年来致力于提供全球最具竞争力的“全方位成本优势”给全球 3C 产业的领导品牌厂商。如今，在全体同仁的努力下，集团的策略伙伴客户皆享有全球最优化的速度、质量、工程服务、弹性及成本等“全方位成本优势”。

6.3.3 创新能力的保持与提升

从商业社会、市场经营不断发展的历史来看，创新能力的保持与提升是企业持续发展最重要的保证，随着技术进步和消费热点的不断变化，社会分工的逐步细化，企业经营的各个环节也在时刻不停的变化中，就像在30年前，出现富士康公司这样巨无霸型的代加工企业几乎是不可能的。如今，企业整合正在加速进行，要适应这种趋势，需要更多有创新思维的创新创业型人才。

在企业经营的全过程中进行创新的循环深化，从产品的市场调研、设计、生产、定价、渠道、促销等环节进行创新的广度和深度的延伸，就是不断创新创业最好的持续模式。

创新永无止境。

【延伸阅读】一个大学新生的八年创业规划

一个大学新生的八年创业计划：一起设计、建立一个创新型企业，一起见证从大一开始的酝酿到创业公司运作实践的全过程。

一、第一阶段——大一、大二：从自我认知、优势确立到自我完善

（一）相对于一般大学生的个性特点分析

1. 优点。

（1）自力更生。从小就非常自立，独立生活能力超强。

（2）立志不做啃老族。除了学费以外，从入学开始，就不要父母给任何生活费，自己养活自己。

（3）坚信自己终将成为一个成功的创业者。30岁以前拥有自己的企业，或是成为股份公司的一名股东，并愿意为此而不懈奋斗。

（4）有爱好、特长和坚强的意志。喜欢音乐和体育，是中学乐队的小提琴手和校足球队的中锋，为实现自己的目标有长期坚持努力、坚忍不拔的意志，从不轻言放弃。

（5）酷爱旅游和探险，有一定的社会经验。虽然家庭并不富裕，无法提供很多旅游资金，但经常携带简陋的装备在近郊野外徒步、露营，纵览祖国的大好河山，对当地的风土人情比较熟悉，有一定的社会经验。

（6）身强体壮，善于沟通。

（7）法治观念较强，处世有分寸，行事有原则。

（8）生活、学习、工作都具有系统的计划性，有较强的自控能力。

2. 缺点。

（1）处理事情较急躁，缺乏冷静思考。

（2）有些自以为是，对人不够宽容，不善于团结与自己意见不同的人。

(3) 消费有随意性，不善于精打细算。

(4) 比较自负，不太重视别人的建议。

(5) 暂时没有从事过商业活动，对经商没有系统、全面的认知。

(二) 完善自我的对策

(1) 从大一开始，就坚持用业余时间兼职和打工，磨炼意志，积累商业经验，提高情商。

(2) 有步骤地克服自己的5项缺点，在保持自己特质的前提下，积累相关创业的必备才能。

(3) 每年写出一份具体的个人自检反思报告，实实在在地鞭策自己改正缺点，并就此广泛征求师长同学们的意见，检验实际效果。

(4) 时时留意观察周围有无与我志同道合的人，积累创业的人脉资源。

二、第二阶段——大三：提升能力，寻找商业机会和创业伙伴

(一) 提升能力

(1) 打工的过程中积累的经验可以胜任小组长以上的领导职位。

(2) 经商能力提升到可以在打工的行业内很容易地找到比从前工资更高的单位。

(二) 寻找商业机会

(1) 从兼职打工的行业中筛选，让自己逐步靠近喜欢的创业方向。

(2) 贮备1~2个自己个人另外喜欢的行业或者相近行业，作为今后创业的备选。

(三) 寻找创业伙伴

(1) 寻找到一批价值观相同的伙伴，作为未来一起创业的潜在伙伴。

(2) 重点观察同学和朋友中自律性高、原则性强，同时又具备合作精神和创业激情的人。

(3) 朋友们经常在一起交流兼职经商的体会和感悟等，讨论是否具有创业打算，寻找可能的合作伙伴。

三、第三阶段——大四：从找工作到经济独立，站稳脚跟

(一) 找工作

(1) 在找工作的过程中，体验、确认个人的能力和优势、劣势。

(2) 在工作与创业理想的对比和碰撞中，检验以前的创业设想与社会现实的符合程度。

(二) 经济独立

(1) 过去读书时如果还不能完全经济独立，那么现在一定要百分之百自己挣钱养活自己。否则，一个连饭碗都还要靠父母资助的人，能指望他可以创业成功吗？那只会是一种不切实际的梦想和笑话。

(2) 工资水平可以达到每月有一定的节余，不会经常处于朝不保夕的地步。这样就有一些精力和时间，去思考和完善自己过去的创业设想。

(三) 站稳脚跟

(1) 工作单位要稳定。因为刚刚开始工作的时候，应届毕业大学生工作的稳定性普遍都比较差。

（2）工资水平要稳定，并全力以赴，争取逐步提升薪酬水准。

四、第四阶段——工作四年：重新认知自我和社会，整合创业资源，制定创业计划

（一）重新认知自我和社会

怀有创业愿望的大学生，在工作一段时间之后，需要重新认知自我和社会。

无论是创业还是就业，毫无疑问，都需要持之以恒的默默奋斗，这是通向职业理想的必由之路。而物以类聚，人以群分，大家各安天命。社会上确实也不需要每个人都去当企业家，大多数人会成为做普通工作的人。如果始终不想待在社会大众打工族的层面度过一生，就是要静心深思，自己是否真的要去创业。

和几年前初入大学相比，经过四年高等学府教育深造和四年社会工作实践，对商业和创业的看法会更加成熟和理性。应该重新审视一下自己的创业理想，看看自己是否还是决意创业，即使九死一生也一样对创业痴心不改？

选择创业，必须在很长时间内，甚至用一生的时间去努力，方有可能实现创业成功的理想。创业的过程甚至在某种程度上违反人性，创业者不得不远离自然、随性、舒畅、轻松、任性等很美好的词，同时，坚持是一切的前提。坚持，遇到什么困难和阻碍都初心不改，勇往直前，其实大多数人都做不到。相信很多人内心都愿意追求财富，但是太多人都是嘴上说说，真到执行的时候，孩子、家人、父母、诗和远方等借口就都出来了。

如果确定对创业矢志不渝，那就抓住一切机会，积累本金，每一分钱，都要用来投资变现。最重要的是，投资自己的大脑。要像吝啬鬼一样详细地计算自己现有的资源，除了自己现有的知识结构和身体条件之外，其他都是变量，都不能不保值。一定要深度交往跟自己三观一致的人，和比自己更有见识的人待在一起，因为他们懂得社会规则，能按规则办事，能激励你不断进步。

创业者必须正确认识社会，才有可能改造社会。不管你是出于多么善良的愿望，只要你的认识跟社会现实不一致，你就会遭到惨败。你应该认真学习、改进，尊重比你有能力的人，这样你才能真正获得提升，才能离自己的创业目标越来越近。

服务他人第一，赚钱第二，这是铁的规律。先别人，后自己，能领悟到这一步，非常非常关键。你必须每天死磕16小时，不断地去帮助别人，善于学习，长期坚持，创业成功才能水到渠成。

（二）整合创业资源

创业者能否成功地开发出机会，进而推动创业活动向前发展，通常取决于他们掌握和拥有的所有资源，以及对资源的整合和利用能力。许多创业者早期所能获取与利用的资源都相当匮乏，而优秀的创业者在创业过程中所体现出的卓越创业技能之一，就是创造性地整合和运用资源，尤其是那种能够创造竞争优势，并带来持续竞争优势的战略资源。

未来民营企业无论如何发展，都只有三条道路：第一是整合别人、做大做强；第二是被人整合、退休养老；第三则是淘汰倒闭、遗憾终生。企业的核心竞争力就是对资源的整合能力，对资源的整合能力越强，核心竞争力越强。因此，企业如何

走出狭隘的发展空间，做大做强，与领导者的思维有着不可分割的关系，这就需要创业者首先必须具备优秀的资源整合能力。

资源整合的前提是要善于发现资源，培养一双善于发现资源的眼睛，及时捕捉到所需的各项具体资源，就能比竞争对手多走一步。首先可以将自己已有的资源列出一张清单，包括资金、团队、渠道、客户、品牌、专业、人脉等方面，再对这些资源进行精确的分析，给自己的资源定性。这样，创业者才知道该如何具体运用资源。一方面让自己的资源升值，实现资源价值的最大化；另一方面，询问自己需要哪些资源，并为如何获得这些资源制定策略。

（三）明确创业目标

1953 年，美国哈佛大学曾对当时的应届毕业生做过一次长时间的追踪研究。在这个研究中，询问当时那些毕业生是否对未来有清楚明确的目标以及达成目标的书面计划，结果只有不到 3% 的学生对这个问题有肯定的答复。而在 20 年后，1973 年时，再次访问了当年接受调查的毕业生，结果发现那些有明确目标及计划的 3% 的学生，不论在事业成就、快乐及幸福程度上都高于其他的人。尤有甚者，这 3% 的人的财富总和居然大于另外 97% 的所有学生的财富总和，而这就是设定目标的力量。

（四）制订创业计划

创业者必须经过详细的市场调查和研究，拟订出翔实可行的创业计划。一个有效的计划会直接影响目标是否能顺利完成。切实明确自己的创业的短期、中期和远期目标，拟订出一个完整且有效的创业计划，创业者就知道如何去做的方法和步骤，同时，创业者也会自动地产生强大且持续的推动力，努力不懈地去完成创业目标。

五、第五阶段——大学毕业四年后：开始创业实战

经过了大约八年“创业抗战”的学习和磨炼，现在进入真正实战的时候了。

首先是必须有一份尽可能完善可行的创业策划书。建议是创业的核心领导者请全体创业团队成员每人都撰写一份创业策划书，大家一起讨论，经由集体的智慧，总结出一个最佳版本。然后再全力以赴去实施创业策划。

【延伸阅读】大学生创业策划书——“涂鸦”手绘实体店

一、前言

在经济、文化和科技不断发展的今天，人们的物质生活和精神生活都获得了极大丰富。这是个张扬个性的年代，随着流行元素的不断更替，追求时尚、跟随潮流变成了人们对生活的一种新态度，而这个行为本身就已经成为一种潮流。那么在服饰的领域里，要怎样展示我们的个性呢?

很多人在偌大的商场很是迷茫，因为他们不能够买到称心如意的衣服、鞋子等服饰，也不能够很好地展示自己的个性和个人魅力，那些大同小异的服饰已不能够满足他们的个性化需求。面对着这些千篇一律的服饰，人们无从选择，因此富有个性创新的衣服就变得大受欢迎。

人们要的是有个性，是独特，是潮流，是独一无二，只要唯一，不要重复。由

此，我们萌生了一个不走寻常路的想法——涂鸦。这是一家开设在大学城商圈的实体店，以提供服饰为主的各种个性化手工绘画商品的销售、定制和客户自我设计服务，以大学生等青少年为主要销售人群，其独特性、唯一性和时尚性契合客户的个性需求，避免了撞衫的窘境，避免了个性无法展示的苦恼，避免了跟随不上潮流脚步的担忧。

二、项目概述

（一）消费理念、服务宗旨及商业模式

（1）消费理念：时尚、个性、潮流、独一无二。

（2）服务宗旨：不求最好，只求特别；质量必优，服务必诚。

（3）商业模式："涂鸦"手绘实体店，向周边大学生等青少年群体提供一个追求个性、时尚、潮流的平台，并且提供自由创作的空间，以此吸引客户到"涂鸦"来设计和寻找他们所需要的个性化商品；客户不但可以在"涂鸦"直接购买，也可以使用店内提供的软硬件材料进行自由创作，还可以自己主动推荐特色产品或服务，店铺会根据情况采纳；当手绘店的人气和客户群体积聚到一定规模时，"涂鸦"会开辟网络平台，增大客源量。

（二）发展规划

（1）第一阶段：运营初期，由于人气信誉方面都还没有什么显著优势，先做好宣传推广工作，采用贴海报、发名片等方式进行传播，旨在让更多的人知道"涂鸦"手绘实体店的存在，提起大家的兴趣。

（2）第二阶段：当宣传达到一定效果之后，以超低盈利甚至零盈利的模式打响品牌开张第一炮，提升客户购买量。

（3）第三阶段：当"涂鸦"在高校周边产生一定影响力以后，进行服务项目拓展，吸引各类感兴趣的人群加盟，收取加盟费用以及会员参与手绘产品消费的交易提成费用。利用会员的点评数据进行分析、挖掘，为我们进一步改善营销方式提供有益的指导。

（4）第四阶段：当实体店运营成熟以后，培育了较稳定的客户人群，可以开辟网络营销店，扩大规模，增加效益。

三、市场分析

（一）宏观形势分析

（1）国家经济状况良好，市场需求旺盛。面对复杂多变的国际形势和国内经济运行出现的新情况新问题，党中央、国务院坚持实施积极的财政政策和稳健的货币政策，不断加强和改善宏观调控，国民经济运行总体良好，社会消费品零售继续增长，包括大学生在内的青少年群体在不断更新、不断扩大，越来越多的青少年愿意追求一些具有自身个性和特征的新颖产品。因此，针对青少年这一消费主流群体而开辟一个手绘商品市场，具有较好的市场发展空间。

（2）手绘艺术业属朝阳产业，发展潜力巨大，前景广阔。经过市场调查研究发现，目前××市××区大学城商圈还没有任何一家专门针对大学生这一追求时尚和前卫的消费主流群体而开展的个性化手绘商品店。相似店铺在网络上有所出现，数量和规模都不大，然而大学生等青少年群体追求时尚的心一直没有停止过。

(3) 国家、学校支持大学生创业。为了缓解高校毕业生就业压力，国家各级政府纷纷出台了一系列大学生创业的优惠政策，比如免税政策、贷款政策、孵化园优惠入驻等。为了培养大学生创业意识，激发大学生创业热情，提高大学生创业能力，各大高校都纷纷提供名师指导，大力扶持大学生自主创业。

(二) 微观市场分析

(1) 需求分析。经调查发现，××市××区大学城在校学生人数远远超过×万，“涂鸦”手绘店运营初期将针对大学城周边的本科院校、高职高专等院校的在校大学生乃至高、初中生和其他青少年提供产品和服务。

(2) 愿意以资金、技术或劳务参与手绘店创业的人员较多。

四、竞争分析

(一) 企业的优势

(1) 低成本运作。“涂鸦”属于个性店，与普通店有所不同，一般店是按批发价批发进货，然后自定零售价，按零售价出售，以差价获取利润，而“涂鸦”的盈利模式是主要通过自己手绘加工制作，T恤不再是一件简单的T恤，而是一件有个性的手绘T恤，我们给产品增加了不可复制的高附加值。

(2) 独特的销售模式。“涂鸦”不仅销售设计师业已绘制好的物品，还可以让顾客提供他喜欢的图片，然后再根据顾客的要求去绘制，还可以提供顾客喜欢的物品和手绘颜料，让他们自己绘制。销售模式特别，更能吸引顾客。

(3) 很少的竞争对手。在“涂鸦”目前聚焦的市场片区上，暂时还没有手绘实体店，减少了“涂鸦”面对的竞争风险。

(4) 手绘图案独一无二。“涂鸦”销售的产品，每个图案只用一次，绝不重复，坚持独特，彰显个性。每件物品都是独特艺术品个体，是每个所有者的身份专属。

(5) 有利的品牌形象。时尚、独特、个性、潮流。

(6) 情侣系列产品。提供情侣T恤等情侣系列产品，顾客购买后，“涂鸦”将提供拍照服务，为顾客记录幸福的瞬间。

(二) 企业的劣势

(1) 团队中有丰富绘画和设计经验的技术人员比较缺乏。部分商品只能付费请其他人士来完成，会增加成本。

(2) 项目目前还没有雄厚的资金资源，经济上抵御风险的能力较弱。

(三) 竞争策略

(1) 特殊服务。

①情侣购买情侣T恤等系列商品，提供拍照留念。

②为顾客提供一个为自己关心的人手绘T恤、鞋子等物品的平台。

③提供特色的贺卡等小礼品。

(2) 卡片兑换。在“涂鸦”消费三次，就可凭消费记录来兑换一件指定区域产品，任意挑选。

(3) 定期给贫困地区的儿童捐献手绘T恤，并前往相关贫困地区开展绘画设计支教活动。

(4) 送给大学城商圈的清洁工人们手绘T恤，无声宣传“涂鸦”。

五、经营管理

(一) 商品展示

(1) 橱窗展示。

(2) 印发宣传单。

(3) 视频展示。在店铺内部循环播放各种精彩的手绘设计产品视频。

(4) 实物展示。店面所有人员全部穿戴我们的商品，并适当赠送给亲朋好友一起穿戴，以此吸引消费者。

(二) 售后管理

(1) 专门准备一本笔记本，记录每一次顾客对我们的评价、建议和意见。被采纳的提出者将被赠送纪念品或代金券。

(2) 对所有商品按规定提供免费维修整改，或适当收取维修整改费。

六、营销管理

(一) 营销策略

(1) 不断创新的潮流产品路线。在不同时期，不断改革、创新款式不同的产品，以吸引消费者的眼光，满足他们对时尚的追求。并且在质量优先的基础上实施创新。

(2) 低价位的渗透策略。考虑到一家新的实体店想要积累人气是需要时间的，所以在一开始会对大学生会员执行优惠政策，比如采取积分方式，或客户自由创作后提供免费拍照然后结集成册等方式来吸引更多消费者。创业初期我们还将对合作商家采用渗透定价法，薄利多销，为商家提供低成本的宣传途径。

(3) 成本低的直接分销短渠道。流转成本低，销售速度快，有利于生意的初期发展。

(4) 价格优惠的促销策略。对长期合作的消费者，给予一定的价格优惠，或者无偿提供自由创作机会，同时，配合节假日等推行各种打折优惠。

(二) 推广策略

(1) 海报宣传。

(2) 印刷“涂鸦”店铺的名片。

(3) 同学朋友的口头宣传。

(4) 实体感受，动员亲朋好友试穿产品，以便吸引顾客。

(5) 通过网络宣传，利用QQ、MSN等聊天工具加大宣传力度，同时在大学城商圈相关网络发布我们产品的消息。

七、风险分析与应对

(一) 投资风险

(1) 在经营成本方面，需要承受几万甚至几十万元货物的资金压力。应选择正确的区位地段，而一个好的区位地段莫过于商圈中等人流量超大之处，租金自然也会比较高。再加上不菲的装修费用，将对资金需求量做进一步的精确估算。

(2) 在经营销售方面，需要谨慎估算销售量，以便能够相对准确地进货。

应对措施：在合理把握好每一项产品质量的前提下，对每个月的销售量要相对准确估算出数值，促使每一件产品都能销售出去，避免压货。

(二) 技术风险

由于技术工作人员的水平所限，以及失误或熟练度不够，产品质量可能出现问题，会导致产品难以销售。

应对措施：加强对技术工作人员的招聘入口管理及上岗后的技术培训，在每一次产品设计、制作过程中减少失误，逐步达成零失误。

(三) 团队风险

(1) 创业团队成员均来自不同专业或不同工作背景，意见可能有分歧。

(2) 非专业人士，绘画、设计等技术水平不够稳定。

应对措施：沟通很重要，只有在一个开放、顺畅的环境下，才能发挥团队管理的功能。每周召开一次团队会议，在产品、市场等方面充分交流，并针对相关问题共同寻找应对措施。每次 CEO 推行的策略需要2/3 以上成员认同方可通过执行，以保证团队运营效率。

(四) 管理风险

管理风险往往出现在企业内部，是企业管理制度缺失或不完善的一种表现。如果不将管理制度完善化，会导致企业内部人员混乱，工作人员工作没有积极性。

应对措施：制定公司规章制度，奖惩分明，并在执行中逐步合理完善。

(五) 质量风险

质量是企业信誉的生命。一旦产品质量出现问题，这对企业信誉将是致命的打击。

应对措施：记录每件产品的质量，对相关技术制作人员实施奖惩。

八、创业团队

(一) 团队构成

CEO：负责“涂鸦”的整体运营、团队协调管理及风险管控。

市场主管：负责掌握市场动态，搜集资料、采集图片样张，进行市场分析。

财务主管：负责财务数据的收集和管理，进行财务分析、预算。

创意主管：负责网站创意产品、服务和活动的策划、宣传和实施。

我们拥有青春、活力，更富有责任心，相互协调、分工合作、团结共进，将以百分百的热情投入创业活动。

(二) 责任目标

为发挥团队高效的管理效果，首先明确每位团队成员的使命、角色和责任；其次每位成员都要思考如何各司其职、按时按量地完成任务，达成经营目标。

简而言之，我们的“涂鸦”手绘实体店拥有个性化设计、创新化模式、战略化销售、系统化管理，我们会以热忱的服务和规范的运营，从细处入手，打造良好的市场营销业绩。

第7章　创业实战的误区规避

【开篇案例】体育培训创业的成功与失败①

方某某、李某某、邱某某、叶某某均为广州大学的体育类专业大学生，然而在创业过程中前两者创业成功而后两者创业失败，这是什么原因呢?

方某某所学专业是体育教育，2013年开始创业，成立了广州方圆体育有限公司等五家公司，主要经营体育培训项目。创业前方某某曾做过体育公司主管，通过大量的市场调研发现商机，同时在请教有经验的前辈、寻找经验丰富的合伙人方面做了充分准备。在团队管理中，方某某还倡导开展团建活动提升团队的凝聚力，其制定的“不进则退”的升职制度获得团队成员的一致认同。

毕业于社会体育指导与管理专业的李某某，2017年开始创业，成立了广州奕博体育发展有限公司，主要经营体育培训项目。李某某在创业前在体育公司兼职，积累了丰富的工作经验，他深入研究了国家开放二孩政策等并从中发现商机。创业前期李某某制定了清晰而准确的商业计划书，并在协调场地、招生宣传、课程设计等方面做了充分准备。在团队管理方面，李某某特别重视教练员队伍建设，经常开展培训活动以保证教学团队能提供高质量的培训服务。

邱某某毕业于体育教育专业，2017年开始创业，主要经营篮球培训与篮球赛事运营项目，2019年创业失败。邱某某曾在体育公司做兼职，有丰富的教学经验，平时他对篮球事业未来的发展趋势方面做了很多研究并发现商机，然而在前期缺乏实地考察的情况下便盲目地准备教学课程，而且团队决策制度不完善，内部成员之间也常常出现矛盾。

叶某某在大学时学的是社会体育指导与管理专业，2015年开始创业，主要经营游泳培训项目，当年创业失败。叶某某的篮球教学经验丰富而游泳行业经验缺乏，不过经过父母的介绍他认为游泳培训是个不错的创业方向，在前期也做了充足的教学计划，然而在对接泳池工作中出现了问题，导致上一年的生源大量流失。同时在团队管理中，曾经由于分工不明确，导致内部成员之间出现了矛盾。

思考题:

1. 试分析创业过程中规避风险需要具备哪些资源或经验?

---

① 刘浩，张洁莹. 体育类专业大学生创业案例研究——以广州大学为例 [J]. 文体用品与科技，2022 (1)：141-143.

2. 从邱某某和叶某某创业失败的经历中，你能发现哪些创业误区？

高校毕业生的就业工作一直受到社会的广泛关注，然而在新冠疫情冲击下毕业生就业市场供需两端均受到影响，表现为招聘需求下降、求职人数上升、就业率降低，但在国家政策扶持下就业形式逐渐好转。2022 年 3 月发布的《2021 中国大学生创业报告》显示，96.1% 的受访大学生都曾有过创业的想法和意愿，14% 的大学生已经创业或正在准备创业。国务院办公厅于 2022 年 5 月在《关于进一步做好高校毕业生等青年就业创业工作的通知》中再次强调对高校毕业生自主创业的支持。例如，按规定给予一次性创业补贴、创业担保贷款及贴息、税费减免等政策，政府投资开发的创业载体要安排 30% 左右的场地免费向高校毕业生创业者提供；允许到本地就业创业的往届高校毕业生、留学回国毕业生及失业青年进行求职登记、失业登记等。北京、江苏、山东等多地亦发布相关政策，为大学生提供多层次创业服务及支持。

2022 年 8 月 15 日，国务院新闻办举行新闻发布会发布，7 月份 16 ~ 24 岁人口调查失业率为 19.9%，青年人失业率仍然处于历史较高水平。据报道，目前普通本专科在校生中女生占比已经超过男生，达到 52.5%。为了鼓励女性创业，全国妇联和财政部等 4 个部门实施小额担保贷款财政贴息政策，2009 ~ 2018 年，全国累计发放鼓励女性创业的小额担保贷款 3 800 多亿元，中央和地方落实财政贴息资金达到 400 多亿元。截至 2018 年，各级妇联累计建立女大学生创业实践基地近万个，创建女性众创空间、“双创”孵化器服务平台 3 800 多个。这些措施为激发女性实现创业梦想提供了资金支持和培训支持。①

对于刚毕业的大学生以及没有经验的青年而言，踌躇满志地要去做自己从未做过的创业这件事情，这是对未来的一种探索，是一个从 0 到 1 的过程，可能成功，也可能失败。创业失败了怎么办？2022 年 8 月，湖北省人民政府办公厅印发的《关于进一步支持大学生创新创业若干措施的通知》中提出，大学生创新创业在居住地参加基本医疗保险不受户籍限制，同时，应及时将符合社会救助条件的创业失败大学生，按规定程序纳入相应的救助范围。浙江省人力资源和社会保障厅副厅长陈中在 2022 年 2 月 17 日召开的国家发展改革委新闻发布会上表示，大学生想创业，可贷款 10 万 ~50 万元，如果创业失败，贷款 10 万以下的由政府代偿，贷款 10 万以上的部分，由政府代偿 80%。

在大学生想做、敢做同时又有国家政策和地方政府支持的情况下，如何规避失败进而提高创业的成功率成为摆在当代大学生面前迫切需要解决的难题。本章从创业定位、产品销售、创业发展战略、创业资金筹集与管理等角度出发，分析大学生创业实战中的误区有哪些，如何进行规避，为大学生梳理创业实战过程中的战略误区，从而提高自己的创业认知和创业思维，进而促进创业成功。

---

① 张蕊．女童净入学率 99.9%　女大学生创业基地近万个　70 年来中国“她力量”得到充分释放［EB/OL］．［2019 - 09 - 23］．http：//www.p5w.net/news/cjxw/201909/t20190923_2341200.htm.

大学生在创业的道路上大显身手之前需要先问自己几个问题，你们的创业初衷是什么？是为了实现自我价值还是为社会服务？你们适不适合创业？预计的试错成本是多高？你们的创业成功率大吗？创业对自己及社会的影响是什么？

7.1　高大上与小快灵

7.1.1　创业实战中的高大上误区

2021 第十届中国创新创业大赛以“科技创新，成就大业”为主题，报名参赛企业 33 289 家，约 1 500 家企业入围全国总决赛，大赛围绕新一代信息技术、生物医药、高端装备制造、新材料、新能源、新能源汽车、节能环保等战略性新兴产业领域，最终评选出约 600 家大赛优秀企业和晋级全国总决赛的企业 50 家。大赛创办 10 年来，招商银行与大赛合作累计为 13 万余家企业提供金融服务，提供授信总额超过 200 亿元。1 000 余家国内知名投资机构的 3 000 余位资深投资人参与大赛，累计投资超过数百亿元，选拔和培育了一批参赛企业登陆科创板、创业板，成为资本市场的创业明星。①

然而，对于本科生来说，创新、创业项目就一定要高大上吗？大学生创业是一定要坐在高楼大厦的办公室里指挥着千军万马吗？事实并非如此。对于刚毕业的大学生，仅靠书本理论是远远不够的，他们当中不乏有些人有创新、有头脑，但是没有社会实践经验，没有资金，也没有配套设施，创业过程中艰难险阻重重。

在中国科学院院士、西安交通大学教授何雅玲看来，创新能力的培养是没有捷径的，综合素质是一个长期积淀的过程，应加强创新思维和创新习惯的培养，还要有扎实的基础知识，最后还要启发学生的兴趣爱好，激励学生自己去补短板、强能力。②

目前，创新创业教育已在高校逐渐走向成熟，一大批“敢闯”又“会创”的大学生正在涌现。在第七届“互联网＋”大学生创新创业大赛上，浙江大学陈天润所带领的团队发明的便携式自行走打印机 GoPrint 获得年度季军。陈天润认为，其创意就来自寝室内的一次次天马行空的“海聊”，打印机不一定非要固定在房间里，也不一定只能打印在 A4、B5 这样固定大小的纸张上，如果打印机能够随身携带，而且在任何想打印的地方，比如墙面、衣服上，都能打印自己想要的内容，“一定是一件挺有意思的事”。北京理工大学王云川的创业项目是海上智能组网终端，要改善近海渔船海上通联手段落后的局面，因为很多小型渔船出海 10 公里之后就联系不

① 科技部．2021 第十届中国创新创业大赛圆满落幕［EB/OL］．（2022－01－07）［2023－06－22］．https：//www. most. gov. cn/kjbgz/202201/t20220107_178950. html.

② 中国教育报．大学生创新动能从何而来——第五届中国“互联网＋”大学生创新创业大赛观察［EB/OL］．（2019－10－17）［2023－06－22］．http：//www. moe. gov. cn/jyb_xwfb/xw_zt/moe_357/jyzt_2019n/2019_zt28/2019_zt28_mtbd/201910/t20191017_404097. html.

上了。以前他认为从科研到实际应用只有一步之遥，研究出来就能改善渔民的出海条件，然而经过创业的历练，王云川明白了要想把理想变为现实还要走很多步，而且每一步都不容易。只有不断地丰富自己，开阔自己的视野，才能最终实现目标。①

7.1.1.1 创业典范是高大上

（1）盲目创业。大学生创业之初，往往对市场没有进行深入的了解，看着别人做什么就依样画葫芦。这种情况下，他们只看到了别人成功创业的表象，看不到他们背后付出与尝试的过程。创业成功与否，很大程度上取决于大学生创业者是否"了解市场"，明确市场需求，了解市场项目，理解市场群体，从而综合自己的能力，正确地选择适合自己的创业项目。

有些人创业更在乎外表的光鲜，租高大上的写字楼，出门坐的是豪车，招聘一批硕士博士，每个人都管他叫老板，成功之后可以夸夸其谈，被那些尚未成功的人所仰慕。义乌工商职业技术学院贾少华教授提出，"开网店，门槛低、投资少、风险小、见效快，很适合在校大学生创业"。2003 年 9 月，该校 2002 级计算机（3）班学生洪犇通过一台电脑、一台相机、一万元启动资金，以卖户外用品为主，一个月就可净赚两三千元，成为淘宝网第一批"吃螃蟹的人"。在做客江汉大讲坛时，贾少华强调，创业者必须创新理念，必须善于利用数据，以"概念创新""消费者需求点"等角度为创业切入点，才能把握真正的创业之道。后来贾少华在分析六安职业技术学院"创业 6 个月买宝马"的案例时指出，实践是创业成功的关键，让创业学生走出课堂付诸实践，在创中学，在做中练，从而获得创业成功。②

其实，真正的创业高手，从不拘泥于任何办公形式，即便在家办公，只有简单的一部手机和一台电脑，并不影响你创造利润。因此，大学生在创业之初要讲究务实，能够生存下来，赚到利润，才是最重要的事情。企业家楼仲平先生，是"双童吸管"的创始人，也是教育部首批公布的"全国优秀创业导师"。他在做客中国科学院大学 MBA 课堂时，详细解读了错位竞争的理论逻辑及其与商业模式之间的关系，强调了企业独特性对价值创造的重要性，指出创新是一个改变认知的过程，也是一个要素拆解和重新组合的过程。数字经济时代认知迭代的速度在不断加快，新商业模式开放呈现、个体机会逐渐增多、个体价值逐渐崛起，但是所谓的成功经验不再管用，未来变得不可预期。企业需要做好准备去跨越非连续性鸿沟，积极面对

---

① 中国青年报．大学生创新创业大赛报名团队飙升意味着什么［EB/OL］．（2021－10－19）［2023－06－22］．http：//www. moe. gov. cn/jyb_xwfb/s5147/202110/t20211019_573457. html.

② 我院邀请义乌工商学院贾少华教授来院做创业报告［EB/OL］．（2013－04－03）［2023－05－21］．http：//www. jsafc. edu. cn/info/1057/2381. htm，教育部高等学校创业教育指导委员会委员贾少华教授受聘为我校创新创业导师并讲学［EB/OL］．（2015－12－16）［2023－05－21］．https：//business. jhun. edu. cn/b4/db/c1499a46299/page. htm，义乌工商职业技术学院围绕"双创"寻求特色发展，推动人才培养——以"创"立校的金字招牌亮了［EB/OL］．（2018－11－14）［2023－09－14］．http：//jyt. zj. gov. cn/art/2018/11/14/art_1532836_27102190. html，贾少华：创业 6 个月买宝马，为六安职院点赞［EB/OL］．（2018－04－28）［2023－05－21］．https：//wzy. lvtc. edu. cn/2018/0428/c529a29246/page. htm.

不确定性并做好危机管理。①

（2）一厢情愿。

【延伸阅读】许女士的创业经历

许女士一门心思想做老板。经过 7 年的努力工作和省吃俭用积蓄了一笔资金，其中 10 万元做了注册资金，5 万元用于流动资金。她认为，个人创业必须有丰富的工作经验。所以在过去的工作中，她总是分内分外的事全都抢着干，从不计报酬。尤其是经营方面的事，她更是竖着耳朵听，就是为了多学点本事，为自己开公司做准备。另外，她认为个人创业必须有一个好的项目，她选择了一个当时的朝阳项目——房地产租赁咨询。

在办齐所有手续后，她勤勤恳恳努力工作，但她怎么也没想到，最初的 3 个月几乎没有生意，直到第 6 个月才稍有收入，可生意很不稳定，半年来，她赔了 3 万多元。她开始动摇了，觉得自己是在靠天吃饭，靠运气吃饭。她认为做生意不应该是赌博，肯定是哪儿弄错了。她不想再这样干下去了，她认为不能等到这 15 万元都赔光的时候才行动。她要去弄明白问题到底出在哪里。第 7 个月她关掉了公司。

导致许女士失败的原因很复杂，但其中一条重要原因就在于没有一个完整的创业计划，所有的工作都源自许女士的一厢情愿。小企业抗风险能力很低，不考虑成熟，自然危机重重。要想创业成功，还要学会怎样避免“打水漂”。

（3）专业至上。无论国内还是国外，常常会有创业者对创业投资（VC）说：“我的技术是最好的，我的技术全世界独一无二。”但是，创业投资不光看技术，还重营销、重管理。很多人问，“我们的技术最好，你为什么不投资?”在这里，创业投资不是不投资，而是要投资高成长型的企业。高成长包括很多种，不一定仅指科技方面，还包括购并等其他的增值方式。在互联网的形势下，很多领域的项目只是找个“龙头”，找到“龙头”之后，再找到很好的人，还有钱，这样就可以做很多的购并。创业投资追求的是高成长，最终实现的是资本增值的最大化，他们并不片面崇尚高技术，更看重真正市场化的公司。所以，拥有技术优势的创业者还得要重视管理和营销。

专业至上的另一个极端就是故步自封。经常看到有些发明人抱着一大堆发明专利到处寻求投资，可是真有投资者有意愿时，就开口要天价，不愿意妥协和分享，结果最终得不到投资者的投资。殊不知今天的时代是科技飞速发展的时代，一项新技术如果不能及时转化为生产力，就会被更新的技术所淘汰。

7.1.1.2　创业要迎合高大上

（1）没有大资金就不能创业。创业需要资金支持，但需要多少数额取决于具体

① 浙江理工大学 MBA 教育中心．知名企业家楼仲平应邀做客我校“MBA 企业家大讲堂”［EB/OL］.（2021－07－27）［2023－09－14］. https：//mba. zstu. edu. cn/info/1021/1704. htm.

的创业项目，资金并不是创业的绝对障碍。有些大学生不屑于小本买卖，一开始就想做大项目开大公司，四处去找钱借钱，当资金迟迟不到位，创业的想法依旧不能如期实施，最后导致创业失败。所以刚毕业的大学生要避免好高骛远的毛病，可以相应将创业计划缩小，由小到大，进而扩大生意圈。因而对于创业前期或创业初期的大学生来说，可以通过全国大学生创业服务网申请入驻创业园区或者寻找融资，还可以借助国家或地方的创业扶持政策获得资金支持。

2022 年 5 月，国务院办公厅发布了《关于进一步做好高校毕业生等青年就业创业工作的通知》，提出了 20 条政策措施，要求各地支持毕业生自主创业，给予创业担保贷款及贴息、税费减免政策，对于毕业年度灵活就业的毕业生给予社保补贴。在杭州上城区，已经创业两年的张紫薇，不久前刚刚拿到了 4 万元的大学生创业场地房租补贴，还享受了 2 笔全额贴息的大学生创业担保贷款。①

（2）创业即上市。2014 年的“挑战杯・创青春”第八届广东大学生创业大赛上，团省委代表大赛组委会与广东粤科金融集团有限公司达成战略合作协议，共同创立“广东粤科大学生创新创业投资基金”。该基金为公司制股权投资基金，规模高达 5 亿元，分 5 年筹资，每年筹集 1 亿元。并设立专门支持大学生创新创业的股权交易平台——“青创板”，大学生有好的创意也能挂牌上市。中山大学邱鸣的广州火烈鸟网络科技有限公司项目获得了两轮共计 250 万美元的融资金额，南方医科大学陈鹏同学的南方医诺科技股份有限公司项目获得了广州南方医大医疗设备综合检测有限责任公司 1 500 万元风险投资，中山大学黄嘉辉、王嘉惠所负责的项目分别获得了 500 万元的融资额度。②

有一种观点认为不上市就不叫创业，甚至有人在创业之初就有考虑上市的想法。这种想法是不切实际的，上市可以看作是一个创业公司的里程碑事件，但不是目的，而资本市场寻找的是好的项目。具体负责基金管理的广东粤科风险投资管理有限公司总经理周小南表示，对于符合条件的创业项目或企业，公司将进行初步接洽，经专家的行业分析后，深入开展商业洽谈。条件成熟的可以获得基金公司的立项，由董事会或投资委员会进行投资决策，再给予相应额度的融资帮扶，助力大学生创业项目和企业的发展。

创业公司上市不是一蹴而就的事，2007 年，谢应波攻读博士学位期间，与 5 名大学同学用借来的 20 万元，加上上海市大学生创业基金会 20 万元无偿资助创立了泰坦科技。从 2020 年 10 月，泰坦科技（688133）登陆科创板，成为国内“科学服务第一股”，也成为首家不休学、不退学的在校大学生创业上市企业。从最初只有 1 名正式员工增加到目前 1 200 余名，从年销售额 3 000 元增长到 2021 年的 22 亿元，创建 6 个自主品牌，服务 5 万家客户，这家创业公司以技术和产品作为驱动，赢得

① 资料来源：打好“组合拳”聚力稳就业［EB/OL］.（2022－06－23）［2023－05－21］. https：//epaper. gmw. cn/gmrb/html/2022－06/23/nw. D110000gmrb_20220623_1－15. htm.

② 2014 年“挑战杯・创青春”广东大学生创业大赛终审决赛暨第八届广东大中专学生科技学术节开幕［EB/OL］.（2014－06－19）［2023－09－14］. https：//www. gdcyl. org/Article/ShowArticle. asp？ArticleID＝174669.

了资本市场的认可。[①]

(3) 创业是赢得风投。有一种观点认为创业就是为了赚钱、挣大钱，用最小的资本投入获得最大的收益，然而真正获得风投机构青睐的大学生少之甚少。正保教育集团浙江区总经理江佩涛扎根创业培训等方向 10 年，只投过 1 个大学生的创业项目，他认为，大学生创业的核心问题就是对项目的理解不够，执行力和持续力不强，缺乏完整的职业生涯规划。天使投资人、绘梦工场副总裁、青媒公社创始人龚茂指出，初创企业往往要面临三个阶段：从寻找商业模式到项目的成长期，以及未来的成熟期，而从始至终，都需要建立制度和逐步规范化；企业成长则需要尽早搞清楚项目的商业模式、商品业务、客户群体、市场定位、团队分布、覆盖地域、复制途径等要素。龚茂建议，大学生要不断挖掘自己的创新点，结合现有的年轻消费群体找到共性，拓展自己的思维格局，让项目的发展道路越发清晰。[②]

7.1.2 创业实战中的小快灵误区

什么是“小快灵”？“小”指的是企业规模小，员工数量在百人左右；“快”指的是对市场反应快，能快速抓住消费者变化的需求，推出适合的产品；“灵”指的是机制灵活、管理灵巧、文化灵性。从东南沿海到中西部地区，一批规模小、反应快、够灵活的小微企业正茁壮成长，这些数量占了市场主体的 90% 以上，贡献了全国 80% 的就业、70% 左右的专利发明权、60% 以上的 GDP 和 50% 以上的税收的小微企业，如今正被贴上“小快灵”的标签。

7.1.2.1 盲目从众

(1) 目标摇摆。从众心理即指个人受到外界人群行为的影响，而在自己的知觉、判断、认识上表现出符合于公众舆论或多数人的行为方式。这可以表现在一些创业者对创业目标的选择上。对项目的选择不是从需求和自己的资源出发，而是看其他创业者在做什么。虽然创业要学会借大势，但是并不意味着就要从众随大流，看着别人做什么，就跟着做什么，而且不断转向，目标摇摆。

(2) 眼高手低。创业者在创业初期最难得的就是脚踏实地，如果创业者眼高手低、心高气傲，大事做不了小事不愿做，终会一事无成。不少创业者在创业项目启动前，就已经开始规划“上市”的步骤了。诚然，创业需要对未来进行规划，但是更需要做好眼前的事情，学会对事情进行分类，要明确哪些事情是紧急而重要的，哪些事情是紧急而不重要的，哪些事情是重要而不紧急的，哪些事情是不重要且不紧急的。因此，创业者在制定未来的发展规划时，要分得清轻重缓急，所制定的规划要接地气，有明确的时间推进计划，切忌“眼高手低”。创业者们需要明白一点，

---

① 资料来源：上道讲坛第九期——从大学宿舍起步到科创板上市［EB/OL］.（2022-11-08）［2023-05-21］. https://life.shanghaitech.edu.cn/_t63/2022/1108/c2433a966318/page.htm.

② 风投“把脉”大学生创业优劣势［EB/OL］.（2018-11-27）［2023-09-14］. http://zqb.cyol.com/html/2018-11/27/nw.D110000zgqnb_20181127_2-T02.htm.

你能说出来，并不代表你能做出来，因为说与做隔的可不是一小步那么近，那么容易。

现实是残酷的，创业应该明确的事情有很多。很多问题都是实实在在的真实生活，不是故事。创业明确事项之一就是创业并不是童话故事，也不一定会按照你的思维发展下去。

（3）一知半解。创业不是跟着市场走而是跟着厚利行业走；与朋友或其他合作方共同开发自己不熟悉的市场领域；不是盲目地同时启动多个项目，包括自己不熟悉的行业。创业应是在创业者通过大量调研发现或者捕捉到机会后，梳理和整合能够采用的资源（包括个人的经验，资金来源，人力资源，政府或学校提供的资金或技术支持资源，创业平台提供的资源等），用于创造出市场需要的产品或服务，以此来实现自我价值和为社会作贡献。

7.1.2.2 一味求快

（1）照抄产品。以为有钱有资源，就能模仿做出好产品。依赖资源，是工业时代的价值观。在互联网时代，有创造力的人才和凝聚了创造力的产品才最值钱。资源和钱固然重要，但核心依然是有吸引力的产品。企业唯一可控的就是自己的产品，把产品想透做好，是第一步也是最重要的一步。

【延伸阅读】周恩来谈设计产品：不要照搬照抄，要下现场①

周恩来总理一贯重视机械制造行业的发展，对我国机械工业如何更好地发挥在国民经济中的作用，给予了极大的关怀。1966 年我国即将进入第三个五年计划建设时期，为了保证第三个五年计划的顺利进行，曾开了两个关于改进设计工作的全国性的讨论会。其一是属于基本建设方面的，讨论的中心为“正确的设计从哪里来?”旨在改进基本建设设计；其二是为适应基本建设需要的，关于“机械产品设计革命，赶上和超过世界先进水平”的讨论。尤其是 1965 年 11 月第二个讨论会期间，周总理接见与会部分代表时，对科技工作者的谆谆教诲，我一直铭记心中。

当时新中国成立已 15 个年头。我国机械设计的发展，有成功的经验，也有失败的教训。要新建一个工厂，首先必须有正确的基本建设设计文件，然后有工艺用的成套机械装备，这二者又必须协调一致。先进的工业必须有先进的工艺装备；先进的工艺装备又需要有研究、试验、设计、制造、安装、使用、维修一大套程序才能完成。当时我们许多同志不了解这种相互关系，一味强求先进，出现了基建部门要求提得晚、要得急、变得多，以致使制造部门穷于应付，陷于被动、彼此抱怨、相互“将军”。

1964 年 11 月，毛泽东同志发出开展群众性设计革命运动的号召，《人民日报》开辟“正确的设计从哪里来?”专栏，在全国展开了对设计革命的讨论。同时机械

---

① 周恩来谈设计产品：不要照搬照抄 要下现场［EB/OL］.（2020 - 03 - 11）［2022 - 09 - 19］. http：//zhouenlai. people. com. cn/n1/2020/0311/c409117 - 31627171. html.

设备制造部门，也迫切地提出改进设计的要求。在国家经委领导主持下，成立了“机械产品设计革命委员会”，经过半年的筹备，到 1965 年 11 月正式召开了全国机械产品设计工作会议。参加会议的有来自机械、农机、冶金、化工、石油、煤炭、铁道、纺织、农业、林业、轻工等系统的代表 800 人。会上广泛地交流了经验，热烈响应毛主席对设计革命的号召，学习了周总理在全国人民代表大会第三次会议报告中提出的“要采用先进技术，必须发挥我国人民的聪明才智，大搞科学试验”的指示精神，进一步理解“下楼出院，依靠群众”，实行四个到现场等方法，树立新的规章的现实意义，正确理解自力更生与学习世界先进经验的辩证关系。

11 月 24 日，全国机械产品设计工作会议将结束时，周总理约有关部委负责人接见了参加会议的部分代表，这是一次难忘的接见。

接见那天由高扬文和我率部分代表，有各大厂的厂长、总工程师和各地经委负责人共 80 人参加。

当周总理听我介绍说，今天到会的只有一位工人出身的工程师时，说：工人少了就不能代表三结合，我开了四次棉花会议都请棉农来。你们是第一次，没想到也难怪，但这是个缺点。

接着我把我国主要行业的劳动生产率和外国对比差距做了介绍。其中提到：钢，世界先进水平是每个工人的年产量 100 ~ 150 吨，我国是 30 吨；重型机械，世界先进水平是每人年产 7 ~ 20 吨，我国是 1 吨多一些；汽车，世界先进水平是每人年产 6 ~ 12 台，我国是 1 台多一些；拖拉机，世界先进水平是每人年产 10 ~ 28 台，我国是 1 台……

向周总理汇报时，我说明，这些劳动生产率，并不可能完全可比，还有其他许多因素，而机械设备的落后，也是个重要因素。

周总理说，这是一项很有意义的比较，所以我们要树立信心，立壮志，要赶超世界先进水平，在一个不太长的历史时期内，把我国建设成为一个社会主义现代化的强国。原子弹我们也造出来了，没有什么了不起的。

当汇报到我们的大工厂的设计人员太少，只占职工总数的 2%，同世界先进国家相比，他们约占 5% ~ 7%。而且我们的统计，把设计人员放在非生产人员一起，有的厂还把设计人员作为精减的对象时，周总理说：设计人员，不能算非生产人员，没有设计研究人员，怎能拿出新产品来呢？这是第一道工序，拿人家的成品来解剖，分析、研究，然后仿造改进再创造。这样就可以有所发现，有所发明，有所创造，有所前进。说设计人员是非生产人员，这个分类法不当，要通知劳动部和统计局，我们在这里定了：设计人员应当是生产人员，要他们跟着改。接着又着重谈了设计要从实际出发，强调理论联系实际的重要性。并对我说：沈鸿，你那水压机，一个人能搞出来吗？还不是要找其他技术人员和工人三结合一起搞。不要只算专职设计人员，要包括熟练工人（包括年轻的和老的工人），他们可能讲不出道理来，但积累了经验，能找出毛病在哪里，有窍门，能解决问题。从这里可以大量产生设计人员。但也不要我一号召，来个响应，就一下子把指标提高到 5% 或 7%，把许多老工人放到研究所设计科，结果没事情做，坐冷板凳，那就苦死了。智慧是从劳动中来的，以他们为主有好处，这样可以不脱离实际。不是要把老工人带到科室去，而是倒过来，要把技术人员带到现场去。陈永康是水稻专家，离开了稻田就搞不成了。要承认老工人有设计能力，一切智慧来自群众。毛主席说过善于领导的人，就是把群众智慧集中起来，坚持下去，坚持真理修正错误。智慧是劳动的结果。理论要联系实际，好的技术人员就不能脱离劳动实践，做到体力劳动与脑力劳动相结合。工程师要真正搞出东西来，非参加劳动实践与工人相结合不可。我们都是知识分子，要认识这个真理可真不容易。

当唐山车辆厂同志详细汇报他们吸收了老工人、工具员、定额员参加设计时，周总理说：你们只有 7 个设计人员，但参加设计的 30 多人，多好几倍，我们的设计就应当这样做。要动员全部员工的力量，发挥他们的智慧，这就是我们社会主义制度的优越性。按你们那个 20% 的数字，大学生一年能分配到几个？这样 10 年、20 年也赶不上。按唐山厂这样计算，15 年就可以了，到 1980 年就可以培养出大量的设计人员来，使机械产品设计面貌改观。

当汇报到我们大量翻译和采用苏联的设计时，周总理说：苏联的东西，有些也是陈旧的，对我们不是都适用，都照搬设计科就变成翻译科了。我过去碰到一些研究院的人，大学毕业十几年，还没有到现场去，不是画就是抄。他接着说：先下去也好，要造成一种风气，以不下去为耻，以不下去为落后，不下去就不好过。你要设计产品，又不下现场去怎么能行呢？

当汇报到规章制度时，周总理说：烦琐哲学来源于唯心主义和形而上学，学了苏联的教条主义。但我们也有自己的一套，不能都怪苏联。我们的公文这一套，就不是学苏联的，发一个文要五六个部长画了圈，才能出去。学习苏联主要是在第一个五年计划时期，第二个五年计划时期就少了。我们过去是半封建半殖民地社会，封建社会有许多繁文缛节也影响了我们，还有习惯势力，不敢改，没有革命精神。规章制度完全没有也是不行的，要创造，要因地制宜，实事求是，慢慢地，一点一点地搞起来，需要几条就搞几条，不要求全。

接着周总理谈到设计革命的成败，关键在领导。他说，领导要革命，要以身作则。领导不革命就不负责任。部长、局长直到科长都是长。“首”就是头脑，顾名思义就是要用头脑，要思想领导，要带头实践。只说不做不行，要自己抓，自己要首先向群众请教，当个长是不容易的，第一要学习毛泽东思想，第二要参加实践，向群众请教，第三要有自我批评精神，有错带头查，把大家的积极性带动起来。为什么设计人员关门不出来呢？这是跟你们（指在座的部委负责人）学的，不能怪设计人员。要怪你们这些长。我们国务院过去没有提倡，也得检讨。领导看到了要敢讲，要敢于否定错的东西，希望部长们都这样办。

最后，周总理鼓励大家说：这次会议开完了，设计革命发展了，新东西搞出来了，明年开一个新产品展览会，再推动一下。你们回去一定要发动群众讨论，要通过实践和群众结合，走群众路线。在这个基础上搞三结合，搞产品设计革命大有可为，在不太长的时间内，赶上世界先进水平，到底多长时间，要看你们的努力。

在周总理接见以后，代表们受到了极大鼓舞，认为今后机械产品的设计工作，在思想上、方法上、组织上更加明确了。时隔半年，正当机械战线广大科技人员为我国赶上世界先进水平作出努力的时候，“文化大革命”开始了，许多有成就的科技人员和有经验的老技工，被戴上“白专道路”“技术挂帅”的帽子，刚刚兴起的设计革命夭折了！这是非常可惜的事。如果没有这种干扰，让群众参加技术革命继续发展下去，三年五载总结一次，就可能由渐变达到突变，那么我国的机械设计的成就，就远远不是今天的水平了。即使如此，我国机械工业的广大科技人员没有辜负周总理的殷切期望，即使是在动辄得咎的十年浩劫中，他们依然坚持自力更生、艰苦奋斗和社会主义大协作的原则，为实现祖国的社会主义现代化作出了自己的贡献。

（2）照抄商业模式。德鲁克说过一句话，“当今企业间的竞争，不是产品之间的竞争，而是商业模式之间的竞争。”商业模式其实就是企业得以运转的底层逻辑，如果没有弄清楚商业模式就开始运作企业的话，就是无本之木，无源之水。而完善的商业模式可以让企业更加科学合理，有的放矢地去运营。

创业很多时候不是缺资金、缺团队，而是看不清方向，创业者没有固定的商业模式，则一切都只能在摸索之中前行。商业模式解决的是创业者的方向性问题，全局性问题。当今企业之间的竞争，是商业模式之间的竞争。

没有万能的商业模式，只有适合自己的商业模式。任何成功的商业模式都有其独特性和难以模仿性，因此，这个世界上并没有普遍适应的商业模式，更没有万能的商业模式。所以，即使某个商业模式是值得借鉴的，企业也不能全盘复制，而是要沉下心去，根据自身情况去打磨、调整、完善这种商业模式，使之变成真正适合自身的商业模式。

（3）人不对位。人不对位、才不对岗、岗不对位、位不对责。意思是说，企业里的任何一个岗位，都有该岗位的工作职责和岗位胜任力要求，这就要求从事该岗位的员工自身具备的素质、素养、技术、能力要适应该岗位的任职要求，只有这样，才能真正地完成岗位的工作任务，否则，是无法担当岗位的任职要求的。

7.1.2.3　创意和创业

（1）有好创意就能创业。当下，不少大学生还将创业等同于创意。创意产业是在世界经济进入知识经济时代这一背景下发展起来的一种推崇创新、推崇个人创造力，强调文化艺术对经济的支持与推动的新型产业。比尔·盖茨认为“创意具有裂变效应，一盎司创意能够带来无以数计的商业利益、商业奇迹”。

创意和创业是两个不同的概念。创意，简单地说就是具有新颖性和创造性的想法，它涉及广告、建筑、艺术、工业设计、电影、音乐、电视广播等诸多领域。而创业则是一个团队在洞悉某一行业市场现状需求的基础上，经过慎重研究、思考寻找出创新的、具有较大需求且可行的经营模式，通过管理、技术、市场、公关等手段或途径最大限度地实现团队预期目标，并为社会创造较大财富的过程。从对两者概念的描述上看，两者有些共同点。

（2）有好创意就有创业机会。创业是不拘泥于当前资源条件的限制下对机会的追寻，将不同的资源组合以利用和开发机会并创造价值的过程。简单地说，创业是在识别机会和开发机会，经历了产生创意、开发商业概念、市场测试、设计商业模式等环节后，创业者就可以确定创业机会了。

7.1.3 如何做才能规避创业定位中的误区？

7.1.3.1 正确认识自己

为保险起见，大学生在创业之前，不妨对自己做个评估，看看自己是不是适合创业。创业自我评估表如表 7－1 所示。

表 7－1　　创业自我评估表

需具备的能力	分值（分）	自我评估可参考的问题
韧性和抗压能力	20	（1）你是否有承担挫折和失败的勇气？ （2）你是否做好应对风险的准备？ （3）你是否对自己经验的不足有明确的认知？ （4）一次失败甚至再战再败之后，你是否仍然具有积极的心态？ （5）你能否承担创业失败所带来的后果？
分析思维和创新能力	20	（6）无论你提供的是产品还是服务，你对目标市场是否有清晰的认知？ （7）你对消费者的需求是否经过市场调研？ （8）你对竞争对手以及他们所提供的产品或服务是否做过分析？ （9）你能否适应日夜厮杀、四面楚歌的竞争环境？ （10）你对未来行业的发展是否做过预测？
批判性思维和精算能力	30	（11）你对数字是否敏感？ （12）当客户或供应商报一个价格，你是否能立马反应合适还是不合适？ （13）你是否已经有了明确的成本控制计划？ （14）你能否拉下脸面与人讨价还价？ （15）你是一个把利润放在第一位的人吗？
领导力和沟通能力	10	（16）你是否具备经营人际关系的能力？ （17）你对做事先做人的道理清楚吗？ （18）当出现问题追究责任时，你是“死道友不死贫道”吗？ （19）当你的合作伙伴出现资金紧张付不了款时，你怎么办？ （20）你如何做才能让员工死心塌地为你做事？
复杂问题解决能力	20	（21）你考虑问题是从实际出发吗？ （22）当一位有才华、专业能力很强的员工提出升职加薪而你想挽留又不给他涨工资时，你的解决办法是什么？ （23）当年终奖不能兑现，公司经营惨淡，行业不景气时，你如何鼓舞士气？ （24）当你所提供的产品或服务不再适应市场的需求时，你能否拿出解决的办法？ （25）面对突发事件，比如科技的进步淘汰了你的产品或服务，或者突发公共卫生事件导致停产停业，你如何化解危机？

资料来源：吕爽．创业行动［M］．北京：清华大学出版社，2022.

7.1.3.2 正确认识消费者脑中的自己

(1) 与其与消费者大脑结合，不如与他们的生活方式结合。

(2) 与其针对所有消费者，不如针对消费者所属的圈子。

(3) 与其长期不变的灌输一个概念的内涵，不如以碎片化的方式围绕其外围展开。

7.1.3.3 根据消费者的消费习惯和消费者的定位选择合适的产品

只有那些满足消费者需求的产品才能成为爆款。因此，如果要创建爆款，就必须选择合适的产品。所谓选择合适的产品就是根据消费者需求，消费者风俗习惯，节日和流行趋势等因素进行选择。此外，卖家在选择产品时应尽力选择受欢迎，具有巨大潜在市场并具有庞大用户群的产品。对于细分程度过高的产品，其销售肯定会受到限制，因此它们不适合做爆款。

7.1.3.4 创业定位的原则

彼得·德鲁克曾说过，"目标并非命运，而是方向，目标并非命令，而是承诺，目标并不决定未来，而是动员企业的资源与能源以便塑造未来的那种手段。"① 创业也是一样，找准定位很重要，可以参考如下4个原则。

(1) 满足消费者需求。人的需求是全方位的，按马斯洛需求层次理论的8个阶段，分别为生理的需要、安全需要、归属和爱的需要、尊重的需要、认知需求、审美需求、自我实现的需要和超越需要。有需求就是有痛点，可能产品的品类、外观、颜色、功能、内容、大小、轻重等不符合消费者的需要，也可能是产品的服务（客服、物流、维修等）不尽如人意，因此，创业者需要认真思考，要做什么，才能满足消费者的哪些需求。

"国家资源油桐产业的领导者"项目原负责人、鲁东大学农学院2017届毕业生杨安仁通过创业走上了科技兴农助农之路。他在学院"遴选—培育—竞赛—孵化"一体化双创项目培育机制助力下，走上了创新创业的"绿色通道"。从2016年"创青春"全国大学生创业大赛金奖，到2018年中国"互联网+"大学生创新创业大赛银奖，再到2021年中国国际"互联网+"大学生创新创业大赛金奖，他感觉自己心里的梦想越来越清晰了——建立完善的油桐产业链。历时5年，在中国林科院亚林所汪洋东研究员团队和鲁东大学专家的悉心指导下，他们成功选育油桐树抗枯萎病品种，将油桐产量提高了3~5倍，并建立了抗枯萎病油桐示范基地。现在的他不仅成了百姓致富带头人，让家乡及周边一座座荒山变绿变美、变荒为宝，还建成了全球规模最大、品种最全、抗枯萎能力最强，拥有546份油桐种质资源库的油桐

---

① 南开博士的创业心得：创业就像谈恋爱 要遵循四条法则［EB/OL］.（2015-06-29）［2023-01-16］. http://it.people.com.cn/n/2015/0629/c1009-27225432.html.

资源库。①

（2）符合消费者群体市场的增长趋势。创业者要做什么产品，取决于消费者群体，定位市场其实就是定位消费者群体。

以前的商业逻辑，是先做出产品，再销售给消费者，而当今的商业模式是先有用户再有产品。在产品还没生产或设计出来时，先考虑产品要卖给谁，他们的需求是不是处于增长趋势。

林俊杰上大学期间多次参加省内外大学生创新创业大赛，2019 年大学毕业后返回家乡福建省闽侯县尚干镇创业，开设食品厂，生产家乡美食尚干拌面、扁肉。为了让家乡美食走出古镇，他深入超市、小吃店，了解市场和消费者需求，向家乡老师傅请教，在保留传统美食风味的同时，创新生产工艺和销售模式，推动产品标准化生产，扩大市场。如今，他生产的“尚干扁肉拌面”销往福州、厦门、深圳等地。曾经获得“优秀士兵”的林俊杰，不仅乐于帮助退役军人就业创业，也关心学弟学妹，他常常回学校与创业指导老师以及创业团队的成员交流创业项目，为他们提供创业就业便利。②

（3）创业要完美切入。创业要有一个好的切入点，创业初期选什么项目合适，大学生往往会先比较自己有哪些优势、劣势，并对同行业的竞争对手进行分析，需要找到适合自己的项目，能够利用母校的资源或技术优势，最好是市场刚开始起步的项目，竞争对手也少。

从江苏农牧科技职业学院毕业 5 年的苗伟男拿到了 2022 年江苏省职业院校创新创业大赛一等奖。就读大学期间，他跟随老师去几个省市实地调研，后又在网上查询，发现鹦鹉养殖有不错的商机，市场正处于启蒙阶段。于是他在学校“前店后厂（场）”孵化模式的帮助下，在江苏省宿迁市湖滨新区创办了一家鹦鹉养殖基地，走上鹦鹉养殖的道路。在校时他就挣到了人生第一桶金，也成了小有名气的“苗老板”。从白手起家的“95 后”，到现在年销售额超千万的苗老板，“这些成绩的取得都离不开母校的支持，尤其是在技术层面的支持，无论是新品培育还是疾病防控。”③

（4）符合自己的兴趣。创业要定位自己感兴趣的，如此才能主动地、积极地去做，才能花费时间和精力去调研市场、寻求资源和支持。

2022 年 7 月 3 日，由商务部电子商务和信息化司指导，福建省商务厅、福建省互联网信息办公室、福建省广播电视局、福建省广播影视集团共同主办的“2022 电商主播大赛”总决赛上，“赶海父子”（实名张序剑、张应斌）主播团队勇夺大赛总冠军。“赶海父子”抖音账号的主理人张序剑，大学毕业后自己就开始创业，卖过家具、卖过灯，但从没想到过真正带给自己富裕生活的，是从小看到大的这片海。

---

① “创”出青春精彩，助力山乡巨变［EB/OL］.（2022－09－21）［2023－01－16］. https：//epaper. gmw. cn/gmrb/html/2022－09/21/nw. D110000gmrb_20220921_1－07. htm.

② 返乡青年林俊杰的创业故事［EB/OL］.（2022－09－16）［2023－09－14］. http：//www. news. cn/photo/2022－09/16/c_1129009649_2. htm.

③ 江苏农牧科技职业学院　培优创业者　带富一方人［EB/OL］.（2022－09－20）［2023－01－16］. https：//www. jsahvc. edu. cn/xcb/2022/0920/c865a118872/page. htm.

通过抖音电商，张序剑的第一场直播就有近30万元的销量。靠着一段段赶海、海鲜加工制作过程、渔民劳作等视频的呈现，截至目前，“赶海父子”的抖音账号已经吸引了220万粉丝关注。“感觉通过一场直播把我厂里的所有货都卖光了。”张序剑说，目前已经带动当地百人就业。作为一名返乡创业的大学生，张序剑因带领乡亲销售家乡大黄鱼，成为当地乡村发展的代表人物。①

7.2 外销与内销

7.2.1 海外营销误区

7.2.1.1 产品品类少

通过电视、会展等媒体宣传以及朋友的介绍，或者通过互联网来进行海外营销，费用较高，因此在进行海外营销时，投放的产品品类少。鄂尔多斯集团创出了国际公认的KVSS“中国一号无毛绒”，通过在全球注册“鄂尔多斯”商标、在国外建厂并设立海外营销公司和“鄂尔多斯”直销店，同时国内参股合作打造区域品牌、设立二线营销公司，鄂尔多斯集团走出了扭转乾坤的六步棋。经过几轮竞争，鄂尔多斯集团取代称霸羊绒业150年之久的英国道森公司，成为世界羊绒制品大王。②

财政部等八部门发布公告，自2022年3月1日起，优化调整跨境电子商务零售进口商品清单，增加滑雪用具、番茄汁、高尔夫球用具等29个商品税目。此次纳入清单的都是近年来消费需求比较旺盛的商品，百姓通过跨境电商渠道购买这些商品有望更加方便、实惠。③

中国企业品牌价值增长最快，2015年BrandZ最具价值中国品牌100强榜单显示，中国100强品牌总价值为4 642亿美元，近年来中国品牌价值增长速度超越全球最具价值品牌增速，在新兴市场中也表现突出。科技类的腾讯以660.77亿美元的品牌价值高居榜首；紧随其后的是零售类的阿里巴巴，品牌价值为596.84亿美元；位列第三的是电信服务业的中国移动，品牌价值为559.27亿美元。④

《2019年BrandZ中国出海品牌50强报告》显示，2019年榜单涵盖12个产品类别，反映中国出海品牌涉猎商业领域之广。其中，字节跳动公司旗下内容短视频App Tik Tok出海表现惊艳，首次入围并一跃排在了第5位。从50强品牌力分布来

---

① “2022电商主播大赛”总决赛落幕 宁德“赶海父子”勇夺冠军，多名主播登台展风采［EB/OL］.（2022－07－08）［2023－01－16］. http://swj.ningde.gov.cn/swdt/swdt_18235/tpxw/202207/t20220712_1641437.htm.

② 一件羊绒衫是如何“温暖全世界”的［EB/OL］.（2019－01－06）［2023－01－16］. https://epaper.gmw.cn/gmrb/html/2019－01/06/nw.D110000gmrb_20190106_3－03.htm.

③ 更加丰富！我国进一步优化调整跨境电商零售进口商品清单［EB/OL］.（2022－02－21）［2023－01－16］. http://www.gov.cn/xinwen/2022－02/21/content_5674864.htm.

④ 2015年BrandZ最具价值中国品牌百强出炉，腾讯阿里巴巴中国移动排名前三［EB/OL］.（2015－01－28）［2023－09－14］. https://finance.china.com.cn/roll/20150128/2930714.shtml.

看，消费电子和移动游戏占据了半壁江山，家用电器和电子商务对品牌力的贡献紧随其后。此次中国出海品牌的品牌力增长在日本、法国和西班牙 3 个市场尤为突出，电子商务品牌在法国和西班牙备受青睐，而来自移动游戏、消费电子、家电、银行与支付网络的中国品牌在日本大受欢迎。①

来自浙江嘉兴的羽绒服在美国流行。欧绒莱（Orolay）羽绒服在亚马逊平台畅销多年，其 092 系列羽绒服火爆全美，在亚马逊网站上收到 2 万多条售后评价，大部分为五星好评。《纽约杂志》发布题为《不太可能的故事：这件在亚马逊上卖 140 美元的羽绒服拿下了上东区》的文章，称这件羽绒服“受纽约上东区的时尚女性喜爱”。创立仅 10 年的希音服装（SHEIN）是风靡欧美的另一中国服装品牌。凭借性价比高、上新速度快、服装种类多等优势，希音迅速获得了欧洲、美国和澳大利亚等国家和地区年轻群体青睐，英国广播公司称希音在线上拥有超 2.5 亿粉丝。2021 年 5 月，希音自主开发的 App 取代亚马逊，登顶美国购物类 App 榜单。2021 年 6 月，据中泰证券研报，希音购物网站是当月全球第一大热门服饰网站，访问量达 1.5 亿次，遥遥领先 Zara、耐克等老牌服饰品牌网站。有英国媒体评价希音“引起了时尚界的轰动”。

与主流的欧美市场相比，在以巴西、菲律宾和尼日利亚为代表的新兴市场中，中国品牌的曝光率更高——社交媒体和数字广告仍是全球消费者了解中国品牌的最重要渠道。选择独立站是最有效触达终端市场的方式，同时能够规避第三方平台的风险。传音控股针对非洲用户电话卡持用量多、跨网资费高的痛点，推出第一款手机——双卡双待的 TECNO T780，在尼日利亚大获成功。随后，传音控股还推出四卡四待、超长待机等一系列特点鲜明的手机，进一步打开了非洲市场。当手机进入“智能”时代，拍照成为重要功能和卖点。传音从数据、算法、算力三个方向构建了人工智能深肤色影像技术研发平台，为当地用户带来更好影像体验。传音的成功建立在国内完备的供应链基础之上，早期为了适应不同国家消费者对产品的多样化需求，传音依托国内多元化的供应链优势，采用“小批量、多批次”的柔性生产供应模式，灵活应对海外市场环境变化。2021 年，传音智能机非洲出货量排名第一，在全球手机市场的占有率也达到 12.4%，位列第三。②

7.2.1.2　产品发布问题

产品发布直接影响着销售，产品发布做得好销量就好，卖家也会更有信心，如果没有销量，卖家必然会失望甚至放弃。跨境电商货物上架慢，可能是遇到了延误，比如船期、航班、清关、派送等的推迟。

荣瑾（2022）汇总了亚马逊跨境电商平台产品发布的常见问题，主要有产品发布类目不准确、产品信息翻译有误、产品标题不合理、搜索关键词质量不高等问题。

① 王素．中国出海品牌：50 张亮丽名片　强品牌助力强势出海［J］．进出口经理人，2019（5）：3-35.

② 新华网．中国企业加快出海，在各个领域涌现出一批专注海外市场的品牌——这些产品为何吸引海外消费者？［EB/OL］．（2022-04-08）［2023-09-14］．http：//www.xinhuanet.com/fashion/20220408/dab0554c68294c9a89540a93be63c446/c.html.

因此一个好的产品发布，需要做到以下几点：

（1）产品标题要规范、精简，优化产品标题词汇顺序。在亚马逊官网地址后有 5 个英文单词取自产品标题前段，因此标题前段的单词搜索权重最高，这些关键词是产品搜索流量的主要来源。

（2）精准翻译产品信息，提升曝光量。以箱包类产品为例，要根据箱包外形、结构、用途等特性准确地翻译产品信息，如 Sports Duffels（运动包）和 Travel Duffels（旅行包）的外形基本相似，区别是 Sports Duffels（运动包）的设计上有一个独立鞋仓，便于放置运动鞋。

（3）准确选择类目为产品热卖铺设路径。可参照竞品的发布类目，与同类产品信息比较，再通过亚马逊的分类树指南进行验证。

（4）设置搜索关键词。可将搜索关键词限制为 250 字节，还可适度添加描述产品特征的其他词汇。

要想做好产品的海外营销，首先要明确产品的目标市场和消费者市场，进入需要做什么准备；其次是了解目标地区或国家的销售规定，法律、法规以及相关的产品标准要求；最后要明确销售价格和运输方式，产品定价中要把控成本。陈莹（2022）分析了 Tik Tok（又称海外版抖音）的海外营销策略，截至 2021 年 12 月 23 日，Tik Tok 是世界上访问量最大的互联网网站，其目标群体是年轻一代，已经实现 175 个国家/地区包括 75 种语言的服务覆盖，但其仍然面临基于技术因素的财务安全问题、跳转风险问题、售后问题等，以及不稳定的政治环境和经济环境等因素所带来的风险问题；同时海外消费者倾向于线下购物，仅靠 Tik Tok 一个平台想要改变海外消费者的消费习惯很难。因此，Tik Tok 应利用自身的用户基数优势和流量优势，积极与本土企业达成合作，最终向电商带货模式转型。①

7.2.1.3　KOL 营销

误区一：KOL 粉丝越多，推广效果越好

企业在进行 KOL 营销时，往往觉得 KOL 粉丝越多，推广效果越好，其实这种想法太过于片面。根据调研显示，相对 10 万及以上粉丝的 Instagram 腰部粉丝量账号，小型“网红”（粉丝 1000 ~ 10 万）甚至普通用户（粉丝低于 1000）的互动率反而更高。

不同量级的红人各自有着其独特的优势，为了达到更好的推广效果，建议广告主们根据推广目的，与不同量级的红人资源搭配合作。

误区二：自己寻找的 KOL 价格更便宜

企业在进行 KOL 营销时认为自己寻找的 KOL 价格会更便宜，但事实上却并非如此。随着红人行业的日渐成熟，海外 KOL 早与各种运作成熟的 KOL 营销机构达成长期合作，往往会为增加“业务量”而对 KOL 营销机构适当降低推广成本。

除此之外，企业在进行 KOL 营销时，还需要投入大量人工成本和时间成本，且

① 陈莹. Tik Tok 海外营销环境及策略分析［J］. 全国流通经济，2022（16）：8 – 11.

由于接触不多，较难一眼识别红人质量，容易踩虚假红人的坑，最终造成损失。

7.2.2 内销误区

7.2.2.1 不重视市场营销

陷入这种误区的企业不重视营销观念，依然抱着陈旧的产品观念、推销观念、销售观念不放。某些企业的高层领导认为营销观念是营销部门的事，自己懂不懂、有没有先进的营销观念根本不重要。他们对营销管理的许多概念、原理、策略方法没有正确理解，使企业营销管理被引入了诸多误区。

中国企业与跨国企业营销管理上的巨大落差集中表现在营销观念上的落差，中国企业首要任务是补上这一块“短板”，实施对企业员工的观念管理，通过培训、沟通，树立以顾客为中心、以竞争为导向、整体营销、以人为本的现代营销观念，把企业所确立的营销理念灌输到员工的头脑中，将企业的营销理念内化为员工的行为和具体行动上；其次是实施对客户的观念管理，认真研究客户的观念和需要，并科学地进行营销观念的定位，努力通过一体化的形象设计和品牌宣传，向客户传递营销诉求，从而完成复杂的沟通目标。

7.2.2.2 等赚钱了再做推广

陷入这种误区的企业患上了一种“短视症”和“躁动症”：重战术，轻战略；重技巧，轻权谋；重眼前，轻长远。目前，我国绝大多数中小企业甚至一些大型企业都普遍缺乏营销战略管理体系，没有人专职进行企业营销战略的研究，更没有一套系统、科学的中长期营销战略筹划，营销人员更不知道企业的营销战略到底为何物!

在营销管理上，战略是“选择正确的事情去做”，而战术是“把事情做对”，营销战术上的失误只会伤筋动骨，而营销战略上的失误则很可能会使企业误入歧途甚至走上不归路。目前，我国市场营销已进入营销战略竞争阶段，任何营销战术的运用必须以营销战略为基础。因此，企业的营销战略实施内在要求强化营销人员的战略意识，以对企业的整体发展作出贡献。

7.2.2.3 不进行跟踪分析

不能与时俱进，可能会导致创业失败。创始人选好项目时，如果在项目的运营过程中不进行跟踪分析，就很可能导致创业失败。“小超之家”是一家专门提供水果配送的网站，从 2013 年 6 月上线，到 11 月中旬谢幕，仅存在了 5 个月。网站负责人杨智超对于该项目的收支状况介绍说，“近 1 个月的销售记录，我们每天的营业额在 2 100 元左右。水果与零食平均下来，利润率应该在 30% 左右。每天大约毛利有 600 元。1 个月下来，减去损耗以及上货的人工成本，毛利润在 1.2 万元左右。每个月房租的支出是 3 500 元，加上水电煤气、员工吃饭等应该在 4 500 元左右。员工的工资为 8 000 元。加在一起每个月大体盈亏平衡，稍微亏一点。”然而对于创业者来说，盈利才是活下去的首要任务。究其创业失败的原因，可以概括为两点，第一，没有做好成本预算和控制，前期投入比较多，最后总计亏了5万元；第二，团队管理经验不足、职责分工不明确，杨智超有4个合伙人、4名员工，5个老板的直接后果是意见不统一、效率低下，而且老板也在做员工能做的事情，无暇把握公司运营的方向以及开辟新市场。①

7.2.3 如何规避?

7.2.3.1 以市场为焦点

德鲁克认为创新的焦点是市场，不是产品。企业的创新必须永远以市场为焦点。如果只是把焦点放在产品上，虽然能创造出“技术的奇迹”，但只会得到一个令人失望的报酬。

中国工程院院士董家鸿也说，没有创新的研究是瞎搞，没有市场的研究是白搞。这是科技创新领域的一个通病，是我国经济巨人的“阿喀琉斯之踵”。

7.2.3.2 分析目标消费者

分析目标消费者，首先要考虑产品与用户的匹配度；其次，要考虑不同的消费者的接触成本是不同的，有一些很低，有一些却非常高，除非企业的资源无限且不计成本，否则商业实现中我们只能服务一部分消费者，这是经营效率的问题。

建立清晰的消费者画像更利于品牌决定用何种方法来推销、用何种战略抢夺竞争优势。清晰的消费者画像，使得品牌的营销更加精准，可以有效提升幻化率，降低成本损耗。

7.2.3.3 学会跟踪分析

（1）做好目标客户分析：对项目经营所在地的目标客户要清晰、准确，要对市场进行细分化，经营立项要有所为、有所不为。

（2）做好自身状况分析：要客观分析自身的状况，包括资金、人员、技术、经营、管理等各方面因素是否支持项目发展，如何整合各方面资源。

（3）做好竞争对手分析：主要竞争对手有哪些，各有哪些优缺点，如何面对与对手的竞争。

（4）做好经济环境分析：对项目目前的经济发展环境做全面分析，论证社会经济环境是否支持项目发展。

（5）做好经营数据分析：对项目引流吸客、宣传推广、消费状况、收入支出、运营成本、经营核算等作出详尽的数据分析，论证项目是否成立。

---

① 陶涛，陈璐．大学生水果配送网站对创业者的启示［J］．农产品加工，2014（6）：52－53.

（6）做好技术手段分析：对利用互联网、信息系统、第三方平台等方面作出全面的技术论证、投入产出分析，看是否支持项目运营。

（7）做好市场发展分析：对项目结合社会发展、消费变化等因素进行系统分析，对项目未来发展状况作出客观评价。

（8）做好管控能力分析：在项目运营管理、组织架构、人员配套、调控手段等方面做好客观评价与分析。

7.3 多元化与专业化

7.3.1 多元化发展的误区

7.3.1.1 实施多元化时机不当

如果多元化战略的时机是由于原有的主营业务受到政策和市场环境的冲击，行业发展不景气而迫切需要突破瓶颈期。在此情况下，企业没有对行业市场现状及未来发展进行仔细研究，没有对自身的现有资源仔细分析，只是盲目地开展多元化战略，并未意识到新领域投入资金及资源的加大会导致企业现有现金流的短缺的可能性并增加财务风险。

7.3.1.2 资金链断裂

多元化业务领域的扩张需大量资金投入，且多元化业务现阶段自我造血能力不足，企业的内源融资远远达不到业务扩张的资金要求，这样企业就不得不选择在资本市场上通过大规模借款、发债获取大量外部融资。

随着多元化时间的推移，市场竞争愈加激烈，企业融资难度大大增加。一旦出现违约以后，企业遭遇严重的负面影响，融资资金渠道受限，企业更是很难筹集到大额现金流。同时，资产负债率不断上升加上企业自身创收能力低下导致企业资金缺口不断扩大。多元化战略扩张，资金规模需求大，通过大量负债融资导致企业偿债能力下降。且企业大多数业务处于投资培育阶段短期内自身盈利能力不足，每一元盈余所负担的有息债券利息和优先股股利就会相对增加。这种现象的产生就会直接导致企业的债务清偿能力大大下降，进而导致企业内部资金链的断裂，加大了企业的财务风险。

7.3.1.3 团队不团结

多元化的发展能够为组织带来不同的技能、经验和多样化的见解，使组织的经营活动更具灵活性，有更大的发展潜力。然而，多元化的发展也同样让组织的管理变得复杂化，使组织的人际关系复杂化，使得团队不团结。

7.3.2 专业化经营的误区

7.3.2.1 重卖货不重留名

这涉及品牌建设和知识产权层面的问题，有很多企业在弱小求生存时，只关注于利润和销售额，当其迅速发展一旦形成一定的规模再向外进行扩张时，才发现所在的行业已经设立了许多不可逾越的品牌壁垒。再进行品牌建设，投入巨大。品牌意识的落后导致我国企业品牌自主权的缺乏，而缺乏强势的品牌自主权就无法在市场竞争中取得发言权，这样“有品无牌”的最终结果使中国更多的企业充当了外国品牌“打工仔”的角色。

7.3.2.2 重武不重文

创建和发展过程中，许多老板只知道打开市场卖货，买机器加工，进原料。等人手不够时急忙招人。至于可以让企业健康稳定长久生存发展的文化层面的提炼和建设则考虑得不够。企业的信仰是什么？企业有什么愿景？企业的价值观是什么？用什么来持续不断地鼓舞、统一员工的思想？企业做什么？企业怎样处理社会和客户的关系？应建设怎样的一支队伍？企业未来的方向如何？这一系列文化层面的建设，是企业可持续发展的保证，都需要认真考虑和设计。

7.3.2.3 跟进却不应变

许多企业老板创业时是通过学习别人的成功经验，然后跟着模仿进入某行业的，但在进一步的经营发展中没有养成创新的习惯，一味跟着别人。一个行业在成长过程中这种跟进战术还是有效的，但随着行业的成熟，竞争日趋激烈，一味地跟进没有自己的特点，不思超越，不思进取，不思创新，就形不成自己企业独有的差异优势，最终必定会被淘汰出局。

7.3.3 如何规避？

创业者首先要对卖什么产品、向谁卖进行定位，定位之前和之后都要进行市场调研，跟进市场的变化并做相应的调整。市场调研可包括对消费心理、消费者行为、偏爱程度、产品品类、包装设计、快递物流、竞争对手及其产品等项内容。

产品如何实现，这是从0到1的过程。如果需要从原料经加工到成品，可以先从专业化经营起步，第一个产品在哪里落地，需要哪些原料、设备、产品配方、加工工艺，有无涉及专利技术，资金、资源从哪里获取，都需要列个清单，然后逐一完成。从试产到量产是一个从1到10的过程，需不需要厂房，是租赁、合作还是自建，自建的话需要土地、选址、办证、审批等一系列过程，团队如何搭建，资金是自筹还是投融资抑或银行贷款，资源或技术方面都能获得哪些支持、来自哪里，是参加竞赛或大赛拿名次让更多投资人知晓，还是争取国家或地方创业补贴，用什么来吸引投资人，可释放百分之多少的股权，预计几年能收回成本等。

产品如何让别人看见，这涉及品牌和销售。产品的卖点是什么，奇特、健康还是服务，消费者群体是婴幼儿、中老年还是女性专用；品牌建设从哪里起步，体现在哪些方面；公司成立的目标或愿景是什么，为社会做服务或为社会做贡献是不是组织文化建设的内容。先让企业能够生存，立于不败之地靠什么，再考虑发展；先有单款产品，再考虑产品的多元化。

当公司体量增大，管理团队能否跟上公司的变化，管理理念是否落后，领导力、执行力、团结协作是否如以往一样顺畅，如果不是则可能需要考虑聘请专业的职业经理人。同时公司的发展对资金的需求也在与日俱增，到了一定的规模，是否要上市融资，多元化业务开展有无资金、技术、厂房、人员等，产品盈利模式是否可以复制，产品靠什么赢得客户的满意度和忠诚度，如何让产品或服务更贴近消费者的需求、拉近创业者和顾客的距离。

7.4　独行与众筹

在前互联网时代，投资者、生产者、消费者相分离，个体创业是靠创业者的个人能力、辛苦付出、一点一滴积累、打拼和苦熬出来的，这个阶段可以称之为创业的1.0时代，例如温州模式。在互联网时代，投资者和生产者合作，创业者依靠VC、PE等投资价值链，组合好的团队或者创意好的企业拿到了投资，进入了企业发展的快车道，仍有很大一部分企业没有拿到投资，苦苦支撑，靠慢慢积累打拼，这个阶段可以称之为创业的2.0阶段，例如BAT等互联网公司。在移动互联网时代，通过中国式众筹的模式，能够实现投资者、生产者、消费者三位一体，能够同时解决资金、人才、客户和品牌传播等创业难题，实现优质资源的快速连接，协同共享，“打群架”的众筹创业模式，我们称为创业的3.0阶段。我们将创业1.0时代和2.0时代称为独行，创业3.0时代称为众筹。

7.4.1　自主创业的误区

自主创业是指创业者在能动性的社会实践中所体现特定的精神、能力和行为方式，其本质在于把握各种机会，利用一切可能的资源，创造性地进行资源整合，以一种全新的产出状态呈现给世界。创业不仅创造新的产品和服务，而且创造人们全新的生活形态，改变人们以往的生活方式。

“大众创业，万众创新”掀起了广大中国青年们的创业热情，创业可创造社会财富，不断满足人们的物质和文化生活需要，提高人们的生活水平，促进社会和谐健康发展。创业已走入了人们的生活，越来越多的人选择创业，但在自主创业的过程中出现了很多误区，这是每一个创业者必须认识和注意的。

7.4.1.1 有资金就能成功

很多创业者认为有资金就能创业成功，其实不是。造成误区的原因在于：一是资金对于创业的重要性，没有资金，项目可能无法启动和生存，更谈不上成功；二是创业者生活中充斥着大量缺乏资金导致创业失败的信息。其实，资金对于创业来说很重要，但资金并非创业唯一需要的资源，对于某些创业项目而言甚至都不是最重要的资源。有资金只能代表创业可以启动，但无法决定创业的走向是成功，还是失败。换句话说，资金只是创业的前提之一，大量创业者的失败案例表明，失败的原因在于项目、管理、市场方面出了问题。因为，创业需要有足够的资源，而这些资源包括人才资源、技术资源、物质资源、资金资源、社会资源和管理资源（见表7－2），而资金只是创业资源之一，光有资金很难创业成功，还需要合适的创业机会，好的创业想法，优秀的创业团队来执行落实，才能促成创业成功。

表7－2　创业资源

资源分类	资源特点
人才资源	是创业的核心，是创业可持续经营的关键资源
技术资源	决定着创业的发展走势以及核心竞争力
物质资源	办公场所、生产设备、办公设备、原材料等
资金资源	是创业的血脉，创业的启动资源，是所有可直接变现的各种资产的总和
社会资源	指社会人际关系网络形成的社会关系资源。创业者的社会资源决定了可能获得的机会信息，有助于创业机会的开发和企业的后续发展
管理资源	创业高效运转关键在于管理，拥有完善的管理资源，可较好地调度与使用资源

7.4.1.2 好想法能赚钱

在创业过程中，想法虽然很重要，但执行想法的能力更重要。事实是好想法对于赚钱既不是充分条件也不是必要条件。微软应该算是创业成功的典型，但是微软成功赚钱并不是靠完全独创的“好想法”，而是通过模仿竞争对手的方式，一步步发展壮大。大多数商业成功案例并不在优秀的想法，而在于他们能用真正对别人有所帮助的方式解决问题。例如，谷歌并不是网络上的第一个搜索引擎；iPad也不是第一个平板电脑等。所以不要认为有好想法就能赚钱，倒不如多想想如何将想法变为有用的产品，来满足顾客的需求，好想法落地执行，加上有市场前景，有消费者购买，才能转化成赚钱的能力。好想法如果只停留在想法阶段，不付诸行动，也是不可能赚钱的。

7.4.1.3 先烧钱再赚钱

“烧钱”本质是竞争市场规模，是新创公司采取的一种力求快速扩张的增长战略，其以牺牲前期的利润来换取更快的增长和后期的规模收益。当然，收益的延期常常伴随着风险的累积，新创企业在占领市场后所获得的回报也常低于预期。公司所“烧”的钱更多的是通过资本市场所募集而来的资金，采用烧钱模式的企业往往会进行多轮融资。该模式早已被包括滴滴和 ofo 等在内的一批创业公司所采用。而就结果来看，不同企业采用该模式的效果大相径庭，如滴滴就成功通过烧钱模式取得了成功，形成了几乎垄断的市场支配力。相反，ofo 却未能借力“好风”，最终陷入了流动性危机，已濒临退市。

在不少人的印象中，烧钱是互联网企业惯用的套路。但近几年消费者所熟知的传统行业品牌，在广告营销上也毫不示弱，大肆烧钱已不鲜见。让很多创业者走入先烧钱再赚钱的误区。烧钱往往毁了创业者创造价值的美好初心，为买用户不惜拉水军摇旗呐喊，为压过竞争对手不惜在广告中自吹自擂，为扩大产品与营销队伍四处以重金挖墙脚。中国品牌研究院食品饮料行业研究员朱丹蓬表示，持续依靠“烧钱式”广告投入带来的很可能是一种非健康式的业绩增长，高昂广告费最终会成为侵蚀公司净利润的“定时炸弹”。正如，香飘飘三次 IPO 失败的原因之一就是烧钱模式。看起来风风火火的海外购代表“蜜淘网”就死于烧钱补贴。蜜淘网创始人谢文斌反思：“实际上我们的最大问题是战略，当时做活动补贴太多，我们有几千万元的负债。”随着互联网红利期结束，过去依靠人口红利的创业模式机会不再，仅仅靠烧钱、圈用户，再谈商业利润已经不是最好的模式。从互联网流量时代到移动互联网时代，烧钱积累用户的商业模式无法再延续，对于投资人而言，正逐步走出先烧钱再赚钱，随之而来的是投入到真正能产生有效商业价值的模式。

7.4.1.4　创业的目标是一夜暴富

一夜发家致富的故事不断地流传，报道中也充斥着成功企业家如何一朝抓住机会成功致富的案例分析，以及教人如何短时间致富。但许多人却不知道现在的成功人士在没有成功以前经历了多少艰辛和波折，更不知道导致他们成功的关键点是什么。创业是一个艰辛的历程，初创阶段的企业所面对的困难往往令创业者的个人和家庭生活都受到影响，财政上承受着巨大压力，万一创业失败还要承担失败所带来的一系列“后遗症”。所以事实上所谓白手起家，是创业者运用自己有限的资源，自发性地利用市场机遇发展事业所面对的一场硬碰硬的战争。这场硬仗打赢了固然可以带来财富，但创业者在实施的过程中还有许多随之而来的东西，包括心理的压力、焦虑、挫折、喜悦、无助、成功的满足感、付出代价时的痛苦等，酸、甜、苦、辣是每个创业人所必经的历程。一夜暴富不过是结果，而不是目的，量变引起质变，没有前期足够的积累，怎能有后期的一鸣惊人，创业是需要坚持的，具有艰难性、创新性、风险性、利益性。

7.4.2　众筹创业的误区

众筹创业是以互联网平台为媒介展示产品或者创意，通过团购、预购等形式向大众筹措资金、技术等，实现“筹钱、筹人、筹技术”的目标，从而完成创业。它是发起人利用互联网和社交网络的传播特性，通过众筹平台发布一个创意项目，然后投资人进行支持的行为。众筹创业想要成功离不开发起人、支持者和众筹平台三方。在我们的身边往往能听到、看到这样的情况，有钱、有资源的人找不到好项目，有能力、有时间的人找不到好平台。众筹创业可以优化配置社会资源，尤其是闲置资源。众筹创业，无疑是一种新兴的创业模式，众筹在国内迅速发展，2011 年，"点名时间"作为国内首家众筹网站，正式掀开了中国众筹行业的序幕。但在众筹创业的过程中出现了很多误区，这是每一个创业者必须认识和注意的。

7.4.2.1　选错众筹平台

众筹平台是指连接发起人和支持者的互联网终端。所有众筹平台的目的都一样，帮助发起者众筹所需资源，但每个平台都有各自的特点。选择错误的众筹平台，对于创业者来说可能给他们带来时间、金钱甚至是企业估值方面的损失。如果你想要股权众筹，但你却选择债券众筹平台，势必会众筹失败。例如，尝鲜众筹是农业众筹平台，而你的项目是音乐项目，你在尝鲜众筹做很多努力，为此付出了很多心血，可能审核都无法通过，可能都无法上线，你应该选择 ARTIPO（艺术银行）众筹平台。同时，不同众筹平台的投资者的喜好也是不一样的，在选择众筹平台时，先分析平台上众筹成功率如何，来对比投资者的风险偏好。而对于创业者来说，所要做的其实是找到最适合自己的投资人。建议创业者对众筹市场的规模、活跃投资人的类型、特定众筹平台上的投资人的投资喜好等因素进行详尽的研究和调查。在调查之后，你就能够作出相对理性和准确的判断，选择一个最适合自己的众筹平台。如表 7－3 所示。

表 7－3　　**众筹平台**

综合众筹平台	股权众筹平台	债券众筹平台	垂直众筹平台
众筹网 淘宝众筹 京东众筹	人人投平台 原始会 大家筹 大伙投 运筹	人人贷平台 积木盒子平台 宜人贷 陆金所 拍拍贷 有利网	追梦网 鲜尝众筹 ARTIPO（艺术银行） 淘梦网 乐童音乐 酷望网 众筹旅行

7.4.2.2　准备不足

创业者参与众筹，需要做很多准备，包括创业项目确定、项目包装、支付与汇报、选择平台和支付回报。任何一个环节没有做好准备，都有可能导致众筹失败。你有了一个优秀的创意，你的朋友和家人也都觉得你这个创意很不错。这意味着一定会有人捐助你的项目吗？并非如此。在进行众筹项目之前，你仍然需要做大量的准备工作，这些工作将会帮你让更多人对你的项目产生兴趣，并且保持他们的兴趣。

如果一个项目没有充足的准备，强化众筹模式的市场调研、产品预售和宣传推广等延伸功能等准备不足，而随随便便提交到众筹平台上，就将会面临众筹失败的情形。一个众筹项目即使非常优秀，没有好的包装也是无法得到平台投资者关注的。要做好一个众筹项目，设置项目的支持方式与回报方式是非常重要的，虽然不同的众筹项目有不同的设置方法，但如果支持者认为个人的支持与回报无法平衡，那这样的众筹很难获得成功。因此，创业者需要从方方面面做足准备。如图 7－1 所示。

图 7－1　发起者需要做的准备事项

准备不足也会让众筹项目面临风险，尤其值得一提的是，在产品提交众筹的过程中，如果未能提前做好知识产权以及商业秘密保护的准备，众筹也可能会成为创业的“绞肉机”。如曾经一度火爆的“手机智能按键”，已知最早的创意可能出现在 2013 年。有资料显示，早在 2013 年 8 月，一个叫“Pressy”的产品就在众筹网站 kickstarter 发起了一个“手机智能按键”的项目或产品众筹。项目发起者在众筹平台迅速募集到了超过预期近 20 倍约 400 万元人民币的资金，而其众筹的资金中原计划花 2 000 美元撰写专利申请保护，结果专利尚未提交申请、产品未真正做出来时，市场已经完全被其他厂商“包抄”和“抢占”，效仿者们的产品已经蜂拥上市。仅国内就有小米推出的“米键”，360 推出的“智键”等。

7.4.2.3　忽略与支持者的沟通

支持者是指对众筹者的故事和回报感兴趣，有能力支持的人。很多众筹发起人认为自己与支持者的联系，就是在于确定回报和支付回报，忽略与支持者的沟通，其实支持者很大部分是潜在消费者，尤其是在产品众筹当中，如果新产品能参与众筹可导致大量潜在消费者在产品设计阶段就提前介入，贡献创意和想法。又如股权众筹，可使得厂商通过一根利益链条与消费者连接，从而获取大量“深度粉”，打开市场，获取市场地位。创业最难的就是了解消费者喜欢什么，而众筹直接从产品研发过程中开始，吸收听取消费者的各种意见，接纳消费者提供的技术方案，使得创新的成本大大降低，创新的速度很快提升。而这些想要实现的前提就是与支持者沟通，所以众筹发起人与支持的动态关系不如“履行承诺”那么简单，应是参与众筹创业的整个环节，并在每个环节加强与支持者的沟通，沟通可以让支持者更加了解发起人的创业项目，增强互动性，加强与支持者的联系，不再只靠平台发布的创业项目信息来联系，激发支持者对项目的兴趣，增强彼此间的信任，促成众筹成功。

7.4.3　如何规避？

7.4.3.1　如何规避自主创业误区？

创业具有过程性，不是一朝一夕就可以成功的，也不是仅靠资金、想法就可以成功的，需要多个条件的结合才能创业成功，获取利益。在创业过程拥有一些关键要素，它们是创业过程的推动力量，抓住了这些要素，有利于推进创业。其中六个关键要素是：创业机会、创业资源、创业团队、创业风险、商业模式和战略规划。

（1）创业机会。创业开始于对某一个富有价值的创业机会的发现。面对众多看似有价值的创意，如何从中发现真正具有商业价值和市场潜力的机会，进而寻找与机会匹配的发展模式，需要审慎而独到的眼光，这是创业成功的基本保证。

（2）创业资源。创业者获取创业资源的最终目的是组织这些资源来开发创业机会。在创业过程中，如果没有足够的创业资源，即使出现了大好的创业机会，创业者也难以迅速抓住这个机会，而有价值的机会往往是转瞬即逝的。为此，创业者要竭力设计精巧的创意，采取谨慎的战略，以便合理利用和控制资源。

（3）创业团队。人是创业活动的主体。而创业活动的复杂性，决定了所有的事物不可能由一个创业者完全包揽，必须通过组建分工明确的创业团队来完成。创业团队的优劣，基本上决定了创业是否成功。

（4）创业风险。创业风险是指创业过程中存在的各种风险，即由于创业环境的不确定性与创业企业的复杂性，创业者、创业团队与创业投资者的能力和实力的有限性，而导致创业活动结果的不确定性。在创业过程中，学会风险管理，树立风险意识，加强内部管理，做好应急防范预案和提高创业者素质和能力。

（5）商业模式。商业模式就是创业者为实现客户价值最大化，把能使企业运行的内外各要素整合起来，形成一个完整的高效率的具有独特核心竞争力的运行系统，并通过最优实现形式满足客户需求、实现客户价值，同时使系统达成持续盈利目标的整体解决方案。

需要注意的是，即使创业者设置了商业模式，不清晰或是方向错误的商业模式对创业过程也具有较大的破坏性。一旦发现所设计的商业模式存在失误，创业者应当尽快从错误的商业模式中走出来，调整发展方向，明确具备可行性的商业模式。因此，从某种意义上来说，商业模式就是企业创立之前的战略规划书，当然，这一战略规划在企业创立之后仍然扮演重要角色。

（6）战略规划。战略规划是企业的经营规划，也是公司经营的一种内在模式。这种特定的模式为企业的经营提供了一种存在的规则，有明确经营模式的企业可以依据这种规划有效应对市场环境的变化，及时制定行之有效的应对措施，以使战略行动具有时效性。

合理的战略过程还有助于企业增强危机意识，降低失败风险。新创企业的发展面临着更多的不确定性，更多的人为及非人为因素需要处理，出现危机的可能性也大大高于一般的企业。采用适当的战略措施，不仅可以未雨绸缪，防止危机出现，在企业发生危机之后，也可将危机转化为企业发展的机遇。

7.4.3.2　如何规避众筹创业误区？

（1）确定项目。所谓项目的确定，从表面来看可能并不困难，但确定一个项目需要非常详细的分析，如强化众筹模式的市场调研、产品预售和宣传推广等延伸功能等。如果一个项目并没有经过详细的审核，而随随便便提交到众筹平台上，就将会面临众筹失败的情形。

（2）项目包装。一个众筹项目即使非常优秀，没有好的包装也是无法得到人们关注的。确定了项目之后，就可以对众筹的项目进行包装。所谓包装，就是通过文字、图片、视频等形式来全方位展示项目。

（3）支持与回报。要做好一个众筹项目，设置项目的支持方式与回报方式是非常重要的，虽然不同的众筹项目有不同的设置方法，但如果支持者认为个人的支持与回报无法平衡，那这样的众筹很难获得成功。

（4）选择平台。一切准备就绪之后，就需要选择一个好的平台进行众筹项目的发布，此时发起人应该详细考量该平台的专业程度与浏览数量。另外，不同的平台设置与回报的方式是不同的，选择平台可与前面的步骤同时进行。

（5）支付回报。在众筹结束之后，会出现成功与失败两种情况，如果众筹失败，项目发起人需要配合众筹平台将资金退还给支持者；如果众筹成功，发起人就会拿到所需的资金，在约定的时间到期后，支付给支持人相应的回报。

7.5　融资与上市

创业公司从启动到最后的盈利，这是一个漫长的过程，这个过程中所需要的资金支持仅靠创始人本人以及他们的朋友家人的资金支持是远远不够的，这就需要进行融资，而上市是融资的一种途径，可以帮助企业融资。

7.5.1　融资中的误区

创业融资是指创业者为了将某种创意转化为商业现实，通过不同渠道、采取不同方式筹集资金以建立企业的过程。融资的过程，对于创业者来说，就是推销自己的创业项目，成功的企业家之所以成功，一个重要的原因就是他懂得如何向投资者推销他的创业项目，从而获得资金的支持。但在融资的过程中出现了很多误区，这是每一个创业者必须认识和注意的。

7.5.1.1　融资不需要完善的策划和充分的准备

跟任何销售过程一样，在融资的过程中，也需要完善的策划和充分的准备，从而加深投资者的认识，让投资者更全面的了解自己。这也是取得最佳融资效果的开端。但是，很多创业者往往只有总的战略策划和设计，而没有关于融资的具体战略设计。创业者认为融资只要体现自己的创业理念和想法就可以，不需要充分策划和融资，这是误区。如果融资不充分展示团队、明示市场方向、阐明产品或技术的市场潜力，怎样能获取投资者的青睐。现在市场上很多的创业项目需要融资，投资者每天都会收到成百上千的融资项目，你不做好策划和准备，怎样突显自己的特色，体现自己的竞争力和价值，从而获取投资者的融资。

机会总是眷顾有准备的人，创业融资不仅是一个技术问题，也是一个社会问题，在创业融资前做好充分的准备，会有助于创业融资的成功。

7.5.1.2　融资方案缺少比较

很多创业者认为融资方案中介绍自己项目就行，没有必要介绍市场上同类型的项目。正如许多创业者的创业融资方案中体现的一样，创业项目的未来发展前景的篇幅很长，用盲目乐观的心态和虚假的描述，为投资人构建出可以实现经济利益的项目市场。而在事实上，创业融资方案中，针对同类型项目公司的对比分析，不能够全面、准确、真实地进行，对同类项目公司的运营和产品，缺少详细的了解，一味地想要展示自身优势，缺乏真实性。缺少同类型项目的比较，无法体现创业项目在市场上的竞争力和竞争优势，说服力会大大减少。

7.5.1.3　过早或过度融资

很多创业者在创业初期或者创业理念没有完善的时候，就忙于找投资者融资，认为融资越早，自己就有更多的资金用于创业，会使自己的创业项目更容易成功，其实不然，过早融资行为不仅不利于创业的发展，反而会阻碍创业的发展，过早融资使得资本过早介入，投资者限制创业者许多新奇的创意，甚至会使得创业原本的理念变得面目全非；也会让创业团队失去学习技能的机会等；使得产品过度的复杂化，偏离原本的设计。

创业者本能地希望融资更多的钱，因为他认为这样可以获取更多的资源和竞争机会，如此一来容易走进过度融资的误区，过度融资开始可能会让创业者拥有更好的创业条件，可是在实际过程中存在的创业困难大于设想，过度融资可能会造成下轮融资无法获取，同时可能造成本轮融资的闲置，造成更大的财务成本，甚至会引发财务危机。因此，我们要选择适度适时的融资。

7.5.2　上市中的问题

狭义的上市即首次公开募股（initial public offerings，IPO）指企业通过证券交易所首次公开向投资者增发股票，募集用于企业发展资金的过程。上市是需要具备一定条件的，是一个复杂的过程，了解不清楚会导致上市中存在很多问题，这是需要我们注意和了解的。

7.5.2.1 创业公司都可在创业板发行上市

创业板主要服务对象是具有高成长性、高科技含量、新经济、新技术、新农业、新能源、新服务特点的中小型公司及新兴企业。对于这类企业而言，在创业板上市就是一个为企业长远发展获得更多融资渠道的孵化平台。目前，我国创业板已经实现注册制，注册制下企业上市的条件有所放宽，注册制只是对上市的条件放松而已，但是并不意味着所有的创业公司都可以在创业板发行上市，只有满足条件的创业公司才可以在创业板发行上市（见表7－4）。数据显示，截至2022年8月23日，已有1 175家公司在创业板上市，然而每年的创业公司注册量都新增几百万家，据统计，2020年全年新增超710万家创业公司。

表7－4　　创业板的发行上市条件之一

（1）最近两年连续盈利，净利润大于等于1 000万元； （2）或者最近一年盈利，净利润大于等于500万元，营业收入大于等于5 000万元。

资料来源：根据《深交所股票上市规则》《创业板股票上市规则》整理。

7.5.2.2 为上市而上市

据报道华为2021年营收6 368亿元，净利润1 137亿元，就是这样一家知名企业，直到今天也没有上市，也不愿上市。企业在上市前也需要三思而后行，不要为了上市而上市。企业上市要谨慎，并要早做准备，上市只是阶段性的目标，不是结果，倒在上市的路上的企业也很多，甚至有很多企业根本不适合上市，能够上市的企业只是极少的一部分，如果为了上市而上市，你可能会失望。很多企业为了上市，通常都是暂时地处理好企业的管理及财务问题，为达到标准而勉强上市，一旦将企业真正的未达标部分公开，那么还可能会导致企业管理弊端、财务弊端暴露在公众的视角下，从而对企业的长期发展产生不利影响。

如福建诺奇股份有限公司（以下简称诺奇）本是一家不错的服装零售商，曾于2014年1月9日成功在香港联交所挂牌上市，股票代码为HK01353。但是诺奇仅仅上市了半年，在2014年7月21日却发生董事长丁辉跑路事件，丁辉不考虑诺奇自身条件，盲目上市。为了上市，诺奇先后两次冲A股失败，2011年11月，被证监会否决，理由是“产品销售地区有限、公司品牌推广费和研发费用低于同行业上市公司、销售模式由直营销售为主转变为加盟销售为主，且面向全国扩张终端门店存在销售效率降低的风险”等；2012年5月，诺奇再次提交申请，却因证监会暂缓IPO再度搁浅。这已说明其并不具备上市条件，转身港股丁辉则有“赌徒心态”，要上市首先业绩得递增，为上市采用加盟模式疯狂扩张，利润大幅缩水，为上市拖欠货款严重，深陷“三角债”泥潭，最终结局就是诺奇走向破产重整。

7.5.2.3 财务造假

我国上市对公司的财务有严格的条件，如净利润和营业收入。有些公司因为财务的问题达不到申请上市条件，通过财务造假的方式粉饰公司的财务报表，如虚增收入、虚增资产、虚假成本、费用和负债等，达到上市的标准，向审核机构、监管机构等传递错误的财务信息，其结果必是受到国家法律的制裁。

2020 年 4 月，瑞幸咖啡"自曝"财务造假，国家市场监管总局迅速成立专案组，对瑞幸咖啡涉嫌虚假交易等不正当竞争行为开展调查。调查显示，瑞幸咖啡（中国）有限公司、瑞幸咖啡（北京）有限公司为获取竞争优势，存在通过虚假交易等方式制作虚假业绩并对外宣传的不正当竞争行为，相关第三方公司存在帮助虚假宣传的不正当竞争行为。① 财政部自 2020 年 5 月 6 日起对瑞幸咖啡公司（Luckin Coffee Inc.）境内 2 家主要运营主体瑞幸咖啡（中国）有限公司和瑞幸咖啡（北京）有限公司成立以来的会计信息质量开展检查，并延伸检查关联企业、金融机构 23 家。检查发现，自 2019 年 4 月起至 2019 年末，瑞幸咖啡公司通过虚构商品券业务增加交易额 22.46 亿元（人民币，下同），虚增收入 21.19 亿元（占对外披露收入 51.5 亿元的 41.16%），虚增成本费用 12.11 亿元，虚增利润 9.08 亿元。国家市场监管总局及地方市场监管部门已依据反不正当竞争法的有关规定，对瑞幸咖啡（中国）有限公司、瑞幸咖啡（北京）有限公司，以及相关第三方公司的违法行为进行了处置，维护公平竞争市场秩序，保护经营者、消费者的合法权益。②

7.5.3　如何规避

7.5.3.1　如何规避融资误区

（1）做好融资前的准备。尽管创业企业融资较为困难，但创业融资却是创业企业顺利成长的关键。因此，创业者一定要在融资之前做好充分的准备工作；对融资过程有一定了解，建立和经营个人信用，积累自己的人脉资源，学习估算创业所需资金的方法，知晓融资的渠道，熟悉创业计划书的结构和编写策略，提高自己的谈判技巧等，以提高融资成功的概率。

（2）确定融资时机。融资时机指进行融资时的环境和时点。企业过早进行融资将导致资金被闲置，间接增加了融资成本，而过晚融资易影响企业的发展甚至是造成资金链断裂，并且宏观环境和市场也处于时刻变化之中，不同的融资时机也会影响企业的融资可获得性、成本和风险。需充分考虑内部融资活动支持情况，避免过早融资，增加融资成本。

（3）计算融资所需资金。创业者必须明白，企业所使用的资金都是具有一定成本的。这并不是说，融资越少越好，因为任何一家顺利经营的企业都需要基本的周转资金，如果融资不足以支持企业的日常运转，则企业会面临资金断流，进而导致

---

① 中华人民共和国中央人民政府网．国家市场监管总局：对瑞幸咖啡违法行为进行处置［EB/OL］.（2020-08-01）［2023-01-16］. https://www.gov.cn/xinwen/2020-08/01/content_5531765.htm.

② 财政部．财政部完成对瑞幸咖啡公司境内运营主体会计信息质量检查［EB/OL］.（2020-07-31）［2023-01-16］. http://jdjc.mof.gov.cn/gongzuodongtai/202007/t20200731_3560072.htm.

破产清算；但这也不意味着融资越多越好，很多创业企业都是在开始的时候被一下子获得的大笔资金“撑死的”，何况，资金都是具有成本的，如果在资金使用过程中不能够创造出高于其成本的收益，创业企业就会发生亏损。因此，创业者在融资之前，要能够运用科学的方法，准确地估算资金需求数量。

企业对资金的需求是不断变化的，为此创业者应该根据创业计划，结合企业发展阶段，运用相应的财务手段合理预测资金需求量。

（4）编写创业融资方案。创业企业对资金的需求，需要通盘考虑企业创办和发展的方方面面，要对企业有全面筹划。编写创业融资方案是一种很好地对企业未来进行规划的方式，在创业融资方案中，创业者需要估计未来可能的销售状况，以及为实现销售需要配备的资源，并进而计算出所需要的资金数额。

一般来说，创业融资方案应包括分析和确定创业机会等内容，说明创业者计划利用这一机会发展新的产品或服务所要采取的方法，分析和确定企业成功的关键因素，确定实现创业所需要的资源，以及取得这些资源的方法。

7.5.3.2 如何规避上市中的问题

（1）清楚了解创业板上市条件（见表7－5）。

表7－5　创业板上市条件

项目	条件
主体资格	依法设立且持续经营三年以上的股份有限公司
	有限责任公司按原账面净资产值折股、整体变更为股份有限公司的，持续经营时间可以从有限责任公司成立之日起计算
财务指标	净利润/收入指标：创业板最近2年连续盈利，净利润累计不少于1 000万元，且持续增长或者最近一年盈利，且净利润不少于500万元，最近一年营业收入不少于5 000万元，最近两年营业收入增长率均不低于30%（净利润以扣除非经常性损益前后孰低者为计算依据）
	净资产规模指标：最近一期期末净资产不少于2 000万元
财务指标	亏损情况：不存在未弥补亏损
	股本规模指标：注册资本已足额缴纳，发行后股本总额不少于3 000万元
主营业务	主要经营一种业务，并且最近两年未发生重大变化
	合法经营并符合国家产业政策及环境保护政策
实际控制人及管理层	最近两年实际控制人没有发生变更
	管理层符合上市公司任职资格，董事和高级管理人员最近两年未发生重大变化
	管理层不得在关联企业担任除董事、监事以外的其他职务或领薪
	了解股票发行上市的法律法规、知悉上市后公司和管理层应尽的义务和责任
股权权属	股权清晰，主要股东的股权不存在重大权属纠纷

续表

项目	条件
资产和独立性	资产完整，业务及人员、财务、机构独立，具有完整的业务体系和直接面向市场独立经营的能力
	主要资产不存在重大权属纠纷
纳税情况	依法纳税，各项税收优惠符合规定，经营成果对税收优惠不存在严重依赖
偿债能力	不存在重大偿债风险
具有持续盈利能力，不存在所列情形	经营模式、产品或服务的品种结构已经或者将发生重大变化，并对发行人的持续盈利能力构成重大不利影响
	行业地位或发行人所处行业的经营环境已经或者将发生重大变化，并对发行人的持续盈利能力构成重大不利影响
	在用的商标、专利、专有技术、特许经营权等重要资产或者技术的取得或者使用存在重大不利变化的风险
	最近一年的营业收入或净利润对关联方或者有重大不确定性的客户存在重大依赖
	最近一年的净利润主要来自合并财务报表范围以外的投资收益
	其他可能对持续盈利能力构成重大不利影响的情形如过于依赖单一客户或供应商等
公司治理	已建立健全股东大会、董事会、监事会、独立董事、董事会秘书制度，（创业板还要求建立审计委员会制度），相关机构和人员能够依法履行职责
	内部控制制度健全，且被有效执行，能够合理保证财务报告的可靠性、生产经营的合法性、营运的效率与效果
	注册会计师出具了无保留结论的内部控制鉴证报告
规范运行	发行人近 36 个月内不得擅自公开或变相公开发行过证券，近 36 个月内不得因违反法律法规受到行政处罚且情节严重；发行人的董监高不得在禁入期，且近 36 个月内不得受到证监会行政处罚、近 12 个月内不得受到证交所公开谴责
对外担保	公司章程中已明确对外担保的审批权限和审议程序
	不存在为控股股东、实际控制人及其控制的其他企业进行违规担保的情形
同业竞争	业务独立，与控股股东、实际控制人及其控制的其他企业间不得有同业竞争
	募集资金投资项目不会产生同业竞争或者对发行人的独立性产生不利影响
关联交易	关联交易价格公允，不存在通过关联交易操纵利润的情形
资金占用	有严格的资金管理制度，不得有资金被控股股东、实际控制人及其控制的其他企业以借款、代偿债务、代垫款项或其他方式占用的情形
或有事项	不存在影响持续经营的担保、诉讼以及仲裁等重大或有事项
募集资金	有明确的使用方向且应当用于主营业务除金融类企业外，募集资金使用项目不得为持有交易性金融资产和可供出售的金融资产、借予他人、委托理财等财务性投资，不得直接或者间接投资于以买卖有价证券为主要业务的公司

续表

项目	条件
募集资金	金额和投资项目应当与发行人现有生产经营规模、财务状况、技术水平和管理能力等相适应
	投资项目应当符合国家产业政策、投资项目管理、环境保护、土地管理及其他法律、法规和规章的规定
	募集资金项目实施后，不会产生同业竞争或者对发行人的独立性产生不利影响
	建立募集资金专项存储制度，募集资金应当存放于董事会决定的专项账户

资料来源：根据《深交所股票上市规则》《创业板股票上市规则》整理。

（2）明确上市的目的。创业者应该清楚当初为什么要上市？上市的目的是什么？而不是盲目上市，为了上市而上市。企业上市的第一动机就是要解决融资问题，无论是首次公开发行股票还是配股债权，都可以从证券市场上获得大量的资金。同时，上市所产生的品牌知名度提升也可以为创业企业带来资本市场的投入，从而扩宽创业企业的融资渠道，减少资金成本。创业企业如果想要上市，那么就必须改制为股份制公司，创业企业的控制权可能会被转移，从而产生企业经营上的风险。在上市后，企业的诸多投资者都会密切地关注企业股票情况，根据股价的变化来推断企业的经营发展战略，从而作出决策。如果股价下跌，那么则会引发股东的恐慌，股东可能会为自身的利益考虑来减持股票，债权人也可能会停止对企业的贷款，更会引发消费者和供应商的信任危机，从而让创业企业产生经营上的风险。这种问题的产生如“病来如山倒”的症状一般，存在着联系性、突然性和破坏性，其对公司的打击是巨大的，如果出现经营风险，那么将会对创业企业的未来发展造成严重的影响。创业者应该权衡利弊后，结合自身创业项目，确定是否上市。

（3）合法上市。健全公司内部控制体系，是公司良好发展必不可少的内在因素，“一股独大”是我国上市企业普遍存在的现象，在该体制下，大股东可能出现多种形式的“隧道挖掘”行为，严重损害了投资者和中小股民的利益。不可怀有逃脱中国法律约束的侥幸心理，而更应该积极主动完善内控体系，明确职能和责任，加强内部系统之间的相互监督，防止权力滥用，大股东“隧道挖掘”事件发生，有效地识别并及时避免财务造假行为的出现。

第 8 章　创业项目策划与执行

8.1　食品餐饮行业创业项目策划与执行

民以食为天，国务院印发的《“十四五”国民健康规划》提出全面实施健康生活方式行动，推进“三减三健”（减盐、减油、减糖，健康口腔、健康体重、健康骨骼）等专项行动，倡导树立珍惜食物的意识和养成平衡膳食的习惯。这为食品餐饮行业如何调整产品配方、调整工艺提供了方向指导和政策支持。

零食是指正餐以外，用于补充能量、平衡营养或增加水分，能够放松悠闲、愉悦心情的食品。儿童零食则是指适合 3 ~ 12 岁儿童食用的零食（资料来源：团体标准 T/CFCA 0015 – 2022《儿童零食通用要求》，中国副食流通协会 2022 年 5 月 30 日发布）。据报告，通过对全球 12 个国家和地区超过 6 000 名 18 岁以上消费者进行调研发现，近 60% 的成年人喜欢“一天吃很多小食”，而在“千禧一代”中这一比例升至 70%。年轻人更喜欢吃零食，而吃零食也是他们与文化建立联系、与社区和家庭分享认同感的关键方式。①

本节以孙思达的“食验室”项目为例进行分析。② 孙思达，上海丹小妮食品科技有限公司 CEO、联合创始人。他在大二的时候第一次创业做了共享单车的项目，曾经因为创业的压力，很短时间内因为食用非常多的薯片又缺乏锻炼而胖了 20 斤，便决定在零食领域作出一番创新，重新定义零食。在华中农业大学经济管理学院的

---

① 张素．报告指全球 7 成“千禧一代”喜欢零食　中国零食产业迎来新商机［EB/OL］．［2019 – 11 – 30］．http：//www. htcases. com/#/lib/m/view？did = 5&id = 250064&type = 1&caseType = 1.

② 创业英雄汇［EB/OL］．（2020 – 09 – 19）［2022 – 09 – 20］．https：//tv. cctv. com/2020/09/19/VIDEG7OqKYOpwMNmz4usZ7k9200919. shtml？spm = C22284. P86780715257. E4VIg0FRxg2L. 88；心中有梦想　创业正启航——我院线上创新创业分享会成功举行［EB/OL］．（2020 – 06 – 28）［2022 – 09 – 20］http：//emc. hzau. edu. cn/info/1148/7405. htm；食验室 – 重做所有零食［EB/OL］．［2022 – 09 – 20］．https：//cy. ncss. cn/search/8a80808b7356c0f101736632b1cb57e8；定位探索如何赋能品类创新？［EB/OL］．（2021 – 11 – 29）［2022 – 09 – 20］．http：//www. toonsoon. com. cn/forum/post/333855/；2020 中国食品创新创业大赛总决赛暨首届 DTC 食品峰会成绩显著［EB/OL］．（2020 – 09 – 01）［2022 – 09 – 20］．https：//hn. cnr. cn/cj/20200901/t20200901_525235774. shtml；“0 脂低卡”的蛋白质“薯片”能动摇淀粉薯片霸主地位么？［EB/OL］．（2020 – 14 – 14）［2022 – 09 – 20］．https：//cn. technode. com/post/2020 – 12 – 14/shiyanshi/；校企融合，创新赋能 | 海创汇 &“创业红娘”线上云路演精彩上演［EB/OL］．（2020 – 11 – 27）［2022 – 09 – 20］．https：//www. ihaier. com/news2021/detail/id/894. html？lang = cn；我院学子在中国国际“互联网 + ”大学生创新创业大赛全国总决赛获银奖［EB/OL］．（2021 – 10 – 18）［2022 – 09 – 20］．http：//emc. hzau. edu. cn/info/1143/9705. htm；完成近千万元天使轮融资，致力于打造最懂年轻人的健康零食［EB/OL］．（2020 – 10 – 19）［2022 – 09 – 20］．https：//www. zhongtouhuac. com/h – nd – 949. html.

创新创业分享会上，孙思达鼓励同学们，创业需要提升沟通能力、分析能力、决策能力、独立思考能力，“感知世界在发生什么，大学需要做什么，这可能是人生唯一没有成本的阶段”。

8.1.1 食品餐饮行业创业项目的背景分析

8.1.1.1 市场需求分析

人们到底有多爱吃零食？据灵核网发布的《2019—2024 年中国休闲零食行业现状深度分析及前景投资测量研究报告》统计，2011 ~2018 年我国休闲食品行业实现快速扩容，年复合增长率达到 12.3%，2018 年休闲食品行业市场规模达到 10 297 亿元。据 2021 年国家统计局发布的数据显示，2020 年我国全年消费品零售总额 391 981亿元。[①]

良品铺子现任 CEO 杨银芬认为，中国休闲零食行业不仅呈现出品类日益多样化、细分化的特点，更是具有了强调多种消费场景以满足消费者多层次需求（例如主打健康以及情感价值）的趋势，因此产品创新是制胜的关键。[②]

从整个休闲食品行业来看，膨化食品是一个市场规模占比较大的类目，每年能保持稳定的增长率，电商的渗透率也足够大，加之行业集中度低，这正是新品牌入局的机遇所在。薯片是一个具有多重感官刺激的品类，并不是单一的味道的属性决定了它好吃与否。人们评价一款脆片或薯片的时候，他所获得的愉悦感可能来自它的口感、色香味，也可能来自它脆裂的声音，以及咀嚼的口感等。在为其做健康化改造时，势必会在某些地方“牺牲”由此带来的快乐，但可以在其他地方获得更高的分数，这就有机会把它做得既健康又好吃。以薯片为代表的膨化食品尽管被人们归为垃圾食品，但它能满足消费者享乐饮食的需求，可带来较高的复购率，是一个创新空间极大的品类。

薯片市场的痛点是，传统零食巨头习惯了以淀粉为原料，生产出高油、高盐、高糖、高添加的产品，已无法满足以“95 后”女性消费者想要“好吃不胖”的心理诉求。如果年轻女性既要减肥又不想多运动，那就要管住嘴，忍受饥饿或者选择麦片、鸡胸肉、蛋白棒等强调“零卡、零脂、零糖、无负担”的代餐零食。随着人们健康意识的增强，越来越多的消费者开始注重食物成分以及参数，零食与正餐的界限变得越来越模糊，越来越多人选择用零食代替正餐。

过去几年电商红利驱动行业较快增长，未来随着红利逐渐消退，行业增速或将放缓。但是受新冠疫情影响，2020 年 2 月份休闲食品线上交易量增加 29%，叠加居民消费习惯的改变、电商渠道渗透下沉到一线市场和休闲食品特殊的消费属性，休

---

① 《电子商务优秀设计方案与分析》编写组．电子商务优秀设计方案与分析［M］．西安：西安交通大学出版社，2021.

② 胡左浩，孙倩敏，赵子倩．良品铺子：如何构建品牌体系？［EB/OL］．（2020 -04 -12）［2022 -09 -19］．http：//www. htcases. com/#/lib/c/view？ did =6&id =41940&type =1&caseType =1.

闲食品行业有望延续较快增长。

8.1.1.2　市场定位分析

食验室是一家新锐食品品牌，依托独家工艺持续性品类创新，创造最懂年轻人的健康食品。计划以鱼脆打头阵，同时储备鸡肉脆片、猪肉脆片等脆片产品，持续打造食品爆款。公司旗下拥有两项食品技术与独家工艺。首款产品一片鱼耶—深海金枪鱼脆，以蛋白质作为基底，不加油做到薯片般薄脆口感。精选北欧黄鳍金枪鱼，制成鲜香薄脆的鱼脆，蛋白质高达 57%，脂肪含量仅为 4.7%，天然调味，0 香精，0 味精保留鱼肉本味；专利保鲜包装，采用纳米抗菌涂层，0 防腐剂添加，仍有 9 个月保质期。小鱼盒专利设计，深受 Z 世代消费者喜爱，其小红书文章数已突破 5 000 篇。目前已经是天猫抖音排名第一的高蛋白脆片零食，月销售突破 500 万元。目前已完成种子轮、天使轮、A 轮融资。

8.1.1.3　可行性分析

食品饮料是 2020 年为数不多维持高速增长的消费赛道，尤其在消费升级需求刺激下，更加健康化、高品质的食品消费理念逐渐深入人心，并在休闲零食、瓶装饮料、植物饮、深加工肉制品等领域有突出表现。

经过将近一年的技术攻坚，孙思达团队终于研发出了独家工艺——“零油清膨化”，解决了高温下蛋白质难成形和不加油做到薄脆两个难题。这项技术不加一滴油，蛋白质在 120℃ ~ 140℃ 的温度下烘烤成形，一触即碎，达到薯片般薄脆的口感；而且用更低的烘烤温度可以使原材料的营养得到最大程度的保留。在产品包装上，团队自主研发了纳米涂层保鲜技术——抗菌复合材料，可以在产品内部不加入任何防腐剂的前提下，做到长时间的保质、保鲜。经过 200 余次的配方改良，食验室推出了第一款产品——零油零防腐剂的金枪鱼脆，其脂肪含量是薯片的 1/7，热量超低，蛋白质含量高达 57%，是薯片的 9 倍以上，一盒鱼脆可以满足人体每日蛋白质所需的 1/4，让人在享受美味的同时，营养也得到充分补充。[①] 本项目的 SWOT 分析如表 8 - 1 所示。

8.1.1.4　风险分析

（1）原料风险。选择肉类蛋白时，利用常见的鸡肉、猪肉、牛肉等反复尝试，口感表现都不算好。最后经过反复测试，孙思达团队选择并掌握了将鱼和蛋白质烤成“脆片”的工艺。公司能否有足够数量的鱼脆供消费者购买食用，还要看自身对供应链的掌控能力，“食验室”供应链业务合伙人贺宇晟有定向合作的养殖伙伴，积累了比较丰富的货源。调味品自行采购，保证产品品质。

---

① 创业英雄汇［EB/OL］.（2020 - 09 - 19）［2022 - 09 - 20］. https://tv.cctv.com/2020/09/19/VIDEG7OqKYOpwMNmz4usZ7k9200919.shtml? spm = C22284.P86780715257.E4VIg0FRxg2L.88.

表8-1　　金枪鱼脆项目的SWOT分析

		内部因素	
		S优势	W劣势
外部因素		(1) 原料：用健康的蛋白质代替淀粉； (2) 技术：0油蛋白膨化工艺，实现脆感、超高蛋白质含量与低脂肪； (3) 已实现从原料采购到生产加工等环节的全链条掌控； (4) 线上销售，内容撬动流量； (5) 独特包装设计	(1) 原料成本高； (2) 终端价格比普通薯片稍高一些； (3) 产品相对小众，难以“破圈”； (4) 鱼脆易碎
O机会	(1) 电商平台和短视频平台有比较好的内容传播逻辑，可完成产品从0~1和从1~10的验证； (2) 小鱼盒设计符合年轻人对“有趣”的追求； (3) 独家研发的纳米保鲜包装技术	SO	WO
		(1) 从口感到包装都新奇有趣，提升消费者的开袋体验； (2) 线上广告投放效率ROI已达到5以上； (3) 开发社群、微信生态、天猫、抖音、小红书等渠道促进销售转化； (4) 为主播邮寄薯片和道具（吸油纸）方便其演示； (5) 增加产品包装的二次利用	(1) 采用新鲜原料，价格成本有20%~30%的下降空间； (2) 提高产品性价比，味道更好，保持营养不变； (3) 迭代包装设计方案，使用充气包装加硬质坚固的纸盒
T威胁	(1) 产品种类少，产品迭代升级不能满足消费者的需求； (2) 传统膨化脆片食品口味、口感得到消费者的高度认同； (3) 通过技术创新崛起的新品牌越来越多； (4) 购物的便利性不足	ST	WT
		(1) 增加品类，高蛋白、添加鱼肉脆片，无盐版鱼肉脆片，鸡肉脆片，鳕鱼肉薯片，鸡胸肉薯片，0油、0糖、0淀粉，并且不加防腐剂即可常温保存的中长保质的蛋糕等； (2) 持续产品口味创新，推出鱼原味、黑椒味、海苔味、樱花虾、烧烤味、魔鬼椒味等； (3) 继续深耕自带内容属性的线上渠道，赋予产品差异化价值	(1) 广州新成立了Galaxy Lab未来零食研究所，研发未来食物原料； (2) 与养殖基地共建养殖标准，把控关键原料的供应； (3) 布局线下销售覆盖精品超市、新零售渠道、餐饮渠道等

(2) 加工风险：“脆片”的加工过程分为蛋白质成型、无油烘烤、超薄切割、鱼与蛋白质调和等多个环节，孙思达团队遴选了全国近乎所有的肉类零食加工厂，仅仅找到了四家能满足基本条件。其中两家因为技术硬件等不达标被pass掉，剩下的两家还是通过添置设备、提升制作工艺、改造加工流程等才最终符合要求。由此，孙思达团队的首款产品终于实现了量产。尽管可以找工厂代工生产，但处于食品安全和品控等方面的考虑，孙思达团队尝试自建工厂，实现从原料采购到生产加工等环节的全方位掌控。

(3) 产品风险：鱼脆是一个全新品类，也是小众品类，如何让消费者记住并且购买，孙思达团队借助互联网平台“种草”，一盒鱼脆可以满足人体每日蛋白质所需的 1/4，脂肪含量是薯片的 1/7 等，增加产品的话题度；同时与优质的内容平台、优秀的 KOL 合作，将产品的种种标签传递给消费者。以微信推文为例，优质账号内容的产品转化率可以达到 29%。产品包装以更直接、更简单的方式吸引消费者的关注。另外，食验室团队每个月都在进行产品迭代，推出新品，增加了消费者对未来新品的期待。

8.1.2 食品餐饮行业创业项目的策划

8.1.2.1 项目设计

在消费者认知中，以虾条、薯片为代表的膨化食品被首当其冲的归为垃圾食品。经过反复油炸等制作过程的薯片虽然对人体不健康，但在口感上却让人着迷。理性地讲，这种膨化薯片应该被抛弃，但在感性层面，如此可人的口感不该被舍弃。因此，大多数人选择缩短此类垃圾食品的食用频率，以此成为对抗不健康生活方式的措施之一。2020 年新冠疫情的暴发让人们认识到健康的重要性，WonderLab 奶昔、ffit8 等国产新品牌迅速抢占消费者市场，主打低脂代餐以达到健康减脂的目的。

消费品类的核心逻辑发生着根本性变化。从需求侧而言，Z 世代崛起，健康化，品质化食品消费需求加强，新生代人群渴望更具个性化的品牌；从渠道而言，短视频、电商等新基础设施加速了商品生产者的创新方式和迭代方式，互联网、消费行业团队跨界融合趋势逐渐显现，这些都孕育着巨大的机会；从供给侧而言，消费品迭代加速，传统快消品巨头首先欧美更新产品后，进而在中国跟进的策略逐渐失效，海外引进产品多出现水土不服。由此，孙思达认为，“持续性的品类创新及渗透将是消费品行业的破局之道。”

孙思达团队发现人们都存在蛋白质摄入量不足的状况，高蛋白零食不仅符合健康饮食的社会价值，同时也具备极大的商业价值。未来食验室将有两大方向，一是继续加强食验室的技术与供应链优势，在大存量市场做爆款，获得稳定现金流及品牌声量，鱼脆产品就是其首次尝试；二是联合餐饮品牌发力零售化，通过技术手段，帮助存量餐饮品牌实现零售化，同时扩充食验室的 SKU 池，以此加强食验室的品牌力。“深海金枪鱼脆”品牌“食验室”在 2020 中国食品创新创业大赛中获得冠军，获得 10 万元现金奖励及河南驻马店市政府提供 300 万元落地奖金。

8.1.2.2 产品设计

食验室开拓新品的底层逻辑可以用零食进化论来表述，首先是需求进化，当下消费者对于零食的需求不再是单纯满足口腹之欲，对零食的附加属性需求增多。然后是行为进化，新社交环境导致信息获取模式、购买方式、“种草”行为的升级更迭，影响着消费者选择与购买行为。最后则是认知进化，“我消费什么，我就是什么”的价值意识渐渐深入人心，提高消费层级和产品内涵，通过“消费个性化”引导市场认知。三者之间既相互关联又相互影响。

食验室在2020年就已经推出近10个SKU，还针对儿童人群特点，食验室还对产品配方进行重点改进，去除儿童不容易吸收的蛋白质，同时去除盐分，提供无盐版的鱼肉脆片，除此之外，产品更新频率大概在2个月。孙思达将产品定义为未来零食，消费用户是新一代年轻人。符合年轻人的零食具备以下几个特点：

（1）好吃又健康。食验室产品采用其自主研发的“零油清膨化技术”，可在不加一滴油的前提下，将动植物蛋白自然膨化，最大程度还原薯片级的酥脆口感，保留食材原本的营养与风味，而且产品的热量控制在每袋100kcal内。食验室研发的深海金枪鱼脆中富含充足的蛋白质可以满足人体日常所需，覆盖健身场景，延续到办公室以及家庭等多场景。

（2）有趣又独特的包装设计，便于让消费者第一眼能够识别。由于鱼脆易碎，最终选定充气包装加上硬质坚固的纸盒；纸盒上特别的图案设计，迭代了300稿，才最终确定了可爱又亮眼的小鱼形象，配以个性化的造型足够引起消费者的兴趣。食验室还为消费者特别设计了特殊体验环节，即由消费者自行为“鱼盒”贴上尾巴，完成小鱼制作的最后一步，增强消费者参与感。

2021年，食验室专门设计了一款全新的快递包装盒，抓住抓住现代年轻人普遍养有宠物的特点，在包装盒上设计了“猫咪通道”和“猫咪爪印”，沿虚线裁开，就可作为宠物的新窝，重复使用（见图8－1）。不仅环保，更利用了“猫咪爱吃鱼”的梗，与消费者建立更强的情感联结。新包装盒上线后广受消费者好评。

图8－1　食验室猫窝快递箱

孙思达认为健康的脆片一定是未来零食的主流形式之一，“先有产品，再有品牌。”食验室的研发团队耗时8个多月，经过反复试验，近3 000斤的鱼肉、30多次的配方调试、10多次的产品检测，尝试以蛋白质替代淀粉，以新鲜鱼肉为原材，运用零油清膨化技术，追求食材本身带来的口感和营养，符合当下消费者对于食品健康的高标准要求。

当产品研发完成时，孙思达团队选择以用户调研的方式，向用户讲述这个新品类，让用户了解这款产品，同时向用户征集产品名称，如此一来，不仅收获了第一批种子用户，还得出了现在的名字。

食验室考虑到儿童人群的特点，对产品配方做了重点改进，提供无盐版的鱼肉脆片，并迅速推向市场；后期还陆续推出鸡肉脆片、鳕鱼肉脆片，以及不加防腐剂即可常温保存的中长保质的蛋糕，用于开拓更多新市场。

（3）用高级料理的方式做一款零食。食验室对原料选材要求新颖，以“樱花虾”口味为例，樱花虾本身很稀少，仅分布在中国台湾及日本部分海域，每年只有 30 条船具有捕捞资格；鱼类选用的是黄鳍金枪鱼，含量达到了 60% 以上，所以鱼脆最基础的味型就是鲜味。樱花虾和金枪鱼的完美结合，鲜美中带一点微甜，享用时有如品尝高级刺身。

（4）持续创新。在品类上，围绕蛋白质替代淀粉的思路去开发新品，鱼脆产品开发的是蛋白质的无油膨化性能，无淀粉无油常温蛋糕研发的是如何让蛋白质做的松软可口，哪里有淀粉，就去哪里定义未来的零食。在口味上还推出鱼原味、海苔味、黑椒味、番茄味、咸蛋黄味、螺蛳粉味、泰式柠檬味等一系列新口味。

8.1.2.3　经营模式设计

食验室采用线上线下多渠道协同运营模式。线上渠道主要为目标客群集中的抖音、小红书和天猫，目前其线上广告投放效率 ROI 已达到 5 以上。在 2020 年 12 月 5 日的天猫零食节上，食验室进入了李佳琦直播间，被“疯狂种草”到数万消费者心中。用内容去撬动流量，能建立起消费者的好感，获得更多销售转化，最终促进品牌力的提升，例如，为方便主播更好地演示传统薯片和食验室鱼脆的油脂含量对比，让主播的解说更有说服力，孙思达团队会为主播邮寄薯片和吸油纸道具，这个对比试验在 2020 年的《创业英雄汇》节目上孙思达也曾向诸位投资人进行现场演示。

食验室推出的高蛋白、0 添加鱼肉脆片颇受儿童喜爱，在母婴渠道平均转化率高达 20%。改进后的无盐版鱼肉脆片在上线后，已迅速签约近 1 000 个线下母婴渠道。据悉，鱼肉脆片母婴渠道所产生的营收已经占到食验室整体营收的 30%。食验室同时还在发力天猫、抖音、小红书等电商渠道，目前天猫平台营收基本保持单月 30% 增长，复购率远高于行业平均水平。

捐赠反成了试吃渠道。孙思达是武汉人，早在 2020 年就有向武汉捐赠物资的经验。2022 年 4 月 13 日，食验室与“七年五季”合作开启第一次免费物资捐赠，提供营养较为均衡的新品“燕麦谷物脆”以及“七年五季”的欧包，以四类人群（医务工作者、社区工作者、老人、群租设施不齐全的小伙伴）为优先群体，共计1 300 份物资，从武汉仓连夜发车花费 13 个小时成功抵达上海。“燕麦谷物脆”这款产品仅在 4 月初做了一些预售，正式上线是 4 月 12 日，这次捐赠正好也给产品做了一波试吃、推广，这款产品上线一周多后，销售量大增，剩余的库存也已卖完。

8.1.2.4　盈利模式设计

2020 年 6 月，食验室第一款健康零食产品“深海金枪鱼鱼脆”正式上线后就一炮而红，主打高蛋白、低热量、0 添加，月均销量120万+。9月，又推出“鱼肉薯片（零食版）”，58.3%的蛋白质，0.6%的超低脂肪，解决了易碎，单薄的问题，真正做到薯片般的膨化口感，价格也有所降低。2020 年全年，食验室销售额在1 000万元左右。

产品销售以电商为主，还有夜市、夜摊作为辅助，不同于传统的货架，任何买这款产品的消费者，都会接收到一定的内容输出，打广告的同时完成了销售转化。每个月的产品都在迭代，也获得了消费者的支持，每个月都会有一批忠实的用户询问这个月的产品有没有什么新品，而且持续提问。2020 年复购率最高的是母婴群体。

8.1.3 食品餐饮行业创业项目的执行

8.1.3.1 准备项目申报材料

2019 年9月，孙思达的“食验室”项目正式启动，并入驻位于外滩边的“造动基地”。2020 年，上海两半食品科技有限公司—食验室的“重做所有零食”项目荣获2020首届中国食品创新创业大赛第一名和2020年度 FBIF 食品饮料创新论坛“最佳新锐品牌奖”。在大赛路演上，孙思达介绍食验室系列的第一款产品：一片鱼耶—深海金枪鱼脆。采用独家专利0油清膨化技术，以蛋白质作为基底，不加油做到薯片般薄脆口感。原料精选北欧黄鳍金枪鱼，制成鲜香薄脆的鱼脆，蛋白质含量高达57%的同时脂肪含量仅为4.7%。0香精、0味精保留鱼肉原本味；专利保鲜包装，采用纳米抗菌涂层，在不额外添加防腐剂的情况下仍有9个月保质期；专利设计小鱼盒，上架抓眼，超强传播属性。

在路演中，孙思达用影视剧中的片段展示人们对零食的喜爱。《少年派》中一位正在上课而感到乏味的少年，做了一个打哈欠的假动作，偷偷把零食放到了嘴里，伴随着嘎嘣脆的咀嚼声，少年一脸的慵懒和惬意。《欢乐颂》中上班的姑娘们一边聊天，一边吃着零食，填补了午饭时没吃饱的肚子。《幸福，触手可及》中聚会的姐妹，闲谈阔论中，些许零食在触动味蕾的同时带来的是轻松与自在。《爱情公寓3》中一位穿红色运动服的男青年在得知郊游的朋友们没吃饭时，一把拎起背包，慷慨地把满包的零食全部倒放在他们面前，让人惊叹之余又带来无限惊喜！薯条、坚果、水果干、甜甜圈、巧克力、汉堡包等让人们超级喜爱。根据人民网的报道，2019 年整个零食市场的规模高达5 713亿元，光膨化食品就占到了其中的10%，是一个巨大的消费市场。关于膨化零食，市场上也有诸多争议，认为其蛋白质、维生素、矿物质等营养价值低，有些零食比如高温油炸类，很好吃但营养价值不高，例如薯片，口感薄脆，深受人们的喜爱，但因其高热量、重调味，长期食用还容易引起肥胖、高血脂等问题，让人想吃又不敢放心吃。

2020 年年11月27日，海创汇&“创业红娘”线上云路演暨第59期创业红娘·创业相亲会成功开启。作为一家技术驱动型公司，食验室项目坚持做“零食界成分专家”，目前已经研发鱼肉薯片系列产品，高蛋白低脂肪，致力于提供高蛋白、低热量、0 添加的健康零食。投资人对该项目的研发、制造、受众、推广等多个角度深度沟通，也对项目的市场布局、营销模式进行点评提问，希望该项目继续发展，并决定私下进一步沟通合作机会。食验室的使命如图 8－2 所示。

图 8－2　食验室的使命

资料来源：校企融合，创新赋能丨海创汇 &“创业红娘”线上云路演精彩上演［EB/OL］.（2020－11－27）［2022－09－20］. https：//www. ihaier. com/news2021/detail/id/894. html？ lang＝cn.

2021 年 6 月 30 日，由 FBIF 食品饮料创新论坛策划主办的第四届 Wow Food Awards（WFA，原 Hello Foods Prize 新品大赏）——全球创新食品评鉴大赛获奖作品揭晓仪式暨颁奖典礼在杭举行，食验室“鸡胸肉薯片”项目荣获最佳膨化食品奖。

2021 年 10 月，华中农业大学经济管理学院赵方潇团队的《食验室——重做所有零食》项目获得高教主赛道全国银奖。项目依托独家工艺探索品类创新，打造年轻人喜爱的健康零食和新锐品牌。该项目拥有两项国家发明专利和一项外观专利，开发设计了鱼脆、鸡肉脆片、猪肉脆片等无油、高蛋白的爆款产品，月销售突破 500 万元。项目首款产品深海金枪鱼脆，成为天猫、抖音平台排名第一的高蛋白脆片零食。项目已获得蓝驰创投领投、伯藜创投跟投千万元 Pre－A 轮融资，一年时间内累计完成 3 轮融资。

8.1.3.2　结对创业导师

2019 年 11 月，孙思达受邀参加了“2019 全国新生代企业家创业大赛”，半决赛就获得 VC 评委们的一致好评并成功晋级哈佛中心上海举办的全国总决赛。赛事结束后一个月内，总决赛评委、伯藜创投管理合伙人秦志勇老师和现场另一位知名 VC 评委老师，向思达抛出橄榄枝，最终对食验室项目的投资达百万元，同时赞思餐饮也作为资方参与跟投。

创业之初，找对合伙人很关键。负责市场的联合创始人刘柯灿曾就职于某著名

VC 机构负责消费类项目投资，并为宝洁、花印等著名快消品牌提供营销服务。负责供应链的联合创始人贺宇晟是上海知名面馆蟹黄鱼的创始人，蟹黄鱼面大众点评排行上常年排名上海第一，在水产品供应链以及产品研发方面具有丰富的经验。而贺做餐饮成功的秘诀只有一个字——“挑”，挑原料、挑食材、挑工艺、挑卖相……现有餐饮行业不能满足挑剔的要求，那就直接走到各地去品尝和探寻。在这个过程中，贺对于食材的理解十分深厚。

孙思达团队从肉类蛋白入手，利用常见的鸡肉、猪肉、牛肉等反复尝试，口感表现都不算太好。之后，另一位创始合伙人贺宇晟给出第一个专业提议，鱼肉属高级蛋白，带有天然的健康属性，且越珍稀的鱼类，额外富含的微量元素也越多。那么，为何不尝试用“鱼”呢？这个建议让原材料的问题迎刃而解。从此孙思达团队开始向“鱼脆”这种产品进军。

在首款产品鱼类的选择上，贺宇晟以他的专业和经验提出第二个专业建议，直接使用金枪鱼，一举做出精品零食。最终由于普通鱼给口感带来不确定性，团队最终决定使用深海野生捕捞的欧洲黄鳍金枪鱼来制作第一款产品。

贺宇晟在原料端有定向合作的养殖伙伴，积累了比较丰富的货源。即便如此，他们更愿意坚持亲自采购调味品，不仅是为了保证产品品质，还可以将新发现的神奇原料应用到新产品中去。比如，他们找到的一种樱花虾，在我国台湾地区和日本的部分海域才有，具有捕捞资格的船只有 30 艘，他们在拿到之后会做一些口味上的尝试，为新产品的研发开拓思路。

食验室市场合伙人刘柯灿食验室系列产品的市场推广做了新的打法设计，在一些相对独立的渠道中产品迭代受制于强势的品牌方，而且传统渠道产品的更新与消费者需求产生脱节，基于这两点原因，食验室采用以线上新潮打法撬动线下 B 端，让经销商赚到钱、放大洼地流量。食验室的品牌定位以鱼肉品类切入，以脆片形式推出，开创“0 油清膨化技术”实现蛋白质对淀粉的替代，以真正健康好吃的蛋白膨化零食和蛋白烘焙食品作为鲶鱼来释放休闲食品市场的新需求。

8.1.3.3 跟进金融服务

2020 年 6 月，食验室第一款健康零食产品“深海金枪鱼鱼脆”正式上线后众筹金额为当月食品饮料类目第一，完成伯藜创投领投、赞思餐饮跟投的数百万元种子轮融资。本轮资金将主要用于产品研发及迭代、全域渠道建设、供应链升级等方面。食验室独创了 0 油清膨化工艺，可以在不加油的情况下低温烘烤，单盒热量仅为 85kcal，约为普通 60g 包装薯片热量的 1/4，当时该项技术主要用于食验室与餐饮企业的零售化的尝试，并已经与汤先生、蟹黄鱼等在预包装产品维度有合作落地。

2020 年 10 月完成由熊猫资本独家投资的近千万元天使轮融资。2021 年 5 月，FBIF 获悉，健康零食品牌“食验室”已完成数千万元 Pre - A 轮融资。本轮融资由蓝驰创投领投、老股东伯藜创投跟投，食验室 CEO 孙思达向 FBIF 表示，本轮融资将主要用于市场拓展、新品研发和供应链升级等方面。完成此次融资后，食验室将继续专注于健康零食方面的创新，围绕蛋白质代替淀粉的研发思路，改造更多消费者认知中的不健康零食，比如蛋白质蛋糕、蛋白质面包、蛋白质软糖等。除了动物蛋白薯片，其“植物基蛋白薯片”新品也将在不久后上市。

8.1.3.4 组建团队与培训

孙思达出生于1996年，大学期间就开始尝试创业，主导多个创新创业项目。2019年毕业后，孙思达开始了新一轮的创业，组建团队时强调“新老搭配”，他认为，年轻人对消费趋势的把控、渠道流量变化更为敏感，而“老兵”对于新技术的突破与供应链的整合更有经验。在这种“新老结合”的团队阵容下，食验室的市场团队平均1996年出生，供应链技术团队平均1986年出生，供应链方面的合伙人更是食品领域的资深专家。正是基于这种组合，食验室既懂年轻人，因为他们本身就是年轻人，同时又对产品和供应链有足够的把控与研发能力。

团队很注意培养和发挥年轻人的优势，猫窝快递箱这个想法就是团队内一位年轻的实习生提出的。团队成员能够合理分工、各司其职，是孙思达和他的团队始终跟上最新消费趋势变化，并且产品随新趋势落地实现的关键。

孙思达团队的执行力比较高，在决定2022年4月13日正式启动上海物资捐赠之前3天，就确定了大概率可行的路线、方式，由品牌部派出6人分工负责，从开始到最终工作完成，共计1 500箱物资，其中每个环节包括仓库打包、在每个包裹里放一些鼓励的卡片，都迅速完成，从武汉仓连夜发车花费13个小时成功抵达上海。

8.1.3.5 开业宣传与策划

鱼脆是一个全新的品类，为了让产品出圈，孙思达采用了“种草”战略，选择平台有微信、抖音、小红书等自带内容属性的平台，通过种草营销收获第一波消费者。小红书文章数已突破5 000篇。目前已经是天猫抖音排名第一的高蛋白脆片零食，月销售突破500万元。在2020年12月5日的天猫零食节上，食验室则登上李佳琦直播间，被“疯狂种草”到数万消费者心中。

孙思达团队的模式是，让3万~5万粉丝的抖音博主按照我们的脚本去制作内容。这条视频的点赞量基本上是它当月最高，并且让其具有带货的能力。6~10月，互联网平台至少给食验室带来400万元左右的营收，还意外收获了一群宝妈粉丝，并专门为婴幼儿调整产品配方。

“黄鳍金枪鱼大概3斤鱼肉才能锤炼出1斤鱼脆，整个鱼脆的鱼肉含量高达60%。每100g鱼脆富含57g蛋白质，相当于8个鸡蛋。”“0油清膨化工艺能够让产品不油腻，符合人们对健康的追求。”名贵、健康……这些元素都为食验室首款产品打上了一个个天然的标签，使得这款产品就具有话题度。

例如，从食验室食品京东自营旗舰店中展示的产品外包装上，已注明0油、0脂、0蔗糖，原味、藤椒味、日式烤肉和泰式柠檬等几种不同口味的鸡胸肉薯片的配料表中，鸡胸肉含量均≥30%。

而在抖音等短视频直播平台，孙思达团队主要考虑投放头部、中腰部KOL，以及成分党博主，寻找人设与品牌调性相合的主播，通过直播演示吸油纸对薯片和鱼脆的对比，直观展示产品的核心卖点。

从产品的线上种草开始，孙思达团队在垂类电商、微信公众号、天猫等密集的渠道布局全面铺开。而在线下则会入驻一些精品超市、生活方式品牌集合店、餐饮店等，寻找更好的曝光和销货。

8.1.3.6 适时调整产品与服务

在孙思达看来，“食验室”这个名字不仅代表着一个品类，更代表着对未来健康食品的一种追求。因此，食验室系列产品十分注重产品的迭代创新和消费者的反馈。在早期进行工艺探索的时候，食验室团队每次都要更换设备，而后加工端也愿意配合食验室团队进行改造，得益于供应链的柔性布局，食验室如今可以通过生产端的互相协调，做出各种他们想要的产品，成品通过试验后，就能花半年到一年时间去迭代，从而确保产品更新频率。为了能让消费者在茫茫海洋中第一眼认出自己，食验室通过更有趣的包装设计，通过包装形式和外观的改变，激活产品的“话题社交”属性，赋能产品自传播。经过一番探索后，食验室团队最终决定，在充气包装的基础上再增加一个质地坚固的纸盒，并设计了一个可爱又亮眼的小鱼形象，借助个性化造型作为匹配产品价值的包装。“小鱼盒”的出现让食验室一度成为网红产品，这也为其早期发展打下了殷实基础，而且食验室还为产品贴心设计了一个体验环节，为小鱼盒设置了一个可装卸的尾巴，可以在家中当作装饰收纳盒使用。

产品有创新，价格反而有降低。第一款产品深海金枪鱼脆价格 10 倍高于普通薯片，2020 年 9 月 27 日食验室推出的“鱼肉薯片（零食版）”是年度主推产品，促销价为 9.9 元/包，延续了“一片鱼耶”高蛋白、低热量、0 添加的特点，每包含 99kcal，蛋白质含量超 50%，罗非鱼肉含量超过 70%。由于这些与消费者的互动能实时跟进消费者的需求，然后将这些需求通过生产加工转化为产品，再交给消费者去体验，继续收集反馈，接着又开始下一轮的循环，基于这层 PDCA 循环的逻辑，食验室将市场上消费者最新的需求及时融入新产品的设计与研发，并将消费者发现的不足或提出的建议用于产品生产的改进，这一套组合拳打下来，无往而不胜。

8.2 新材料与新能源行业创业项目策划与执行

据创业基金会报道，上海净梧新材料科技有限公司创始人王群龙，在 2020 年新冠疫情初期，捐赠了 300 公斤 95% 医用酒精、100 瓶 50 毫升酒精消毒剂、2 000 个医用外科口罩、100 公斤含氯消毒产品，便携式制氧机 3 台，这些物品在武汉、上海电视台、同济化学科学与工程学院等防疫产品研发相关的重点科研单位默默地发挥着作用，充分体现了当代创业的大学生们服务社会的职责担当，王群龙也被推荐评选为疫情防控先进个人。净梧科技是上海市大学生科技创业基金会、同济大学专项基金资助项目，2018 年天使基金“雏鹰奖”获奖企业。本节以王群龙创建的净梧科技为案例进行分析。

据同济大学新闻网报道，王群龙因其用科技力量助力防疫抗疫获得同济大学的“追求卓越学生提名奖（研究生）”，他是 2007 级同济化学科学与工程学院本科生，2011 级保送本校本专业硕士研究生，2019 级同济大学化学科学与工程学院物理化学专业博士。担任上海市同济大学生科技创业者联盟副秘书长，上海市青创协会员，上海市杨浦区青联委员。获同济大学优秀学生干部，同济大学“励志之星”，同济大学杰出志愿者，同济大学优秀慈善义工，同济大学优秀硕士毕业生，杨浦区四平街道“四平好人”，上海市优秀慈善义工，杨浦区创业新锐，上海市创业新秀等荣誉。曾获第八届全国创新创业大赛优秀奖，第四届“互联网 +”创新创业大赛全国铜奖，2018 年“创青春”创新创业大赛全国铜奖，第一届教育部精品成果展二等奖。EI 收录论文 1 篇，授权发明专利 3 个，实用新型专利 3 个，其他知识产权 4 个。[①]

8.2.1 新材料与新能源行业创业项目的背景分析

公司简介。上海净梧新材料成立于 2016 年 6 月，2016 年 8 月获得上海市大学生创业基金同济分基金资助，是由同济大学国家科技园孵化器所孵化的环境产业新创企业。公司是一家集产学研销售于一体的新材料科技公司，以新材料为核心产品，致力于解决室内空气污染问题，目标是成为具有自主创新能力、世界一流的室内洁净空气产品服务提供商。公司目前拥有员工 8 人，人员配置集中于尖端技术人才，拥有硕士及以上学历 6 人，博士 3 人。研发团队在新材料领域有着深厚的学科基础，签约 2 位同济大学特聘教授作为指导专家，依托学校化学、科学技术开发实力，为客户营造安全健康的室内空气环境。

8.2.1.1 市场需求分析

中国的空气问题始终是长期以来急需解决的问题，然而在全面整治空气品质的同时，根本性影响因素来自室内空气不良问题。我国近年来癌症病发率居高不下，2016 年每分钟确诊癌症人数 6 人，2017 年超过 7 人。据卫生部统计数据，我国人均在室内生活的时间占全天时间的 2/3，因此室内空气安全至关重要。

近年来，我国经济社会不断发展，人们的生活水平也逐渐提高，居住条件也在不断改善，伴随而来的是装修后居室内空气污染的问题引发了人们的广泛关注。室内空气污染物的特征是影响范围大，接触时间长，对人体作用时间长，可造成人的呼吸系统疾病，对儿童危害更大，空气污染还是微生物和其他有害物的载体。刘风

---

① “追求卓越的同济人”群像［EB/OL］.（2020 -05 -25）［2022 -0919］. https：//news. tongji. edu. cn/info/1003/73776. htm？ivk_sa = 1023197a.

云等（2010）调查显示，有室内装修污染的324名儿童感冒、肺炎、支气管炎、哮喘的发病率均高于无室内装修污染的676名儿童；室内装修后入住时间越短，呼吸道、消化道、眼部、皮肤刺激症状以及神经毒性症状的检出率越高，随着入住时间的延长，上述症状的检出率逐渐降低；随着监测时间距居室装修时间的延长，室内空气中甲醛、苯、总挥发性有机物的超标率均有所下降。消费者对装修产生的污染越来越重视，93.2%的被访者知道室内装饰装修会造成室内环境污染。消费者对住宅和写字楼室内有害气体的认识在逐步提高，60.7%的消费者知道室内留存甲醛是有害的。刘学圃等（2008）曾对家庭室内装修后空气中甲醛污染现状及变化规律进行跟踪检测，结果显示，经过装修的居室室内甲醛浓度均高出（甚至远远高出）楼房竣工验收时的程度，而且，随夏季气温的升高，冬季装修的居室甲醛浓度会急剧升高，造成室内空气严重的“二次污染”。贾晓光（2015）分析结果显示，装修半年以内室内检测甲醛浓度全部严重超标，书房和卧室甲醛浓度明显高于其他房间，严重超过国家标准。正常通风条件下，刘章现等（2006）分析认为影响室内空气中甲醛含量的主要因素是装修材料的质量、用量、装修时间和室内环境温度。刘章现等（2006）和贾晓光（2015）的研究结果均表明，保持良好的通风有利于甲醛的释放和减轻室内甲醛污染。钱培军等（2020）分析结果显示，宜兴市2012~2016年室内空气甲醛的超标率达17.76%，最大检出浓度超过国家标准5倍以上，装修工艺、材料、家具、装修后时间等是影响室内空气污染物浓度的主要因素。[①]

针对装修空气污染问题，姚佳等（2016）提出，对装饰材料进行科学合理的选择，最大限度地减少污染源的产生，实施绿色环保装饰，才能减少因装饰导致的室内空气污染。以《电子商务优秀设计方案与分析》一书中的案例四“呼吸未来，生态涂料领航者”为例，自2008年以来，全国各省市不断推出商品住宅全装修的相关政策，数据统计，截至2017年我国累计竣工面积再创新高，建筑涂料占比达到39.6%，建筑涂料市场有了飞速的发展。为了保障人们拥有绿色环保的居住环境，国家也通过制定各种规范、标准、政策对涂料产品中挥发性有机化合物的含量进行了严格控制和管理，但传统涂料由于污染严重、技术落后正逐渐失去市场，新型涂料产品标准乱、管理乱等问题使得行业发展缺乏动力，消费者因缺乏相关的专业知识，在购买涂料产品时可能购买不到适合自己的产品。

王群龙在2014年大学毕业后一直跟着导师做项目，打磨出了目前净梧科技的主打产品“立可居系列高效室内有害气体吸附材料”。在做项目的时候，他们对吸附材料做了多次改进，大大降低了成本，同时也发现这种材料对室内有害气体也有特异性的吸附作用，并将其改进用以解决空气污染问题。基于此，为了更好地将这个产品更好地推向市场，让更多的人去使用，王群龙在2016年6月申请并获得上海市大学生科技创业基金会同济大学专项基金的资助，随即成立上海净梧新材料科技有限公司。公司成立2年来，针对装修后的室内空气污染情况进行了大量的研究，发

① 刘凤云，孙铮，肖运迎，唐小蕾．室内装修污染对儿童健康影响的调查［J］．环境与健康杂志，2010，27（12）：1077-1079.

现苯系物和甲醛是室内空气污染的主要因素，苯系物释放速度较快 10 个月左右就能挥发完全，而甲醛的释放周期能够长达 10 ~ 15 年。

怀着让中国能够全方面适合人们生活及居住的使命，公司针对研发了一系列解决室内空气污染问题的产品。为了客户装修后一周左右尽快入住，团队研发了能够 2 ~ 3 分钟快速除味除 VOC 的立可居 VOC 快除喷剂，能够快速解决室内空气污染，短时间内反应室内有害气体。针对甲醛的持续释放，公司研发出能够持续 6 ~ 12 个月持续吸附甲醛的立可居高效室内有害气体吸附材料，持续吸附有害气体，并维持在一个安全的低浓度范围，不反弹，不产生二次污染。从而提供优质的人居环境。

8.2.1.2　市场定位分析

国家政策牵引及行业法规的刚性要求，使得装修后的甲醛治理成为标配。并且随着室内空气污染问题愈发受到人们重视，在未来，空气产品也会和矿泉水一样成为一种大众需求，在相关产品的消费升级背景下，空气产品将会具有巨大前景。净梧新材料致力于成为世界一流的室内洁净空气产品服务提供商，并始终将洁净室内空气及改善居民住所空气条件作为公司发展的使命。

陈晓言等（2015）分析认为，我国空气净化器行业尚处在市场导入阶段，普及率不到 1%，其主要目标市场有写字楼、银行、酒店、医院、休闲场所，刚刚装修的居所；高收入家庭，饲养宠物的家庭，家有孕妇、老人、婴儿或病人（哮喘、过敏性鼻炎及花粉过敏症人员）的家庭等。据张媛珍（2019）实地走访家电卖场发现，线下卖场多数空气净化器产品将标识重点转移到除甲醛上，但在效果上不同产品还存在一定差异。不同品牌价格差别差异也大，带有专利甲醛数显功能的 A. O. 史密斯产品价位集中在 4 000 ~ 10 000 元，三星增强型除甲醛产品价格 2 000 ~ 8 000 元，颗粒物与甲醛高效级的科沃斯产品在 5 000 ~ 8 000 元。消费者对空气污染的解决办法不一，近 90% 的人选择“室内开窗通风”，6% 左右的人“买植物净化”，消费者市场需求并不现实，市场主打概念集中在驱除装修污染，空气净化机国内用户均拥有率不到 1%，家用产品的价格、成效和推广定位比较模糊，商用产品定位比较明确，但价格、渠道模式、推广定位企业用户承受还需要时间。[①]

王群龙创业的定位比较明确，就是“让净梧科技成为世界一流的洁净空气产品服务提供商”，并且认为自主研发专利是企业的立身之本。净梧科技主要围绕着解决室内空气污染，提供室内洁净空气产品服务，室内空气消费升级等让客户拥有安全健康的室内空气环境而进行一系列的产品研发，现在净梧科技的室内空气治理产品已经实现了闭环，其产品基本可以解决所有室内空气问题。

公司当前阶段将目标市场定位在新装修房屋室内空气污染问题的治理以及有老人、小孩儿、孕妇以及敏感人群等群体居住的房屋室内空气污染问题的治理，这部

---

① 陈晓言，杨蕊帆，高爽，王靖雯．空气净化器行业的市场分析［J］．现代商业，2015（13）：65－66，张媛珍．除甲醛保卫战升级，空气净化器产品功能宣传方式多样［J］．电器，2019（7）：20－21.

分客户包含个人客户以及公司客户两方面，个人客户主要是新装修房屋业务以及新房业主，企业客户主要是政府机关、企事业单位、学校、医院、房地产公司、装修公司、汽车4S店等。

8.2.1.3　可行性分析

以净梧科技为西藏旅游行业研发的“氧乐多制氧机”为例做SWOT分析，如表8－2所示。

表8－2　　　　　　　氧乐多制氧机SWOT分析

<table>
<tr><td colspan="2" rowspan="3">外部因素</td><td colspan="2">内部因素</td></tr>
<tr><td>S优势</td><td>W劣势</td></tr>
<tr><td>（1）2016年成立上海净梧新材料科技有限公司；
（2）公司具备洁净空气产品研发基础，并于2017年开始量产；
（3）研发团队在新材料领域有着深厚的学科基础，签约2位同济大学特聘教授作为指导专家，依托同济大学绿色化学与高分子实验室，科学技术开发实力雄厚。</td><td>（1）公司在高分子富氧膜技术上尚未取得突破；
（2）净梧科技的辨识度和知名度有待进一步提高</td></tr>
<tr><td rowspan="2">O机会</td><td rowspan="2">（1）净梧科技于2019年成功对接西藏自治区旅游发展厅，了解到当地旅游局正在找铝罐氧气瓶的替代品；
（2）铝罐氧气瓶使用次数少，供氧效果差而且会污染环境；
（3）高原缺氧导致西藏自治区旅游趋势下滑</td><td>SO</td><td>WO</td></tr>
<tr><td>（1）抓住西藏自治区旅游发展厅对氧气瓶需求的机会，迅速开发适应的制氧机产品；
（2）根据消费者对空气治理和身体健康的要求，继续开发和生产杀毒消菌滤材</td><td>（1）依靠国家支持；
（2）自主研发专利</td></tr>
<tr><td rowspan="2">T威胁</td><td rowspan="2">高分子富氧膜技术上的研发未成功导致项目失败</td><td>ST</td><td>WT</td></tr>
<tr><td>在技术上寻求突破，不放弃自主研发的机会</td><td>与上海知名的室内空气治理企业展开密切合作，提升知名度</td></tr>
</table>

资料来源：疫情阴霾下，看净梧科技如何转危为机［EB/OL］.［2022－09－19］. https://www.stefg.org/serve/detail.aspx?id=56.

8.2.1.4　风险分析

（1）政策因素分析。随着经济水平的提高，人民对自身的健康需求更加关注，伴随着国家医疗保健制度的完善，人们的医疗保健意识也在逐渐增强，尤其是随着老龄人口的增加，使得氧气与人民生活变得密不可分。随着国家扶持政策的出台，结合广阔的市场发展空间和需求，制氧机将会作为消费品进入家庭，随着新材料及纳米技术的发展，吸附流程的优化，制氧机在自身发展方面也面临新的发展趋势。

“冬游西藏”政策使西藏旅游业继青藏铁路开通之后，实现了新一轮的快速增长。2018 年西藏年游客接待量超过 3 600 万人次，2019 年突破 4 000 万人次，2019 年西藏旅游业对全区经济社会发展贡献率达 33%。然而仍然有两个因素限制着西藏的旅游业的增长，一是高原缺氧，二是落后的供氧手段，当时西藏游客所使用的铝罐氧气瓶，虽然价格便宜但效能较差，而且游客使用后乱丢使得后续清理麻烦、污染环境。因此当地旅游局正在寻找铝罐氧气瓶的替代品。净梧科技在 2019 年成功对接西藏自治区旅游发展厅，获得当地政府部门的支持得以开发西藏旅游局想要的产品。①

（2）技术因素分析。据国家药监局官网，制氧机又称小型分子筛制氧机、医用分子筛制氧机、家用分子筛制氧机、便携式制氧机，其原理基本都是采用变压吸附，以空气为原材料，不需任何添加剂常温下接通电源，通过分子筛吸附氮气及其他气体，即可从空气中分离出纯度为 73% ±3% 的氧气，根据每分钟最大出氧流量不同又分为 1L、3L、5L、10L 制氧机。食品药品监管部门批准的制氧机、便携式氧气呼吸器等产品，其适用范围主要是供缺氧人群给氧用。②

根据制氧原理不同，制氧机分为电子制氧机、分子筛式制氧机、化学药剂制氧机、富氧膜制氧机等几种类型。姜婧（2012）研究认为，富氧膜技术的原理是利用氧氮分子在富氧膜内的溶透速度不同，从而实现从空气中把氧气富集把部分氮气排斥，可以得到含 90% 以上氧气的富氧气空气，具有用电量小、使用寿命长等优点，在医疗、发酵工业、化学工业等方面得到重要应用。分子筛制氧机在使用过程中存在噪声大、体积大、寿命短、价格贵、耗电量大等缺点，而且价格在 3 000 ~ 20 000 元不等。化学制氧机使用起来比较麻烦，每次使用后均需清洗，而且使用费用高，化学药剂对身体还有负面作用。相对来讲，膜制氧机比较安全、省钱、轻便、智能、舒适，不过膜过滤制氧价格高，一次性投入成本高。

对于净梧科技而言，研发团队对于吸附材料的开发已经具备一定的经验。然而这个项目毕竟是开发一个可以替代铝罐氧气瓶的新产品，需要有针对性地进行调研和研发，就理论而言，因为富氧膜性能的差异，对氧和氮的选择性不同，氧的透过速率大于氮的透过速率，膜的另一侧得到含氧量可提高到 30% ~ 50%。如果在高分子富氧膜技术上没有取得失败，可能导致项目失败，所以本项目在技术上是存在一定风险的。

一次偶然的机会，王群龙无意间看到鱼类在水中存活的机理，发现氢键可以帮助氧气在膜上高选择性地吸附，他们据此立即做了研究与试验，结果突破性地使富氧膜内的氧气透过率提高了 250%，顺势成功研发出“氧乐多制氧机”。依托这个核

① 2019 年西藏旅游业对全区经济社会发展贡献率达 33% [EB/OL]. (2020 - 04 - 21) [2022 - 09 - 19]. https: //www. chinanews. com/m/cj/2020/04 - 21/9163727. shtml? f = qbapp.

② 制氧机日常应用知识知多少？系列科普知识一 [EB/OL]. (2021 - 07 - 23) [2022 - 09 - 19]. https: //www. nmpa. gov. cn/zhuanti/ylqxxcz2021/ylqxxcxcshp21/20210723101236190. html，食品药品监管总局关于购买自用医疗器械产品的消费警示 [EB/OL]. (2017 - 01 - 17) [2022 - 09 - 19]. https: //www. nmpa. gov. cn/directory/web/nmpa/ylqx/ylqxjgdt/20170117173501963. html.

心产品，王群龙创办了上海氧隆科技有限公司，专门研发和生产便携式制氧机，这个产品获得了西藏自治区旅游发展厅的认可与推荐。2020 年底，第一批具有共享租赁功能的产品已经在西藏部分景区、宾馆开始运营，基本实现了初步盈利。目前产品也获得了高原边防部队的测试认可，成为他们的新装备。①

（3）竞争分析。公司成立以来，产品获得广大客户的认可，客户包括中国银行、渤海证券、太平洋保险、陆金所在内的金融机构，政府企事业单位，包括西门子、德国西诺德牙科在内等多家外企。公司也获得了上海市政府采购供应商资格、无锡市政府采购供应商资格。目前公司拥有一家分公司、十多个省市经销商，年销量超过 500 万元。

公司成立至今也获得了政府各部门的认可，公司 2016 年获得虹口区“创新创业大赛一等奖”“上海市最具投资五十佳企业”，2017 年公司获得“上海市创业新秀入围奖”“杨浦区创业新锐”“杨浦区博士后创新实践基地”、教育部“春晖杯优胜奖”；2018 年“创青春同济大学特等奖”等荣誉。

在 2016 年举办的“威海英创会”上，威海市蓝色经济研究院与上海净梧新材料科技有限公司举行了签约仪式，双方围绕材料和家装领域开发新产品、提供产品验收示范基地等方面达成战略合作意向。当时双方已积极对接新产品研发、批量生产的相关工作，新型材料在智能家居领域的应用研究也在开展中。渐渐地，上海几家知名的室内空气治理企业，纷纷与净梧科技展开了密切合作。在之前，这些企业大多都和国外企业合作，用进口产品，价格昂贵不说，还有价无市。现在它们逐步使用净梧的产品进行替代，在保证效果的同时，价格成本也降低了不少。②

公司目前也获得了天使轮投资，估值超过 2 000 万元。上海净梧是同济大学生创业企业，凭借同济大学所培育之优秀技术实力，配合来自同济创业谷的资金、产业网络及创业环境等全方面支持，在社会各界关注下茁壮成长，坚持以研发为公司核心、以新材料技术解决社会问题，成为具有社会责任感的创新企业。

8.2.2 新材料与新能源行业创业项目的策划

8.2.2.1 项目设计

2014 年大学毕业以后，王群龙在导师项目中主要从事大型化工项目催化剂、吸附材料的研发技术工作。当时发现，有一种溶剂油有异味和无异味市场价格可以相差几十倍，由此对吸附异味的材料做了多次改进，同时也将这种产品投入快消品市场。

---

① 王群龙：精益求精的追梦者［EB/OL］.（2021 - 06 - 12）［2022 - 09 - 19］. http：//www. why. com. cn/wx/article/2021/06/12/1623477178133972307 2. html？from = singlemessage&isappinstalled = 0，创业基金会 . 疫情阴霾下，看净梧科技如何转危为机［EB/OL］. ［2022 - 09 - 19］. https：//www. stefg. org/serve/detail. aspx?id = 56.

② 园区大学生创业企业上海净梧新材料科技有限公司受邀参加“威海英创会”［EB/OL］.（2016 - 10 - 17）［2022 - 09 - 19］. http：//www. tjt. cn/Show. aspx？info_id = 1375&info_lb = 217&flag = 99.

在耳闻目睹很多因为装修污染室内空气而伤害人们身体的案例之后，尤其是得知朋友家里的老人或小孩因室内甲醛超标问题而生病住院的时候，王群龙最早的设想是让自己身边的人能够有一个安全的室内空气环境，好产品应该推向好市场，用技术解决装修污染问题。2016年6月，他正式申请上海市大学生创业基金，8月获得批复，随即成立了上海净梧新材料科技有限公司。上海净梧新材料科技有限公司是他第一次创业的公司，是一家集产学研于一体的环保新材料科技公司。

8.2.2.2 产品设计

公司结合室内空气污染的特点，开发了一系列科学解决室内空气污染的产品。

（1）立可居VOC快除喷剂：能够2~3分钟快速除味、除VOC、甲醛等有害气体，持续时间3~7天，主要成分是一种绿色安全的食品级氧化成分和自主研发的活化成分。使用该产品能够解决短期内释放到空间的90%以上的苯系物和甲醛。

（2）立可居高效室内有害气体吸附材料：在解决室内存在的大部分已经释放出来的甲醛以后，此产品可以持续吸附家具抽屉、柜子、板材中的甲醛和VOC等有害气体，就能从根本上控制污染源，防止室内有害气体反弹。产品的主要成分是公司自主研发的一个环保新材料，主要成分是富羟基多孔硅材料，材料具有超大的比表面积，可以吸附各类室内有害气体；合理的孔道结构和丰富的醇羟基，可以发生孔道虹吸作用将有害气体吸附到孔道内部、并和甲醛发生螯合反应。整个产品使用过程无二次污染、没有有害气体解吸。

（3）立可居缓释消毒杀菌材料：缓释消毒杀菌材料是为了解决室内细菌微生物的影响，细菌微生物会导致60%的常见疾病，而卫健委公布的数据显示，我国每年定期进行室内消毒杀菌的家庭不足20%，我国针对细菌微生物的投入主要在生病后滥用抗生素，因此缓释消毒杀菌材料能够有效地解决室内消毒杀菌问题。缓释消毒杀菌材料本身是一种绿色安全的消毒杀菌成分，使用了Lewis酸和环糊精作为包裹层，在空气中水分子作用下Lewis酸会转变为的Bronst酸会打开环糊精的缓释包裹层将消毒杀菌成分释放出来。空气中湿度越大，打开包裹速度越快，消灭的空气中细菌、微生物含量也会越高。并且操作简单，无须施工即可实现。能够保证1~2米范围内，7~15天处于安全状态。

上海净梧在空气消费升级产品上投入了大量的精力和研发经费，计划在未来5年内生产出一批例如便携式制氧机、防雾霾呼吸机、模拟森林空气的机器，使得大众透过购买净梧产品，能轻松拥有良好室内空气等基本生活权利，让净梧成为室内清净空气的代名词，成为世界领先的洁净空气产品服务提供商。

8.2.2.3 经营模式设计

自主研发专利是立身之本，就读同济化学工程学院化工专业硕士期间，王群龙参与过多个国家自然科学基金项目，发表学术论文2篇，获得发明专利四个，完成了甲苯甲醇侧链烷基化催化剂小试到产业化的研究。净梧科技主要围绕着解决室内空气污染，提供室内洁净空气产品服务，室内空气消费升级等让客户拥有安全健康的室内空气环境而进行一系列的产品研发。公司与同济大学、日本东京大学、荷兰瓦宁根大学有多个研发合作项目，致力于将新型多功能材料运用于传统的建筑、装修装饰材料中，为客户提供更加舒适、安全、健康的室内环境。公司也会依托三个大学的研发平台开发出更多优秀的产品，用科技服务人们的生活，用科技保护人民的健康。

对于净梧科技而言，如何才能让公司生存和发展下去呢？

（1）争取创业基金的支持。上海净梧新材料科技有限公司2016年成立于同济大学国家大学科技园，是上海市大学生科技创业基金会同济分基金资助的第十九批大学生创业项目之一。公司自成立便入驻同创家园，享受同创家园的各项创业扶持服务。

（2）通过参加创业创新大赛靠过硬的专业与技术取得名次，进而吸引投资人或企业的注意进而获得投资或合作，或者获得国家资助。王群龙的“高效室内有害气体吸附材料”项目在“2016虹口区‘共筑创新梦想，拥抱智慧生活’创新大赛”中获得综合组一等奖。同年9月份，与威海蓝海经济研究院签署战略合作协议，双方协议进一步加强高分子材料领域技术交流，深化合作层次，共同促进健康家居，智能家居等环保产业发展。①

在2017年的杨浦区“双创”示范基地大众人才支持计划暨第二届杨浦创业之星大赛上，上海净梧新材料科技有限公司的“基于富羟基结构的新型多孔室内空气污染治理材料研发及产业化”项目摘得“创业新锐”的荣誉。这份荣誉除了是对“净梧”专业的肯定，也包含15万元的奖金作为项目支持。②

据《新民晚报》报道③，2019年王群龙的新项目“新一代智能便携式制氧机”参加并荣获以养老产业为主的第二届社区创客大赛的一等奖。由于这一项目降低了制氧成本，大赛后，依托同济大学产学研和“创业梦想屋”创业就业服务联盟平台，该项目在西藏多家星级宾馆开展租赁业务，与西藏交通产业集团签订合作意向。2020年上半年，曲阳路街道推荐王群龙参加第四届“中国创翼”创新创业大赛。从区赛到市赛到国赛，“创业梦想屋”特邀请了中国首批火炬创业导师陈爱国等专家对该项目专业指导。最终王群龙喜获全国创新组优秀奖。随着“新一代智能便携式制氧机”项目的不断完善成熟，王群龙的团队正在逐步扩大，未来可在军工、采矿、养老、旅游等行业应用和销售，该项目2年内估值近3 000万元。由王群龙主要领衔研发的产品——缓释消毒杀菌材料，证明能大量杀死新冠病毒。王群龙主导研发了新一代智能便携式制氧机，获得了第八届全国创新创业大赛优秀奖（新材料行业全国前十，财政部30万元资助）。该制氧机在新冠疫情中也有大量防疫应用案

---

① 喜讯！同创家园入驻企业获得2016虹口区创新大赛一等奖［EB/OL］.（2016-09-21）［2022-09-19］. https：//tjkg. tongji. edu. cn/84/28/c17230a164904/page. htm.

② 第二届杨浦大众创业人才支持计划暨创业之星决赛通知［EB/OL］.（2017-09-18）［2022-09-19］. 第二届杨浦大众创业人才支持计划暨创业之星决赛通知［EB/OL］.（2017-09-18）［2022-09-19］. http：//www. tj-ibi. com/Article/201709/201709180002. shtml，“第二届杨浦创业之星”落幕，打造大众创业品牌，培育优秀人才［EB/OB］.（2017-10-27）［2022-09-19］. https：//www. shyp. gov. cn/shypq/xwzx-ypyw/20171027/48561. htm.

③ 从“创业梦想屋”走出来的“中国创翼”优秀奖［EB/OL］.（2020-11-17）［2022-09-19］. http：//newsxmwb. xinmin. cn/shizheng/szt/2020/11/17/31847730. html.

例。2021 年，王群龙的新一代智能便携式制氧机的研发及产业化项目也列入了杨浦十佳创新团队，献礼中国共产党建党 100 周年。①

（3）申请认定“高新技术企业”，获得国家奖励补贴支持。2019 年，根据科技部、财政部、国家税务总局《高新技术企业认定管理办法》《高新技术企业认定管理工作指引》《上海市高新技术企业认定管理实施办法》的有关规定，上海净梧新材料科技有限公司获得高新技术企业认定。②

（4）借助外部资源成功打开市场销路。据《新民晚报》报道，2016 年王群龙带着刚开发的“高效室内有害气体吸附材料”项目首次走进曲阳路街道“创业梦想屋”，希望解决创业之初资金难、场地难、业务难等方面问题。他在“创业梦想屋”内接受了创业专家对项目运营发展提出的指导性建议，并协助他对接了几个园区，最终找到合适的办公场地，同时帮助他组建了运营团队。在曲阳路街道“创业梦想屋”的推荐下，王群龙的项目斩获了 2016 年虹口区创新创业大赛一等奖，这帮助他顺利对接了天使轮投资，解决创业资金上的后顾之忧。

净梧科技从享受同创家园的各项创业扶持项目起步，产品刚生产出来时并没有试点和销路，后来借助同济科技园的项目为案例打开了局面，创业谷也帮助净梧科技做了许多项目推荐和对接，产品销路打开以后，公司顺利往下发展。同济创业谷是同济大学特有的创新创业平台，是由学生运营的创业项目孵化器，促进“学校、企业、政府、社会、资本”五个要素全方位互动，弥补当前创新创业链条缺失环节。自 2013 年成立至今，同济创业谷共吸引了来自全校 29 个院系 1 253 个项目申报，先后签约入驻项目团队 371 个，86 个项目团队通过创业谷培育进入实体运营，吸引社会投资总计超过 5 200 万元，吸引社会捐赠资金近 1 亿元。

在实现制氧膜技术突破以后，王群龙尚缺乏相关的装配技术和定制化设备这一技术还不能落地。后来，在同济大学创新创业学院周斌院长的举荐下，他申请入驻中国（上海）创业者公共实训基地的电工电子实验试制平台，平台可免费为他提供的公共测试环境、研发设备和综合服务。③

一款产品的开发需要经历设计、选材、开模、试产、测试等诸多流程，每一个步骤都不能掉链子。制氧机开发初期，电工电子实验试制平台帮王群龙牵线搭桥，联系到一家毕业于平台的机械外壳设计团队，双方合作完成了产品外形尺寸的设计。然而制氧机开模制作样机的成本在 50 万 ~ 80 万元，王群龙果断卖掉老家一套房，筹得 150 万元准备投入设备开模上。在电工电子实验试制平台跟踪服务团队的司志亮老师协助下顺利完成样机，花费最终仅支付 2 万元。借助于电子电工平台的强大

---

① 点赞！虹口这个优秀项目获全国赛奖项［EB/OL］.（2020 - 12 - 01）［2022 - 09 - 19］. http：//www.shwmsj.gov.cn/hkq/2020/12/01/514bf882 - abe7 - 45a9 - 966b - 06f6c51d7bd8.shtml，崇尚创新、争当先锋，信息电子平台《十佳创新团队》（下）［EB/OL］.（2021 - 06 - 29）［2022 - 09 - 19］. https：//www.shkp.org.cn/articles/2021/06/wx336038.html，尽己所能，奔赴“疫”线——杨浦创业者们在行动！［EB/OL］.（2022 - 05 - 05）［2022 - 09 - 19］. https：//www.shkp.org.cn/articles/2022/05/wx377936.html.

② 同悦节能、嘉因生物、净梧新材料获得高新技术企业认定［EB/OL］.（2019 - 09 - 12）［2022 - 09 - 19］. https：//tjkg.tongji.edu.cn/85/0d/c16722a165133/page.htm.

③ 创业者公共实训基地，增强创业活力的“制氧机”［EB/OL］.（2021 - 08 - 24）［2022 - 09 - 19］. https：//www.shkp.org.cn/articles/2021/08/wx342180.html.

资源，仅1年不到的时间，第一代“氧乐多制氧机”就顺利开发完成，整个过程比原先预估的缩短了3到6个月，成本节省了至少50万元。

8.2.2.4　盈利模式设计

据天眼查显示，上海净梧新材料科技有限公司2016年6月7日成立，注册资本215.0538万元人民币，其经营范围包括：新材料科技、建筑科技、环保科技、生物科技领域内的技术开发、技术咨询、技术转让、技术服务，环保设备、机械设备、传感器、建筑材料、装饰材料、金属制品、橡胶制品、电线电缆、电子产品、日用品、办公用品、工艺品的销售。①

上海净梧新材料科技有限公司的盈利模式是找准市场，依托学科技术，组建合适的团队，坚持自主研发降低产品成本，根据市场需求开发新产品拓宽市场。目前净梧拥有十余项知识产权，是上海市和无锡市政府采购供应商。

公司主营产品：公司立可居系列室内有害气体吸附材料，拥有较好的室内有害气体吸附效果，产品获得权威检测机构认证，前期的合作客户包括：民生银行、农业银行、陆金所、钜派投资、天华设计院、虹口区人民政府、林克斯外商别墅中心等多个企事业单位，还有数百个个人用户也使用了公司产品。②

创新技术：产品采用了醇化改性的硅材料和多种材料复合而成的分子筛材料混合组成，与传统的吸附材料相比，该材料具有丰富的醇羟基，可以和甲醛发生螯合反应，从而固定住甲醛，并且使得甲醛常温下不能解吸，防止了吸附后的二次污染，而分子筛上丰富的孔道结构可以吸附几乎室内所有的有害气体。实验结果表明，本材料上72小时饱和甲醛的去除率可以达到99%以上，而我们的工程案例中，也实现了3~7天，室内环境甲醛浓度到0的指标。

餐厨垃圾就地资源化设备：将厨余垃圾在短时间内通过粉碎、传输、脱水、微生物处理、灭菌除味等环节转化为直接可以使用的肥料的过程，目前处理后的厨余垃圾达到了欧盟标准，具有技术领先性。此项目具有处理餐余垃圾时间短，设备模块化、自动化、通用性强，产物体积小，可发展空间大等优势。曲阳路街道搭建平台，上海净梧新材料科技有限公司在2019年曾与百联集团就餐厨垃圾就地资源化设备进行了洽谈，并将根据需求结合中国人饮食特点进一步精进技术。③

王群龙认为，一个能够承担起社会责任的公司，真正解决社会问题，承担社会责任，才能取得更大的成功，也才是公司发展的正道。从2020年以来，王群龙已先后向同济大学及武汉、上海、无锡、西藏、青海、云南等全国多地捐赠了1 300公斤99%医用酒精、200公斤缓释消毒杀菌材料、1万个医用口罩，200副护目镜、26台制氧机，总价值达30多万元。净梧科技研发的“氧乐多制氧机”这一次竟然能

① 天眼查.上海净梧新材料科技有限公司［EB/OL］.［2022-09-19］. https://www.tianyancha.com/company/2578609614.

② 上海净梧新材料科技有限公司［EB/OL］.（2016-10-31）［2022-09-10］. http://www.tj-ibi.com/Article/201610/201610310008.shtml.

③ 推进生活垃圾分类工作　虹口的Ta们这样做［EB/OL］.（2019-05-13）［2022-09-19］. http://wm.shhk.gov.cn/hongkou/node3/n7/u1ai2047.html.

提前投入使用，并且有助于确诊患者缓解肺炎症状。①

无酒精消毒产品：作为涂层材料可以应用于人口密集、容易细菌和病毒传播的公共场所，比如电梯。预期效果比现在使用的次氯酸效果更好，能达到 7 ~ 14 天的持续时间。目前该产品已经完成小试阶段研究，正在权威检测机构送检。

消毒杀菌滤材：已经完成了第三方检测机构的抑菌实验，抑菌效果高达 99.9%，满足空气净化器消毒杀菌使用的标准，仍有一些技术需要探讨和深入研究。

消毒杀菌净化器：处于最后的整机消毒杀菌测试阶段。该种消毒杀菌滤材的研发成功能够为空气净化行业、空调行业提供一种高效、便宜的消毒杀菌滤材，用科技帮助社会实现复工复产。

8.2.3 新材料与新能源行业创业项目的执行

8.2.3.1 项目选址及用地

"同创家园"众创空间由同济科技园与上海虹口区政府合作，共同建设的创业公共服务平台，落地于玉田路 210 号（近同济大学四平路校区），建筑面积 320 平方米。同创家园依托同济科技园孵化器（连续七年市级孵化器考评优秀）的服务溢出，意在为创业初期的团队提供全方位、多角度和系统化的孵化服务。截至 2016 年 9 月共有 11 个创业团队入驻，创业项目涉及互联网、环保、建筑设计以及交通等各个领域。

上海净梧新材料科技有限公司 2016 年成立并入驻同济大学国家大学科技园，是上海市大学生科技创业基金会同济分基金第十九批大学生创业项目之一，致力于新材料在室内、车内等密闭空间空气净化和提供宜居空气环境一体化解决方案的高科技环保材料，未来将进军高新材料研发、空气质量检测、应用型环保新设备生产等专业领域。项目当时的联系地址是上海市虹口区玉田路 210 号 2 楼 4 室。公司地址为上海市杨浦区国康路 100 号 1204W 室。

8.2.3.2 土建工程建设指标

以重庆朝阳气体有限公司长寿制氧站 50 000m^3/h 制氧机组工程可行性研究报告为例。②

（1）建设规模：长寿制气基地拟新建 1 套 50 000m^3/h 制氧机组及公辅设施，配套建设 1 座 110kV 变电站，配置 3 台 110/10kV、63MVA 变压器。

（2）建设地址：重庆朝阳气体有限公司在长寿制气基地内。

（3）建设工期：重庆朝阳气体有限公司长寿制气基地新建空分机组项目总工期

---

① 饮水思源，投身抗疫志愿服务——同济博士生党员的美好心愿 [EB/OL]. (2022 - 04 - 09) [2022 - 09 - 19]. https://news.tongji.edu.cn/info/1006/80569.htm.

② 重庆朝阳气体有限公司长寿制氧站 50 000m3h 制氧机组工程设计（第二次）[EB/OL]. (2019 - 11 - 11) [2022 - 09 - 19]. https://www.cqggzy.com/xxhz/014001/014001001/014001001001/20191111/2d9f7586 - 8fd6 - 4629 - ae2f - 1f97f386a41a.html.

（设计、采购、制造、施工）约480天（工作日）。

（4）设计依据：现行国家标准和规范，重庆朝阳气体有限公司提供的相关资料。

（5）抗震设防：建筑物抗震设防烈度为6度，设计基本地震加速度值0.05g。

（6）建筑设计：该项目的建筑物包括综合楼、各机组防护墙、各机组雨棚、110kV 制氧变电站、门卫室、大门围墙等。总建筑面积为3 795.54m^2。

（7）安全与工业卫生：按《建筑设计防火规范》（GB 50016 - 2006）、《建筑采光设计标准》（GB/T 0033 - 2001）、《采暖通风与空气调节设计规范》（GB 50019 - 2003）、《冶金企业安全卫生设计规定》的要求进行设计。上人屋面及高度大于8m的室外建筑屋面，高于地坪1m以上的平台、走道及有安全要求的地方均设置1 050mm高的安全栏杆。

（8）地基与基础：根据业主提供的地勘资料，本工程设备基础均采用天然地基。

（9）主要建（构）筑物：综合楼，泵房、冷却塔，主要设备基础。

（10）材料：钢材采用Q235B级钢或Q345B级钢，质量符合《碳素结构钢》（GB/T 700 - 2006）或《低合金高强度结构钢》（GB/T 1591 - 2008）的规定。混凝土强度等级按垫层不低于C20，钢筋混凝土基础不低于C30，钢筋混凝土梁、板、柱不低于C30，钢筋主要采用HPB300、HRB400级钢；有防渗要求的基础、地坑、沟道、水池等构筑物采用防水混凝土，其抗渗等级根据其壁厚与地下水最大水头按相关规范选用。

8.2.3.3　投资估算及经济效益分析

以重庆朝阳气体有限公司长寿制氧站50 000m^{3}h 制氧机组工程可行性研究报告为例。①

（1）投资估算：新建制氧机组总投资42 662万元，新建110kV 变电站总投资5 594万元。

（2）经济效益分析：

①新建制氧机组。经计算分析，本项目投资财务内部收益率为11.92%，投资回收期为8.09年；项目资本金财务内部收益率为16.98%，投资回收期为8.77年；本项目具有一定经济效益，在经济上可行。

②新建110kV 变电站。经计算分析，本项目投资财务内部收益率为74.55%，投资回收期为2.28年；项目资本金财务内部收益率为121.24%，投资回收期为2.25年本项目具有较好经济效益，在经济上可行。

① 重庆市公共资源交易网．重庆朝阳气体有限公司长寿制氧站50 000m^3/h 制氧机组工程设计（第二次）[EB/OL]．(2019 - 11 - 11) [2022 - 09 - 19]．https://www.cqggzy.com/xxhz/014001/014001001/014001001001/20191111/2d9f7586 - 8fd6 - 4629 - ae2f - 1f97f386a41a.html.

8.3 旅游行业创业项目策划与执行

8.3.1 旅游行业创业项目的背景分析

8.3.1.1 市场需求分析

随着我国经济的快速发展，人们生活水平稳步提高，受教育程度不断提高。人们的思想观念和生活方式不断变化，消费观念也随之发生变化，同时，人们的消费水平也发生了较大改变，对旅游的需求也急剧提高。旅游已经成为人们健康消费的一种理念和时尚，越来越成为人们休闲度假的最为重要的方式之一。

近年来，伴随着各类“小长假”及“黄金周”的出现，人们拥有了更多可自由支配的时间，出行的愿望更加强烈。各地根据自己的地方特色举办的旅游节，也吸引了不少有旅游意向的人们。

不同年龄阶层的人们对旅游的需求也呈现逐年增加的态势，老年阶层由于退休，又有稳定的收入，可以在时间和金钱的双重保证下享受无忧无虑的晚年生活，再加上他们对外面世界了解的意愿，对旅游的需求较大；中年阶层，虽然有一定的工作和生活压力，但更加需要释放压力，放松心情，加上他们有一定的经济基础，因此，对旅游的需求也较大；青年阶层，由于刚踏入社会，迫切希望对外面的世界有更多的探索，因此，青年阶层构成了旅游业的主力军。

8.3.1.2 市场定位分析

对于旅游行业而言，由于划分要素的不同，旅游类型可以划分为多种方式，本教材根据旅游者的购买动机将旅游业市场划分探亲访友型、观光游览型、度假休闲型、商务/出差型、健康医疗型和其他类型六种旅游类型。

（1）探亲访友型。

①特点：客源地与旅游目的地之间存在特殊关系，旅游者的目的性较强；旅游住宿大多由亲朋好友等安排，对住宿需求较低；旅游整体花费较低；行程安排一般比较随意。

②市场定位：提供便利的交通服务。

随着交通方式的日益便捷，探亲访友型的旅游方式也越来越受到人们的青睐。对于拥有一定旅游资源的地区，应充分把握机会，区分目标客户群，做好宣传，为其提供便捷的交通服务。

（2）观光游览型。

①特点：观光游览型旅游是最常见、最基本的旅游类型；旅游者常选择有较高知名度的地方旅游，近年来也出现了许多“网红”打卡旅游景点；客户群体比较广泛；旅游者的流动性较大，在旅游地停留的时间一般不会太长；旅游者对价格比较

敏感，在旅游地消费量不大，若与其他类型旅游结合会产生综合效果；受当地旅游景观和气候环境的影响较大，淡季和旺季区分明显。

②市场定位：提供基本景区服务。

观光型旅游对于游客的吸引有一定优势，适用于旅游产业的开发起步阶段。由于自身的缺陷，观光型旅游多数不适合作为主导旅游市场定位，即使是对于那些具有得天独厚旅游观光资源的地区，这些资源可以充分利用，但不可过度依靠。在观光旅游的基础上打开市场后，应积极探索旅游市场的深度开发。

（3）度假休闲型。

①特点：为避寒避暑或放松心情而选择，会在目的地逗留一定天数；一般会提前做好出行计划；能够接受不同等级的旅游服务质量水平；价格弹性较高。

②市场定位：提供全程性服务。

当前，我国旅游业正由单一观光型向观光和度假休闲并重的复合型转变。2020年文化和旅游部印发的《国家级旅游度假区管理办法》提出通过多种渠道和方式，对国家级旅游度假区加强旅游基础设施建设、旅游公共服务、品牌建设和形象推广等予以支持；鼓励地方在土地使用、金融支持、人才引进、宣传推广等方面提供支持与服务，营造良好的发展环境。这些都为休闲度假型旅游的发展提供了保障。

针对这部分市场，我们应为其提供全程性服务，积极促进其发展。

（4）商务/出差型。

①特点：主要形式有商务旅游、会议组织、奖励旅游和企业团建等，旅游地点一般选择在旅游胜地或风景文化名城；目的地明确，费用由单位承担，对价格不太敏感，价格弹性较低；旅游的季节性较小，目的地的选择和出行时间的选择余地较小；对饭店的服务质量、设施条件和地理位置要求较高；在目的地停留天数较少。

②市场定位：提供高质量的住宿和餐饮服务。

这种旅游方式一般不会借助旅行社或旅游组织，目的性较强，且出行时间有限，但一般会对住宿、会务和相应的餐饮等提出较高的要求。针对这部分顾客群体应为其提供高质量的服务，提高满意度，建立顾客忠诚度。

（5）健康医疗型。

①特点：目的地明确，通常选择气候适宜、空气清新、远离噪声的地方；以中高档消费水平的中老年人居多，多以休闲康养为目的；对旅游资源的质量要求较高；对旅游地的设施有较高的要求。

②市场定位。提供高质量旅游资源。

这是一种新型的旅游方式，随着人们经济生活水平的提高，健康医疗式的旅游已经不仅仅是老年人的权利，对于其他年龄段的人们来说，也是一种不错的选择。这种旅游方式对景区的硬件设施要求较高，同时，也对景区的景观有一定要求，因此提供高质量的旅游资源，以吸引更多的旅游者。

（6）其他类型：随着旅游市场的发展及人们生活水平的提高，人们的旅游需求更加多样化、个性化，从传统的“吃住行游购娱”的旅游模式，向追求精神文化需求的“文化＋旅游”模式转变。这种深度参与其中并充分感受当地文化内涵的旅游方式，正逐渐成为一种新的旅游时尚。

“文化 + 旅游”的旅游产品形态越来越丰富，成为满足人们旅游需求的新热点。体验不同的民俗文化、增长个人见识、品味特色人生，成为越来越多旅游者的主要目的。同时，人们多样化的精神文化需求，成为“旅游 + 文化”这种旅游产品发展的可靠保障，给文旅融合市场带来广阔的发展空间。

旅游业发展的市场定位是动态的、变化的过程，从长远来看，旅游业的发展既要有延续性，又不能一成不变。在确保旅游业健康发展的前提下，充分利用已有资源、市场优势不断寻求新的旅游项目，如生态旅游、红色旅游、文化旅游、海洋旅游等，以促进旅游产业的可持续发展。

8.3.1.3　可行性分析

旅游业有“永远的朝阳产业”的美称。近年来我国旅游经济总体上平稳运行，投资持续增长。同时，随着国民收入水平的不断提高，人们对旅游消费的需求进一步上升，但目前我国旅游业的发展水平在广度和深度上都无法满足人们的需求。

旅游业作为经济发展的支柱性产业之一，对社会经济的拉动作用显著增加。中国旅游产业对国民经济综合贡献超过 10%，高于世界平均水平。“十三五”以来，旅游业与其他产业跨界融合、协同发展，产业规模持续扩大，新业态不断涌现，旅游业对经济平稳健康发展的综合带动作用更加凸显，“十三五”期间年人均出游超过 4 次。

（1）市场可行性分析。根据国内旅游抽样调查统计结果，近五年来国内旅游态势发展良好，虽然近几年由于新冠疫情的影响，国内旅游业受到一定程度的影响，但整体来看，旅游业仍具备较大发展潜力。

根据文化和旅游部官网数据统计：2017 ~ 2019 年我国国内旅游总人次从 50.01 亿人次上升到 60.06 亿人次，国内旅游收入从 45 661 亿元上升到 57 251 亿元，人均每次出游消费由 913.04 元上升到 953.23 元；2020 年受新冠疫情影响，国内旅游人次、收入、人均消费指标都有所下降，如表 8 - 3 所示。但从未来发展趋势分析，各项指标整体还是呈现了上升态势，尤其是人均消费水平，疫情时间仍然保持了强劲的上升趋势。

表 8 - 3　　2017 ~ 2021 年国内旅游情况统计

年份	国内旅游人次（亿人次）	国内旅游收入（亿元）	人均每次出游消费（元）
2017	50.01	45 661	913.04
2018	55.39	51 278	925.76
2019	60.06	57 251	953.23
2020	28.79	22 300	774.14
2021	32.46	29 200	899.28

（2）政策支持。国家对旅游产业的发展持支持的态度，并颁布了一系列的相关

政策，鼓励其发展。

2022 年 1 月，国务院印发《"十四五"旅游业发展规划》（以下简称《规划》），提出在新冠疫情防控常态化条件下创新提升国内旅游，在国际疫情得到有效控制前提下分别有序促进入境旅游、稳步发展出境旅游，着力推动文化和旅游深度融合，着力完善现代旅游业体系，加快旅游强国建设，努力实现旅游业更高质量、更有效率、更加公平、更可持续、更为安全的发展。

《规划》提出发展目标，到 2025 年，旅游业发展水平不断提升，现代旅游业体系更加健全，旅游有效供给、优质供给、弹性供给更为丰富，大众旅游消费需求得到更好满足。国内旅游蓬勃发展，出入境旅游有序推进，旅游业国际影响力、竞争力明显增强，旅游强国建设取得重大进展。

2022 年 7 月，经国务院同意，国家发改委、文化和旅游部联合印发《国民旅游休闲发展纲要（2022－2030 年）》，旨在进一步优化我国旅游休闲环境，完善相关公共服务体系，提升产品和服务质量，丰富旅游休闲内涵，促进相关业态融合。

2022 年 7 月，中国人民银行、文化和旅游部联合印发《关于金融支持文化和旅游行业恢复发展的通知》，强调要切实改善对文化和旅游企业的金融服务，稳定从业人员队伍。这为促进文化和旅游行业尽快恢复发展吃下了定心丸、注入了强心剂。

2022 年 8 月，文化和旅游部发布《关于加强行业监管进一步规范旅游市场秩序的通知》，要求各地要以保障游客合法权益为目标，严格规范旅游市场秩序；以提升服务质量为根本，规范导游执业行为；以整治"不合理低价游"为重点，加大综合执法力度；以落实旅行社新冠疫情防控指南为基础，加强疫情防控和安全管理。

8.3.1.4 风险分析

旅游业的风险种类划分为以下四类。

（1）经济风险。经济风险主要体现在旅游工程的投资过程中，由于社会经济因素而导致的项目工期延长或成本费用增加的风险。受经济发展的波动、宏观经济环境影响、旅游项目投资过程中软硬件环境的变化及项目融资难易程度变化等因素的影响，旅游业投资的经济风险和防范难度增加。

（2）生态风险。生态风险主要体现在景区污水处理、生态环境破坏、景观损毁等方面。旅游景区的污水处理系统不完善，影响了景区的水质，对当地的生态环境造成污染。在一些自然保护区，由于缺乏统一管理，存在乱停车辆、乱搭帐篷、随意丢弃垃圾等现象，对景区环境造成污染。另外，一些景区修建的索道、人工景点，砍伐大量树木，造成水土流失。在一些风景名胜区，盲目修建酒店、商店等现代化建筑，严重改变了当地的自然面貌，破坏了旅游资源。

（3）经营风险。旅游行业开发前期投入较多，如果向社会提供的旅游产品和服务不被消费者接受，会使企业的经营陷入困境。另外，如果对市场竞争缺乏准确判断，产品定位不清晰或者不能准确预测旅游市场的发展动态，导致旅游产品或服务无法适应市场，也会让企业陷入困境。

（4）其他风险。其他风险如突发的地震、泥石流等自然灾害，突发性的公共卫生事件等，这些对旅游产业的基础设施和正常发展秩序都会造成不同程度的破坏，进而损失一定的客源。另外，基础设施的修缮与重建、旅游秩序的维护等也会耗费大量的人力、物力和财力，为旅游业的恢复发展带来经济压力。

8.3.2　旅游行业创业项目的策划

8.3.2.1　项目设计

（1）项目设计方向。旅游项目设计的主要目的是让旅游者获得满足感，同时对当地和其他地区的居民形成一定的吸引力。根据不同的旅游项目，设计方向可以从以下方面进行：

观赏性项目——以自然景观和人文景观为对象，向旅游者提供各种观赏性活动。

娱乐性项目——以各种游乐设施为吸引要素，向旅游者提供各种娱乐性活动。

活动性项目——以各种会议、展览、商务活动需要为吸引要素，向特定旅游者提供各种服务活动。

休闲性项目——以各种休闲设施为吸引要素，向旅游者提供业余时间活动场所或服务项目。

（2）项目设计要素。

①明确的目标和主题；

②项目完成时间表；

③项目的市场目标及目标实现路径；

④项目的功能；

⑤项目实施内容；

⑥项目实施保障；

⑦项目评价标准。

8.3.2.2　产品设计

（1）设计原则。

①艺术完美—形式与主题契合，色彩与形式协调统一，灵活运用装饰手法；

②工艺精良—精雕细琢，精益求精，以“工匠精神”打造产品；

③实用多能—功能齐全，一物多用，体现功能多样化；

④原创环保—突出原创，节约资源，无污染；

⑤多元创新—追求创新，彰显个性；

⑥纪念时尚—有纪念意义，追求时尚；

⑦体现地域特点—结合当地的历史遗迹、古建筑、气候特征、地貌特征、生物种类等，体现地域文化特点；

⑧反映民族风貌—结合民族的本土建筑、特色服饰、宗教信仰、传统节日、饮食娱乐等，体现民族文化特色。

（2）设计流程。

①调研分析。调研当地的民间风俗、历史文化、名胜古迹、故事传说，分析如何充分利用当地的材料和民间工艺技术，结合独特的地域审美，进行有创意的设计。

②定位思考。确定产品设计理念、表现形式、材质的选择，重视产品的附加值，体现旅游者的体验过程及对此的记忆珍藏。

③表现形式。陶瓷工艺品、特种金属工艺品、玻璃工艺品、编织工艺品、刺绣和印染工艺品、泥塑工艺品、竹木工艺品、雕刻工艺品、书画工艺品等。

④制作规范。尺寸规范、材质规范、形质规范、包装规范。

8.3.2.3 经营模式设计

（1）自营式。

①掌握经营权和管理权。

②适用对象：成熟型或正步入成熟型的旅游景区；旅游景区拥有专业的运营团队和管理机制；某些政府所有权下的旅游景区。

③特点：一是经营主体是景区管理机构。景区的所有权与经营权、开发权与保护权互不分离。经营总体上以市场为导向，以谋求发展为主要目标。二是增强管理人员对景区的认同感、归属感。

（2）全面托管或部分托管。

①特点：一是全面托管—将景区的经营管理权限全部委托给托管方，自己主要起协助和监督作用。适应于经营不景气，管理较混乱，目前盈利能力较差但发展前景较好的景区。二是部分托管—将景区中某一个环节或部分经营项目委托给其他单位经营，如景区内部管理、市场营销、景区中某一个或几个经营性项目等。适应于整体经营状况良好，但某些方面或某些项目因为人才资源等原因存在问题的景区。

②适用对象：经营恶化、挽救乏术、濒于倒闭的旅游景区；暂时能够维持运转但已明显感到经营管理力不从心的旅游景区；旅游景区重组存在体制性障碍；旅游景区重组存在资金投入过大的障碍；所有方未明确目标景区的未来前景，抑或本不想购买目标景区原始产权时。

③顾问委托。在不改变景区所有权的基础上，通过专业化景区管理运作，进行智力注入，为景区管理提供管理思路、营销技巧、员工培训、理顺管理等，实现景区全面增值。

适用对象：新景区；景区重组时资金投入过大，存在一定经营风险；无法确定目标景区的前景，未来堪忧；靠自身的力量难以改变自身经营不善的局面；整体经营状况良好，但缺乏专项人才。

特点：所有权与经营权不分离，提高资产运营效率，有利于资源的调动和旅游景区的整改，并有利于景区的中长期发展。是景区引入有效的经营机制、科学的管理手段、成熟品牌等的便利模式，是降低管理成本、提高资本质量的重要途径。

8.3.2.4 盈利模式设计

（1）提供初级体验的机会出让，比如出售门票；

（2）提供有助于丰富体验的相关服务，比如提供餐饮、住宿、活动组织服务；

（3）出让围绕旅游者和潜在旅游者的消费能力所带来的可能的收益机会，比如旅游景区内的招商、赞助；

（4）获取资本投入后在旅游项目所在地溢价收益的其他商业开发，比如景区、旅游目的地的房地产开发、娱乐项目开发；

（5）出让或出售具备知识产权特点的商品，比如玩具、旅游工艺品、纪念品等；

（6）提供保证旅游景点景区内居民可以市场化的公共服务，比如供水、供电、供餐等。

旅游项目的盈利方式实质是：首先，通过整合旅游景点内的旅游资源，为游客提供相应的服务获得收益是盈利的第一层次；其次，出让伴随旅游者到来可能出现的商业机会；最后，对旅游开发中的资本投入所带来的经济溢出进行的辅助开发或者服务提供。旅游开发项目的盈利模式就是这六种盈利方式的混合，而游客以及潜在游客的消费能力才是能否获取资本投入溢价的关键。

8.3.3 旅游行业创业项目的执行

8.3.3.1 准备项目申报材料

材料申报阶段要求做到：项目建设符合国家产业政策，具有前瞻性；项目设施对环境的影响经评价分析是可行的；根据项目财务评价分析，项目经济效益良好，在财务方面可行。从以下方面准备申报材料。

（1）市场分析报告。对行业市场规模、市场竞争、区域市场、市场走势及潜在市场等调查资料进行分析。通过行业市场调研和供求预测，结合行业产品的市场环境、竞争力和竞争者的情况，分析、判断行业的产品在限定时间内是否有市场，以及采取怎样的营销战略来实现销售目标或采用怎样的投资策略进入市场。

（2）项目概述。对项目进行全方位介绍。内容包含项目名称及项目单位、项目建设地点、可行性研究、项目编制依据和技术原则、项目建设背景和规模、项目建设进度、项目所需原辅材料及设备准备、当地环境对项目的影响、建设投资估算、项目主要技术经济指标、项目建设主要结论及建议。

（3）项目建设背景及必要性分析。结合项目市场细分对消费者需求进行详细分析，项目建设对当地的贡献，项目实施的必要性。

（4）公司基本情况。对公司的基本情况进行详细描述。内容包含公司基本信息、公司简介、公司竞争优势、公司主要财务数据、公司核心成员介绍、公司经营宗旨和公司发展规划等。

（5）产品方案与建设规划。产品建设规模、产品规划方案及主要设计内容。

（6）选址方案。选址方案内容包含项目选址原则、建设地区基本情况、持续优化营商环境。

（7）SOWT 分析说明。SOWT 分析说明应对项目的各项指标项目详细阐述：优势分析（S）、劣势分析（W）、机会分析（O）、威胁分析（T）。

（8）发展规划。对公司的发展规划和发展思路分别进行分析阐述。

（9）工艺技术设计及设备选型方案。内容包含：企业技术研发分析、项目技术工艺分析、产品质量管理、设备选型方案。

（10）环保方案。任何创业必须结合环保进行项目分析：编制依据、环境影响合理性分析、建设期对大气环境的影响分析、建设期固体废弃物环境影响分析、建设期声环境影响分析、清洁生产、环境管理分析、环境影响结论、环境影响建议。

（11）项目规划进度。项目进度安排、项目实施保障。对项目进度安排进行整体描述，可附项目实施进度一览表。

（12）项目投资分析。对项目投资进行细化分析，内容包含投资估算依据及说明、建设投资估算、建设期利息、流动资金、总投资、资金筹措与投资计划。此项内容对各类估算要有估算明细，增加相关附表：建设投资估算表、流动资金估算表、总投资构成一览表、项目投资计划及资金筹措一览表。

（13）经济效益。经济效益内容包含基本假设及基础参数选取、经济评价财务测算、项目盈利能力分析、财务生存能力分析、偿债能力分析、经济评价结论。结合上述内容附加详细估算表格：营业收入、税金及附加和增值税估算表、综合总成本费用估算表、利润及利润分配表、项目投资现金流量表、借款还本付息计划表。

（14）风险分析。对项目实施前后的各类风险进行评估、预测，并做好应对策略。内容包含项目风险分析、项目风险应对策略。

（15）项目综合评价。结合以上分析对项目实施进行全方位综合评价。

8.3.3.2 结对创业导师

（1）创业导师的定义。创业导师是指创业企业聘请社会上的行业专家、成功人士、学者担任的本企业设立与发展过程中的顾问，是帮助青年创业就业，指导就业上岗的人物。

创业导师通过各种思路引导，多种正规渠道来帮助创业者实现创业和就业，是创业者、青年人的导师和朋友。

（2）创业导师的类型。大学生创业导师与创业大学生结对遵循双向选择、自愿结对的原则。主要有以下四种类型。

①观念引导类。主要是宣传创业就业政策和正确的就业创业观念，引导树立积极的就业观，坚定创业信心。

②政策指导类。主要是为有志创业者提供创业指导和有关法律、法规等方面的援助，提高创业本领，规避创业风险，增强创业就业实效。

③技能辅导类。主要是结合自身工作实际提供技术和就业创业知识咨询与培

训等。

④典型带动类。主要是通过自身创业经验和企业实力为创业提供智力或物力支持，为其就业提供岗位。

（3）既有模式。

①社会职业孵化器模式。创业导师 + 专业孵化 + 天使投资的孵育模式。创业导师除了必要的入驻程序审核代办以及物业支持外，主要还从围绕服务对象的以下几个方面下功夫：指导初创企业撰写商业计划书；指导企业申请各类国家、省、市对高新技术产品的资金支持；帮助企业打通进入中小企业产品政府采购目录和市场开拓；帮助企业靠近行业龙头和找到行业归属，关注行业技术发展方向；指导企业产品的主营收入中高新技术产品销售比重符合国家政策约定，以便及时兑现优惠；提供企业管理和企业运营等方面的咨询。实际上企业的成长，主要体现在产品、项目的运作的成功，在建设中提高自己的服务能力或水平，主要体现在对项目推进和管理。此项工作的好坏与快捷将直接影响到帮助企业能否走向成功具有重要作用。

②高校创业导师模式。创业导师组成及聘任：创业咨询阶段导师主要是从学校相关学院和部门的教师中选聘；创业实践阶段导师主要从中小型企业的企业主中选聘；创业服务阶段的导师主要从劳动、工商、税务、财政、物价等部门专家中选聘。

创业导师与创业大学生结对后，要填写大学生创业指导意向书，以便于创业中心掌握情况，跟踪服务。

创业导师的聘任主要通过自荐、推荐、邀请的方式进行。选聘大学生创业导师由大学生创业中心主要负责部门认定和发放聘书，日常管理工作由大学生创业中心大学生创业服务部门进行。

创业导师入选标准：有创业经验并有企业实体或常年从事创业指导工作的专家，热心社会事业、具有奉献精神，有责任感、使命感以及一定理论基础。认同创业精神及创业者价值，并愿意贡献时间、精力、智慧和经验，对自己的过程和成功潜意识充满反哺愿望，提携和帮助创业者，自愿帮助和扶持大学生创业。包括：成功的创业者；专业服务机构工作人员和行业专家；大学中长期从事大学生创业辅导的专家。

创业导师的工作内容、方式和计划：

创业导师在大学生创业各阶段进行分类指导。主要工作任务是：引导大学生树立创业理念，开展创业培训，指导创业实践，并为其提供创业服务，对聚集的共性创业智慧和经验进行整理和传播，对创业环境建设和政府政策导向提出建议和意见。其中，创业实践主要依托创业指导基地进行。创业导师的指导方式：

一是一对一辅导。每位创业导师至少选择 1 ~ 3 个创业团队作为帮扶对象，进行一对一辅导。根据大学生在创业中遇到的问题，由创业导师进行针对性指导。

二是专题咨询指导。定期组织相关领域的创业导师对企业出现的疑难问题进行集体会诊。

三是定期培训指导。针对大学生创业者中比较集中、带有普遍性的问题，由专家定期给予授课指导。

四是全程陪伴辅导。根据大学生创业的不同特点，由创业导师跟踪其创业过程，进行全程指导。

8.3.3.3 选择融资方式

（1）选择融资方式。融资方式是筹措资金采取的具体形式。我国企业的融资方式如下。

①吸收直接投资。企业以协议等形式吸收国家、其他单位、民间或外商直接投入资金，并由此形成企业全部或部分资本金的融资方式。它是非股份有限公司筹措资本金的基本方式。融资规模可大可小。

②发行企业股票。发行企业股票是股份有限公司筹措自有资金的基本方式。与吸收直接投资相比，股份有限公司可以将其所需筹集的自有资金划分为较小的计价单位（如1元、10元等面值的股票），符合上市条件的股票还可以在证券市场上流通转让，这就为社会上不同层次的投资者进行投资提供了方便。目前，成立股份有限公司不是很难，只要符合股份有限公司登记条件即可，但要运作股票上市有一定难度，也需要时间。

③银行贷款。银行贷款分长期贷款和短期贷款、人民币贷款和外币贷款、固定资产贷款和流动资金贷款等。它是企业取得借入资金的主要方式，一般适合中大规模的融资。

④发行企业债券。企业债券分为长期债券和短期债券。同银行借款相比，它可以向企业、社会团队和个人发行，符合条件者可以在金融市场上流通转让。但获得发行债券资格并不容易，需要证券监管部门的审批，适合较大规模的融资。

⑤融资租赁。融资租赁是指由租赁公司按照企业要求购买设备，并在合同规定的较长期限内提供给企业使用的信用性业务。这是企业介入资金的又一种形式，主要适用于需要购买大型设备而又缺乏资金的企业。

⑥商业信用。商业信用是指企业在商品购销活动中因延期付款或预付货款所发生的借贷关系。延期付款（如应付账款和应付票据）同预收账款都是在商品交易中因发货或预付款在时间上的差异而产生的信用行为，从而为企业提供了筹集短期资金的机会。创业者应善于利用这样的机会筹集并扩大可不断周转的短期资金。

⑦民间贷款。民间贷款是向非金融机构的民间资金取得借入资金的一种重要方式。同银行贷款相比，民间贷款更加灵活便捷，但筹资成本可能较高，适合中小规模的融资。能否获得借款，主要看自己的社会关系及口碑信用。

（2）选择融资方式应考虑的因素。

①融资成本。在一个成熟的资本市场中，融资成本是决定企业融资与否及采取何种融资方式的首要因素。不同的融资方式，融资成本差别很大。即便使用自筹资金，表面上看不用支付任何费用，但自筹资金存在着进行其他投资选择、获取相应收益的机会，因而其机会成本就是使用成本。银行借款的主要成本是贷款利息。贷款利息属于费用支出，可在税前支付，也可减轻企业所得税，其融资成本相对较低。创业者应根据自身对资金的需求量，按成本最小化原则选择融资方式。

②融资期限。权益性融资一般没有固定偿还日期，它是终身投资，能满足企业

长期资金需求。而债务性融资通常有一定的期限限制，到期后，借款人需要还本付息，创业者可根据自己对资金期限的实际需求来选择融资类型，或者选择综合的融资组合。

③融资风险。这里的融资风险是从资金使用者角度考虑的，是指使用不同来源的资金可能会让使用者承担的损失。债务性融资风险一般高于权益性融资。首先，债务性融资到期后，企业必须全额偿还本息，经营不善时，企业容易引发财务危机或破产风险；而权益性融资可长久使用，企业无须偿还。其次，债务性融资成本具有刚性，利息将成为企业经营困境时的一个沉重负担；而权益性融资是利润共享，损失共担，企业即使陷入困境也没有付息压力。另外，自筹资金由于不存在支付风险，因而有最低风险的特征。

④资金使用自由度。自筹资金归创业者自由支配，在所有资金来源中自由度最高。民间资本的借出者关注的是资金的归还，不关注资金的使用过程，因此，企业的自由支配度也很高。证券融资的自由度也较高，在实际操作中，企业可随时更改资金投向。银行贷款的资金使用自由程度相对较低，贷款协议中一般对资金的使用方向有明确规定，并附有处罚条款；对大笔借贷或经常性贷款，企业资金的使用过程还有受债权人的监督。与权益性融资相比，债务性融资还要受到还款期的限制，不能进行超过还款期限的长期项目投资，使用自由度相对较低。

⑤资金到位率。在所有的融资方式中，自筹资金的到位率最高。而民间资本一旦借贷协议达成，到位也非常迅速。银行借贷资金中，特别是在我国资本市场尚未成熟的情况下，长期、分期投入的资金到位率由于种种原因一般都不高。

⑥投资者对企业控制权的影响。自筹资金是创业者自己的资金，所以对企业的控制权没有影响。债务性融资由于债权人无法参与公司的管理决策，从而可保障股东对公司的控制权。相比之下，权益性融资尤其是股权融资将稀释公司股权，从而引起公司控股权、控制权、收益分配权和资产所有权等权利的分散。创业者在选择融资方式时，应尽量避免对企业控制权的丧失。

⑦其他因素。创业者在选择合适的融资方式时，还要考虑一些其他影响因素，包括企业的目标资本结构、对经营者的激励机制、融资的广告效应、企业的经营风格、投资者的投资风格、企业预期盈利情况、预期投资需求量、市场变化和国家政策等。投资者应综合考虑自身状况，充分考虑可能会影响融资效果和企业经营发展的各种因素，选择一种或几种合理的融资组合。

8.3.3.4　组建团队与培训

（1）创业团队的构成。狭义的创业团队是指有着共同目的、共享创业收益、共担创业风险的一群创建新企业的人，即初始合伙人团队。广义的创业团队不仅包括狭义的创业团队，还包括与创业过程有关的各种利益相关者，如风险投资家、专家顾问等。

①初始合伙人团队。初始合伙人团队由在创业初期就投资并参与创业行动的多个个体组成。他们的知识、技术和经验往往是企业最有价值的资源。人们常通过评

价初始合伙人团队的素质来预期企业未来发展的前景。这些素质特征包含：

一是受教育程度。受教育程度较高的初始合伙人团队往往具备与创业有关的重要技能，在研究能力、洞察力、创新创造能力和计算机应用技术等方面的表现略胜一筹，而这些素质是创业成功的关键性因素。

二是前期创业经历。有创业经历的初始合伙人团队，熟悉创业过程，无论曾经创业成功与否，都会为新创企业成功经营提供有利因素。可以有效规避导致失败的错误。

三是相关产业经验。初始合伙人团队拥有的相关产业经验，有利于更为敏锐地理解相关产业发展趋势，可以更加迅速地开拓市场、开发新产品。

四是社会关系网络。初始创业应善于利用和开发社会网络关系，构建并维持与兴趣类似者或能为企业带来竞争优势者的良好人际关系，这种关系也是创业者社会资本的体现。

②董事会。如果新创企业为公司制企业，就需要按规定成立董事会。董事会可以帮助新创企业形成良好的开端和持久的竞争优势。

一是提供指导。企业挑选的董事会成员要有能力、有经验，愿意给予建议并提出有洞察力和深入性的问题。企业应有目的的选择外部董事，以填补企业管理者和其他董事在经验和背景方面的空缺。

二是增加资信。具有较高知名度和地位的董事会成员能为企业带来即时资信。一般认为，高素质的人不会愿意在低水平的企业董事会任职，对自己的名誉和声望有影响。因此，当高素质的人同意在企业董事会任职时，他们本质上是在“发信号”，即该公司可能成功。

③专家顾问。专家顾问常常会成为创业团队的重要组成部分，在外围发挥重要作用。

一是顾问委员会。顾问委员会是企业管理者在经营过程中向其咨询并能得到建议的专家小组。顾问委员会对企业只提供布局约束性的建议，不承担法定责任。

二是贷款方和投资者。贷款方和投资者会为企业提供有用的指导和资信，并保证发挥其基本的财务监管作用。也会积极帮助企业增加新价值，如识别和招募核心管理人员、洞察企业进入的行业和市场、帮助企业完善商业模式等。

三是咨询师。咨询师是提供专业或专门建议的个人。当新企业需要获得诸如专利、安全规章等复杂问题的建议时，咨询师的作用不会太大。但是，当企业的咨询师以企业的名义开展可行性分析研究或行业深入分析时，咨询师的作用就很关键，因为这些活动花费的时间较多，无法让董事会或顾问委员会承担。

（2）创业团队的组建方法。

①寻找合适的合作伙伴。创业过程中，大多数人都无法做到样样精通，需要寻找合适的合伙人，但是合作伙伴的选择关系到企业的发展前途，因而要慎重考虑。

一是考虑自己是否真的需要合伙人。首先确定自己要寻找的合伙人是精神上的支持，还是填补自己在知识和技能上的漏洞。其次要对所选的合伙人有进一步的了解。

二是找出合伙人必须具备的才能及长处。合作伙伴应该具备过硬的创业素质，拥有充足的技术条件或资金实力，必须具备正直的人格品质，具有适合项目发展的优势，以便于企业的发展。

三是确定与合伙人的奋斗目标相同。对于未来的事业，合伙人应该有相同的预期，有明确的，共同的奋斗目标。

②制造核心人物。核心人物凭借其人格魅力和个人威严当选，在团队中起主导作用，能及时协调团队成员之间的分歧，增强团队的凝聚力和向心力。对一些重大决策能够快速作出决定并付诸实施。时刻保持“以企业为重”的意识。

③组建优势互补的团队。建立优势互补、专业能力完美搭配的“异质性”创业团队是保持创业团队稳定的关键，也是企业发展壮大的核心要素。

（3）创业团队的组建程序。

①明确创业目标。确定创业团队的总目标：完成创业阶段的技术、市场、规划、组织、管理等各项准备工作，实现企业从无到有、从起步到成熟的前期准备。将总目标分解为若干可行的、阶段性的子目标。

②制定创业计划。创业计划是在对创业目标进行具体分解的基础上，以团队为整体来考虑的计划，创业计划确定了在不同的创业阶段需要完成的阶段性任务，通过逐步实现这些阶段性目标最终实现创业目标。

③招募合适的人员。成员的招募主要考虑两个方面因素：一是互补性，要与其他团队成员在能力或技术上形成互补。一般而言，创业团队至少需要有管理、技术和营销三个方面的人才。只有这三个方面的人才形成良好的沟通协作关系后，创业团队才可能达到稳定高效。二是规模适度，适度的团队规模是保证团队高效运转的重要条件。团队成员太少则无法实现团队的功能和优势，而过多又可能会产生交流障碍，进而削弱团队凝聚力。一般认为，创业团队的规模控制在 2 ~ 12 人之间最佳。

④职权划分。根据执行创业计划的需要，具体确定每位团队成员所要担负的职责及所应享有的权限。团队成员之间职权的划分必须明确，既要避免职权的重叠和交叉，又要避免无人承担造成工作上的疏漏。另外，由于还处于创业过程中，创业环境又动态多变，不断会出现新的问题，团队成员可能会不断更换，因此创业团队成员的职权也应根据需要不断调整。

⑤构建创业团队制度体系。一方面，建立各种约束制度，如纪律条例、组织条例、财务条例、保密条例等，对团队成员的行为进行有效约束，保证团队秩序的稳定。另一方面，创建各种激励制度，如利益分配方案、奖惩制度、考核标准等，让团队成员看到随着创业目标的实现，其自身利益将会得到怎样的改变，从而达到充分调动成员的积极性、最大限度发挥团队成员作用的目的。

另外需要注意，实现有效的激励必须把成员的收益模式界定清楚，尤其是关于股权、奖惩等与团队成员利益密切相关的事宜。创业团队的制度体系也应以规范化的书面形式确定下来，以免带来不必要的混乱。

⑥团队的调整融合。随着团队的发展运作，团队组建时在人员匹配、制度设计、职权划分等方面的不合理之处会逐渐暴露出来，这时就需要对团队进行调整融合。

由于问题的暴露需要一个过程，因此团队调整融合也应是一个动态持续的过程。在团队调整融合的过程中，要注意保证团队成员间经常进行有效沟通与协调，培养团队精神，提升团队士气。

（4）创业团队培训。创业团队培训内容包含：

①培育共同的企业价值观。团队成员在参加企业之前都有各自不同的价值观，会影响制度的执行。因此，企业要发展，需要有明确的价值观，团队成员要有共同的信念，并严格遵守这个信念。企业在其发展过程中，为了适应不断改变的各种环境，需要随时改变自己的一切，但是不能改变自己的信念，因此，团队成员之间必须树立共同的企业价值观。

②危机意识培训。危机意识是企业稳步发展的条件之一，许多知名企业领导者都时刻保持危机意识：微软总裁比尔·盖茨有一句名言“微软离破产永远只有 18 个月”；华为总裁任正非始终强调企业发展中要时刻存有危机意识。作为创业团队成员，只有自身树立危机意识，才能带领企业走得更远。

8.3.3.5 营销宣传与策划

旅游产品具有无法存储、不能试用的特点，而且旅游消费又是一种心理感受，这些特点决定了旅游业在市场上的主要表现形式为信息形态。旅游业的发展离不开强有力的宣传策划。

（1）与主流媒体合作。结合自身预算及影响力范围选择可以合作的主流媒体进行营销宣传：中央级主流媒体、省部级主流媒体、当地有影响力的主流媒体等。选择好媒体后需要确定播出时间和播出频率。

（2）组织旅游主题活动。结合不同的主题组织各类活动，如结合各节假日组织的主题活动，结合不同的目标群体组织的主题活动（亲子游活动、研学活动、观光游活动、摄影比赛等），结合当地的民俗文化特色组织的主题活动，结合当地的历史典故组织的活动等。通过各种活动加强宣传。

（3）加强区域旅游合作。与当地政府合作，结合区域宣传，做好旅游形象推广宣传。

借助旅行社进行推广，给予旅行社一定的优惠政策，与旅行社建立战略合作关系，全力发展各级各类市场。

（4）设计有创意的旅游宣传产品。结合当地文化特色，设计旅游宣传产品，融入个性设计，体现创新创意，从细节处吸引游客。

（5）加强新媒体宣传。一是建设属于自己的旅游宣传网站，对网站信息进行及时维护更新，丰富旅游项目内容和服务内容。开通游客体验反馈渠道，积极改进服务质量，提高服务水平。二是微信公众号营销，公众号及时推送各类旅游项目信息，进行特色景点、特色服务、特色美食等介绍。可推送游客体验相关内容，开展各类集“赞”活动，微信转发活动等，开发潜在客户。三是与当地旅游局合作，选择适宜的时间由旅游局组织邀请国内具有影响力的新闻媒体、国内各大旅游企业、摄影摄像创作者开展沟通交流活动，扩大宣传。

8.3.3.6　适时调整产品与服务

随着信息化网络时代的发展，互联网已成为人们日常生活的重要组成部分，越来越多的人通过互联网来选择旅游产品。因此，旅游业应适时调整自己的产品和服务，以适应网络时代的飞速发展。

（1）提供有针对性的旅游产品和服务。根据消费者的需求，为消费者提供相应的旅游产品与服务，保持价格的公平、公开，增加游客的体验感，及时与游客沟通，不断完善丰富旅游产品的种类，提升服务质量。以良好的口碑赢得顾客，同时开发潜在顾客。

（2）设计个性化的旅游产品和服务。打破同质化的旅游产品和服务竞争，创造个性化卖点，在产品与服务的设计方面结合地方特色打造个性化旅游产品和服务，满足不同层次不同类型游客的需求。

（3）构建在线分销体系，通过定期促销吸引客户。在“互联网 +”时代，越来越多的游客在出行之前，选择通过携程、飞猪等手机 App 来进行旅游产品和服务预订，特别是青年消费者往往会选择固定的平台预订，以此来累积积分，获取更多权益。同时，利用平台定期开展限时促销活动，也可以有效吸引消费者。因此，构建分销体系有利于旅游业的发展。

8.4　健康行业创业项目策划与执行

8.4.1　健康行业创业项目的背景分析

8.4.1.1　市场需求分析

随着经济社会的发展和人们生活水平的提高，人们越来越关注健康。健康既是人类永恒的主题，也是社会进步的主要标志，健康已经成为人们生活的基本目标。但是，近年来，人们的生活环境日益恶化，慢性病、恶性肿瘤发病率增高，老年病、肥胖症以及亚健康等人群的数量不断增加，人们的健康消费需求也发生了转变，健康养生意识逐渐提高，“治未病”成为人们关注的重点。人们的关注点从防治疾病转向了对自身健康水平与生命质量的关注，健康行业的发展潜力巨大。

8.4.1.2　市场定位分析

根据前期的市场调研与分析，确定项目的整体市场定位，明确目标客户群体，对目标客户群体进行分析。在市场定位和营销策划的总体思路下，提出产品规划设计的基本要求，确定符合市场需求和投资回报的产品设计方案、产品规划方案、产品设计理念，最终完成产品定位。包含项目总体市场定位和目标人群定位。

8.4.1.3 可行性分析

（1）人们对健康消费的需求持续增加。从第七次全国人口普查情况来看，我国60岁及以上人口为26 402万人，占18.70%（其中，65岁及以上人口为19 064万人，占13.50%）。人口老龄化程度进一步加深，人们对健康消费的需求持续释放。

根据前瞻产业研究院的《2020年中国大健康行业市场现状及发展趋势分析》，医疗健康市场规模由2015年的51 720亿元，上升至2019年的81 310亿元，2016年达到58 340亿元，2018年达到73 020亿元。[①] 国家统计局公布的数据显示，2021年我国人均医疗保健消费支出2 115元，增长14.8%，增速高于全国居民人均消费支出1.2个百分点，居民消费结构进一步改善。央行近日发布的《2022年第二季度城镇储户问卷调查报告》同样显示，问及未来3个月准备增加支出的项目时，居民选择比例最高的为教育；其次就是医疗保健，占27.4%，人们更愿意为健康付费。[②] 国务院印发《"健康中国2030"规划纲要》定下明确目标，到2030年健康服务业总规模将达到16万亿元。全民医保体系成熟定型。共建共享是建设健康中国的基本路径，全民健康是建设健康中国的根本目的。由此可知，健康产业正面临着蓬勃发展的良好契机。[③]

（2）政策支持。2017年，中共中央、国务院印发《"健康中国2030"规划纲要》，大力发展健康营养行业。

国务院提出"服务方式从以治病为中心转变为以人民健康为中心，建立健全健康教育体系，普及健康知识，引导群众建立正确健康观，加强早期干预，形成有利于健康的生活方式、生态环境和社会环境，延长健康寿命，为全方位全周期保障人民健康、建设健康中国奠定坚实基础。"

2019年7月15日，国务院发布《健康中国行动（2019－2030年）》，其中明确了健康中国行动的指导思想、基本原则和总体目标，从干预健康影响因素、维护全生命周期健康和防控重大疾病等三方面提出实施控烟、心理健康促进、健康环境促进、中小学生健康促进行动、全面健身、心脑血管疾病防治、癌症防治等15项行动。人民健康是民族昌盛和国家富强的主要标志，预防是最经济最有效的健康策略。

2020年，国家卫生健康委办公厅、国家中医药局办公室联合发布《关于加强全民健康信息标准化体系建设的意见》明确了促进全民健康信息基础设施标准化建设，加强全民健康信息数据库标准化体系建设，推进新兴技术应用标准化建设，加强网络安全标准化建设等重点任务。

"十四五"规划和2035年远景目标建议中提到，深化大健康理念，建立健康管理体系，实施影响群众健康突出问题攻坚行动，推进建设大健康产业基础。加快推

---

① 资料来源：2020年中国大健康行业市场现状及发展趋势分析 数字化技术行业变革［EB/OL］.（2020－12－17）［2023－09－14］. https：//bg. qianzhan. com/trends/detail/506/201217－8ee2a791. html.

② 健康消费助力消费升级［EB/OL］.（2022－08－29）［2023－09－14］. https：//www. ndrc. gov. cn/fggz/jyysr/jysrsbxf/202208/t20220829_1334208. html.

③ 中共中央 国务院印发《"健康中国2030"规划纲要》［EB/OL］.（2016－10－25）［2023－09－14］. https：//www. gov. cn/zhengce/2016－10/25/content_5124174. htm.

进全面健康信息平台建设和“互联网 + 医疗健康”发展。同时，我国重视以民为本，将民众始终放在工作中的首位。把保障人民健康放在优先发展的战略位置，坚持预防为主的方针，深入实施“健康中国”行动，完善国民健康促进政策，织牢国家公共卫生防护网，为人民提供全方位全生命期健康服务。

在政策红利不断释放的前提下，健康产业即将步入蓬勃发展时期，并且已经形成了新的经济增长点。与发达国家相比，我国的健康产业仍处于起步阶段，产业发展前景可期。

8.4.1.4　风险分析

虽然健康产业在我国发展迅速，但与发达国家相比，我国的健康产业发展仍然相对滞后。

（1）产品创新不足。很多产品集中在中低端市场，产品创新不足，缺乏高端产品的研发和相关服务平台。产品同质化严重，企业间的竞争以价格战为主。

（2）研发力量薄弱。企业规模较小，研发资金有限，研发力量薄弱。企业缺乏对竞争力产品、核心技术、健康服务、传播路径等的系统整合，无法通过提供完整的健康解决方案和成功的商业模式，达到消费者满意。

（3）产业法规、标准不完善。国家虽然已在大力提倡“治未病”，但缺乏强有力的“保障体系”，相关标准体系滞后。人们害怕得病，但又不愿意拿出额外的钱去预防，处于两难境地。

（4）由于医疗信任危机、食品安全等问题层出不穷、保健品过度宣传等原因，人们对健康产业及市场信心与信任不足。

8.4.2　健康行业创业项目的策划

8.4.2.1　项目设计

健康行业创业项目策划可以从以下几个方面考虑：

（1）以医疗服务机构为主体的医疗产业。

（2）以保健食品、健康产品产销为主体的保健品产业。

保健食品、健康产品的生产从源头上把关，严格质量管理，保证产品质量；产品的营销避免过度宣传，以过硬的质量和良好的口碑重塑保健品市场。

（3）以健康监测评估、咨询服务、调理康复为主体的健康管理服务产业。

8.4.2.2　产品设计

（1）移动医疗检查。移动医疗检查更注重消费者体验，为消费者提供上门服务，消费者在家中或单位即可享受相关服务，如疫苗注射、视力检测、听力测试、血糖测试等，也可提供预防性检查项目。

（2）中医养生。我国亚健康人群数量不断提升，三高发病年龄呈现低龄化趋势，中医养生符合中国国情，发展潜力巨大。

（3）体检中心。可以为消费者提供医疗咨询、健康保健、健康服务等项目。

（4）健康咨询。通过健康咨询的技术与方法，为求助者解除健康问题提供咨询服务。可以充分利用互联网技术，开发健康咨询 App 健康咨询网站，为消费者提供付费咨询。

（5）运动康复服务。随着全民健身的普及，人们开始关注科学运动，运动康复服务为广大运动爱好者提供康复指导及服务。

（6）老年人健康服务。我国已经进入老龄化社会，老年人的健康问题日益突出。而专门为老年人量身定做的健康服务，将是极具发展潜力的产业。

（7）健康干预服务。利用健康检测的各项指标为客户进行专业评估，打造科学可行的健康干预方案。

（8）项目拓展培训。针对不同的客户群体，结合其年龄结构等提供科学的健身锻炼及体育锻炼技能知识。

（9）非营利性服务。可以不定期举办一些不以营利为目的的健身宣传、健康测评等公益活动，也可以进行一些食疗养生等的知识讲授，还可以组织一些与健康相关的竞赛活动，以提升企业知名度，吸引一些潜在消费者群体。

8.4.2.3 经营模式设计

企业的经营模式可以从以下方面选择。

（1）单一产业经营模式。以提供单一的健康项目或单一的健康服务与产品为主的健康产业经营模式。如运动康复服务、运动康复指导、健康干预服务等。

（2）综合型产业经营模式。综合型健康产业经营模式是同时提供多种健康服务或产品的经营模式。如体检与健康咨询结合、体检与运动训练结合、健康咨询与健康干预结合等。

8.4.2.4 盈利模式设计

（1）大健康项目智能硬件（数据采集设备）合作改造、开发的技术投入及市场的厂家返利、让利。

（2）健康、安全大数据的收集、分析、整理、反馈及服务管理工作收费。

（3）健康、康复性中药、保健食品及相关用品协助推广的厂家返点。

（4）与其他行业、产业融合性、交织性活动收益。

（5）运营商专用通信数据传输合作让利。

8.4.3 健康行业创业项目的执行

8.4.3.1 项目规划，前期选址装修

健康行业项目规划及前期的选址装修可从以下方面进行：

（1）做好项目市场调研。

①对于项目所在地区的区域经济与综合资源进行调研，结合实际情况做好项目前期规划。

②对当地的人口分布情况进行调研，从年龄、文化、平均收入、健康状况等方面进行调研，为市场细分做好准备。

③对当地的健康行业项目分布情况进行调研，详细了解竞争对手的地理位置分布情况、各自优势项目、各自的特色项目等，合理规划项目的选址及特色项目。

（2）分析和划分项目实施试点地区，结合调研情况进行市场细分。

（3）根据调研数据确定项目实施针对的人群，确定目标市场。

（4）确定项目实施的具体区域或地区，确定细分市场。

（5）门店装修结合健康行业相关特点，以简洁、卫生为主，突出特色。

8.4.3.2　员工招聘

（1）结合企业发展战略进行岗位设置，提出人员配置计划。

（2）结合产业项目设置招聘健康行业专业人才。

（3）普通员工招聘重点关注专业匹配度及人才的可塑性。

（4）管理层员工招聘重点关注健康行业的经验及领导能力。

8.4.3.3　员工培训

（1）培训内容。

①常识性培训。企业管理理念、组织架构、发展前景、产品与市场状况、相关制度及职业道德等，让员工全面了解企业，激发使命感。

②专业性培训。部门结构、部门职责、管理规范、健康行业专业技能培训等，让员工明确职业发展方向。

（2）培训注意事项。

①结合企业自身情况和员工特点制订详细的培训计划，做好培训过程的整体把控。

②各部门联动培训，领导要重视，在培训过程中发现特殊人才。

③做好培训评估与反馈，员工培训结果及时归档，便于查阅。

8.4.3.4　组建团队与培训

（1）创业者自我评估。创业者对自身知识、技能、动机、承诺、个性特征等进行全方位评估，之后选择团队成员。

①相似性角色安排。有些创业者喜欢选择在背景、教育、经验上与创业者相似的人，如都来自健康领域或相关职业。但弊端是在知识和技能等方面的重叠程度较大，不利于企业获取必要的财务资源和有效运营。

②互补性。团队成员之间的知识、技术、经验互补，能够为企业提供多样化的人力资源基础。

（2）选择合作创业者。

①认知性冲突。只要是有效的团队，成员之间产生的有关企业生产经营管理过程的意见分歧属于正常现象。有助于改善团队决策质量，提高组织效率。

②情感性冲突。情感性冲突是基于人格化、关系到个人导向的不一致性，这种不一致性会降低团队绩效，造成成员之间的不信任和回避，应避免此类冲突的出现。

（3）明确团队成员的职权划分。团队的每位成员有明确的权利和责任，承担相应义务。

（4）团队培训。培养团队成员共同的企业价值观、领导者自身影响力，激发成员参与度，树立共同的危机和忧患意识。

8.4.3.5　开业宣传与策划

（1）开业前期宣传。

①确定宣传主题。结合健康行业创业项目确定宣传主题，主题文字应语言简练、朗朗上口。

②细化活动内容。结合主题细化活动内容。

③媒体合作计划。选择合作媒体，确定宣传方式、宣传时间、后续报道等。

（2）庆典活动方案。

①明确活动构思情况及整体氛围营造设计。

②明确庆典程序及主要流程，流程设计尽量详细。

③活动人员安排方面，以健康行业专业人员安排为主，其他人员为辅；活动注意事项列出清单，发放给每位工作人员，保持步调一致。

④预估活动中可能遇到的困难和突发状况，有详细的应对措施，做好备选方案。

（3）经费预算。经费预算应全方位考虑，如人员、场地租赁、设备租赁、物料准备等尽量详细，同时预留一定的机动费用，以备不时之需。

8.4.3.6　适时调整产品与服务

结合健康行业创业项目特点，在企业发展过程中，为适应不断变化的市场环境及消费者需求，企业应及时调整自己的产品与服务。也可以考虑与其他产业的结合发展，如健康服务与旅游业融合打造医疗保健旅游、温泉旅游等，以保证企业的持续发展。

8.5　分子生物医学项目实施策划与执行

8.5.1　分子生物医学项目的背景分析

8.5.1.1　市场需求分析

当今医学发展的主要特点之一是对生命现象和疾病本质的认识逐渐向分子水平

深入。随着基因克隆技术趋向成熟和基因测序工作逐步完善，后基因时代逐步到来。人们逐渐认识到，无论健康或疾病状态都是生物分子相互作用的结果，生物分子起关键性作用。近年来，分子生物技术已经成为医学领域极其有力的研究工具，基因工程技术、人类基因组计划与核酸序列测定技术、基因诊断与基因体外扩增技术、生物芯片技术、分子纳米技术在医学研究中，如了解疾病的发生发展机制、疾病诊断和药物研制与开发中得到广泛应用。同时，在结构基因组学、功能基因组学和环境基因组学蓬勃发展的前提下，分子生物医学技术将会取得突破性进展，同时，也给医学带来了崭新的局面，为医学事业的发展提供了新的机遇。分子生物技术已经成为现代医学的前沿和热点，医学领域最先应用分子生物技术，也是目前现代分子生物技术应用最广泛、成效最显著、发展最迅速、潜力最大的一个领域。据统计，国际上分子生物技术领域所取得研究成果的 60% 以上集中在医学领域。因此分子生物医学项目的市场需求潜力巨大。

8.5.1.2　市场定位分析

分子生物学在现代医学中有很大的应用，分子生物技术在发病机制和药学研究、疾病诊断与治疗、医药工业中的作用等是现在科学家研究的热点。分子生物医学的创业的市场定位可从以下方面进行。

（1）分子生物技术在医学诊断与病情分析中的应用。结合应用情况可将创业项目定位于分子生物医学检验等相关产品的研发与制造。

（2）结合分子生物技术在药学方面的应用，可结合分子生物技术与相关药学原理进行分子生物药品的生产。

（3）随着分子诊断技术的普及，分子诊断市场发展迅速，市场规模增速较快。

8.5.1.3　可行性及必要性分析

（1）纵观现代医药学分子生物技术及产业的发展，其前景是美好的。专家预测，伴随人类基因组计划的进程，现代生物技术将使现代医学在高技术的平台基础上飞速发展，像当年工业革命一样，使人类的生活发生根本性的变化。21 世纪是分子生物学继续发展的阶段，还有不少技术热点正在成熟，如用转基因动植物来生产生物工程产品，基于基因芯片技术中缩微芯片实验室等，随着分子生物技术研究的不断进步和应用，分子生物技术将日益完善。可以预见，在未来的几年或几十年内，分子生物技术将改变医学的研究方式，革新医学诊断和治疗，从而进一步促进人类健康水平的提高。

（2）我国的分子诊断市场起步较晚，规模较小，但增长迅速，根据沙利文的报告，中国分子诊断市场规模从 2016 年的 39 亿元增长至 2019 年的 84 亿元，复合增长率达 29.1%，增长率高于全球平均水平。由于 2020 年新冠疫情的暴发，分子诊断市场规模迅速扩大，2021 年中国分子诊断市场规模达到 324 亿元。此外，随着中国传染病、癌症、遗传病等领域分子诊断技术的普及，市场规模增速较快，预计

2022 年市场规模将达到 222 亿元。[①]

8.5.1.4 风险分析

（1）投入较大。分子生物医学行业创业，对于生产设备的投入较大，且研发费用较高，前期需要投资的资金较多，一旦出现问题，都会对企业造成一定影响。

（2）受政策影响较大。在政策支持的前提下，创业风险会有一定降低。一旦政策有变化，对企业的影响将会很严重。

（3）分子生物医学创业，对于核心人员和核心技术要求较高。公司的核心技术来源研发团队的整体努力，但核心技术人员对产品研发和工艺改进起到了关键作用。如果核心人员或核心技术流失，会对企业生产经营造成不利影响。

（4）由于人类认知水平有限，无法对分子生物学技术在疾病治疗中所带来的严重后果进行正确评估。人们在进行分子生物学水平操作的过程中经常会遇到很多问题，且新的问题不断出现。因此，在分子生物医学行业的创业会有一定的不确定性。

（5）公司面临的竞争来自国际和国内，行业整体的供需情况和竞争对手的销售策略等都会对公司的产品销售造成影响，造成价格的波动。

8.5.2 分子生物医学项目的策划

8.5.2.1 项目设计

（1）分子生物技术与医学结合。分子生物学在现代医学中有很大的应用，分子生物学在发病机制研究中的作用、在疾病诊断中的作用以及在疾病治疗中的作用等都是现在科学家研究的热点。随着分级诊疗制度的推进，我国诊疗体系也将发生变化，医疗资源将会向基层医疗机构下沉，基层医疗机构门诊量将显著增加。同时，结合《“健康中国 2030”规划纲要》《国务院办公厅关于推进医疗联合体建设和发展的指导意见》等的文件要求，全面建立成熟完善的分级诊疗制度，逐步形成多种形式的医联体组织模式成为发展趋势。分级诊疗政策提高了对基层医疗机构的医疗器械配置要求，从而推动基层体外诊断行业的发展，为我国体外诊断行业带来了发展的机遇。

（2）分子生物技术与美容结合。随着分子生物技术的快速发展，其在化妆品原料的研发及使用方面得到了广泛推广和应用，逐渐成为化妆品行业未来发展的主要方向之一。

8.5.2.2 产品设计

（1）分子生物医学检测设备及试剂生产。分子生物医学产品设计应符合市场需求，积极开发适应基层医疗使用的分子生物医学检测仪器和相应试剂，小型化仪器、

① 中商产业研究院：《2022 年中国分子诊断行业市场规模及未来发展前景预测分析》。

自动化仪器以及单人份检测产品将会获得更好的发展机遇。

（2）分子生物技术与美容结合。利用基因芯片技术、微流控生物技术、纳米技术等应用于化妆品的研发与生产，对于创业者来说是一个不错的选择。

8.5.2.3　运营管理模式设计

（1）公司经营宗旨。用精简的语言描述公司的经营宗旨，体现创意。

（2）公司的目标、主要职责。设定公司的近期目标、中期目标、长期目标，目标清晰，措施明确。

主要职责描述，明确在国家相关法律法规、地方相关产业政策及分子生物医学行业发展规划的前提下进行。促进企业的可持续发展政策，保障股东和企业的合法权益。

（3）各部门职责和权限。部门设置明确，权限和分工合理清晰，部门职责界定清晰。可设置下列部门：战略发展部门、行政管理部门、销售部门、人力资源管理部门、财务部门等。

（4）战略运营模式。分子生物医学创业可以选择的战略运营模式有以下几种：

①成本领先战略。又称低成本战略，其核心是企业加强内部成本控制，在研究开发、生产、销售、服务和广告等领域把成本降到最低，以获得竞争优势。适用于以下企业类型：大批量生产、有较高市场占有率、有能力使用先进生产设备、能够严格控制费用开支。

②差异化战略。通过提供与众不同的产品或服务，满足顾客的特殊需求，从而形成一种独特的优势。其核心是取得某种对顾客有价值的独特性。适用于以下企业类型：有较强的研发能力、有较高的知名度、有较强的营销能力、企业各部门有良好的协作。

③集中战略。集中战略又称专一战略，企业把其经营活动集中于某一特定的购买群体、产品线的某一部分或某一地区市场。适用于以下企业类型：在市场中有特殊需求的顾客存在、没有其他竞争对手在目标细分市场采取集中战略、经营实力较弱、企业的目标市场在市场容量和成长速度等方面有相对吸引力。

（5）营销策略。

①增强品牌维护意识，做好营销策划，选择合适的营销渠道进行品牌宣传。对于小型器械及试剂的生产，坚持自主创新，完善自主品牌，走民族化发展道路，提升企业竞争力。

②建立广泛的销售网络。鉴于分子生物医学产品对售后服务水平要求较高，可以建立外埠战略合作伙伴经销商关系，建立网络营销渠道，充分发挥互联网优势，利用互联网 + 分子生物医学产品销售模式打开市场。

③积极开通客户反馈渠道，充分听取客户在产品使用过程中的意见，采纳客户对产品的改进建议。以客户为中心，善于发现客户需求，增加人文化服务，提升产品的附加值。赢得客户群体。

8.5.2.4 盈利模式设计

分子生物医学创业可以从以下几种盈利模式中选择并设计符合自身特点的盈利模式。

（1）鲫鱼模式。找到与大行业或大企业的共同利益，主动结盟，将强大的竞争对手转化为依存伙伴，借船出海，借梯登高，以获取利润并使企业快速发展壮大。

（2）专业化模式。专攻一项技术或产品，将其做精、做深，以便提高门槛，提高竞争力。而专业化的生产，其组织形式也比较简单，管理相对容易，后期无须更多的投入，有利于降低成本，提高利润。

（3）利润乘数模式。借助已经广为市场认同的形象或概念进行包装生产，可以产生良好的效益，这种方式类似于做乘法。利润乘数模式是一种强有力的盈利机器。关键是如何对所选择的形象或概念的商业价值进行正确的判断。

（4）独创产品模式。独创产品是具有特殊的工艺、配方、原材料、核心技术，又有长期市场需求的产品。鉴于该模式的独占性原则，掌握它的企业将获得相当高的利润。但需要花费较长的研发时间，市场开拓有一定难度。同时需要提高专利意识，提升自身竞争力。

（5）策略跟进模式。策略跟进即强者跟随，不同于盲目跟风。策略跟进需要经营者对自己作出正确评估，并分析清楚自己的优势、劣势之后，对未来走向作出判断。如同马拉松比赛中，“第二方阵”的运动员获得冠军的概率往往高于“第一方阵”。这种甘居人后的策略需要懂得“示弱”，不引起竞争对手的注意，从而积蓄力量，蓄势而发。

（6）配电盘模式。吸引供应商和消费者双方的关注目光，而为供货商和消费者两方面提供沟通渠道或交易平台的中介企业从中获取不断升值的利润。但此模式对于操作者要求很高，且前期投入成本较高，风险较大。

（7）产品金字塔模式。为满足不同消费者对产品风格、颜色等方面的不同偏好，以及个人收入水平的差异等，从而达到客户群体和市场拥有量的最大化，一些企业不断退出高、中、低端产品，从而形成产品金字塔。在塔的底端，设置价位低、批量生产的产品，靠薄利多销获取利润；在塔的顶部，设置高价位、小批量产品，靠精益求精获取高额利润。

（8）战略领先模式。适时改变竞争策略，实现由静态到动态的飞跃，始终保持领先战略。

8.5.3 分子生物医学项目的执行

8.5.3.1 项目进度安排

（1）项目选址。结合项目规模选择适合的地理位置及占地面积，注意选择地理位置优越、交通便利、给排水、规划电力、通信设施等公用设施条件完备的地址。

（2）项目规划时间。按照国家基本建设程序的相关法规和实施指南，结合项目建设规模确定项目建设期限。

（3）进度管理过程。为了确保项目能够按期完成，需要对项目管理过程进行规划：

①规划进度管理。为规划、编制、执行并控制项目的进度，从而制定相关的政策、程序、文档等，以便于为项目进度提供指南。

②工作定义。明确为顺利完成项目所必须完成的具体工作。

③工作顺序。明确各项工作之间的逻辑关系，并形成文件，如图、表格、文字资料等。

④工作资源预估。预估执行各项工作所需要的材料、人员和设备等资源的种类和数量。

⑤工作时间预估。预估完成各项工作所需要的时间

⑥进度计划制定。结合工作顺序、工作时间、资源需求、进度制约等因素的分析结果，制订项目进度计划。

⑦进度控制。监督项目的工作状态，将计划执行的效果与预定计划进行比较，找出执行过程中的偏差并分析产生偏差的原因，采取相应的纠偏措施，控制进度计划的变更，调整后续工作计划，以确保目标的实现。

（4）工作顺序安排。为确定各项工作之间的依赖关系，需要进一步编制切实可行的进度计划。

①工作顺序安排的依据。进度管理计划、工作清单、工作属性、里程碑清单、项目范围说明书、环境因素、组织过程资产等。

②工作顺序安排的方法。可采取双代号网络图法、单代号网络图法、双代号时标网络图法、条件网络图法，也可以使用网络样板，根据自身情况进行选择。

8.5.3.2　项目实施保障措施

各方面条件具备，方能保障项目顺利实施。

（1）拥有能够支持自主研发所需要的生产线。分子生物医学项目创业初期，需要投入较高的研发资金，能够进行可持续性的项目研发及技术成果转化，形成企业核心的自主知识产权。能够使公司产品在行业中始终保持良好的技术与质量优势。同时拥有支持自主研发所需的生产线。

（2）拥有技术研发优势，创新能力突出。创业团队核心成员具有一定的技术研发优势，团队成员有较强的创新能力。

（3）拥有一支团结奋进的创业团队。团队成员中需要包含拥有一定的经营管理与市场经验的资深成员，团队成员之间形成利益捆绑关系。团队成员要稳定高效务实、团结协作、敢想敢干。团队对行业的品牌建设、营销网络管理、人才管理等要有深入的理解，能够及时根据客户需求和市场变化对公司战略和业务进行调整，确保公司稳健、快速发展。

（4）需要一定的政策支持。近年来，我国为推进产业结构转型升级，先后出台

了多项发展规划或产业政策支持行业发展。鼓励行业开展新材料、新工艺、新产品的研发，而分子生物医学项目创业属于新工艺、新产品的研发，属于政策支持的范围。

（5）具备可行的建设条件。项目建设的各项条件需要提前落实到位，工程技术方案要切实可行。项目生产所需要的原材料应立足于当地的资源优势，主要原材料能从当地市场采购，以保证项目实施后的正常生产经营。同时，项目的开展是在节能降耗、环境保护的前提下进行，能够产生良好的社会效益和经济效益。

8.5.3.3 建筑工程技术方案

建筑工程技术方案从项目设计总体要求、采用标准、建设方案、建筑工程建设指标等进行方案设计。

（1）项目工程设计总体要求。项目工程设计应遵循土建工程的基本原则，做到合理规划。

①布局要合理：充分利用好每一寸土地，功能设施要分区设置，人流、物流布置得当，既能够利于生产经营，又可以方便交通。

②配套设施要齐全：在厂区现有条件的基础上，充分利用好现有的条件，保证水、电、暖等设施齐全，厂区内外道路要通畅，能够做到方便生产。

③严格执行国家环保节能的要求，在满足工艺生产特性，设备布置安装、检修等前提下，土建设计应尽量做到技术先进、经济合理、安全适用和美观大方。建筑设计应简洁紧凑、组合恰当、功能合理、方便生产、节约用地。结构设计要统一化、标准化，能够做到因地制宜、就地取材，方便施工。

④土建工程应采用的标准。为保证建筑物质量，保证安全生产及长期使用，应严格执行相关标准：《工艺企业设计卫生标准》《建筑地基基础工程施工质量验收规范》《混凝土结构工程施工质量验收规范》《建筑工程施工质量验收统一标准》《屋面工程质量验收规范》《地下防水工程质量验收规范》《绿色建筑评价标准》《钢结构设计规范》《外墙外保温工程技术规程》《建筑照明设计标准》等。

（2）建设方案。

①混凝土要求。根据《混凝土结构耐久性设计规范》要求，确定构筑物结构构件最低混凝土强度等级、基础混凝土环境类别、工程主体结构采用的混凝土级别等。

②钢筋及建筑构件选用标准要求。确定工程建筑用钢筋、钢板、焊条等符合国家标准。

③隔墙、围护墙材料。工程框架结构的填充墙所用材料要符合环境保护和节能要求，材料强度应符合相应规范。

④水泥及混凝土保护层。水泥选用标准、混凝土保护层等符合相关要求。

（3）建筑工程建设指标。

①列明项目工程的建筑面积。标明生产工程、仓储工程、行政办公及生活服务设施、公共工程等的建筑面积。

②列出建筑工程投资一览表。包含生产车间、仓储工程、办公生活配套设施、

行政办公楼、宿舍、食堂、公共工程、绿化工程等各项工程投入明细表。

【延伸案例】

新一代国产相控“磁波刀”AI精准无创治疗技术产业化①

1. 项目概况

陈亚珠院士团队25年重大科研成果传承转化，沈国峰教授携众多硕博士组成“磁波刀”技术团队，是集体智慧结晶，资深管理团队，履历丰富、能力互补、合作默契、高度信任、具有全国首创“磁波刀”技术创新平台运营、知识产权壁垒构建、产品裂变、商业化运营的核心能力；院士超声碎石机雄厚技术储备、教授军工领域相控阵技术叠加、上海交大生医工学院25年硕博士精励共创、复合型技术整合、知识产权壁垒构建，通过聚焦模式+影像技术+电磁兼容技术全面融合，实现传统海扶刀技术全面突破；国际公知技术，应用范围广泛，涵盖128种适应症，全球近40万例成功病例，沈德医疗目前在研8大产品围绕11大适应症，所有产品均为国产首台套，具备强劲的持续创新能力。

2. 技术创新

创新点1－聚焦模式升级（单振元－相控雷达）

通过电子扫描实现焦点快速精准移动；多焦点、多模式聚焦；

通过对每路超声阵元幅值和相位调控，对聚焦误差进行校正补偿，实现超声绕过肋骨、穿透颅骨聚焦；

通过关闭部分阵元，保护脑部重要功能区不受损伤。

创新点2－影像技术升级（手术安全性+有效性双升级）

定位定标：动态成像，精确定位定标，实现精确诊断；

测温控温：实时无损测温，实时温度监控，手术安全有效；

精准适形：精准勾勒靶区，实现适形治疗，保护正常组织；

疗效评估：实时影像融合，实时动态监控，实时疗效评估。

创新点3－电磁兼容国际难题突破（磁共振MR－磁波刀PHIFU）

高适配性：全品牌型号1.5T或3.0T超导磁共振均可兼容；

干扰来源：进入MR主磁场的磁性材料探头换能器有较强的高频交变电流；

技术实现：国际上首次实现MRI与PHIFU同时工作，互不干扰。

被葛均波院士、王威琪院士专家组评估为国内领先、国际先进、部分成果国际领先。

3. 市场前景

根据CACANCER J CLIN杂志发表的2018年全球癌症数据显示，2018年全球新增癌症患者1 807.90万人；根据Grand View Research的统计数据，2019年全球肿瘤消融设备及耗材相关行业市场规模为11.53亿美元；预计2025年市场规模将会达到

① 资料来源：创客中国，http：//www.cnmaker.org.cn/product.html？productid = 10 3d87355ca64557aeffed72d422d58a.

21.71 亿美元，年复合增长率达到 11.12%。根据国内目前 MRI 设备保有量预测，市场潜力超 700 亿元，多种适应症进一步开发，市场治疗费用规模将超 4 383 亿元。

4. 盈利模式

前期：设备 + 耗材 + 服务（含维保）

中期：设备 + 耗材 + 服务 + 磁波刀诊疗中心

后期：设备 + 耗材 + 服务 + 磁波刀无创品牌连锁医院

参考文献

[1] 刘浩，张洁莹．体育类专业大学生创业案例研究——以广州大学为例［J］．文体用品与科技，2022（1）：141-143.

[2] 王素．中国出海品牌：50张亮丽名片 强品牌助力强势出海［J］．进出口经理人，2019（5）：3-35.

[3] 荣瑾．亚马逊跨境电商平台发布的常见问题、规则及策略［J］．投资与合作，2022（1）：36-38.

[4] 陈莹．Tik Tok海外营销环境及策略分析［J］．全国流通经济，2022（16）：8-11.

[5] 陶涛，陈璐．大学生水果配送网站对创业者的启示［J］．农产品加工，2014（6）：52-53.

[6] 刘风云，孙铮，肖运迎，等．室内装修污染对儿童健康影响的调查［J］．环境与健康杂志，2010，27（12）：1077-1079.

[7] 刘学圃，邹志勇，黄颖媛，等．家庭室内装修后甲醛污染现状及其变化规律探讨［J］．江苏环境科技，2008，21（S1）：161-162.

[8] 贾晓光．常宁市装修住宅室内甲醛污染调查与研究［J］．广东化工，2015，42（12）：61-62.

[9] 刘章现，王国贞，刘军，等．装修居室空气中甲醛污染现状及其影响分析［J］．平顶山工学院学报，2006（3）：28-30.

[10] 钱培军，浦跃朴，谭文文，等．宜兴市新装修居室内空气污染状况及影响因素［J］．中国卫生检验杂志，2020，30（1）：110-112.

[11] 姚佳，谭笑．探讨室内装修空气污染预防控制［J］．现代装饰（理论），2016（1）：14.

[12] 陈晓言，杨蕊帆，高爽，等．空气净化器行业的市场分析［J］．现代商业，2015（13）：65-66.

[13] 张媛珍．除甲醛保卫战升级，空气净化器产品功能宣传方式多样［J］．电器，2019（7）：20-21.

[14] 姜婧．浅谈小型制氧机中富氧膜制氧的基本原理［J］．黑龙江科技信息，2012（15）：62.

[15] 张慧博．分子生物技术在现代医学中的应用［J］．科技论坛，2007（14）：84.

[16] 李家华．创业基础［M］．北京：清华大学出版社，2015.

[17] 张秀娥．创业管理［M］．北京：清华大学出版社，2017.

[18] 吕爽．创业行动［M］．北京：清华大学出版社，2022.

[19] 于春杰．创业基础［M］．北京：清华大学出版社，2020.

[20] 焦连合．大学生创业实务教程［M］．北京：中国青年出版社，2009.

[21] 姚波，吉家文．大学生创新创业基础：项目式［M］．北京：人民邮电出版社，2020.

[22] 朱建良，李光明．大学生创新创业教程：慕课版［M］．北京：人民邮电出版社，2018.

[23] 左益．大学生创业指导与实践［M］．北京：高等教育出版社，2018.

[24] 王中强，陈工孟．创新思维与创业教育［M］．北京：清华大学出版社，2017.

[25] 吕爽．创业基础（第二版）［M］．北京：中国铁道出版社，2018.

[26] 孙燕芳，安贵鑫．大学生创业基础［M］．北京：中国石油大学出版社，2015.

[27] 吕爽．大学生创新创业实务指导［M］．北京：中国铁道出版社，2017.

[28] 杨京智．大学生创新创业基础（大赛案例版）［M］．北京：人民邮电出版社，2020.

[29] 朱信凯，毛基业．中国大学生创业报告［M］．北京：中国人民大学出版社，2020.

[30] 李俊．创业基础与实践［M］．北京：北京师范大学出版社，2021.

[31] 刘霞，宋卫．大学生创新创业基础与实践［M］．北京：人民邮电出版社，2021.

[32] 张敏华，李栋．大学生创新创业基础［M］．北京：人民邮电出版社，2021.

[33] 杰夫·戴尔等．创新者的基因［M］．北京：中信出版集团，2020.

[34] 王可越等．设计思维创新导引［M］．北京：清华大学出版社，2017.

[35] 迈克尔·勒威克等．设计思维手册［M］．北京：机械工业出版社，2019.

[36] 吕爽．创业管理［M］．北京：中国铁道出版社，2018.

[37] 吕爽．大学生创新创业实务指导（第二版）［M］．北京：中国铁道出版社，2019.

[38] 谢强，马明胜，付士静．创新创业课程教与学［M］．北京：机械工业出版社，2019.

[39]《电子商务优秀设计方案与分析》编写组．电子商务优秀设计方案与分析［M］．西安：西安交通大学出版社，2021.

[40] 吕爽．创业管理［M］．北京：中国铁道出版社，2017.

[41] 胡祯臻．高校创业人才培养体系研究［D］．重庆：重庆工商大学，2015.

[42] 黄静宇．当代中国发展语境下创业思维研究［D］．北京：北京化工大学，2018.

[43] Spinelli S, Adams R. New Venture Creation: Entrepreneurship for the 21st Century [M]. 10th ed. New York: Irwin McGraw - Hill, 2012.

敬 告 读 者

为了帮助广大师生和其他学习者更好地使用、理解、巩固教材的内容，本教材提供课件和相关配套资源，读者可关注微信公众号“经济科学网”获取相关信息。

如有任何疑问，请与我们联系。

QQ：16678727

邮箱：esp_bj@163. com

教师服务 QQ 群：208044039

读者交流 QQ 群：894857151

经济科学出版社

2023 年 10 月

经济科学网

教师服务 QQ 群

读者交流 QQ 群

经科在线学堂